中国科学院研究生教育基金会资助出版

国科大文丛

丛书主编/任定成

科学与人文的交融

（上）

龚育之◉著

科学出版社
北京

图书在版编目(CIP)数据

科学与人文的交融．上/龚育之著．—北京：科学出版社，2013
（国科大文丛）
ISBN 978-7-03-037888-0

Ⅰ.①科… Ⅱ.①龚… Ⅲ.①社会科学-文集 ②自然科学-文集
Ⅳ. ①C53 ②N53

中国版本图书馆 CIP 数据核字（2013）第 131923 号

丛书策划：胡升华 侯俊琳
责任编辑：石 卉 程 凤/ 责任校对：张小霞
责任印制：赵 博 / 封面设计：黄华斌
编辑部电话：010-64035853
E-mail：houjunlin@mail. sciencep. com

科学出版社出版
北京东黄城根北街 16 号
邮政编码：100717
http://www.sciencep.com
北京厚诚则铭印刷科技有限公司印刷
科学出版社发行 各地新华书店经销
*
2013 年 8 月第 一 版 开本：B5（720×1000）
2025 年 2 月第四次印刷 印张：27 1/4
字数：470 000
定价：99.00 元
（如有印装质量问题，我社负责调换）

国科大文丛

顾　问

郑必坚　邓　勇　李伯聪

李顺德　王昌燧　佐佐木力

编委会

主　编　任定成

副主编　王大洲　张增一　诸葛蔚东

编　委　（以姓氏拼音为序）

方晓阳　胡新和　胡耀武

胡志强　刘铁军　马石庄

孟建伟　任定成　尚智丛

王大洲　肖显静　闫文军

叶中华　张增一　诸葛蔚东

丛书弁言

“国科大文丛”是在中国科学院大学和中国科学院研究生教育基金会的支持下，由中国科学院大学人文学院策划和编辑的一套关于科学、人文与社会的丛书。

半个多世纪以来，中国科学院大学人文学院及其前身的学者和他们在院内外指导的学生完成了大量研究工作，出版了数百种学术著作和译著，完成了数百篇研究报告，发表了数以千计的学术论文和译文。

首辑“国科大文丛”所包含的十余种文集，是从上述文章中选取的，以个人专辑和研究领域专辑两种形式分册出版。收入文集的文章，有原始研究论文，有社会思潮评论和学术趋势分析，也有专业性的实务思考和体会。这些文章，有的对国家发展战略和社会生活产生过重要影响，有的对学术发展和知识传承起过积极作用，有的只是对某个学术问题或社会问题的一孔之见。文章的作者，有已蜚声学界的前辈学者，有正在前沿探索的学术中坚，也有崭露头角的后起新锐。文章或成文于半个世纪之前，或刚刚面世不久。首辑“国科大文丛”从一个侧面反映了中国科学院大学人文学院的历史和现状。

中国科学院大学人文学院的历史可以追溯至1956年于光远先生倡导成立的中国科学院哲学研究所自然辩证法研究组。1962年，研究组联合北京大学哲学系开始招收和培养研究生。1977年，于光远先生领衔在中国科学技术大学研究生院（北京）建立了自然辩证法教研室，次年开始招收和培养研究生。

1984年，自然辩证法教研室更名为自然辩证法教学部。1991年，自然辩证法教学部更名为人文与社会科学教学部。2001年，中国科学技术大学研究生院（北京）更名为中国科学院研究生院，教学部随之更名为社会科学系，并与外语系和自然辩证法通讯杂志社一起，组成人文与社会科学学院。

2002年，人文与社会科学学院更名为人文学院，之后逐步形成了包括科学哲学与科学社会学系、科技史与科技考古系、新闻与科学传播系、法律与知识产权系、公共管理与科技政策系、体育教研室和自然辩证法通讯杂志社在内的五系一室一刊的建制。

2012年6月，中国科学院研究生院更名为中国科学院大学。现在，中国科学院大学已经建立了哲学和科学技术史两个学科的博士后流动站，拥有科学技术哲学和科学技术史两个学科专业的博士学位授予权，以及哲学、科学技术史、新闻传播学、法学、公共管理五个学科的硕士学位授予权。

从自然辩证法研究组到人文学院的历史变迁，大致能够在首辑“国科大文丛”的主题分布上得到体现。

首辑“国科大文丛”涉及最多的主题是自然科学哲学问题、马克思主义科技观、科技发展战略与政策、科学思想史。这四个主题是中国学术界最初在“自然辩证法”的名称下开展研究的领域，也是自然辩证法研究组成立至今，我院师生持续关注、学术积累最多的领域。我院学术前辈在这些领域曾经执全国学界之牛耳。

科学哲学、科学社会学、科学技术与社会、经济学是改革开放之初开始在我国复兴并引起广泛关注的领域，首辑“国科大文丛”中涉及的这四个主题反映了自然辩证法教研室自成立以来所投入的精力。我院前辈学者和现在仍活跃在前沿的学术带头人，曾经与兄弟院校的同道一起，为推进这四个领域在我国的发展做出了积极的努力。

人文学院成立以来，郑必坚院长在国家发展战略方面提出了“中国和平崛起”的命题，我院学者倡导开辟工程哲学和跨学科工程研究领域并构造了对象框架，我院师生在科技考古和传统科技文化研究中解决了一些学术难题。这四个主题的研究也反映在首辑“国科大文丛”之中。

近些年来，我们在“科学技术与社会”领域的工作基础上，组建团队逐步在科技新闻传播、科技法学、公共管理与科技政策三个领域开展工作，有关研究结果在首辑“国科大文丛”中均有反映。学校体育研究方面，我们也有一些工作发表在国内学术刊物和国际学术会议上，我们期待着这方面的工作成果能够反映在后续“国科大文丛”之中。

从首辑“国科大文丛”选题可以看出，目前中国科学院大学人文学院实际上是一个发展中的人文与社会科学学院。我们的科学哲学、科学技术史、科技新闻、科技考古，是与传统文史哲领域相关的人文学。我们的科技传播、科技法学、公共管理与科技政策，是属于传播学、法学和管理学范畴的社会科学。我们的人文社会科学在若干个亚学科和交叉学科领域已经形成了自己的优势。

健全的大学应当有功底厚实、队伍精干的文学、史学、哲学等基础人文学科，以及社会学、政治学、经济学和法学等基础社会科学。适度的基础人文社会科学群的存在，不仅可以使已有人文社会科学亚学科和交叉学科的优势更加持久，而且可以把人文社会科学素养教育自然而然地融入理工科大学的人文氛围建设之中。从学理上持续探索人类价值、不懈追求社会公平，并在这样的探索和追求中传承学术、培养人才、传播理念、引领社会，是大学为当下社会和人类未来所要担当的责任。

首辑“国科大文丛”的出版，是人文学院成立10周年、自然辩证法教研室建立35周年、自然辩证法组成立56周年的一次学术总结，是人文学院在这个特殊的时刻奉献给学术界、教育界和读书界的心智，也是我院师生沿着学术研究之路继续前行的起点。

随着学术新人的成长和学科构架的完善，“国科大文丛”还将收入我院师生的个人专著和译著，选题范围还将涉及更多领域，尤其是基础人文学和社会科学领域。我们也将以开放的态度，欢迎我院更多师生和校友提供书稿，欢迎国内外同行的批评和建议，欢迎相关基金对这套丛书的后续支持。

我们也借首辑“国科大文丛”出版的机会，向中国科学院大学领导、中国科学院研究生教育基金会、我院前辈学者、“国科大文丛”编者和作者、科学出版社的编辑，表示衷心的感谢。

2012年12月30日

代序一
走过来的路*

追　求

1948年，作为一个追求科学的青年，我考进了清华大学化学系；作为一个追求革命的青年，我接受了马克思主义，参加了中国共产党。从此开始了我的革命和科学交叉的人生道路。

引我走向科学的，是我的小学（宁乡靳江小学和自得小学）和中学（靳江中学和明德中学）的数学和自然科学老师。到现在我还记得这样一件事情：我的小学老师杨伦杞先生在课堂上讲算术，正如此这般地解一道时钟问题，我的同学李敉功和我觉察到他的解法错了，当堂提出异议。老师不同意我们的看法，我们不同意老师的意见，相互辩驳，争执不下。许多同

---

* 本文原是1986年龚育之为《科学·哲学·社会》一书所写的跋，2004年作者对跋文增补“牛棚”一节之后，又以它作为《自然辩证法在中国》（新编增订本）的跋，并加标题“走过来的路”。

学不以我们的态度为然。我们这位老师，真是一位难得的有民主和科学精神的好老师，他不以我们的看法为然，却不以我们的态度为忤。说不服我们，他立即回到卧室拿来一只闹钟，当场旋转长短针。结果证明他错了，我们对。他沉吟了一会儿，又滔滔地给大家讲，他是怎么错的，我们是怎么对的。我提起这件事，并不是自鸣得意，在我的一生中，我解错的题难道还少吗？我记着这件事，是因为从这件事中，我看到了科学真理的权威，独立思考的力量。在真理面前人人平等，不管你是老师，还是学生，是多数，还是少数。虚心学习又独立思考，以实践作为检验标准，你就能获得真理。我很感谢我的老师，我多么希望自己和大家在解人生道路上的各道算题的时候，都能按照老师教给我的那种科学态度行事！

引我走向革命的，是时势。灾难深重的中华民族，她的绝大多数儿女都分担了她的痛苦。从童年、少年到青年，我目击和身受外国侵略者的凶残、本国统治者的暴戾。我与我的中学和大学的许多同学一道，投身到学生的爱国民主运动的时代潮流之中。国民党、共产党、资本主义、社会主义，孰是孰非，孰优孰劣，谁是为了人民的利益，哪里是人民的希望所在，我们是经过观察、比较、思考，才做出自己的判断和选择的。我们的选择，不是马克思主义书本教给我们的。相反，是生活和历史的基本事实帮助我们做出选择，才引导我们去接触马克思主义书本，去理解我们所选择的、在黑暗中给我们展现出光明的中国共产党，以及她所主张的新民主主义和社会主义。一旦接触到马克思主义的理论，尤其是毛泽东的《新民主主义论》、《中国革命和中国共产党》、《目前形势和我们的任务》，我立即感受到一股巨大的喜悦。我觉得，这些著作清晰地和透彻地分析和说明了我们国家的历史、现实和前途，一如自然科学清晰地和透彻地说明了自然的现象和规律。在我面前展现了一门新的科学——革命的科学、马克思主义的科学。

选择革命，参加共产党，在我们那个时候没有什么个人利益可言，要准备的倒是个人牺牲。对个人生命的可能牺牲，我们那时大多还不大在意，虽然在学生运动中也确实有一些同志为革命付出了生命。比较费踌躇的是两件事：一是可能要牺牲原来追求科学的学业；二是可能要牺牲个人自由，承担服从组织决定的义务。我的一位同学说过这样一句话：“哪怕哀鸿遍野，只要有一间实验室，我就要关在里面做实验。”这无非表示对科学的执著。然而，真正的科学、真正的科学家，毕竟是有良心的，是为人类的。我这位真诚追求科学的同学，到底还是参加了罢课、游行，站到为遍野的哀鸿谋生存和幸福的斗争行列中来了。另一位同学提出过这样一个疑问："为什么非得参加组织？你看，只有牛羊成群，而虎豹都是独来独往的。"但是，绝对自由、各行其是、独来独往的散漫一群，并不是真正的强者。只有把追求革命和光明的人们用共同的目标和民主原则组织起来，才能形成真正强大的力量。我的这位同学终于很快明白了这个时代的真理，参加到党所领导的青年组织中来。

解　放

革命的胜利比人们预计得快。严冬未尽的 1949 年 2 月，迎来了北平解放。热情高涨的大学生们，纷纷响应号召，参军，南下，投入解放全中国的最后进军。同时，由于建设任务即将提上日程，党组织决定：学自然科学的大学生都留校继续学习。这个组织决定违背了一些同志那时的个人意愿，以至于他们"闹情绪"，还得给他们做思想工作，但它无疑是正确的和有远见的。革命不单是破坏旧世界，更重要、更艰难的是建设新世界。为了建设，需要科学。这样，我们这些学自然科学的共产党员、青年团员，在新的条件下实现了追求科学和追求革命的统一。

掌握科学知识，准备为建设服务，这是一个层次上的统一。把由追求革命而引起的对马克思主义理论的浓厚兴趣，同对自然科学的浓厚兴趣结合起来，求得两种科学的统一，这是另一个层次上的统一。学自然科学的共产党员（学生和教员）中的一些人，就这样自然地走上了马克思主义和自然科学之间的交叉科学的研究领域。当时在知识分子中广泛开展了马克思主义的启蒙学习。作为这个学习运动的一个组成部分，在一些学生和教员中开始了对自然辩证法的学习。我记得，北京市委宣传部曾经召集北京几所高等学校的十来个有理论兴趣的理工农医专业的共产党员座谈，来推动这种学习。我是参加者之一。这个校际座谈会开了几次，未能按原来预想的那样长期坚持，因为我们这些人那时担任的各种政治任务毕竟太繁重了。

病　　榻

1951年，一场疾病把我击倒，迫使我卧床治疗达一年多。最初几个月的严重形势过去以后，我开始在病榻上学习和工作。我读了一些科学刊物，写了一篇评《科学通报》第3卷的文章，即《纠正科学刊物中脱离政治脱离实际的倾向》，发表在1952年1月10日的《人民日报》上。我还看了苏联《化学的进展》、《哲学问题》、《布尔什维克》杂志上发表的批评共振论的文章，拿到了刚出版的化学结构理论问题全苏讨论会记录。我初学俄文，开头差不多读一行就得查几次字典。我才读到化学系三年级，讨论中涉及的量子化学和物理化学的许多内容我都没学过。我请人给做了一个斜面的小炕几，因为双腿水肿，不能垂腿而坐，我斜卧在床上，伏在几上，吃力地、认真地翻译了这批文章，送给中国科学院的《科学通报》，1952年3月在第3卷第3期上发表了。我译出的讨论会上的主题报告，由中国科学院出版了单行本。《人民日报》3月29日发表了我写的《反对化学中的唯心论和机械论——苏联科学界讨论有机化学中化学构造理论问题的情况和意义》。这两篇文章是我在自然辩证法方面的最早的文章，都带有那时社会思潮的烙印，反映自己看问题幼稚的一面和学习苏联中偏差的一面。

当时，我和像我这样的一些人是把苏联这些做法当做马克思主义的东西来介绍和学习的。后来才逐渐认识到这些做法有许多是粗暴的、错误的、妨碍科学发展的。在收入《科学·哲学·社会》一书的《自然辩证法工作的历史情况和经验》一文中，我讲了苏联批评共振论时候的政治气氛，也讲了后来纠正错误的情况。在另一篇《自然辩证法工作的马克思主义传统》文中，我在讲到我们过去工作中的错误的时候，也讲了自己曾经翻译和介绍过苏联对共振论的粗暴批评。这里我想补充说明一点现在人们不大了解的情况：尽管总体说来苏联对共振论的批判是粗暴的，但是在讨论中，苏联许多科学家包括会议报告的作者们，还是努力坚持了一些科学的观点，如强调根据有机合成的化学实践来研究结构理论，强调运用现代物理学及其实验的和理论的方法来研究化学结构，肯定量子化学在理论化学中的作用，特别是断然拒绝了发动和掀起这场批判的切林拆夫教授所臆造的一种“新的结构理论”，明确指出他的理论“既与实验事实矛盾，也与量子化学的普遍原则矛盾，没有科学根据，应该予以抛弃”。在当时的气氛下，这样做是难能可贵的，应该说，在这一点上，苏联的一些科学家保持了科学的精神。

对于我个人来说，翻译和介绍这些材料，引起我去学习列宁的《唯物主义和经验批判主义》和《论战斗唯物主义的意义》，去重读恩格斯的《反杜林论》和《自然辩证法》(于光远、曹葆华、谢宁的《自然辩证法》新译本，我帮助做了一部分译文校订工作，这给我提供了一个仔细学习的机会)，去学习西方哲学史，还引起我去读原子物理学、量子力学、量子化学的教科书，包括共振论创始人鲍林的《化学键的本质》。以后我选择量子化学作为自己在自然科学专业方面的进修方向，跟量子化学家郭挺章同志学习了一段时间，也是由此而来的。

岗　位

1952 年 10 月，我的病还未痊愈，却趋稳定，我被调到中国共产党中央委员会宣传部（简称中宣部）科学卫生处（后为科学处）。这是我的第一个工作岗位。从这时起直到“文化大革命”把中宣部当做“阎王殿”予以摧毁，我在党的这个研究科学政策及其理论基础的岗位上工作了 14 年。从 1954 年起，于光远同志主持科学处工作，他在处内和处外聚集了一批人，从马克思主义理论来研究党的科学政策，研究科学的规律和战略，研究科学的哲学和历史，发展了一个（确切地说是有联系的几个）交叉科学研究的集体。

逐渐聚集在处内并长期从事这方面研究的，有孟庆哲（原来是北京大学生物系的教师），何祚庥、罗劲柏和我（我们三人是清华大学的学生，先后任理学院党支部书记和副书记，那时候整个理学院八个系的党员学生和教师组成一个支部），李佩珊（北京医学院的教师），黄青禾、黄舜娥（他们两人是北京农业大学的学生干部），侯德彭（他是从中宣部送到北京大学物理系学习回来的）等人。聚集在处外的，我在下面要提到他们。

我到科学处以后，花不少时间做的第一项工作，就是编译《列宁、斯大林论科学技术工作》。编书的目的很明确：让大家了解和学习列宁、斯大林在建设苏维埃国家的过程中，怎样重视科学技术和科学技术专家，以便把他们的这些思想和经验运用到我们国家的建设中。因此，集中收集十月革命以后列宁、斯大林著作中的有关论述。那时，《列宁全集》、《斯大林全集》的中译本还没有出版，材料的搜集，约有一半是从已有的各种选集和单行本的译本中查到和选用的，另一半是从《列宁全集》、《斯大林全集》原文本十月革命后各卷中查到和译出的，共编选和译出了二十几万字，于1954年由中国科学院出版。在学习这些材料的基础上，我写了《列宁论团结和教育科学、技术专家》一文，在《学习》杂志上发表。这是我学习和研究马克思主义的科学技术论的开始。

说到列宁、斯大林的论述，不能不特别提到列宁对“无产阶级文化派”的批评和斯大林对语言学中的马尔学派的批评。斯大林在《马克思主义和语言学问题》中重提了列宁对“无产阶级文化派”的批评，锋芒指向对马克思主义的庸俗化和简单化倾向。我认为，这在某些方面是起了一点思想解放的作用的。斯大林这部著作发表后，苏联科学界讨论形式逻辑问题，讨论自然科学的性质问题，从斯大林对语言这种社会现象“不属于上层建筑”、“没有阶级性”的分析中得到引导，做出了形式逻辑、自然科学没有阶级性的结论。要知道，长时期以来，在接受马克思主义的人们中，把形式逻辑等同于形而上学，把自然科学列入有阶级性的上层建筑，这样的观点是相当流行的，并从苏联流传到我国。我国20世纪二三十年代的一些宣传马克思主义的文章中，甚至延安时期党报社论中和新中国成立初期一些文章中，都有这种观点的反映。人们必须考虑到这样的背景，才能理解自然科学没有阶级性这个论点提出的意义。苏联讨论这个问题的文章，我们选译过来编成了一本《科学问题论文集》，由学习杂志社于1955年出版。

百家争鸣——团结中西医

20世纪50年代初，我们党在贯彻执行团结中西医这项重要的科学政策的过程中，曾经对一种错误的理论观点，即所谓“中医是封建医、西医是资本主义医”的观点，进行了批评。这种观点是自然科学有阶级性的流行观点的一个突出表现。由于这种观点是由卫生工作部门的一位党员干部提出的，曾被当做卫生工作中的指导思想加以宣传，并且这种宣传同党的医学政策相抵触，在实际工作中造成危害，所以，它的谬误引起了党的领导机关的注意。党进行了许多工作加以纠正。从政策上到理论上对这种观点进行清理，影响所及，也就不限于医学领域。在这个清理过程中，1954 年我在中宣部的党内刊物《宣传通讯》上发表过一篇文章，后来我和李佩珊同志合写了一篇文章，发表在《人民日报》上。

1956 年，在中华人民共和国的历史上，特别是科学文化发展史上，是有特别重要意义的一年。这一年年初，党中央召开了知识分子问题会议，提出“向科学进军”的号召。会后开始制订“十二年科学发展规划”。接着毛泽东同志作《论十大关系》的报告，并确定“百花齐放、百家争鸣”为党在科学文化领域的一项基本方针。这些，对我国自然辩证法研究工作产生了重大影响。

“百花齐放、百家争鸣”方针的提出，同总结苏联和我们自己在自然科学领域的领导工作的经验教训，纠正种种粗暴批判的“左倾”错误，是有密切关系的。1956 年 5 月 26 日，中宣部部长陆定一同志代表党中央向科学界文艺界作了题为“百花齐放、百家争鸣”的报告。这是阐明中国共产党的这项基本政策的极为重要的报告。报告回顾了几年来在科学界，在党内进行过的两次反宗派主义的斗争。一次是在卫生工作部门中，一次是在生物科学研究部门中。陆定一说，在斗争过程中，我们摸索出了这样一条经验：“自然科学包括医学在内是没有阶级性的。”“这些本来是在理论上早已解决了的问题。”“因此，在某一种医学学说上，生物学或其他自然科学的学说上，贴上什么‘封建’、‘资本主义’、‘社会主义’、‘无产阶级’、‘资产阶级’之类的阶级标签，如说什么‘中医是封建医’、‘西医是资本主义医’、‘巴甫洛夫的学说是社会主义的’、‘米丘林的学说是社会主义的’、‘孟德尔-摩尔根的遗传学是资本主义的’之类，就是错误的。我们切勿相信。”

关于卫生工作部门中反宗派主义的斗争，前面已经提到过了。关于生物科学研究部门中反宗派主义的斗争，这里再回顾一点历史。

百家争鸣——遗传学争论

李森科发动的、在 1948 年 8 月会议上达到高潮的对遗传学中摩尔根学派的批判，是苏联在自然科学领域进行的一系列粗暴批判中影响最大、最恶劣的一起。这个批判迅速传到我国，我国的学术机构不但学习了李森科报告，而且还仿效了苏联禁止摩尔根学派的许多做法。这类做法造成党和知识分子关系上的一些尖锐矛盾，逐渐引起我们党的领导机关的注意。

1950 年，人们反映一所大学的领导在对待摩尔根学派观点的专家方面，违背了党的团结知识分子的政策。当时中宣部和教育部都听说了这件事，刘少奇同志也表示了关注。同年 6 月 2 日，那所学校的领导人给少奇同志写了一个报告，叙说情况并有所申辩。7 月 15 日，刘少奇同志将这个报告送给毛泽东、周恩来、朱德及中宣部和教育部的领导人传阅。7 月 16 日，毛泽东同志批道，“这个报告里所表现的作风是不健全的”，这位同志“思想中似有很大毛病”。同一天，毛泽东同志还批阅了反映同一问题的另一份材料，指出必须彻查这个学校的领导“并作适当的处理”，要求将这份材料与上述 6 月 2 日的报告一并讨论。查处的结果，1951 年 3 月解除了这位同志所任校务委员会主任的职务。

1952 年 5～6 月，政务院文教委员会和中国科学院计划局先后三次召开生物科学工作座谈会，讨论和发表了《为坚持生物科学的米丘林方向而斗争》的报告。这个报告，一方面从题目上就标明了“坚持米丘林方向”的立场，另一方面就实际解决的问题来说，则是纠正贯彻这个方向时的粗暴简单的做法，是为批判前面讲到的那位同志的错误而召开的。报告中把他的错误归结为经验主义和教条主义。经验主义表现为“重视点滴的生产经验，忽视系统的农业理论，强调从生产中学习，否定实验室工作”，以及所谓“老百姓是唯物论，学者们是唯心论”的荒谬观点和“全盘否定传统生物科学”的“‘左倾’幼稚观点”。教条主义表现为“牵强附会地搬用哲学术语，把唯物辩证法的一般规律去代替生物科学中的一些具体规律”（应该说，这是在我国第一次批评“代替论”）；还表现为“用米丘林生物科学作为一根打人的鞭子”和“掩盖自己的无知”的“护身的符咒”。报告揭露了经验主义和教条主义的许多具体论点和事例并一一作了分析和批评。

怎样评价这个报告呢？我认为，“坚持米丘林方向”同反对“把米丘林生物科学变成枯燥的教条”这两个方面的结合，典型地反映了当时在这个问题上认识的程度和局限。前者是因袭的方面，后者是从因袭中开始摆脱的转变的方面。从以后来看，这种转变的极不彻底是很明显的；从历史来看，这种转变却是以后进一步转变的发轫。

参加讨论和起草这个报告的，有政务院文教委员会计划局科学卫生处（当时它同时是中共中央宣传部的科学卫生处）的赵沨、孟庆哲、何祚庥和其他单位的许多人。赵沨是处长，1952 年 10 月我调去时，他还在任，是我的第一个上级。生物科学工作座谈会召开时，我还没有调去，只是帮助他们做了一点查阅和分析材料的工作。

这便是陆定一同志报告中讲到的在生物科学研究部门中纠正“左倾”错误的情况。

由于毛泽东同志在讲述“百花齐放、百家争鸣”政策时讲到李森科问题，并且专门有一封信，请中宣部讨论这个问题，1956 年 8 月，在陆定一同志建议下，中宣部科学处会同中国科学院和高等教育部在青岛召开了一个有一百几十位科学家参加的遗传学问题座谈会。会前，孟庆哲、黄青禾、黄舜娥同志进行了大量的调查研究工作，编写了《关于米丘林生物学与孟德尔-摩尔根主义论争的一些材料》这本 10 余万字的小册子，系统地介绍了苏联 1935～1956 年三次论争的情况和中国 1941～1956 年的情况。会上，于光远同志作了两次发言。会后，于光远同志在党的第八次全国代表大会上的发言中，特别讲到青岛座谈会，说明我们的同志要努力钻研科学业务，掌握科学工作的规律，很好地依靠科学家，使自己成为领导科学工作的内行。青岛座谈会受到科学家的热烈欢迎。不少科学家发表了支持这次会议和“百花齐放、百家争鸣”方针的文章。北京大学教授李汝琪写的《从遗传学谈百家争鸣》一文，1957 年 4 月 29 日发表在《光明日报》上。毛泽东同志注意到这篇文章，写信给胡乔木同志要求在《人民日报》上加以转载，还亲自代拟了一个肯定的题目——《发展科学的必由之路》，而将原题改为副题，并亲自代拟了《人民日报》编者按，“欢迎对错误彻底的批判”。

在《发展科学的必由之路》这篇为纪念毛泽东同志诞辰 90 周年而作的文章中，我介绍了毛泽东同志有关这件事的一系列书信、批语和谈话。1986 年由商务印书馆出版的关于青岛遗传学座谈会纪要一书，就以《百家争鸣——发展科学的必由之路》为书名。

规　　划

1956年制订十二年科学发展规划时，还制订了《自然辩证法（数学和自然科学中的哲学问题）十二年研究规划草案》。这项工作由于光远同志主持，我协助他工作，还请许良英等几位同志为制订规划集中工作了一段时间。规划列了九类题目，请几十位自然科学家分别写了数学、物理学、天文学、化学、生物学、心理学等各学科的哲学问题的几十份说明书。我和许良英同志分别就“自然界各种运动形态和科学分类问题”、“自然科学的方法论问题”这两个综合性题目写了说明书。

规划提出了两项措施。

一是在中国科学院哲学研究所建立自然辩证法组。这个组很快建立了，于光远同志兼组长，我为兼职研究人员，开始还曾兼任学术秘书，不久改由陈步同志任学术秘书，还准备把他从中宣部调到中国科学院哲学研究所去工作。许良英、赵中立同志调来这个组为专职研究人员，清华大学的何成钧同志、中国人民大学的林万和同志为兼职研究人员。从这里发展起了一个现在已有将近几十年历史的自然辩证法研究集体。

二是创办《自然辩证法研究通讯》。这个刊物也很快出版了，即由哲学研究所自然辩证法组主办，当年出了创刊号，集中发表了研究规划及其61篇说明书，1957年起改为季刊。

我在《人民日报》上发表的《开展自然辩证法的研究工作》一文，除介绍规划项目，即大家对自然辩证法研究内容的设想以外，还介绍了大家对自然辩证法研究工作的学风问题和吸取苏联教训问题的看法。文章中提到苏联有一些哲学家曾经一度由于批判唯心主义而对相对论、控制论、数理逻辑、量子化学抱有否定态度，后来逐渐得到了纠正。

Cybernetics

应该说，苏联那些否定有价值的自然科学成果的粗暴批判，我国大都立即介绍过来了。但是苏联对cybernetics（控制论）的批判，却没有介绍过来。现在人们常说我们跟着苏联批判过遗传学、控制论、共振论等。在控制论问题上，这样说是不正确的。原因很简单：当时我国科学界还没有注意到苏联有这样一场批判。介绍是从苏联纠正批判控制论的错误开始的。那时也在中宣部工作的胡平同志，注意到苏联重新评价这一问题的文章，译了出来，请我校订，在《学习译丛》1955 年第 11、第 12 两期作了介绍。cybernetics 这个词，该怎么译，着实斟酌了一番。这时，我们才注意到过去苏联《简明哲学词典》中译本中译过这个词，那是一个几百字的小条目，完全否定 cybernetics，认为它把大脑等同于机器，是现代机械论。大约是根据这个条目的评价，译者把它译为“大脑机械论”。现在重新评价，正是纠正这个观点，当然不应沿用这个译法。何况这个译法从字源上是全无根据的。根据字源的含义，我们确定把它译为“控制论”。这个专门名词的汉译，就这么用开了。后来钱学森同志建议改为“控制学”，这个建议很好，但是“控制论”既已用开，又非错误，也就难改了。

从介绍苏联对控制论的重新评价，引起我们（罗劲柏、陈步、侯德彭和我）去读控制论创始人维纳的书，并准备把它逐章译出，聚合一些人逐章讨论，搞个讨论班。我先译出维纳《控制论·导言》，发表在《学习译丛》1957 年 6 月号上。可惜后来“反右派”开始并严重扩大化，陈步、侯德彭两位均被错误地划为“右派”。我和罗劲柏，因为在“鸣放”中有一个联合发言，批评等级和特权，后来被指责为“龚罗联盟”，也作了多次检讨。我们坚持合译完了这部著作，但到科学出版社出版这本书时，他们两位仍然不能署真名。我们商定，合署了“郝季仁”（好几人）这个假名。

文　集

1958 年，我跟于光远同志去上海，参加上海筹建自然辩证法研究会的会议。于光远同志作了长篇发言，着重谈了自然辩证法研究规划中“历史唯物主义论科学”这一方面。还在 1954～1955 年的时候，于光远同志曾经要我拟出过一个《论科学（提纲）》，准备就科学的性质、特点、规律、作用等问题组织一系列讨论。这次提出这个问题，着重在历史唯物主义方面，并同我国科学工作改革联系起来，当然是有那时的历史背景的。他提到政治与科学的关系，科学与生产、理论与实际的关系，科学工作中的群众路线和专家同群众的关系，科学与哲学的关系等几个方面，要求展开讨论和研究。他这篇讲话发表在上海《学术月刊》1958年第6期。我在《自然辩证法研究通讯》1958年第3期上发表了《历史唯物主义与科学工作的改革》一文。这篇文章没有收入现在这个集子，因为它仍属提纲性质，只是初步提出问题。以后我逐题进行了比较展开的研究，1959～1961年写了近10篇论文，陆续在报刊上发表，并结集为《关于自然科学发展规律的几个问题》这本文集，1961年12月由上海人民出版社出版。

这本文集出版前，我写了个序言，提出要“学习和研究马克思主义的科学技术论”，认为“这门学问应当成为党的科学技术工作方针政策的理论基础”。我觉得这是一个应该受到重视的意见，所以，摘出序言中的这一段话，单独作为一篇文章，收入《科学、哲学、社会》。至于书中的10篇文章，《自然科学的发展和生产的关系》、《自然科学和世界观》这两篇最有代表性。1959年年初开始对1958年整风和“大跃进”中的“左”的偏向，有所纠正。前一篇是在这种背景下写的。1961年继续1959年年初开始而后来被打断了的纠“左”进程，在自然科学工作领域，在聂荣臻同志主持下，制订了《关于自然科学研究机构当前工作的十四条意见（草案)》，（即著名的《科研工作十四条》)。聂总还就十四条中的7个政策问题专门给中央写了长篇报告。刘少奇同志主持政治局会议讨论和批准了《科研工作十四条》和聂总的报告，并批转给各科学、教育、卫生、文化机关学习和执行。《科研工作十四条》和聂总报告中讲的一个重要政策，就是“百家争鸣”，是针对1957年以后重新出现的违背这个方针的粗暴批判而写的，并从总结经验教训中对执行这个方针作了一系列具体的政策规定。为了从理论上详细论证和阐发这些政策规定，我写了《自然科学和世界观》。这里插叙一个情况：我的文章发表不久，河北大学钱时惕同志在《文汇报》上指出我在“伟大的科学家，渺小的哲学家”的标题下，讲到马赫、彭加勒，还提到了牛顿、爱因斯坦，不妥当。他认为列宁所讲的伟大兼渺小的人，只是指马赫、彭加勒，至于牛顿、爱因斯坦，不能划入此类。他的这个意见是对的。虽然我也讲了牛顿、爱因斯坦的基本唯物主义方面，虽然我引用列宁的提法主要是为了反对那种因为有唯心主义哲学观点而否定科学家的伟大科学成就的偏向，但是，我的讲法的确扩大了列宁所指的范围。当时我未能很好地接受他的意见，这表现在我在《文汇报》上发表的回答文章《关于自然科学的唯物主义》中。到那本小书再印时，我去掉了“伟大的科学家，渺小的哲学家”这个分段标题，改为“自然科学的科学成就和他们的世界观之间的矛盾”，而把伟大兼渺小限于极少数唯心主义成为其哲学观点的主导方面的科学家（现在来看，列宁的提法有它的具体背景。客观地评价马赫和彭加勒的哲学思想，应该说，除了有渺小的东西，还有许多有价值的东西，不可以一笔抹煞）。

为了正确理解马克思主义哲学和自然科学的关系，我觉得需要对无产阶级掌握政权以来处理这个关系上的经验教训，作一番系统的历史的清理。1961 年下半年，我查阅了许多书刊，编辑了九辑（约 10 万字）的资料，勾画出了苏联从 20 世纪 20 年代末期到 50 年代中期这方面历史的轮廓。1956 年，黄青禾同志他们编的那本资料，集中在遗传学问题上，这九辑资料则涉及各门自然科学。在这些资料的基础上，我写了一篇综合的评述——《苏联自然科学领域思想斗争的历史情况》，发表在中宣部的党内刊物上。现在我准备把它公开发表在《自然辩证法研究》上，同期还将发表我为《历史的足迹》一书写的前言，这部《历史的足迹》是在上述九辑资料的基础上扩展、增补而编成的。

刊　物

1962 年，为推进自然辩证法研究工作，我们抓了几件事情。

一是于光远同志重新兼任哲学研究所自然辩证法组组长，要我兼副组长，两年后调来查汝强同志，专职主持组的工作。

二是恢复出版《自然辩证法研究通讯》。它在 1960 年中停刊，因为那时整顿刊物，认为哲学所的领导力量应集中办好《哲学研究》。事实上，《哲学研究》不可能担负起《自然辩证法研究通讯》应做的全部工作。复刊第一期 1963 年出版。自然辩证法组的孙焕林、傅慷和、胡文耕、张乃烈诸同志为办刊花了很多精力。范岱年同志被调来加强刊物的力量，还办了一个不定期的内部资料刊物《自然辩证法动态》，由傅慷和同志负责。

三是筹划自然辩证法方面基本学术资料的建设。请商务印书馆高嵩同志支持自然辩证法组，或者说请自然辩证法组支持商务印书馆，来进行这项工作。陈步同志调到了商务印书馆，侯德彭同志在广西大学，也为商务印书馆工作。许良英同志因为被错划为“右派”失去工作，于光远同志请商务印书馆同他建立固定联系，做这方面的工作。我在《人民日报》上写《对自然辩证法研究的一点意见》，就是说明基本学术资料的建设工作的意义和要求的。

四是招收研究生。于光远同志任导师，1962 年在北京大学（北大）哲学系和中国科学院哲学研究所各招四年制研究生四人，预计全部先在北大学两年，再到哲学研究所工作两年。我也列名为导师，具体工作主要是北大哲学系自然辩证法组孙小礼等同志做的。在 20 世纪 50 年代中期，于光远同志就关心过北大招自然辩证法研究生的事，并推动哲学系开设了“自然和自然发展史”课程，要我起草了这课程的提纲，他作了第一讲。他正式担任研究生导师，是从 1962 年开始的，以后几年每届还招收了几名学生。

现在来看，这几项部署，虽然未能完全按原定计划实施，还是收到了实效，出了一些成果，聚集和培养了一批人才。

《自然辩证法研究通讯》复刊号上从苏联《哲学问题》杂志上转译了日本坂田昌一教授的《基本粒子的新概念》一文。这个杂志的复刊和复刊号上的这篇文章，引起了毛泽东同志的注意和兴趣。1963 年年底，聂荣臻等几位主管科技工作的同志向毛泽东同志汇报新的十年科学规划，于光远同志参加了汇报。于光远同志回来说，毛泽东同志听汇报时谈道，有一种杂志，叫《自然辩证法研究通讯》，中间停了很久，现在复刊了，复刊了就好。

1964 年 8 月 18 日在北戴河，毛泽东同志找几位哲学工作者谈话，吴江同志和我也参加了。毛泽东同志谈了两个小时，除了讲哲学和阶级斗争以外，还讲到自然发展史，讲到物质的无限可分性，讲到《自然辩证法研究通讯》，讲到《自然辩证法研究通讯》上发表的坂田讲“基本”粒子也是可分的文章，讲到自然科学家接受辩证唯物主义，等等。8 月 24 日，毛泽东同志在北京，把于光远和周培源同志找到自己的住所，谈坂田的文章，讲宇宙的无限：宇宙从大的方面是无限的，从小的方面也是无限的，是无限可分的；还讲到细胞的起源，讲到地球和人类的未来，等等。那时，正在召开北京科学讨论会，坂田也来了，毛泽东同志接见与会科学家时特别向坂田讲到自己读过他的文章，使坂田十分惊讶。

因为毛泽东同志多次谈到坂田文章，还听说他读这篇文章时在杂志上画了许多道道，并认为应该写一些注释来解释文中的专门术语和知识，所以，我们和《红旗》杂志组织人从日文原文重新译出了坂田文章，题目恢复为《关于新基本粒子观的对话》，请庆承瑞和柳树滋同志写了许多条注释，并根据毛泽东同志几次谈话的内容起草了编者按语，在《红旗》杂志（党中央的理论刊物）1965 年第 6 期上发表。当时还组织了许多讨论。这件事在我国有较大影响，我国物理学家们关于层子模型的研究，与这个影响是有关的。在国际也有影响，不但坂田多次讲到此事，后来得了诺贝尔物理学奖的格拉肖在一次国际科学会议上还曾说到他想建议把比“基本”粒子更深一个层次的粒子命名为“毛”粒子。这样说，并不是真正要以它命名，它表示了一位科学家对一位哲学家的尊敬之意。

20 世纪 60 年代以后，逐渐有不少超出自然科学工作范围的任务加到我身上。本来，我从事自然辩证法和科学技术论的研究，是同工作结合、在工作之余进行的，现在，别的方面的任务加重了，能挤出来从事自然辩证法研究的时间就比以前少了。《自然科学发展规律》那本文集出版后，1962～1965 年，我还继续写了这方面的一些文章。这次编集子，因为它们都已收入《自然科学发展规律》一书的增订本（1978 年），所以也只选两篇，即《认识发展中的肯定否定问题》和《试论科学实验》，作为代表。《认识发展中的肯定否定问题》，也是针对粗暴批判中的绝对否定的观点，从历史和理论上来作论述的。在文章中，我提出了将科学发展中新旧认识之间的肯定否定关系划分为两种基本类型的思想。我觉得这个思想是有意义的，以后几次进一步论述了它。《试论科学实验》只选了前半篇，即从认识论的角度讲；后半篇虽然是强调科学技术在社会主义建设中的作用，但反映了当时社会主义社会以阶级斗争为纲的“左”的思想的影响。

“牛　　棚”

1966 年，“文化大革命”一开始，我就被当做“牛鬼蛇神”扫进“牛棚”。

中宣部是“阎王殿”，在这场运动中首当其冲。部长们大都被当做“阎王”打倒了，处长们大都被当做“判官”打倒了；我不过是科学处的一名干事，够不上“当权派”的格，但也被当做“牛头马面”打倒了。

我被打倒，不是因为自然辩证法方面的工作和文章，主要是因为参与了“阎王殿”的几件大事，但是自然辩证法方面的工作和文章也被涉及。

1966年6月13日，《北京日报》和《北京晚报》发表文章批判“三家村黑帮”，在讲到署名“方求”的《〈海瑞罢官〉代表一种什么社会思潮?》一文时，用黑体字加了一个编者注：“现在查明，这篇文章主要执笔者龚育之，是反党反社会主义黑线的重要骨干。此人竭力为‘三家村’黑帮分子打掩护，打击革命的左派。”

《北京晚报》为什么急于要点我这样一个排不上号的人的名字呢？原来就在6月7日，《北京晚报》上说到一件事：“1962年8月，龚育之同志针对《谁最早研究科学理论》（邓拓）这株毒草，写来稿件，提出批判意见。周游（《北京日报》总编辑）却说：‘不要发表，给作者作个解释得了。’就这样被扼杀了的革命的声音，这两年究竟有多少?”一个“打击革命的左派”的人的稿件，被称为“革命的声音”，这还了得?！岂不大大得罪“革命的左派”?！所以，要赶紧表白。

报上讲的这件事，是怎么个原委呢？原来，邓拓同志在“燕山夜话”专栏里发表过《谁最早研究科学理论》一文，其中谈到老子的“玄而又玄，众妙之门”，认为玄指的原子，玄而又玄指的原子核。这类论点，我是不以为然的。我认为，它同严复把“自强不息”解释为热力学第二定律——熵增加，都属于牵强附会。我写了一篇短文，提出批评意见，投寄《北京晚报》。编者先说要发，请我压缩篇幅。后来说，希望不发了，因为邓拓同志忙，已经准备停止这个专栏，这时发，可能引起误解，问我是否同意，我自然完全尊重编者的安排。这事与自然辩证法倒有点关系，我的文章中还引用了恩格斯关于希腊人天才的猜想同近代科学以实验为基础的学说性质不同的论述。但是，无论是邓拓同志的文章，还是我的文章，争论的是学术观点，可以有对错之分，与“毒草”云云，与声音之“革命”或“反革命”，是毫不相干的。（邓拓同志显然坚持他的观点，他在编辑最后一册《燕山夜话》时，将这篇文章列为首篇。我尊重他的坚持，我也仍然坚持自己的意见。）

这件事大概还不至于被认做“为‘三家村’黑帮分子打掩护”（对现在的青年读者，我们也许应该注明，“三家村”黑帮分子指的是吴晗、邓拓、廖沫沙)。“打掩护”指的是署名“方求”的批判吴晗《海瑞罢官》的文章。这篇文章是戴逸、林甘泉、邢贲思和我四人合作写的，科学处组织此事，我算“主要执笔人”，周扬同志指点和审阅过。实在是努力在批判《海瑞罢官》，纲也上得很高，“反马克思主义思潮”，“反社会主义思潮”，都讲了。但是文章没有说《海瑞罢官》是有意识、有阴谋地反党反社会主义，却引了列宁引过的一段话：历史喜欢作弄人，本来要进这个房间，结果却走到了另一个房间。这个“走错房间”论，就被批判为“假批判、真包庇”、“打掩护”!

至于“打击革命的左派”，说的是“打击”当时成为“中央文革小组”成员的关锋。我和关锋打交道，最初也与自然辩证法有点关系。他在《新建设》杂志上发了一篇讲质变量变的哲学文章，把“同分异构”和“同素异形”这两个化学概念弄混了。我写了一封信给《新建设》杂志，指出这一科学知识上的错误。至于成为“打击左派”的事件，则是在《海瑞罢官》批评过程中，中宣部科学处请关锋写批判吴晗道德继承论的文章，文章写来了，将吴晗讲道德继承比做蒋介石提倡新生活运动。我们一看，觉得不妥，在民主革命时期，吴晗是反蒋的呀！建议作者删去。回答是：不能动。我确实不高兴了，记得关锋用“何明”的笔名，在《光明日报》写“灯下漫笔”，其中好像也有过同吴晗讲道德继承论点差不多的文章。一查，果然有。好，你讲可以，人家讲怎么就非得上纲到“蒋介石”？于是，整了一份材料，送给领导。这就是惹下大祸的、为《二月提纲》作准备的七个所谓“包庇右派、打击左派”的黑材料之一。

有了这些事，足够资格被扫进“牛棚”了。以后“罪行”越查越多，但是涉及自然辩证法的并不多，记得有这么几件：①《关于自然科学发展规律的几个问题》一书中所阐述的“自然科学没有阶级性”的论点受到批判；②这本书中有关哲学同自然科学关系的论点，被指责为反对马克思主义哲学的指导；③酝酿中的对相对论的大批判，我的这样一句话：“相对论根本改变了过去物理学家对于物质、运动、空间、时间的概念，提出在新的基础上进一步研究辩证唯物主义关于这些范畴的学说，驳斥对相对论作相对主义和主观主义歪曲的任务”，竟然也被列为批判的靶子；④宣传坂田文章被指责为对抗“学习雷锋”!

不曾亲历过“文化大革命”的人，怎能理解这样的逻辑和气氛？

回　　顾

“文化大革命”结束以后，我的工作岗位已不在自然科学方面。从事自然辩证法研究的时间，就更少了。虽然，只要有可能，我总尽量挤出时间来，保持接触，写点东西。这次编《科学·哲学·社会》文集，搜罗起来这方面的文章竟然也有十篇，十几万字，这是原来心中无数的。这些文章，主题大都是回顾历史、总结经验。由于许多事是亲历过或调查过的，在提供材料方面可能还算较为充分和准确，在判断的正确程度和概括的理论深度方面，却是很不够的。

收入集子的最后一篇文章，是我和孙小礼同志合写的《中国大百科全书·哲学卷》的自然辩证法总条目。我担任哲学卷自然辩证法分科的主编，但是我要说明，我没有做多少工作，工作是副主编梁存秀等同志做的，我看过各条的稿子，提了少量意见，主要工作就是写了这个总条目。将来这个条目的文字还可能按百科规格再作些修改和调整，收在这个集子里的是我提出的完成稿。

编完集子，重读旧文，深感时代进步很快，人们和自己的思想变化也快。以现在看过去，不要说几十年前，就是几年前的文章自己也觉得浅陋因袭之论甚多。按现在的认识来进行修改和重写，是不可能的。好在结集的目的，主要在给读者了解这个领域的历史提供一些材料，“持此涓滴，注彼说渊，献我同流，比之芹子”。从献芹者来说，自以为这些文章还不都是人云亦云，多少有些自己思索的所得和前后连贯的观点，所以也就不揣冒昧了。

箴　　言

40年的追求，使我深切体会到，科学之路和革命之路都不是平坦笔直的。但是，不管怎样曲折崎岖，都要朝着原来追求的革命和科学的根本目标前进，矢志不渝。我的座右本来没有什么铭文。我按这部丛书编者的统一要求，在这篇跋的末尾，写下两句话，算是我的座右铭：

人生要有追求。我追求科学，追求革命。

科学是革命的力量，革命要根据科学。

代序二 作者的话*

在自然辩证法和科学学研究方面，我编自己的文集，共有三次。

第一次是编《关于自然科学发展规律的几个问题》。这本文集，1961 年年底由上海人民出版社出版，“文化大革命”以前多次印刷，“文化大革命”结束不久还出过增订本，累计印数超过 10 万册。全书分为科学与社会、科学与生产、科学家与群众、科学与哲学四辑。不过，那都是党的十一届三中全会实现伟大历史转折以前的事了，收在那里面的文章，如果还有一点意义的话，那就是现在的人们可以从中了解那时在曲折中前进的历史的一个侧面。

第二次是编《科学·哲学·社会》。这本文集，1987 年由光明日报出版社出版。全书分为三辑：“自然辩证法和自然科

---

* 本文是 2004 年 11 月 1 日为《自然辩证法在中国》（新编增订本）所写的前言，作为本书的代序二，编者作了一些删节。

学论”为一辑，“科学前进中的肯定和否定”为一辑，“中国共产党的科学政策史”为一辑。其中小部分是“文化大革命”以前的文章，大部分是党的十一届三中全会以后的文章。

第三次就是编《自然辩证法在中国》。1996年那本书出版时，在“作者前言”中我说：“这是一本关于自然辩证法和科学学研究在中国的历史发展情况和历史经验教训的书。”“第一篇长文，可以说是本书的主体，它原来是为《自然辩证法百科全书》而写的一个条目，在《自然辩证法研究》上分四期连载过。用到百科全书中的稿子当然不可能这样长。这个长稿，搜集材料，梳理线索，花了不少工夫，这次又根据在刊物上发表后听到的意见，作了一些修改。”“第二篇长文，讲的是苏联过去在这方面的历史，由于苏联这方面历史在一段时间中对我们有过相当大的影响，又由于这篇文章反映了我们过去对这个问题的研究状况，把它同我们自己这方面的历史联系起来读一读，我想是有益处的。”“第三篇《自然辩证法在北京大学（大事记)》，则是从这所大学来看自然辩证法在中国。它是北京大学科学与社会研究中心的同志编写的一份史料。承蒙他们的好意，同意把它收到这本书中。”“这三篇，为第一部分。”

这一部分全都保留在现在的新编增订本中，是为第一辑历史篇。遗憾的是，自然辩证法在中国和在北大的历史只写到20世纪80年代末90年代初，没有写到现在，在苏联的历史更是只写到20世纪50年代末。好在讲历史也可以只讲一段。新近这些年的历史，就留给别的研究者了。

在“作者前言”中我接着说：“第二部分，是我从1986年以来，即《科学·哲学·社会》结集以后，所写的自然辩证法和科学学研究方面的文章(大都略有修改)。这些文章的主题，大都是讲自然辩证法在中国的历史，或者离不开这方面的历史。”

这些话是对旧编本而言的。这次新编增订，变动较大的是这第二部分。这部分中原有的关于毛泽东论科学技术和邓小平论科学技术的四篇文章，这次单列出来，加上后来写的另外四篇同类性质的文章，合为一辑。

“文化大革命”结束以后，我的工作有了变动，转到了专门研究毛泽东、邓小平，以及党的理论和历史的岗位上。不过，由于历史缘故，我还保持着同自然辩证法研究的联系，并且还担任了两届中国自然辩证法研究会理事长，现在还担任着名誉理事长。这样，研究毛泽东、邓小平对科学和技术的论述，成了我特别关注的课题。这方面的一些成果已经收在《科学·哲学·社会》中，自那以后还有一些更有系统的研究，包括毛泽东逝世10周年时的研究、邓小平“南方谈话”以后的研究、毛泽东诞辰110周年时的研究，都收集和增补在《自然辩证法在中国》的新编增订本中，并且单独列为一辑，成为毛邓篇。

至于时论篇，则收集了围绕这些年来党的历次纲领性文件、围绕捍卫科学尊严和发扬科学精神、围绕科学与人文的结合和交融这些主题所写的文章。

在中国自然辩证法研究会两届理事长、中国科协促进自然科学和社会科学（两科）联盟委员会两届主任的任期内，我所参与和推动的一项较有影响力的工作，就是组织和坚持了持续多年的“捍卫科学尊严、反对愚昧迷信和伪科学”系列座谈会。从酝酿开始，到多次会议上，到围绕这个系列座谈会而进行的许多活动中，我都发表了或短或长的演说和文章。这些大都收集在这次的新编本中，成为这次增补的重要部分。

还有一个主题就是呼吁科学与人文的结合和交融。对自然科学的哲学研究，对科学技术和社会的研究，本来就是科学与人文结合和交融的研究领域。“五四运动”以来，欢迎“德先生”和“赛先生”；中国共产党成立以来，欢迎“德同志”和“赛同志”。两先生、两同志携手合作，本来就是科学与人文的结合和交融的生动体现。但是，在提倡科学精神、强调科学技术是第一生产力、重视科教兴国战略的现在，不时听到的“反科学主义”的声音，我以为是同促进科学与人文的结合和交融不相谐和的一种声音。把提倡科学、崇尚科学，一般地贬斥为“科学主义”，是没有根据和没有益处的。反-科学主义（也许是要把科学主义作为一种错误思潮来反对），同反科学-主义（即把反科学作为一种主义来提倡），很容易混同。如果不愿意引起这种混同，那就应该慎用“反科学主义”；如果意在混同，意在通过“反-科学主义”来宣扬“反科学-主义”，我认为那就不能不予以质疑。我注意到这个问题，提出质疑，最初是在1987年两科联盟的一次会议上和1989年纪念“五四运动”70周年的时候。以后又多次讲过，特别是2000年在上海科技论坛的长篇演说《新世纪科技发展的人文思考》

中和2004年发表在《自然辩证法研究》上的长篇文章《科学与人文：从分隔走向交融》（这篇文章曾经在纪念中国自然辩证法研究会成立25周年的大会上和在清华大学的一次报告会上讲过）中，比较充分地论述过我的观点。我期望这个问题能引起我国科学哲学界、科学社会学界和科学文化学界的注意，引起我国思想理论界的注意。

龚育之

2004年11月1日

编者前言

龚育之一生的学术研究主要涉及两个领域：一是科学技术论和自然辩证法，一是中国共产党的历史和理论。本书所收集的100多篇文章及作为本书“代序”的两篇自述，大体上能呈现出龚育之在科学技术论和自然辩证法这一领域长达半个多世纪的耕耘历程、一些研究成果和所提出的一些思想观点。

本书是龚育之个人研究工作的一份历史记录，也是有助于读者了解我国科技政策、科学技术论和自然辩证法事业曲折发展的一份历史资料。

编辑本书时，我们将文章分成五个部分：①科学和科学史；②科学技术政策；③科学技术论；④自然辩证法；⑤科学与人文。其中有些文章或讲话，内容涉及多个方面，很难严格地区分归于哪一部分。因此，目前的各部分只是大致的划分，相互之间有些交叉。

书中每一部分的文章都按写作或发表的时间顺序排列，以便于读者了解文章撰写的时代背景和作者的思想变化。

本书书名定为“科学与人文的交融”，是考虑到龚育之一生的学术研究都贯穿着将科学与人文融合起来的愿望和努力。事实上，无论科学史研究，还是科学技术政策研究；无论是科学学研究，还是自然辩证法研究，乃至后来的党史研究，从某种意义上说，他的作品大都具有科学与人文相结合的特色。龚育之在晚年，在生命的最后的十余年，无论在自然科学界，还是在社会科学界，甚至在任何学术场合，他都竭力提倡、大声疾呼：科学与人文的交融！

2003 年，他写道：

我们提倡的人文精神应当是具有现代科学基础的人文精神，我们提倡的科学精神应当是充满着人文关怀的科学精神。这就是现代的科学精神同人文精神的相互渗透、结合和统一。

龚育之
二〇〇三.一.十九

2004 年，他在多年思考和积累的基础上，又阅读了大量国内外文献，并与年轻朋友们一起切磋探讨，花费很大力气撰写了一篇长文——《科学与人文：从分隔走向交融》。

2007 年 6 月初，即龚育之临终之前，他惦念着还要撰写捍卫科学精神的文章，可以说，他正是在对这一课题的思考中逝去的。我以为，龚育之的这个遗愿，已转化成他对朋友们特别是青年朋友们努力发扬科学精神、努力促进科学与人文相结合的殷切期望。

为了编好本书，我特邀请相识50年的老朋友、中国科学院科技政策与管理科学研究所的陈益升研究员和新近相识的小朋友、清华大学科学技术与社会研究所硕士研究生李晓洁与我合作。在查寻文献方面，我们得到了中国自然辩证法研究会王萍、《自然辩证法通讯》编辑部王大明、上海辞书出版社潘涛、中国科学院图书馆张杰龙、《科学学研究》编辑部王艳辉、《科学学与科技管理》杂志社许静、清华大学研究生麻昊志，以及龚育之在北京大学科学与社会研究中心的博士研究生郑丹、张晓芳的热心帮助；在清样校读方面，刘立、王骏、郑丹、刘晓君、崔楠楠、余佳、黄承佳、陶新燕、张琪等同志付出了劳动；在编辑加工方面，科学出版社人文分社石卉女士等工作人员认真地作了种种努力。在此一并表示感谢。

由于时间比较仓促，本书的内容编排会有不妥，编辑工作还比较粗糙，恳请读者批评指正。

孙小礼

2012年12月10日

目录

第二部
科学技术政策

第三部
科学技术论

第一部
科学和科学史

一个巧妙的联立方程式解法*

记得有同学曾经拿下列联立方程来要我解，大概是哪个大学入学考试的试题吧。

$$\begin{cases}x+y+z=9\\x^2+y^2+z^2=41\\x^3+y^3+z^3=189\end{cases}$$

这么整整齐齐的方程式，应该不会太难解吧！于是我拿过一张纸来就动笔，用的自然是消去法。可是，奇怪，消来消去，越消越麻烦了，一张纸画完了还没有一点头绪。于是换了一张纸，换了个方法——代入法。可是，代进代出，仍然代不出一个什么名堂来。两个解联立方程式的法宝都使用过了，却并无一点灵验。

但我还有一个法宝——观察法，没有用过。最后，只好使用出来，先观察出来解答，胸有成竹，解起来就方便得多。可是，观察了半天，0，1，2呀；1，2，3呀；－1，0，1呀；都代过了，不合，不合。真叫人心焦。

---

* 本文原载《中学生》，1948年7月号（总第201期），第60～62页。

以后，我几度鼓起勇气来求解，总是没有结果。直到最近，才在商务印书馆出版的《大代数学讲义》上翻到了这个题目，编者给解出了：

$$(x+y+z)^2=x^2+y^2+z^2+2(xy+yz+zx)$$

$$\therefore xy+yz+zx=\frac{1}{2}(9^2-41)=20$$

$$x^3+y^3+z^3-3xyz=(x+y+z)(x^2+y^2+z^2-xy-yz-zx)$$

$$\therefore xyz=\frac{1}{3}[189-9(41-20)]=0$$

命 λ 之根为 x，y，z。

则 $(\lambda-x)(\lambda-y)(\lambda-z)=0$

即 $\lambda^3-(x+y+z)\lambda^2+(xy+yz+zx)\lambda-xyz=0$

代入得

$$\lambda^3-9\lambda^2+20\lambda=0$$

$$\lambda(\lambda^2-9\lambda+20)=0$$

$$\lambda(\lambda-4)(\lambda-5)=0$$

$$\lambda=0,4,5$$

原方程式为 x，y，z 的等势式，故将0，4，5排列一下，得0，4，5；0，5，4；4，0，5；4，5，0；5，0，4；5，4，0六组，即为 x，y，z 之六组解。

你看，这是多么巧妙，又多么简单，真叫我欢喜得跳起来。在这一类的问题里，用这个方法去解真是再好不过了。

用这个方法，只有一个诀窍，就是先要找出 $x+y+z$，$xy+yz+zx$，xyz 这三个式子的各自的常数值来。例如，求解：

$$\begin{cases}x+y+z=10 & (1)\\ xy+yz+zx=33 & (2)\\ (y+z)(z+x)(x+y)=294 & (3)\end{cases}$$

拿（1）式代入（3）式得

$$(10-x)(10-y)(10-z)=294$$

即 $1000-100(x+y+z)+10(xy+yz+zx)-xyz=294$

即 $1000-100(10)+10(33)-xyz=294$

$$\therefore xyz=36$$

于是同前法：

$$(\lambda-x)(\lambda-y)(\lambda-z)=0$$

$$\lambda^3-(x+y+z)\lambda^2+(xy+yz+zx)\lambda-xyz=0$$

$$\lambda^3-10\lambda+33\lambda-36=0$$

$$\therefore\ (\lambda-3)^2(\lambda-4)=0$$

$$\lambda=3,\ 3,\ 4$$

即 x，y，z 之值为 3，3，4。排列一下应得六组，但有一半重复，实际上得 3，3，4；3，4，3；4，3，3。

再比较复杂点的有求解：

$$\begin{cases}x+y+z=\dfrac{1}{2}a\\ x^2+y^2+z^2+3(xy+yz+zx)=-c^2\\ \dfrac{1}{x+y}+\dfrac{1}{y+z}+\dfrac{1}{z+x}=\dfrac{1}{a}\end{cases}$$

先变第一式：

$$(x+y)+(y+z)+(z+x)=a$$

再变第二式：

$$(x+y)(y+z)+(y+z)(z+x)+(z+x)(x+y)=-c^2$$

再变第三式：

$$(x+y)(y+z)(z+x)=a[(x+y)(y+z)+(y+z)(z+x)+(x+z)(x+y)]=a[-c^2]=-ac^2$$

命 λ 之根为 $(x+y)$，$(y+z)$，$(z+x)$，

则

$$(\lambda-x-y)(\lambda-y-z)(\lambda-z-x)=0$$

$$\lambda^3-(x+y+y+z+z+x)\lambda^2+[(x+y)(y+z)+(y+z)(z+x)+(z+x)(x+y)]\lambda-(x+y)(y+z)(z+x)=0$$

即 $\lambda^3-a\lambda^2-c^2\lambda+ac^2=0$

即 $(\lambda-a)(\lambda-c)(\lambda+c)=0$

$$\lambda=a,\ c,\ -c$$

即 $(x+y)$，$(y+z)$，$(z+x)$ 之值为 a，c，$-c$。

$x+y+z=\frac{1}{2}a$，以$\frac{1}{2}a$ 分别减a，c，$-c$，

则得$-\frac{1}{2}a$，$\frac{1}{2}a-c$，$\frac{1}{2}a+c$。

以$-\frac{1}{2}a$，$\left(\frac{1}{2}a-c\right)$，$\left(\frac{1}{2}a+c\right)$排列一下，得六组解，即 xyz 之解答。

这方法还可以更推广开去。例如，求解：

$$\begin{cases}x+ay+a^2z+a^3=0\\x+by+b^2z+b^3=0\\x+cy+c^2z+c^3=0\end{cases}$$

命 $\lambda=a$，b，c 则上三式可一总书为 $x+\lambda y+\lambda^2z+\lambda^3=0$

又有 $(\lambda-a)(\lambda-c)(\lambda+c)=0$

即 $\lambda^3-(a+b+c)\lambda^2+(ab+bc+ca)\lambda-abc=0$

比较这两个 λ 的三次方程式得

$$z=-(a+b+c)$$

$$y=ab+bc+ca$$

$$x=-abc$$

从这四个例子里，我们便可以看到这个解联立方程式的方法是多么巧妙而简单！但我把它介绍给诸位的意思，并不是只让诸位知道这四个问题的解法而已，学习贵在“举一反三”，举例是“举一”的工作，“反三”的工作是有待各人自己去做的。

兔子追不上乌龟吗*

好像希腊有一位诡辩学家说过，兔子永远追不上乌龟。

说是“追”不上，这里面自然就有了一个假设：一开头乌龟就已经在兔子的前面了。为方便起见，画一个图来说明这位诡辩学家的“理论”。

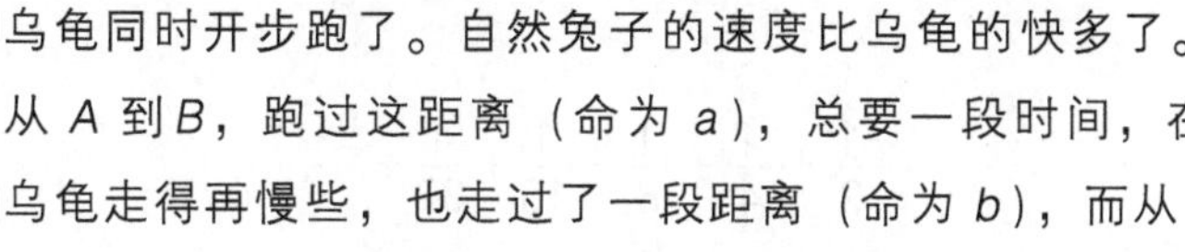

假定有一条跑道，兔子在起点 A，乌龟在兔子前面 B 点的地方。一声令下，兔子和乌龟同时开步跑了。自然兔子的速度比乌龟的快多了。但哪怕是再快些吧，从 A 到 B，跑过这距离（命为 a），总要一段时间，在这一段时间里，哪怕乌龟走得再慢些，也走过了一段距离（命为 b），而从 B 到了 C。

又，兔子由 B 到 C，总要走一段时间，在这段时间里乌龟只要不停脚，总又走了一段距离 c，而从 C 到了 D。

当兔子走完距离 c，从 C 到 D 时，乌龟可又走了一段距离 d，而从 D 到了 E。

这么看，每当兔子赶到乌龟原来的地方时，乌龟总又向前走了一点点。

* 本文署名育之，原载《中学生》，1948 年 12 月号（总第 206 期），第 55～57 页。

永远不即不离，永远在兔子的前头。哪怕只前一丁点吧！一丁点总还有一丁点，不能说是兔子赶上了乌龟。

这样说来，兔子当真赶不上乌龟了？而且，依此类推，什么短跑健将乌温斯、长跑健将楼文敖岂不都“赶”不上一只乌龟？这才是笑话呢！

事实上，兔子赶乌龟，三步两跳便追过了。只要不睡觉，乌龟是莫能望其项背的。

无论什么巧妙的理论，一与事实相连，便自然被粉碎无余，站不住脚跟。“兔子追不上乌龟说”，好像是天衣无缝，其实是有一个大破绽的。下面让我们来翻开天衣，寻出破绽来。

好像是庄周先生吧，他说：“百尺之竿，日取其半，万世而无穷。”

一根 100 尺[①]的竿子，今天来取去一半，还剩 1/2，50 尺。明天来，取去剩下的一半，还剩原来的 1/4，25 尺。后天又来，取去剩下的一半，还剩原来的 1/8，12.5 尺。再下来只剩原来的 1/16 了，1/32 了，1/64 了……“万世”，我们姑且作为 10 000 个世纪吧！即 100 万年。抹了零头，每年算 360 天，100 万年共 360×1 000 000 天，即 36×10^7 天。那么，取到第 100 万年的除夕夜，竿子只剩下 $\frac{1}{2^{36\times10^7}}\times100$ 尺了。这自然是一个极小极小的数目。但只要还有一丁点，就不能叫做已“穷”。故曰“万世而无穷”。

我们现在再拿数学的方法来说明一下：百尺之竿日取其半，第一天取去了竿的 1/2，第二天 1/4，第三天 1/8……把陆续取去的长度加起来，可以写成个级数：

$$\frac{1}{2}+\frac{1}{4}+\frac{1}{8}+\frac{1}{16}+\frac{1}{32}+\cdots \qquad (1)$$

这一个级数一项一项写下去，永无穷尽，我们就叫它无穷级数，但是把这无穷项加起来，却等于 1，即整个的一根竿子。这无穷项就是说取无穷次，每次都是一天，那么就是无穷天，换句话说，要取无穷天才能把这一根竿子取尽。“万世”无论多么长总是一个有限数，当然及不了那无穷天。所以我们说，即使取到万世，竿子还是不会取尽！

---

① 1 尺＝0.3333 米。

不过，这里有大可注意的地方，就是“日取其半”。取永远是每天取一回，每回所取得的量，却一次一次减少了。假如我们依照所取的量的减少，而缩短每次取的时间，结果会如何呢？

譬如说，今天的上半天把那根百尺之竿取去一半，下半天的上半段时间内又去取剩下的竿的一半；剩下的那 1/4 天的时间的上半段内又去取剩下的竿的一半……这样取法，一整天可以取多少次呢？第一次取费了一天的 1/2，第二次取了 1/4，第三次 1/8，第四次 1/16，把每次的时间加起来。

$$\frac{1}{2}+\frac{1}{4}+\frac{1}{8}+\frac{1}{16}+\frac{1}{32}+\cdots \qquad (2)$$

在前面，我们知道这个级数是无穷的，即说这个级数有无穷项。但每有一项，即等于取一次，所以一天之内，照我们假设的取法，可以取无穷项。但虽有无穷项，把每次所费的时间统统加起来，显然，就等于整个的一天。

这两个级数（1）和（2）是一样的。我们所假设的取法换一个说法就是：花掉 1/2 天取去竿的 1/2；花掉 1/4 天取去竿的 1/4；花掉 1/8 天取去竿的 1/8……这样我们把这两个级数拿来，同时划掉它们的第一项，再同时划掉它们的第二项，再第三项，再第四项……一直到无穷项，既然两个级数是完全一样的，那么，两个级数将同时被划完。

第二个级数划完了，也就是说那一整天完了；第一个级数完了，也就是那根竿子完了。既然两个级数同时完，也就是照我们所设的取法去取，百尺之竿，一日刚好取完。

在数学上，那一整天叫做第二个级数的极限。同样的，全部的竿长叫做第一个级数的极限。为什么叫做极限呢？譬如这个级数，取其第一项，是 1/2，取其第一、第二两项的和为 3/4，取其前三项的和为 7/8，前四项的和为 15/16，前五项的和为 31/32……虽然一次一次增加了，但顶多不能超过 1，所以叫 1 为这个级数的极限。

一个无穷级数的和不一定是无穷大，可以是一个有限数，甚至是像 1 这么小的数。我们从上面一路看过来，现在当然觉得是对的，毫无足怪。而兔子追不上乌龟论者，错就错在没有看清楚这一点。

现在言归正传来说明兔子追不上乌龟论的破绽吧！

前面说，兔子每追到乌龟原来的地方，乌龟总向前面走了一段距离。这是不错的。但因为兔子的速度比乌龟的快，所以这些距离越来越短。把这些越来越短的距离统统加起来，不会等于无限大，只等于一个有限数。

兔子每追到乌龟原先的地方，都要费一段时间，这也是不错的，但因为这些距离越来越短，所以费的时间也越来越短，把这些时间一起加起来，不会等于无限大，只等于一个有限数。

"把这些距离统统加起来"，写成算式，是一个无穷级数。"把这些时间统统加起来"，写成算式，也是一个无穷级数。后者达到极限时，前者也达到了极限，这就是说，兔子追上了乌龟。

为更明了起见，拿数字的事例来说明吧！

说兔子在乌龟后面 1 丈远。兔子的速度是每秒钟 2 丈[①]，乌龟的速度是每秒钟 1 丈（自然这都是为便利起见而设的，实际上绝不如此）。照前面的图来说，同时出发后，兔子经过 1/2 秒，

$$1\text{ 丈} \div 2\text{ 丈} = \frac{1}{2}\text{秒}$$

到达 B，在这秒内乌龟走了 1/2 丈，

$$1\text{ 丈/秒} \times \frac{1}{2}\text{秒} = \frac{1}{2}\text{丈}$$

到 C，兔子从 B 到 C 走了，

$$\frac{1}{2}\text{丈} \div 2\text{ 丈/秒} = \frac{1}{4}\text{秒}$$

这秒内乌龟走了，

$$1\text{ 丈/秒} \times \frac{1}{4}\text{秒} = \frac{1}{4}\text{丈}$$

到 C……

这样，兔子每追到乌龟原先的地方所费的时间统统加起来得

$$\frac{1}{2}+\frac{1}{4}+\frac{1}{8}+\frac{1}{16}+\frac{1}{32}+\cdots \qquad (3)$$

---

① 1 丈＝3.3333 米。

在这段时间内，兔子所走的距离是

$$2\times\left(\frac{1}{2}+\frac{1}{4}+\frac{1}{8}+\frac{1}{16}+\frac{1}{32}+\cdots\right)$$

这段时间内，乌龟所走的距离是

$$1\times\left(\frac{1}{2}+\frac{1}{4}+\frac{1}{8}+\frac{1}{16}+\frac{1}{32}+\cdots\right) \tag{4}$$

跟前面看到的一样。这级数（3）的极限是1。那么就是说，在这一秒钟末，兔子走了2丈，乌龟走了1丈，就在此刻，兔子追上了乌龟。

记得在高小算四则题的时候，就算过这一类的题目。算法是

1丈÷（2丈－1丈）＝1秒

实在简单极了。但是被希腊的诡辩家这么一说，我们倒要用这么多话来辨明它呢！

介绍一个很有趣的物理题，介绍一本关于教学的好书*

有一架天平，一边放一杯水，另外一边用砝码把它平衡了。如果你把一个手指伸到那杯水里，而不碰到杯子，天平会不会继续平衡？

这是一个非常有意思的题目。我们很多人争论了很久，有人说天平依旧会平衡，因为手指的重量是由人的身体支持着的；有人说不会平衡了，因为水对手指有一个浮力，手指要施一个力去克服浮力才能停在水里不上来，但也有人认为这个力不会传到杯底去，因为水压机之所以能传力是因为水是密闭的缘故。

我们争论了很久，最后做了一个实验才解决了这个问题。

现在把这个题目介绍给大家，希望大家都去面红耳赤地争论一番，凡学过物理学的人都有资格参加争论。

下面的一段，是我们对这个问题的解释，希望大家先不要看，想过了，与人家争论过了再去看，看的时候也不妨怀疑怀疑，说不定我们的解释也是

---

* 本文署名黄非，原载《中国青年》，1950 年第 47 期，第 36 页。

不对的。最好自己再做一次实验。

画一个图来解释。

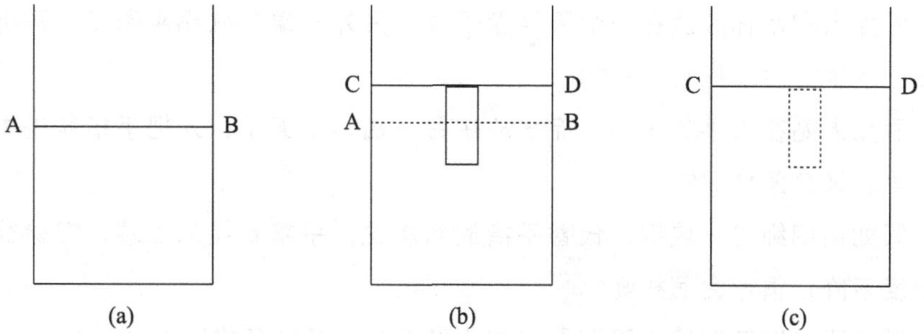

图（a）表示没伸手指进去之前，杯子里的水平衡了。水位是 AB 那么高。

图（b）表示手指伸到水里去了，被手指挤开的水，使水位升高到了 CD。

如果我们把手指抽出来，那么水位一定会由 CD 降到 AB。但我们如果用一个金子的指头，形状大小都和人的手指一样，伸到水里，代替人的手指。那么，水位会怎样呢？它会仍然保持在 CD。

如果我们把手指抽出来，以相当于手指所挤开的体积的那么多的水放下去，以代替手指，水位会怎样呢？它会仍然保持在 CD，如图（c）所示。等于放和手指所挤开的体积同样多的水下去。在一个平衡了的天平的一端的杯子里加一点水进去，天平自然不会再平衡了。同样，伸一个手指头进去，跟放一点水进去的作用一样。

怎样能使天平继续平衡呢？在平衡的那一端加一个与手指所受浮力（即手指所腾开的体积的水量）一样大的砝码。

我们实验的结果是，手指如果伸进去刚淹没指甲，那么大概要加一克量才能平衡。

从这个问题里我们又想到一连串问题：

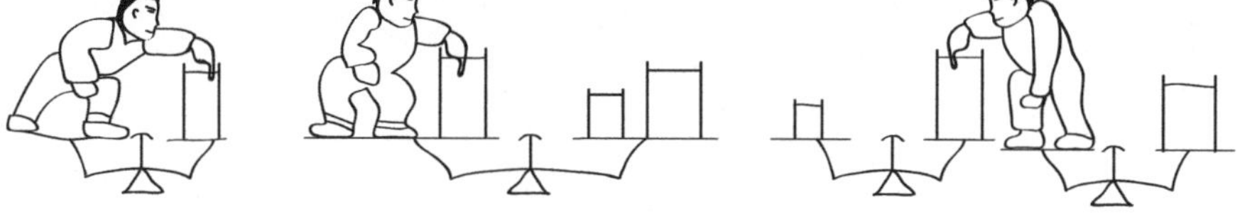

假如刚才把手指放到水里去的人，自己也是站在一个天平的另外一端，假定那个天平也很灵敏，会有什么现象呢?

假如人和水杯同放在一个天平盘子里，另外一端拿砝码平衡了，再把手指伸到水里，会怎样呢?

假如人站在天平的一端，而水放在另一端，平衡了，人把手指伸进去放到水里，又会怎样呢?

假如用细绳拴一块铜，代替手指放到水里，手拿着绳的上端，但徐徐以等速度下降，情形会怎样呢?

假如不是以等速度下降而是以加速度下降，又会怎样呢?

这都是一些很有意思、很可争论的题目，不妨都去讨论一下。

我们把这个题目介绍给大家，不光是为了有趣而已。通过这些争论与思索，我们才能搞清楚一些物理学的基本概念。

过去，我们学校里的教学方式是填鸭式的，学物理的大都是拼命记几个原理，背几个公式，拼命套公式做题目，有时候做完了题目自己还不知其所以然。这样，我们便成为学习的奴隶了。在新的学习里，我们要做主人，我们要深思熟虑、掌握原理，这样才可能了解一门科学，批判与发展这门科学。这样的题目总是十分有趣的，又能帮助我们反复思考、掌握原理，所以特地介绍出来。

末了，告诉大家，这个题目是从一本书《苏联学生的思想政治教育》——是 1947 年 4 月 17～19 日俄罗斯联邦教育部专门委员会会议的记录里找出来的，这本书里包括 6 个大报告和 15 个教师们的典型经验报告。其内容是讲如何在各科（包括文学课、历史课、地理课、生物课、化学课、物理课）中进行思想政治教育，如何生动活泼地教授这些课，如何把马列主义的精神贯彻到这些课里去，如何通过这些课培养学生的辩证唯物论与历史唯物论的观点。教育的对象，大概相当于中国高中和大学一年级的程度。

这本书由金诗伯、吴富恒、朱维基、郭立军四个人合译，山东新华书店出版。

泽林斯基小传*

尼古拉·德米特里埃维奇·泽林斯基是苏联伟大的化学家，苏联科学界最老的前辈。他在今年7月31日逝世了，享年92岁。他在科学岗位上辛勤地工作了60多年，向人民献出了他最大的劳动与智慧。他继承了优秀的俄罗斯化学的传统，领导了伟大的、光辉的、先进的苏维埃有机化学，建立了自己独立的学派。他的杰出的学生，如现任苏联科学院院长涅斯米扬诺夫院士、卡桑斯基院士等人，也都发展了他们自己的研究中心和学派。苏维埃有机化学的发展与繁荣是与泽林斯基分不开的。他通过化学这一条道路为人民做了许多有益的工作。为了表彰他的功绩，苏联政府奖给了他四颗列宁勋章和两颗劳动红旗勋章，赠给他光荣的"功勋科学家"和"苏联社会主义劳动英雄"的称号。他是苏联科学院的院士、莫斯科大学最老的教授、斯大林奖金三次获得者。

泽林斯基出生在南俄的吉拉斯波尔城。在本城的县立小学和敖德萨的中学毕业后，进了敖德萨的新俄大学。在大学里，泽林斯基热忱地接受当时一切最先进的科学思想，其中最喜欢自然科学。他的周围，有许多优秀的学

---

* 本文为龚育之编译，原载《中国青年》，1953年第16期，第20～21页。龚育之原注：本文取材于别尔肯格斯·尼·德·泽林斯基（苏联《化学的进展》，1951年第1期）；尤辽夫·列文娜：泽林斯基院士（苏联《普通化学杂志》，1951年第2期）；泽林斯基传（苏联科学院1946年出版）；卢克、李华：苏联名人小传（潮锋出版社），但该书错误地把泽林斯基编入早已亡故的科学家类。

者，如麦契尼可夫（微生物学家）、维利格（化学家）、科瓦列夫斯基（动物学家）、扎运斯基（比较解剖学家）、格罗夫金斯基（地质学家）等。这些学者带给了泽林斯基广泛的科学知识，使他不同于那些局限在自己那一门专业的小圈子里、不愿意伸出头来认识更广大的自然界的人们。在这些优秀学者的教育下，泽林斯基不仅获得了许多新的、先进的科学知识，而且学到了作为俄国伟大科学家的特殊标志的终身从事科学的热忱精神、广阔的科学眼界与民主的世界观。这些教育，在泽林斯基日后的科学事业中产生了很大的影响。

1884 年，泽林斯基毕业于新俄大学的数理系自然历史组，随后到德国的韦斯利村诺斯和维克托·梅耶的实验室里工作，1888 年回国任新俄大学的讲师，随后考上了硕士和博士。1893 年，泽林斯基被聘到莫斯科大学当教授，从这时起，就开始了他在莫斯科大学的光辉的科学研究活动和教学活动。在莫斯科大学，他主持分析化学组，并同时与马尔考夫尼考夫共同主持有机化学组。他热情地、耐心地教导学生，同时还做了大量的研究工作，这样一直继续到 1911 年。

1911 年，教育部解散了莫斯科大学的校委会，100 多位教授和教员抗议政府这个反动措施，泽林斯基也参加了抗议。他被迫离开了莫斯科大学，到了彼得堡。

第一次世界大战开始了，1915 年德军使用了灭绝人性的毒气，许多俄国士兵和联军士兵因此丧命。这件悲惨的而令人愤怒的事情震动了这个伟大的人道主义的科学家的心弦。泽林斯基曾经是第一个制备出芥子气（毒气的一种）的人，他制备它是为了理论研究，但是德国帝国主义却用它来屠杀人类。泽林斯基要发明一种防毒的东西，而且，他想，这种防毒的东西要不仅可以防备一种毒气，而且可以防备所有的毒气。他想到木炭吸附气体的性能似乎是可以利用的。为了进行研究，他亲自到了前线。虽然在沙皇政府很少帮助的十分困难的条件下，他与一个叫库曼特的工程师合作，终于制成了第一具防毒面具。防毒面具造好了，他首先拿自己来做实验。他戴上了面具，把毒气放进实验室——实验成功了，泽林斯基的防毒面具救了几千名俄国士兵的性命，救了许多联军士兵的性命。它至今仍然是反对战争贩子的毒气战争的重要武器之一。

十月社会主义革命胜利了。十月革命开辟了人类历史上的新时代，也开辟了科学历史上的新时代。十月革命冲破了剥削阶级强加于俄国科学身上的桎梏，从此以后，科学家才有了把自己过去的和今后的全部工作真正献给人民的机会。苏联共产党和苏联政府为科学家安排了最便利的工作条件，开辟了科学活动最广阔的园地与最光辉的前途。泽林斯基这时候回到莫斯科大学。他怀着这种解放了的兴奋的心情，为解决巩固和建设社会主义社会所提出来的迫切的科学问题而工作着。当时，白卫军反革命勾结国际帝国主义向年轻的苏维埃共和国进行武装干涉，切断了苏联的飞机用油的来源。政府委托泽林斯基来克服这个困难。他接受了这个重要的任务，在苏维埃政权的鼓舞下，实现了他以前要利用催速裂解法把品质低的石油提炼为飞机用油的科学理想，胜利地完成了祖国委托给他的任务。红军的飞机飞翔在天空——用的是伟大的爱国主义科学家泽林斯基为它们准备的燃料。

泽林斯基的全部研究工作，包括他十月革命以前的工作，尤其是他十月革命以后的工作，对苏维埃国家的国防建设、经济建设和文化建设起了巨大的作用。他研究的范围很广，涉及有机化学的每一个部门，也涉及无机化学及物理化学的一些部门，其中他对石油和碳氢化合物化学、碳氢化合物的接触转化、橡胶化学、氢化合物的接触转化、蛋白质和氨基酸化学等的研究，不论在实践上、理论上均有极大的成就。当斯大林在作第一个五年计划的总结的时候说："我们从前没有重大的现代化学工业，而我们现在却有了。""我们从前在煤油品和煤炭出产量方面是占最末位，而我们现在却已升到首位之一了。"在这句话里，包含了许多人的贡献和骄傲，也包含了泽林斯基的贡献和骄傲。他孜孜不倦地从事科学研究工作已 60 多年，从来不曾间断过，他发表了 500 种以上的科学著作。正因为他对人民事业，对祖国建设的无限忠诚，对科学工作的高度热忱，正因为他不知疲倦地、不怕困难地辛勤工作，在长长的 60 多年中，对人民贡献了最大的劳动与智慧，才能获得这样的光荣和巨大成就。泽林斯基一生的科学活动证明了马克思的名言："在科学上面是没有平坦的大路可走的，只有那在崎岖小路上的攀登上不畏劳苦的人，有希望到达光辉的顶点。"

泽林斯基不但是一位伟大的科学家，同时也是一位伟大的教育家，他是斯大林同志所说的那种先进的科学家，懂得未来是属于青年的，愿意为青年打开一切科学的大门。从 1888 年起，65 年来，他一直没有离开过教育岗位，为苏维埃祖国培养了数以千计的科学工作者，其中有许多已经成为著名的院士和教授，现在的苏联科学院院长涅斯米扬诺夫就是他的学生，更多的则是广泛地分布在国家机关、工厂、矿山、学校、科学研究所里，成为科学工作的中坚力量。他以他在教育工作上的成绩为骄傲。他非常关心青年，发表过好几篇给青年的书信和讲话，把自己几十年的科学研究工作的经验告诉青年，让青年更快地登上科学的顶峰。

泽林斯基不仅是伟大的科学家和教育家，还是热心的社会活动家，他从不把自己关在实验室和教室里。19 世纪 90 年代，他参加了沙尼亚夫斯基人民大学的工作，积极地教育工人，还组织了莫斯科妇女讲习班。在 1905 年左右的革命高潮中，他以一个民主学者的身份，同情和援助学生的革命运动，掩护一些革命学生逃脱沙皇宪兵的毒手。他一直是各种科学团体的积极参加者和组织者，也是目前和平运动的坚决拥护者。他在一篇文章里说："我们，科学工作者们，应当揭露那种所谓新战争不可避免的谎话。地球上是可以没有一切战争而美好地存在的。我们伟大的祖国领导着世界和平阵营。我们伟大的斯大林是争取持久和平的斗争的灯塔和旗手。苏维埃人不可能希望战争，因为他们本质上是建设者和创造者。在我们的企业和集体农庄中，优秀的劳动革新者的数目不断增加，科学与生产的合作日渐巩固。学者与先进的工人和集体农民的共同工作带来了光辉的成果。我们的工人阶级和知识分子埋头于创造性的劳动，埋头于建设幸福生活。为了自己和后代，这就是争取和平和正义斗争。千百万人开始清楚认识了，如果把和平拥护者的全部力量联合起来，如果把一小撮战争挑拨者及其帮凶们孤立起来，和平就可以保持。"

泽林斯基是爱国的科学家，人民的科学家，是孜孜不倦、热爱劳动的伟大的科学家，是我们青年的科学导师，是我们青年学习的榜样。让我们把泽林斯基在 1946 年 1 月 16 日向青年们作的一篇广播演说引在下面，作为这篇小传的结尾吧！

我毕生醉心于化学，直到现在，我对它的迷恋，不但没有丝毫减轻，相反地，倒更加深入了。

化学常常给我以认识自然界的尚未被人探索过的秘密的最大愉快。它使我有可能为人们服务，减轻人们的劳动，拯救人们免于某些痛苦，有时候甚至免于死亡。它帮助我成为一个对祖国有用的人。它给我规定了一条道路，让我通过这条道路为社会主义建设和苏维埃国家的国防做出一些贡献。

我相信，没有一个对化学感兴趣的人会后悔选择这门科学作为自己的专业。

关于《化学中元素概念的演变》一书*

1957 年年初，波尼法奇·米哈依多维奇·凯德洛夫同志将他新出版的专著——《化学中元素概念的演变》一书赠送给中国科学院哲学研究所。我们现在把他的这部著作的前言和结论译出，在本刊发表。

这部著作分为两部分，共 360 页。第一部分是化学中经验分析的元素概念的演变。这部分包括六章：第一章，经验分析的元素概念对分解物质的方法的依存关系；第二章，元素概念从化学转移到物理学中成为“基本”粒子（注：“基本”粒子的“基本”一词在外文中是从“元素”一词转化来的）；第三章，从形式逻辑观点来看经验分析的元素定义没有根据；第四章，批判对化学中元素概念的唯心主义和形而上学的解释；第五章，经验分析的元素概念的不同解释的比较分析及其一般演变趋势；第六章，经验分析的元素概念的一般逻辑特征及其不能令人满意的根本认识论原因。第二部分是化学中原子理论的元素概念的演变。这部分也包括六章：第七章，辩证逻辑的一般原理运用于物理化学概念的发展；第八章，门捷列夫发现周期律以前对元素的原子论的解释（从 18 世纪 40 年代初到 19 世纪 60 年代末）；第九章，由门捷列夫元素概念的产生而来的对元素的化学-力学的解释（19 世纪的后三十几年）；第十章，随着门捷列夫元素概念

* 本文原载《自然辩证法研究通讯》，1957 年第 4 期，第 67～68 页。

的发展而来的对元素的化学–电学的解释（20 世纪的前 2 年）；第十一章，门捷列夫元素概念转变到对元素的两面解释的进一步发展（20 世纪的第二个 25 年到 20 世纪中叶）；第十二章，围绕着对元素的原子论解释的唯物主义同唯心主义的斗争。

这部著作是苏联近年来出版的比较引人注意的自然科学哲学问题专著中的一本，阿历山大洛夫院士在《辩证法与科学》一文中列举的几本这方面的重要著作中就包括凯德洛夫的这一本。柯洛尼茨基同志在题为“马克思列宁主义哲学在苏联四十年”的报告中也提到这本著作。苏联哲学问题杂志的社论《关于自然科学哲学问题的研究》中还提到这本著作过去遭到的不正确批评（这种批评认为研究概念的发展就是“有害的黑格尔倾向”），并把它引为教训。

对重要的自然科学概念，像化学元素等，用马克思主义的观点加以分析，是一件十分重要的工作。为了说明这一点，我们无需详细的论证，只要引述一段文字就足够了。

英国出版了一本叫做《一百年的科学》的书（为纪念 1851 年伦敦世界博览会 100 周年而出）其中有一篇叫做《化学元素》，这一篇的最末一节叫做“一个元素定义”。在这一节中，作者帕廷敦（J. R. Partington）写道：

> 据字典载，定义是把一个事物的性质加以简略的叙述，这也就是实用科学所了解的意义。一个定义有了若干字句或全句点之后就变成了叙述，是一个值得吟味的问题……要替元素下一个定义，与替一个梦或一个通常感冒或一只狗下一个定义一样不容易。爱丁顿某一时曾替物理学下一定义，说它是任何一个大的物理手册所叙述的科学。要替一个化学书中称为元素的东西下一个定义，不比这个情形坏许多。在元素表中占一个名字的东西是巨量实际工作的结果，它们叙述占了书籍杂志成千的篇页，设如任何简略字句能把这些知识总括起来，那才是奇迹呢……眼前很不易替一个化学元素下一个满意的定义。前些时所下的定义说元素是物质的一种形式，其中一切原子皆是同一的。自同位素出现以后，这个定义不适用了。另外一个定义说一个元素分别于它原子核上的阳电荷（那所谓原子

数），但有些不同的放射性同位素（即铀Z与铀X_2）却有同一的原子数和原子量，也有些不同元素的同位素却有同一的原子量。在放射性元素的同位素或由放射性元素的坏裂而成的元素，不能用化学方法把它们分离出来的时候，曾有人提议把一个元素所有的一切同位素看做它的变异体。但现在氢素与重氢素性质迥然不同，而且容易地分离出来了，其他平常的同位素也常常分离出来，如氧素即是一例。在这个事实前面，以上的提议也不适用。化学家所下的定义说元素是物质的一种形式。在完全的化学变化下不能得重量较小的另一种物质形式，这种说法也有困难，因为我们知道许多人为元素的物质可以用高能放射质点把它打破成几部分，如用α质点从氮原子中逐出氢核。固然，这种变化不发生于化学家所注意的变化范围之内，化学变化大部是发生于试验管或燃烧炉之内，而元素表是根据试验管或燃烧炉所得的结果制成的。①

到了最后，作者也没有提出自己的元素定义！

我们之所以不厌其详地把这么一段冗长的文字引述在这里，是因为这段文字最雄辩不过地表明了这样一条真理：一个科学家如果缺乏正确的哲学指导和正确的理论思考，将要陷到怎样可怕的思想混乱和贫乏的境地。求助于字典，是无济于事的，至于求助于爱丁顿，那就把事情弄得更糟了。

这是一个生动的反面例子，证明了从马克思主义哲学观点来研究自然科学基本概念的工作的必要性。人们可以同意或不同意这种研究工作中的这个或那个论点，但不能不同意这种研究工作本身具有重要意义。

从这里译出的前言和结论中，可以看到凯德洛夫这本著作的基本论点。自然，这些论点的论证和展开，只能从正文中找到，我们不准备在这里复述这些基本论点，只想指出一点，即凯德洛夫不仅批评了经验分析的元素概念，而且对这一概念的历史进行了分析，指出了它的产生的历史必然性和对

① 译文见《最近百年化学的进展》，科学技术出版社出版，第58、59页，此处未作修改。

以后的原子理论的概念的准备所起的作用。

末了，还应当提一下自然科学基本概念的哲学研究对自然科学教学工作的意义，凯德洛夫在自己的结论中特别讲了这一点，他还在这本书的序中告诉我们，苏俄教育科学院的各研究所提出了一系列的分析哲学基本概念的研究题目；而且，凯德洛夫这本书也是苏俄教育科学院出版的。

钱学森对质量能量问题的见解*

钱学森先生在 1957 年 11 月出版的《力学学报》上发表了《远程星际航行》一文，在这篇文章的"附录"中，谈到了他对质量能量问题的见解，现将这一段话摘录如下：

有人是反对质量转化为能量这种提法的。他们的理由是：质量如果转化为能量，那么是不是就等于说，质量被消灭了而能量又凭空生出来了呢？如果是的话，那么是不是物质被消灭了呢？物质被消灭的说法是唯心主义的，所以这种质量转化为能量的提法也是唯心主义的，是不正确的。他们认为正确的提法是：在燃烧的过程中有动能产生，而这动能所联系的质量是推进剂质量的 ε 部分。他们认为没有什么质量变能量的事；在变化前的总质量和变化后的总质量没有什么两样，在变化前的总能量和变化后的总能量也没有什么两样；质量是守恒的，能量也是守恒的。而爱因斯坦的著名公式是质量和能量的联系公式。

我不同意这种看法。我认为爱因斯坦的公式不但指出质量和能量是联系着的，而且它指出质量和能量是不可分割的，是一体；不

* 本文署名工，原载《自然辩证法研究通讯》，1958 年第 1 期，第 70 页。

是两件东西，是一件东西，是一个“质能量”。天下根本不存在没有能量的质量，也不存在没有质量的能量。但是质量有它的两面：有质的一面，也有能的一面。这就像一个杯子有向阳的一面，也有向阴的一面，阴阳两面其实都是杯子，是分不开的。当我们说质量转化为能量的时候，我们的意思是：质能量的质的一面转化为质能量的能的一面。就好像把杯子转个向，使向阳的变成向阴的一样。这完全没有什么消灭了，什么生出了的意思；既然是一个东西，怎么能分辨消灭和生出呢？

当然，我们也应该说明：质量和能量分别守恒的看法是有缺点的，缺点是这个提法过分强调了“不变”，说质量并没有变成能量，能量也不会变成质量。但是实际上，是不是什么都没有“变”呢？自然不是的，事实是有着活生生的变化的，所以过分强调不变也就脱离了事实。其实这里的困难是不肯引入“质能量”这一个新概念的缘故，想一面保留古老的质量和能量互不相干的看法，而一面又要照顾爱因斯坦公式，结果就有点弄到牵强生硬，有点机械。

钱先生提出“质能量”这样一个新概念，是十分令人感兴趣的。可惜钱先生在这短短的附录的篇幅中，未能将这一论点展开，而对他所不同意的论点，无论在表述和批评方面，似乎都是不够的。

反粒子物理学的发展*

苏联《哲学问题》杂志 1957 年第 6 期发表了阿克楚林的《反粒子物理学的发展》一文，摘要如下。

1955 年 9～10 月，反质子的发现和大约一年以后反中子的发现，是现代物理学最大的成就。最值得注意的是，这些粒子的存在、其基本属性和产生的条件，还在 20 多年前相对论量子力学建立之初就给预言出来了。

1928 年，狄拉克提出了描述电子行为的相对论方程，它极为精确地解释了电子的力学和电磁性质。但是，这个方程具有一个令人奇怪的特点：容许有带负能的解。带负能的状态的存在从粒子能量 E 与其动量 p 的相对论关系式 $E=\pm\sqrt{m^2c^4+p^2+c^2}$ 中已导出。从这个关系式中可以看出，带正能的最低态 $E=+mc^2$ 同带负能的最高态 $E=-mc^2$ 之间相隔的宽度为 $2mc^2$。在量子理论中完全可能而且常常出现从一个能级到另一个能级的躍迁。因而产生了解释基本粒子结构的困难：它们为什么不从可以观察到的带正能的状态躍迁到带负能的状态？狄拉克假定，即使在绝对的真空中带负能的所有

* 本文署名工，原载《自然辩证法研究通讯》，1958 年第 1 期，第 70、71 页。

状态在正常条件下都完全给占满了，而带正能的状态只是由于某些可以观察到的粒子的存在而被占据。由于保里原理，带正能的电子不可能躍迁到已被占满的带负能的状态。他还假定，对无数带负能的粒子组成的“背景”作任何直接观察都是不可能的。但却完全可能出现带负能级的电子躍迁到空着的能级上来，在“背景”上留下一个“空洞”的现象。详尽的分析表明，这种“空洞”的属性与通常电子的属性完全类似，只是电荷相反。这样就纯粹从理论上预言了第一个反粒子——反电子，后来叫正电子的存在。1932 年，安德逊继在实验室发现正电子之后又在宇宙线中发现它，并且验证了以前预言的全部属性，这才摒除了当时大多数物理学家对这一理论的怀疑。

但人们仍然怀疑质子、中子这些更重要复杂的粒子是否存在反粒子，因为当时狄拉克方程用于核子时还不能解释这些粒子的全部属性，特别是它们的磁性（所谓质子的反常磁矩）。在宇宙线（天然的高能物理实验室）中寻找反质子的努力长期没有成功。大约从 1947 年开始，人们找到了几个只能用反质子的存在来解释的超高能过程的例子。但对这些例子还不能完全肯定。美国的最高达 62 亿电子伏的加速器可以证明这些粒子的存在，并能在很窄的能量范围内研究这些粒子的属性，苏联的最高达 100 亿电子伏的加速器则不仅可以获得所有各种反粒子，而且可以在 50 亿电子伏以上的范围内研究它们的性质对能量的关系。

在巨大的加速器中，每 10 秒中有 5×10^{10} 个加速了的质子打在靶上，产生少量 π 介子及更少的重介子和超子，6 万多个 π 介子中才会产生一个反质子。怎样判定仪器记录的证实反质子而不是计算的偶合呢？这要根据反质子的属性。首先，其电荷为负并等于电子的电荷；其次，其质量等于质子的质量；再次，它不自动衰变；最后，它与质子或中子相碰应当湮灭并以 π 介子或其他形式放出 $2mc^2$ 的能量。反质子的自旋和磁性目前还很难观察。

作者接着详细阐述了检定反质子的这些属性的实验方法，以及检定反中子的实验方法。

在研究反质子同核子的相互作用的实验中，得到了一种为现有理论所不能解释的结果：反质子同核子相互作用的有效截面比理论预测的大两倍。无疑，我们还处在反粒子实验物理发展的最初阶段，将来还会遇到不少意外和困难，但是，虽然这些都是人类知识向新的领域扩展时遇到的发展中的困难。

在自然界里，在自由的状态下，是否存在反物质呢？

美国的一些报刊已经谈论起当太阳系遇到存在于某些未知的宇宙空间中的庞大的反物质星云时地球上的生命全部毁灭的可能性了。应当指出，现代物理学和天文学实验并没有给这类说法提供任何根据。而且，现在观察到的宇宙线的强度和关于星际物质密度的天文学材料完全确定地证明，在我们的恒星系中自然的反物质的浓度不会很大。由于不存在宇宙线的非规则性的和非各向同性的激发，便可以判定在我们的银河系中不存在反物质云，因为否则当反物质云同普通物质的宇宙尘偶然相撞时就会发生上述的激发。

但是，从电荷对称的一般原则出发，自然导出这样的思想：如果不是以我们的恒星系为尺度，那么，至少以银河系为尺度来看，普通物质和反物质的浓度应当是大体相等的。这个结论使得我们假定，至少有某些河外恒星系整个是由反物质构成的：这种“反银河”中的原子核由反质子和反中子组成，在外层轨道上绕核旋转的不是电子而是正电子。驳倒或证实这一假设是未来科学的任务。我们现有的关于河外星云的全部知识仅仅是以光学的资料为基础的，这些资料的精确度只到电荷的平方。例如，研究得最透彻的光谱的规律性是依存于电荷的四次方的（利得别尔格公式），而其他的特性则一般与电荷的量和符号无关。原则上，“反银河”的存在可以运用古典的测定电荷符号的法伦兹法，即观察涉嫌在磁场中的极化，来加以证实或驳倒。因此，研究用现代天文学工具来实现这一计划的实验可能性问题，从我们的观点来看，是一件很有趣的事情。

人类的知识、人的创造精神获得了又一个光辉的胜利。人发现了这样一些基本粒子，这些粒子或者在我们周围世界中很少遇到，或者只是普遍存在于离我们几百万光年以外的宇宙客体中。这个事实难道不是说明了人类的知识的客观性，说明了人类越来越深刻地透入自然界的奥秘、揭秘和认识自然界的最神秘的规律的无限能力吗？反粒子的发现为辩证唯物主义关于物质运动的各种形式的不可穷竭性的原理、关于物质运动的各种形式之间的无数联系和转化的原理、关于能量作为运动的尺度（从运动自一种形式转化为另一种质上不同的形式的观念来看）的原理，提供了新的证据。

凯德洛夫分析化学元素与天体间的类比关系*

凯德洛夫在发表于苏联《哲学问题》杂志 1957 年第 6 期的文章《人类理智的胜利》中，分析了人类对化学元素的认识过程同人类认识天体（行星）的过程之间的类比关系。

他说，在古代科学史上有这样一种假设：行星家族和自古以来就知道的那些金属之间有某种神秘的联系，甚至它们的名称也是相同的，因为它们都是以古代的神的名字来命名的。迅速移动的水星和最流动的一种金属水银的名字相同，都叫 Меркулий，土星和铅的名字相同，都叫 Сатурн。月亮被称做银子，太阳被称做金子。

1781 年，英国天文学家赫谢尔发现了一个当时所知道的最远的行星，他把它叫做天王星（Уран）。过了 11 年，德国的克拉普洛德发现一种新的金属，他根据古老的传说，把它同新的行星联系起来，也叫 Уран（铀）。

1846 年，法国数学家勒未累和英国一个大学生阿当斯根据万有引力定律解释了新行星运行的异常现象，推测在天王星之外，还有一个更远的行星存在。德国天文学家哈雷根据勒未累的预测，在指定的地点观察到这颗新行星。这个行星被叫做海王星。

---

* 本文署名工，原载《自然辩证法研究通讯》，1958 年第 1 期，第 71、72 页。

1869 年，门捷列夫发现了周期律，制定了元素周期表。他根据自己发现的周期律，极准确地预言在周期表中铝、硼、矽下面的空白点上，一定还有某些元素存在，他把它们叫做类硼、类铝、类矽，并且预先计算了这些元素的性质。1875 年，法国化学家雷多克·德·波瓦伯特朗利用光谱镜发现了门捷列夫所预言的类铝，它被叫做镓。

恩格斯首先揭示了发现海王星和发现镓这两件事情之间的深刻认识上的联系。

门捷列夫根据周期表证明铀的原子量比当时人们所公认的大一倍，结果发现铀是自然条件下存在的元素中的最重者，因此铀在周期表中占末一位置（1870 年），正如 1/4 世纪以前天王星站在太阳系的末一位置一样。

1942 年在美国，人们合成了两个新的元素，它们在周期表中列在铀的后面。于是科学家的脑子里又产生行星和元素之间有某种类比关系的老想法，它们把这两个元素叫做镎和钚。镎和海王星同为 Нептун，钚与冥王星同为 Плутон。

名称的相同着重说明了认识道理的相同，这种共同点不是神秘的，不是古代哲人的朴素联系，而是基于认识自然界规律的途径的共同性。

凯德洛夫认为，这种认识的共同规律就是：科学认识的永无止境的过程，究其认识论的意义来说，可以划分为几个阶段。人类最初认识的是他周围的东西，揭示周围自然界和自然现象的规律。随着就进入下一阶段，在掌握外部世界规律的基础上，人类学会了去预测那些在自然界中存在，但还未被认识、未被发现的事物。但是科学认识的前进运动并不停留在这点上。当人类不仅预测到、发现现实中那些早先不知道却已经存在的事物，而且还能用人工的方法去合成，即制造出新的事物和现象，使它们确实存在的时候，这种运动才达到最高阶段。许多科学部门都是走这条道路的，达到了最高阶段。

人工合成超铀元素，就是人类认识化学元素的过程中的最高阶段。

1957 年 10 月 4 日，苏联发射了第一颗人造卫星，那种认为对天体世界只能作观察和解释，不能作改变的说法被驳倒了。从此以后，天文学进入了认识的高级阶段。

人类理智胜利的发展就是这样辩证地、矛盾地进行着的：首先，在太阳系继天王星之后发现了海王星和冥王星，之后又人工合成了镎和钚这两个超铀元素，此后又借助于现代物理学和技术的成就“合成”了，也就是人工制造了新的地球卫星。知识的两个部门——天体学说和物质学说互换了一下位置，就完成了一场出色的接力赛，一个从另一个手中接到了熊熊的知识火炬，这火炬为人类照耀了认识和主宰自然界的道路。

介绍一篇讨论场论研究的方法论问题的文章*

马克思主义哲学对自然科学的指导的最重要的方面之一，就在于帮助自然科学家找到正确的研究方法。

中国科学院原子能研究所场论组的朱洪元、何祚庥两位同志在《光明日报》上发表了一篇文章，讲述了他们的研究组如何批判过去有人认为“马列主义是马列主义，场论是场论，两者不相关联”的错误观点，并且尝试有意识地以马克思主义哲学为指导，分析场论研究工作的方法论问题。这是一个很有益的尝试。我以为，很值得把他们这种做法向广大自然科学工作者和哲学工作者介绍一下，以引起大家的注意。

他们对场论研究方法所作的分析是这样的：

> 场论方面的工作是很多的。但这些工作总的说来可从工作方法的角度分为三类：第一类是从实验的需要出发，密切结合着实验材料来分析和提出理论的概念、原理和原则，反过来又推动实验的发展。这类工作往往能得出重要的成果，至少也能对场论的发展起有益的作用，在一定程度上肯定或否定了某一种理论。这类工作是一切理论工作的主流，从科学发展的历史来看，场论工作也不例外。

* 本文署名卢弓，原载《自然辩证法研究通讯》，1959 年第 3 期，第 20～23 页。

第二类是我们称之为形式理论的一派。这类工作多半是偏重于数学形式的推导或扩充，或者是对某种场论的理论结构或理论体系中的内部矛盾，作纯逻辑的探讨。这类工作有时也能得出重要的结果，在一定时期和一定条件下可以成为相当重要的工作方向。但也容易流于形式主义，或只抓住了细枝末节，对解决物理问题没有太多帮助。这类工作在世界场论文献中虽然就数量上来说，比重不算太小，但不能投下过多人力，成为主要发展方向。在场论方面还有一派，可以说是华而不实的一派，也可以说是一种歪风。它们在做工作时，或者是来一个无所不包、大而无当的统一场论，或者是对基本粒子所应服从的规律提出种种任意的假设，既缺乏实验的根据，又缺乏理论的证据，而且也不拿来同实验进行比较。例如，任意地假设某一种基本粒子或场的存在，任意地假设基本粒子要服从某种对称性质。有些'理论'甚至是一望而知它和实验是矛盾的，但仍然对它做一番牵强附会的工作。我们分析了以往场论工作中的这三种流派，得出的结论是，我们必须走场论研究工作中理论联系实际的大路，必须坚决反对场论研究工作中华而不实的做法。至于数学形式的那一类，我们感到这类工作虽有一定价值，但不宜投过多的力量，至少在目前阶段，我们是不准备做这类工作的。

对这样一段分析，它的具体结论的各点，也许并不一定是所有的场论研究工作者全部同意的。它也不需要。这是因为，像场论研究的方法论这样一个重大而复杂的问题，需要展开广泛的学术讨论，展开百家争鸣，一家之言不必即下定论。然而，有一点，却是所有的场论研究工作者都很难不同意的，那就是，这样一段分析表明，认真展开场论研究的方法论问题的讨论，找出正确的研究方法，摒弃错误的研究方法，对场论的发展具有很大的意义。

在这段分析里首先强调了实验材料在场论研究中的重要地位。我认为这一点是很有意义的。马克思主义认识论认为，理论是客观规律的反映，而不是主观意识的虚构。一切自然科学理论都必须以实践、实验和观察的材料为基础。一切自然科学理论都必须在概括已有的各种实验材料中，在研究各种新出现的实验材料中，在向实验工作提出各种要求以便用这些特选的实验材料来验证理论的假设中，来发展自己。理论的正确性的标准，归根到底，在于同实验材料的符合。在概括实验的基础上形成理论，又在实验中验证和发展理论，是一切自然科学发展的规律。不仅各种局部的（概括范围较窄的）、经验和半经验的（概括程度较浅的）理论研究应当遵循这条规律，最基本的（概括范围很广，概括程度很深的）理论研究，同样也应当遵循这条规律。违背这条规律，不顾实验材料，甚至同实验材料相矛盾，只凭没有根据的主观臆测，随意做出各种假定，这样的理论工作显然是不会有什么积极的结果的。

对实验在理论研究中的重要地位问题，朱洪元等同志还提出了这样一个论点："根据马克思主义认识论，理论总是在实践基础上产生的、对客观实际的近似的反映。因而，理论对客观世界反映的正确程度，大体上总要由实践所能达到的水平或高度所决定。历史上虽不乏理论超过了实践或大大落后于实践的情形，但总的说来，它们总是适应于实践的水平的。"并且根据这一论点，相应地做出了有关场论目前应采取的研究方法的结论："因此，在决定场论工作方针时，还必须对实验状况有所了解，对它们的未来发展有所估计，从而来估计场论将要向什么方向发展，以及要解决哪些重要问题。我们分析了这个问题所得到的看法是，目前基本粒子研究还处在一个大量积累实验材料的时期，重要的数据还没有测量，新的现象还有待于探索，总之，我们认为目前或在最近的将来都还不是解决基本粒子物理的基本理论的时机，而是扫清外围，逐步向中心堡垒跃进的时期。"

"我们放弃了出奇制胜的想法，决定按照认识论的规律，从特殊到一般，从具体到抽象，从现象到本质，首先挑选密切结合实验的研究题目。因此，我们将场论的发散困难、非线性理论、非定域性理论等普遍抽象的问题搁在一边，将注意力集中在新的、日益丰富的基本粒子物理的实验结果上。"

后面这一段关于场论研究状况的判断，属于具体的自然科学问题，需要由自然科学专家展开讨论，外行难以发表意见。但是，前面那一段提出的一般命题，却属于哲学的范围，大家都可以参加讨论。我认为，这个论点是正确的。但还可以补充一点，即进一步分析一下历史上为什么会有理论超过了实践或大大落后于实践的情形，以及从这些情形中应当做出什么样的结论。

大体上来说，所谓“理论超过了实践”，通常是这样一种情况，即某一个时代的某些自然科学家或哲学家，从正确的哲学观点，即最一般规律出发，对某个理论问题，提出了正确的解答，但是这个解答，在那个时代还不可能由自然科学从实验上加以证明。且不说笛卡儿早就从哲学上提出了宇宙中运动的数量守恒的正确命题，而这个命题得从自然科学实验上来证明，还是 200 年后能量转换关系发现以后的事情。这方面最有说服性的例子，则是列宁关于电子是不可穷尽的这一论断的提出。列宁根据自然界是无限的这一哲学原理，在 50 年前，当自然科学还只发现了原子的一些新的性质，丰富和改变了原先关于原子的概念的时候，就预先指出：“电子像原子一样是不可穷尽的。”虽然现代物理学还远未充分揭开电子的全部复杂性，但现有的关于电子和其他基本粒子的全部知识，已无可怀疑地证明了列宁的论断的正确和眼光的深远。现在物理学家已从实验事实上接受了列宁这一论断。例如，英国的著名物理学家鲍威尔便说：“我们开始透入核子世界。看来，这个世界是不可穷尽的。”美国的物理学家戴逊在评论苏联物理学家在自己的著作中引用列宁的这一论断时，不得不说来自列宁著作的引文是“出乎意料地适当的”。因此，尽管从实验上来检证某些理论概念的时机还没有成熟，但从哲学上来探讨这些理论问题的解决并不是没有意义的事情。对这些理论问题的“哲学上的解决”，将十分有助于这些理论问题以后的“自然科学上的解决”，主要是使将来的“自然科学上的解决”有正确的指导思想可循，免走许多弯路。

而所谓“理论大大落后于实践”，通常是这样一种情况，即某一方面的自然科学问题，已经积累了足够的实验材料，完全具备了从这些实验材料中做出理论概括的条件，但是通常是某种错误的哲学观点和陈旧的自然科学理论观点的阻碍，使自然科学家的思想受到束缚，从而做不出这种理论概括来。例如，恩格斯曾经指出，关于热能转化问题，在 19 世纪 20 年代，卡尔诺“差不多已经探究到问题的底蕴；而阻碍他完全解决这个问题的，并不是事实材料的不足，而是一个先入为主的错误理论”。恩格斯在这里指的是热素论。恩格斯还指出这种束缚着人们思想的错误理论，是“物理学家们的用……自然主义的思想方法穿凿出来的”。又如，在 19 世纪的五六十年代，关于有机化合物性质的研究已经积累了大量的实验材料，足够从这些材料的概括中建立起有机物的化学结构理论。但是当时许多在研究有机化学方面有卓越贡献的化学家，包括热拉尔、柯尔柏、凯库勒在内，都为那种认为人们只能知道化合物的性质和反应方法，而不可能根据化合物的性质和反应方法来对分子结构做出判断的观点所束缚，没有能够及时彻底地建立起化学结构理论。而上述的观点，也受到了当时十分流行的康德哲学的不可知论的影响。在这类情况下，从哲学上来探讨这些自然科学理论的解决，清除阻碍这些理论解决的唯心主义或形而上学哲学的影响，意义更是十分重大。

所以，对一种自然科学基本理论，无论属于前一种情况，即从实验上解决的条件还不成熟，或是属于后一种情况，即从实验上解决的条件早已成熟，从哲学上来探讨解决这种理论的途径，都是很有意义的工作，不能忽视。

从这样的一种认识来看，我认为，场论中的一些基本理论问题，如统一场论、发散困难之类，无论它们今天是否有条件从实验上解决，既然它们是当前场论发展中实际提出的问题，而不是凭空假想的问题，现在对它们从哲学上和自然科学上加以探讨，就不能认为是毫无意义的事情。问题看来并不在于要不要去探讨这些基本理论问题的解决，而在于用什么方法去探讨这些基本问题的解决。这里仍然存在着方法论问题。前面提到的那种不顾实验材料，单凭主观臆测的研究方法，当然不可能解决这些基本问题。同时，朱洪元等同志的文章中所批评的那种研究统一场论中的“无所不包，大而无当”的想法，显然的确存在。例如，当海森堡提出他的统一场论的数学公式时，西方通讯社的有些报道便宣传说，这是一个“看来可以解释宇宙整个结构的数学方程式”，它“可以把所有的物理规律都概括进去”，“未来一切物理学的研究将不是往深处发展而向广处发展”。对海森堡的公式的评价是专家的事情。但新闻报道中的这种对统一场论的“大而无当”的想法，则显然是不正确的。马克思主义认为宇宙统一而多样化，企图把整个宇宙结构和全部物理规律归结为一个数学公式，是不可能的。马克思主义认为宇宙的发展是无限的，人对宇宙的认识是不可穷尽的，企图得到一种不能再深入的最后理论，同样是不可能的。如果研究场论而抱着这样的目的，显然不可能达到。由此可见，在研究场论的基本问题时，必须以哲学为指导，采取正确的方法。

最后应当说明，对场论，我完全是外行。上面这些外行的意见，可能是不正确的。我并不认为场论研究者应当接受我的这些看法。但是，如果我的讨论能够帮助表明，场论研究中的确存在着不少方法论问题，以及用马克思主义哲学作为指导来探讨和解决这些问题是如何必要，那么，我的目的就达到了。

在自然科学教学中运用历史和逻辑的统一的方法*

在自然科学理论课程的教学中运用历史和逻辑的统一的方法，我觉得，是贯彻理论联系实际原则的一个重要方法。现将我的一些想法写出来，希望引起批评和讨论。

马克思主义辩证法关于历史和逻辑的统一的原理，通常指的是对事物的认识的逻辑发展应当同事物本身的历史发展相一致，前者是后者的反映。我以为，马克思主义认识论的这个原理也适用于教学过程。教学过程基本上是一个传授前人已有的知识的过程，或者从另一个角度来说，学习过程是对前人的认识活动成果的认识过程。在这个认识过程里，被认识的事物，就是前人的认识成果。对前人的认识成果的认识的逻辑发展，也应当同前人的认识活动的历史发展相一致，前者是后者的简要的缩影。恩格斯曾经发挥过这个思想。在《路德维希·费尔巴哈和德国古典哲学的终结》中，他谈到所谓“精神胚胎学和精神古生物学”的问题，认为个人意识的各个发展阶段可以看做是人的意识在历史上所经过的各个阶段的缩影①。在《自然辩证法》中，他还写道：“在思维的历史中，某种概念或概念关系（肯定和否定，原因和

---

* 本文以“自然科学理论教学中如何贯彻‘实践-理论-实践’的原则”为题，署名卢弓，原载《自然辩证法研究通讯》1959年第1期，后收入《关于自然科学发展规律的几个问题》，上海人民出版社，1961年，第54～57页。

① 《马克思恩格斯选集》第4卷，人民出版社，1927年，第215页。

结果，实体和变体）的发展和它在个别辩证论者头脑中的发展关系，正如某一有机体在古生物学中的发展和它在胚胎学中（或者不如说在历史中和在个别胚胎中）的发展的关系一样。"①

自然科学理论一方面是认识不断深化的历史发展过程的产物，另一方面又成为一个概念和定理的逻辑展开的体系。在讲授自然科学理论的时候，最好能把这两个方面结合起来。这便是在自然科学理论教学过程中运用历史和逻辑的统一的方法所要求的。而认识的历史发展过程，总体来说，也就是"实践—理论—实践"的过程。因而，在自然科学理论教学中运用历史和逻辑的统一的方法，也就是贯彻"实践—理论—实践"的原则，即理论联系实际的原则的一种重要方法。

在自然科学理论教学中运用历史观点的问题，过去也有人强调过。例如，法国物理学家郎之万就曾经竭力主张在自然科学教学中运用历史观点。他认为，无论是从教学观点或是从科学研究观点来看，时常回顾各种思想发展的历史是十分必要的。他批评了一些流行的物理学教科书，说它们的特点是在整部书中从头至尾罗列一些事实和定理，令人看不出科学发展的历史和远景。定理的说明不知是从哪儿凭空而来的。实验的进行不过是为了证实定理。他认为，这种教学方法只能产生坏的结果，使人认为"科学是一种死的和一成不变的东西"，"科学这一门学问已经大功告成了，再也没有什么可以发现的了"。他说："科学的教育价值，事实上，一方面是在于发现，同时却也在于能够达到这种发现的努力；是在于对定律的说明，同时却也在于那些定律的历史；是在于那些定律的总体给予现实世界的远景，在于与事实密切的接触，同时却也在于借以获得以上一切的科学训练。"②

在流行的自然科学理论课程的教科书中，有一些是注意到历史的观点的，但是有一些却的确不注意认识的历史，把理论讲成完全是从几条基本定理或基本假设出发，演绎而成的抽象的逻辑体系。这种书自然也有它的价值。但是，它往往使初学者感到很大的困难。我以为，如果把逻辑的展开同

---

① 《自然辩证法》，人民出版社，1971年，第300页。

② 郎之万：《思想与行动》一书中《科学教育的精神》和《科学史的教育价值》两文，三联书店，1957年。

认识的历史结合起来进行讲授，效果就会好一些。

这种讲授方法可以较好地表明科学在实践（包括实验、观察）的基础上，从感性认识上升到理性认识，从现象的认识上升到本质的认识，从外部联系的认识上升到内部联系的认识，从第一本质的认识上升到第二本质的认识……这样一个历史过程；表明认识发展中各种矛盾（理论同实验的矛盾、各种理论观点的矛盾等）的不断产生和解决的历史过程。这种讲授方法，还便于对科学在生产实践的基础上和生产需要的推动下发展的历史背景作必要的阐明。这样，就不至于割断科学与实践的联系，颠倒科学认识的历史，把作为认识活动的最后成果、反映事物最本质的联系的若干基本定理，看做认识活动的出发点，把认识活动歪曲成从这些多少被看做是先验地引入的基本定理或基本假定出发，纯粹逻辑地推演开去的活动。

自然，要求在理论课程的教学中运用历史和逻辑的统一的方法，并不意味着否认理论的逻辑体系。逻辑体系的建立正是表明理论发展到了比较成熟的阶段，事物之间最本质的内部联系已经被揭示出来。这样的理论知识具有更大的指导实践的威力。问题不在于要不要理论的逻辑体系，而在于教学中如何更好地介绍这个逻辑体系，使它更好地同认识的历史过程结合起来，能够反映认识的矛盾发展，使它不致成为一个脱离历史的僵死的东西，而是成为一个具有生命力的、反映了历史、展示了远景的逻辑体系。

要求在理论课程教学中运用历史和逻辑统一的办法，也并不意味着要亦步亦趋地跟踪认识的历史发展的全部细节，这既是无益的，也是做不到的。历史的方法只是要求反映认识发展的最主要的线索，反映认识发展各个主要阶段上的主要矛盾，而撇开认识史上的弯路和歧途、枝节和旁蔓。否则，就没有理论的逻辑体系，而归结为具体的科学史了。恩格斯早就指出过，历史的东西的逻辑反映应当撇开现实的历史发展中大量的、次要的和偶然的因素，抓住其中最主要的本质的东西，反映历史发展的必然性。他说，逻辑的方法实质上“无非是历史的研究方式，不过摆脱了历史的形式及起扰乱作用的偶然性而已”①。

---

① 卡尔·马克思：《政治经济学批判》，见《马克思恩格斯选集》第二卷，人民出版社，1972年，第122页。

根据这样的原则来讲授理论课程，学习者不仅可以学到作为认识活动的结果的知识结论，而且可以学到反映在认识活动过程中的研究方法，从而学到运用知识和发展知识的方法。

为了实现在自然科学理论课程教学中贯彻历史和逻辑统一的方法，科学史的研究是很重要的。我以为，科学史应该研究科学认识发展的规律，并用来为教学服务。这应当是科学史研究中的一个重要的研究方向。

对“为科学而科学”思潮的一些历史考察*

“为科学而科学”是一种由来已久的思潮。对它的产生、发展的社会根源和一般哲学背景作一个历史的考察，想必是一件有益的工作。这样一个历史的考察，应当是多方面的。本文仅仅是从一个方面，从几个有代表性的人物的言论中，作一些简略的考察，它还远不是对这种思潮同各种社会经济条件和各种社会思想之间的关系的全面的历史考察。

一、“为科学而科学”思潮的产生

原始的自然科学，也就是最初的生产技术知识和自然知识，无疑是掌握在生产者的手中并且用来为生产服务的。随着脑力劳动和体力劳动的分离，以及由阶级对立而带来的两者的对立，一方面，使得一部分人有可能专门从事对自然界的研究而推动了古代自然科学的发展；另一方面，又导致自然科学与生产实践的脱离，导致对自然科学的性质和目的的唯心主义理解。

可以说，古希腊唯心主义哲学的最大的代表柏拉图第一个明确地提出科学的目的不在于实用，而在于“由此而见真理，由此而明善的理念”。他在

* 本文以“对于‘为科学而科学’的思潮的一些历史考察”为题，原载《新建设》1959 年第 9 期，后以现标题收入《关于自然科学发展规律的几个问题》，上海人民出版社，1961 年，第 35～48 页。

《理想国》这部著作中，把理想国的公民分为统治者、武士和生产者三个等级。统治者和武士是绝对不参加生产劳动的。算术、几何和天文学是统治者必须受的科学教育。但是，在柏拉图看来，统治者之所以要学算术，“非以学成可用之于市侩买卖之事”，这是“用之不得当”的，“盖其正当之功用，乃使人有思想而能见真理也”；统治者之所以要学几何，并非是为了要“知何谓规矩方圆”，“求其能应实施”，而是在于“惟几何能令人洞见真理”；统治者之所以要学天文学，并非要有“年岁季月上之知识”，如“农人舟子所当知”，而在于“令人窥哲理而见真道”。柏拉图还批判了当时的一些科学家对科学的流行看法。他说，“今日此道专门家（指几何学家）之见解”，视几何为“平常日用之物”，“岂不可笑”，“不知几何的目的，乃最高深之知识也”。而这“最高深之知识”之为用，乃在于使人“由此而见真理，由此而明善的理念”①。他甚至认为当时出现的某些力学曲线和圆锥曲线的研究不属于几何的范围，因为这些研究并不引导我们同永恒的非肉体的理想相往来，而是在庸俗的手工业工具的运用中所需要的。

柏拉图就这样把科学追求“真理”的目的同科学用于生产的目的分割开来，推崇前者，鄙弃后者。而他的这种理解是以他的整套客观唯心主义哲学为背景的。在他的哲学中，实践、感觉是被轻视的；知识的来源不在于感觉，而在于不灭的灵魂对理念世界的回忆。科学所追求的“真理”，并不是对可感知的自然界的客观规律的认识，而是超出一切可感知的事物的永恒的绝对理念。理念的世界才是真正存在的世界，可感知的事物的世界不过是它的影子。

二、近代资本主义的兴起要求自然科学为发展资本主义生产服务

15～16世纪以来，资本主义生产开始迅速发展，推动了近代自然科学在中世纪的漫长黑夜之后迅速兴起。资产阶级为发展生产，要求自然科学同生产衔接起来，并且要求一种支持自然科学同生产技术衔接起来的哲学。培根的哲学便是在这样的社会背景下产生的。

---

① 柏拉图：《理想国》，商务印书馆，1957年，第七章。

培根是英国唯物主义和近代实验科学的创始人。他十分重视中世纪后期出现的各种技术上的发明和手工作坊中机械技术的发展，而不满足于当时科学的脱离实际、脱离自然、流于词句争论、长期停滞不前的状况。他批评那种脱离实际的科学，说它“能够谈说，但不能生产”，“富于争辩，而没有实际效果”。他认为，如果各种科学“始终依附在自然的子宫上面，继续从它吸取营养”，则“两千年来……始终站在原来的地方，几乎保持着同一的状况”的事实便绝不会发生。“但是，在以自然和经验为依据的机械技术中间，我们看见发生的却是相反的情形，因为这些东西（只要它们是人民大众所需要的）是在不断地繁荣和生长……而且在一切时候都在向前进展。”① 他特别指出，过去科学之所以很少进步，一个重大的原因是目标本身就没有摆对。他普遍地抨击了当时人们对科学所持的各种目的，责备“人们不但不把增加技术科学财富的任务自己担负起来，而且，从已有的财富中他们所采取和寻求的……只是他们可以转用到他们的讲演中去的东西，或者是他们可以用来得到什么、取得名誉及某种类似的好处的东西。如果在人群中间有人以忠实的热情，为科学而追求科学……他的目的也还只是在于各种各样的思辨玄想和教条。”“即使碰巧有一个人诚心诚意地想要寻求真理，他所致力寻求的仍然只是这样一种真理，这种真理可以使心灵和理智在说明早已发现的事物的原因时得到满足，但是并不能够给工作提供新的保证。”他认为，这都是一些“空口说教的人”。“只不过偶尔有个别头脑敏锐……的工匠才致力于新的发明，而他在发明的时候多半还要牺牲自己的幸福。”他明确地宣布，“科学的真正合法的目标，就只是给人类生活提供新的发现和力量”②。

---

① 《十六—十八世纪西欧各国哲学》，三联书店，1958 年，第 27、28 页。

② 《十六—十八世纪西欧各国哲学》，三联书店，1958 年，第 30 页。后来，有人在论到培根对科学的目标所持有的态度时，作了一段很生动的描写。他说：“试询问一个培根信徒，查理二世时代的所谓新哲学曾为人类做了些什么？他的答案是现成的：它延长了生命；减少了痛苦；扑灭了疾病；增加了土壤的肥沃；使航海家得到新的安全；战士们得到新的武器；以我们父老从所未见的桥梁，贯通了大河和海口；导引天上的雷电，安全达地；以白昼的光辉照耀黑夜；引申了人类的视觉，增加了人类肌肉的能力；促进了人类的书札的往还，友情的排解，商务的传递；使人能潜入海底，高翔天空，深入地腹，不借马力，而能以轮车行陆，虽在逆风，亦可以每小时十里的速度乘舟航海。这还只是一部分的成果、最初的成果。因为它是永不休息的、永无止境的精益求精的哲学，它的定律便是进步。昨日所未能逆睹的，成为它今日的目标，亦即它明日的起点。”

培根的这种见解，反映了新兴的、正在上升的资产阶级对发展生产和发展科学技术的要求，在整个资本主义上升时期，在自然科学家中间，具有相当的代表性，这种思潮，对推动自然科学的进步，在历史上起了积极的作用。同时，这种见解也是以当时这个阶级的比较健康的、进取的唯物主义思想为背景的。培根是唯物主义者，他重视经验、实践，认为感觉是一切知识的来源；他认为，知识就是力量，要命令自然必须服从自然，人掌握了关于自然的知识，就能成为自然的统治者和主人，使自然界变成人类的王国。

当然，也应当看到，由于资本主义社会中许多知识分子脱离人民，轻视生产劳动和实践，那种把科学追求真理的目的同科学为人民谋求实际利益的目的分割开来，以前者为高超、后者为低贱的思想，即使在资本主义上升时期中，仍然是很有影响的。

三、资本主义没落时期“为科学而科学”思潮的泛起

随着西方资产阶级由进步逐渐走向反动，培根式的“科学为人类生活提供新的发明和力量”的口号，越来越失去它的号召力了，“为科学而科学”的思潮就因此而重新泛起。

由于资本主义制度矛盾的逐渐尖锐化，所谓“科学和社会的冲突”日益严重起来。诚然，资本主义上升时期以神奇的速度推进了生产和科学技术的发展，自然科学给人类生活提供了那样众多和重大的“新的发现和力量”，甚至远远超过了培根他们当初的预料。但是，自然科学所提供的这些“新的发现和力量”，却并没有为人类带来幸福，相反，倒是给资产阶级提供了越来越多的利润，给劳动人民带来的则是剥削和穷困。特别尖锐的是，自然科学的发明在资产阶级手中成为进行侵略和分赃的战争工具，成为杀戮和破坏的手段。资产阶级当初总是以“人类”的名义发言，但是，历史的发展，揭穿了这种言论的虚伪性，表明了他们在“人类利益”的美丽言词下所追求的不过是狭隘的阶级私利。资产阶级曾经高喊为“人类”的“自由”和“民主”而斗争，结果不过是资产阶级获得了剥削的自由和统治的权利，劳动人民得到的却只是受剥削的自由和被统治的权利。资产阶级高喊科学要给人类生活提供新的发现和力量，结果也是一样。于是，培根式的对科学的目的的

信念，开始在人们中受到怀疑、发生动摇。

同时，走向反动的资产阶级在思想体系上也不能再容忍自然科学思想中就其本质来说是富有革命性的唯物主义哲学，而转向支持唯心主义哲学，特别是从贝克莱到马赫的主观唯心主义哲学。唯心主义哲学渗入自然科学，竭力阉割自然科学知识的客观真理的意义。在这种哲学观点看来，自然科学不再是对客观自然规律的认识，具有支配和改造自然的力量，它被认为只不过是人们整理自己的经验材料的简便的方法，只不过是思维的经济，只不过是人为的假设而已。资产阶级一方面仍然要利用自然科学，另一方面又不能容忍自然科学思想中的唯物主义精神。实用主义哲学恰恰适应了资产阶级的这种需要。这种哲学一方面抽掉了自然科学的客观真理意义，另一方面又把自然科学当做“应用的假设”，当做“应付环境”、“处理事物”的手段来利用。

对所谓“科学和社会的冲突”，所谓科学给人类招致灾难的问题，从 19 世纪后期开始便引起了资本主义世界知识界的长时期的讨论。有人将一切罪过诿之于科学①，有人甚至主张禁止科学。而对自然科学为资产阶级所利用、给人类带来了巨大的灾难（首先是在资产阶级手中自然科学为战争提供了各种威力强大的杀人武器）的事实，自然科学家中间的一些人不能不对自然科学的目的性问题，进行深刻的思索，产生极大的苦恼。

在这种情况下，有一些自然科学家纵然仍像他们的进步的前辈一样，抽象地声称以为人类谋幸福为自己的工作目的，但当他们这样说的时候，并不是满怀希望和信心，而是满怀忧郁和恐惧。例如，由于发现具有强烈放射性的新元素镭而获得诺贝尔奖金的居里夫妇，在 1905 年接受诺贝尔奖金时发表的演说中，就是这样说的：“镭的发现，在物理学上改变了若干基本原理，在化学中掀起了对放射现象能量来源的大胆假设，在地质学上它解释了许多向来讲不通的现象，在生物学上镭对癌细胞的作用肯定有效。一切都为了人

---

① 梁启超在《欧游心影路》中记载了第一次世界大战前后欧洲知识界的这一倾向。他在书中一方面责怪科学所带来的“物质文明”和唯物主义哲学败坏了传统的宗教和唯心主义哲学，致使“精神文明”破产，造成“弱肉强食”；另一方面，还说：“当时讴歌科学万能的人，满望科学成功，黄金世界便指日出现。如今功总算成了，一百年的物质的进步，比从前三千年所得还加几倍。我们人类不唯没有得着幸福，倒反带来许多灾难……欧洲人做了一场科学万能的大梦，到如今却叫起科学破产来。这便是最近思潮变迁一个大关键了。”

类的幸福。但是，镭的发现能不能为祸于人类呢？我们可以想到，在罪犯们手中，镭可以成为极危险的东西。我们也可以自问：人类认识自然的秘密，到底有无好处？人类是否已成熟地利用自然，还是反而被这些认识烦恼？诺贝尔的发明是一个特异的例子。这猛烈的炸药可以使人们做值得羡慕的工作，但在引导人类趋向战争的大罪犯们手中，它同时又是可怕的破坏工具。”虽然他们接着宣布自己是“站在希望人类将要从新发明中取得幸福，而不是取得祸患的那些人中间的”。但他们自己明白，这个宣布，实际上又何助于阻止帝国主义罪犯们利用自然科学的成就来制造大规模杀人的武器呢？

另一些自然科学家便转而走向“为科学而科学”，以此自欺，并且欺人。并且他们中的一些人从当时具有广泛影响的主观唯心主义哲学中找到了对“为科学而科学”的思想的哲学上的支持。20 世纪初期，法国数学家彭加勒的思想便是这方面的一个代表。

彭加勒在他的《科学的价值》一书中①，竭力宣传“为科学而科学”。在这本书的序言中，他一开始就说：“人类的活动的目的在追求真理，这是唯一值得追求的目的。无疑的，我们应当首先努力去减轻人类的苦难，但这又是为了什么？解脱苦难是一个消极的理想，恐怕只有世界毁灭之日才能实现。如果我们希望使人摆脱物质的操劳，那只是为了得到自由来研究和思索真理。”“如果人们惧怕科学，那首先是因为科学不能给我们带来幸福。当然，科学不能带来幸福……但是我们既已尝到了智慧的禁果，任何苦难也不能使我们忘掉它的滋味……人诚然不能通过科学得到幸福，但是他今天如果没有科学，将会更加不幸。”彭加勒就是这样企图引导人们撇开现实世界的斗争，逃避到科学的象牙之塔中，去追求“宇宙的普遍谐和”这个“众美之源”来自我慰藉。《科学的价值》的最后一章是专论“为科学而科学”的，其中说：“我们不能知道所有的事实，必须去选择那些值得知道的事。照托尔斯泰看来，科学家任意地来做这种选择，而不是合理地从实际应用的观点来做这种选择。相反，科学家认为某些事实比别的事实更有趣味，只是因为这些事实可以补足一个未完成的谐和……我相信科学家是正确的。例如，我

① 后面几段引文均据此书英文本中的文字译出，分别引自此书的《序言》和第三部《科学的客观价值》。

在前面已经说明，天文学事实的高度价值，并不是因为这些事实可以有实际的应用，而是因为它们是所有的事实中最有教益的。”在这一章的最后一段，他说：“有人也许会认为‘为科学而科学’这句话很可怪，然而，这句话和‘为人生而人生’，是同样没有什么可怪的，如果人生只是苦难的话……地质学史告诉我们，生命只不过是两头无尽的死亡之间的一段短短的穿插而已，而且即使在这段穿插中，有意识的思想已经存在和将要存在的时间也只不过是一瞬间。思想只是漫漫长夜中的一次闪光。而这一次闪光就是一切。”

彭加勒所标榜的给予短暂的人世以幸福的“真理”，又是什么呢？他说：“人类的智慧相信是从自然中发现的那个谐和，能够存在于这个智慧之外吗？不，完全独立于想象着、看着和感觉着的心灵之外的实在，无疑是不可能的。那样的外在世界，即使存在，对于我们也是永远不能达到的。我们称之为客观实在的东西，分析到最后，只不过是对许多思想者是共同的、并且对所有的思想者都会是共同的东西，这个共同的部分……只能是数学定理所表达的谐和。只有这个谐和才是唯一的客观实在，才是我们所能达到的唯一真理。更进一步说，宇宙的普遍谐和是众美之源，那么，使我们渐渐认识这个谐和的缓慢而艰难的进程，具有何等价值，便可以明白了。”

竭力宣传“为科学而科学”的思想和口号，引导自然科学家逃避现实的社会冲突，恰恰可以掩盖资产阶级为侵略战争和剥削的目的去利用自然科学家的研究成果的行为。

四、“为科学而科学”的思想在新中国成立以前的情况

近代自然科学自西方传入我国，适应着近代我国资本主义开始发展，也有许多从西方学习了自然科学的科学家，抱着“科学救国”的目标，也就是说，抱着为在我国发展资本主义生产而服务的目标，来从事自然科学工作。但是，由于帝国主义和封建主义的重重压迫，由于旧中国统治者政治上的反动和腐败，资本主义生产在我国始终没有充分发展的条件，因而始终没有发展自然科学的强大动力和基础。正如毛泽东同志所说的：“在一个半殖民地

的、半封建的、分裂的中国里，要想发展工业、建设国防、福利人民、求得国家的富强，多少年来多少人做过这种梦，但是一概幻灭了。许多好心的教育家、科学家和学生们，他们埋头于自己的工作或学习，不问政治，自以为可以所学为国家服务，结果也化成了梦，一概幻灭了。"[①] 梦想的幻灭，使许多自然科学家认识到要救国，要发展自然科学，必须首先进行反对帝国主义和封建主义的斗争，从而使他们走向革命。这是一方面。另外，有许多自然科学家则因为梦想的幻灭而感到灰心和失望，他们对旧中国在反动统治下政治腐败、经济凋敝的状况感到不满，却又没有参加革命斗争的觉悟和勇气，于是更加埋头于自己的科学工作，不问政治，不问自己工作的目的和作用。[②] 而作为对"科学救国"的梦想之破灭的反动，还有一部分自然科学家高唱"为科学而科学"，并对用科学来"救国济民"、"利用厚生"、"求真致用"的理想，采取鄙弃的态度。他们之中，流行过这样一种思想，那就是：科学和救国是毫不相干的两回事。他们认为，"科学既没有功利观念，亦没有爱国思想"，"科学的目的是为知识，科学的任务是求真理"；"为科学而研究科学的人是清高的、超然的，是高人一等的"；"学术本身是高贵的，无所作为的，所以对一个纯粹学者的工作，我们只应该表示钦佩，而不要把救国的责任放在他们肩上，因为学术工作所需要的乃是理智的超然性"，等等。他们就是以他们这样做是"清高的"、"为科学而科学"来自我慰藉。

这便是旧中国时代我国有些自然科学家主张"为科学而科学"的一些特殊的社会背景。

同时，还应当提到，当西方近代自然科学开始大量传入我国的时候，西方自然科学界广泛流传的对自然科学的性质和目的的哲学见解，也逐渐传到我国，给我国自然科学家以相当的影响。五四运动后不久，在我国知识界开展的一场"科学与玄学"的论战中，丁文江以维护科学、反对玄学的姿态出现。[③] 但丁文江所维护的科学，已经不是培根的唯物主义精神下的、以认识

---

① 《论联合政府》，见《毛泽东选集》第 3 卷，人民出版社，1967 年，第 981 页。

② 《党使我获得新的生命》，北京出版社，1959 年。这本文集搜集了前几年入党的一批老科学家的文章。这些文章生动地回忆了他们当年"科学救国"的美梦、这个梦想幻灭的过程和他们当时的思想状态。

③ 丁文江：《科学与玄学》，见《科学与人生观》，亚东图书馆版。

和支配自然为己任的科学，而是毕尔生[①]的只是用做整理感觉材料的简便方法的科学和杜威的只是当做应付环境的手段的科学了。曾在我国大力介绍和宣扬的彭加勒对科学的观点，也成为我国有些自然科学家在新中国成立以前主张“为科学而科学”的一个思想来源。

新中国成立以后，我国的社会条件发生了根本的变化。过去促成“为科学而科学”的思想的社会制度的原因，已经消灭了。经过新民主主义革命和社会主义革命的胜利，旧中国生产发展的桎梏已经被粉碎，社会主义经济建设事业的迅速发展要求自然科学急起直追来适应生产发展的需要。科学技术的发展和剥削制度之间的矛盾已不再存在，自然科学的一切成果都不再成为剥削和压迫人民的工具，而成为真正为人民造福的手段。这个伟大的变革，使我国一切进步的自然科学家为之欢欣鼓舞。为劳动人民服务、为社会主义建设服务，成了自然科学工作的无比崇高的口号。

① 丁文江：《科学知识论》，见毕尔生：《科学规范》。

关于牛顿的“第一推动”*

牛顿在250多年前，提出了关于神的“第一推动”的假定，企图用他的科学发现来论证上帝的存在。恩格斯在《自然辩证法》一书中，对牛顿的集中表现在所谓“第一推动”假定的神学倾向，做出了最深刻的分析和批判。“第一推动”的提出，是自然科学家在错误的世界观的影响下，走向错误的方向，得出荒谬的、反科学的结论的一个典型例子。这个“学说”，在自然科学中已经成为陈迹，被历史抛弃了。但是，作为认识史上的一个教训，弄清楚它的来龙去脉，对自然科学家还是很有教益的。

当然，我们不应该因为牛顿提出过“第一推动”的假定，而全盘否定牛顿在力学、数学、光学等方面的巨大的自然科学成就。但是，如果认为，对牛顿的“第一推动”进行批评，指出他的错误，分析这种错误的原因，以便吸取教训，是没有什么意义的，甚至是根本不应该的；认为关于“第一推动”，不过是因为当时的科学还没有像今天这样发达，牛顿回答不出来，就顺口说了一句，这是一种神力，这和上海人遇到一桩莫名其妙的事情叫一声“天晓得”一样，没有什么值得注意的。这都是混淆是非的错误说法。

---

* 本文原载《关于自然科学发展规律的几个问题》，上海人民出版社，1961年版，第152～161页。

牛顿的“第一推动”究竟是怎么回事？恩格斯是怎样对它分析和批判的？本文将提供一些这方面的材料，以回答上面那些混淆是非的错误说法，同时为学习《自然辩证法》这部经典著作的同志在这个问题上准备一点注释性的参考。

一、牛顿的“第一推动”究竟是怎么回事

牛顿关于神的“第一推动”的假定究竟是在怎样的情况下，为着怎样的目的提出来的呢？

1691年，化学家波义耳逝世。他在遗嘱中，以50英镑的年俸为酬劳，征求神学家或牧师讲道，用科学的发现来“证明”上帝的存在和基督教义。牧师本特利被选为第一个宣讲人，他在总题目为“对无神论的驳诘”的讲道中，运用了牛顿的《自然哲学之数学原理》一书。为了准备讲道，他曾经写信向牛顿提出一些问题，请求帮助。牛顿精心地、详尽地回答了这些问题，给本特利写了四封信。

在第一封回信中，牛顿一开头就说：“在我撰写关于我们系统（指宇宙系统——引用者）的著作时，我曾着眼于这样一些原理，用这些原理也许能使深思熟虑的人们相信上帝的存在，而当我看到他对这个目的有用时，可以说没有别的什么东西能使我更加高兴的了。”

接着牛顿回答了本特利的几个具体问题。对其中的一个问题，牛顿回答说：“行星现有的运动不能单单出自于某一个自然原因，而是由一个全智的主宰的推动……要造就这个宇宙系统及其全部运动，就得有这样一个原因，它了解并且比较过太阳、行星和卫星等各天体中的质量及由此确定的重力；也了解和比较过各个行星和卫星的距离，各个卫星与土星、木星和地球的距离，以及这些行星和卫星围绕这些中心体中所含的质量运转的速度。要在差别如此巨大的各天体之间比较和协调所有这一切，可见那个原因绝不是盲目的和偶然的，而是非常精通力学和几何学的。”①

① 《牛顿自然哲学著作选》，上海人民出版社，1974年，第54、56、57页。

在给本特利的第二封信中，关于上述的问题，牛顿又说："第一，如果把地球（不连月球）放在不论何处，只要其中心处于轨道上，并且先让它停留在那里不受任何重力或推力的作用，然后立即施以一个指向太阳的重力，和一个大小适当并使之沿轨道切线方向运动的横向推动；那么按照我的见解，这个引力和推动的组合将使地球围绕太阳作圆周运动。但是那个横向推动必须大小恰当；因为如果太大或太小，就会使地球沿着别的路线运动。第二，没有神力之助，我不知道自然界中还有什么力量竟能促成这种横向运动……重力可以使行星运动，然而没有神的力量就绝不能使它们作现在这样的绕太阳而转的圆周运动。因此，由于这个以及其他原因，我不得不把我们这个系统的结构归之于一个全智的主宰。"①

牛顿关于神的"第一推动"的假定，就是在这样的情况下，为着这样的目的提出来的。

牛顿的这些信件写于 1692 年年末、1693 年年初。后来，在 1713 年，牛顿更把这些思想系统地总结起来，写成《总释》，在《自然哲学之数学原理》一书印第二版时，加在全书的后面（这第二版，是牛顿应本特利之请而修订出版的，修订时，牛顿接受了本特利所推荐的科茨的帮助，科茨在第二版前面写了一篇充满唯心主义色彩的序言）。在这段《总释》里，牛顿清楚地表明了他对上帝的本性及其在自然界中的地位的看法。

牛顿在《总释》中说："虽然这些天体确实能仅仅由于那些重力定律而持续地在它们的轨道上运行，但这些轨道本身有规则的位置，不论如何是不能先从这些定律中推导出来的。""不能设想单靠力学的原因将会产生这么多的有规则的运动。""这个由太阳、行星和彗星构成的最美满的体系，只能来自一个全知全能的主宰者的督促和统治。如果恒星是其他类似的天体系统的中心，那么由于这些系统也是按照同样的明智督促所形成，它们必然也统统服从于这唯一主宰者的统治。""这个主宰者不是以世界的灵魂，而是以万物的主宰者面目出现来统治一切的。因为他有统治权，所以人们称他为'我主上帝'或'普天之君'。""至高无上的上帝是一个永恒、无限、绝对完全的

① 《牛顿自然哲学著作选》，上海人民出版社，1974 年，第 62 页。

主宰者。”“由于他有真正的统治权，所以上帝才成为一个有生命的、有智慧的、有权力的主宰者；而由于他的其他一切完善性，所以他是至高无上的，也是最完善的。他是永恒的和无限的，无所不能和无所不知的；就是说，他由永恒到永恒而存在，从无限到无限而显现；他统治一切，并且对所有已经存在和可能存在的事物都是无所不知的。”“（他）浑身是眼，浑身是耳，浑身是脑，浑身是臂，并有全能进行感觉、理解和活动；但其方式绝不和人类一样，绝不和物体一样，而是我们所完全不知道的。正如瞎子没有颜色的观念那样，我们对于全智的上帝怎样感觉和理解所有的事物，也完全没有观念。”“我们只是通过上帝对万物的最聪明和最巧妙的安排，以及最终的原因，才对上帝有所认识；我们因为他至善至美而钦佩他，因为他统治万物，我们是他的仆人而敬畏他崇拜他；一个上帝，如果没有统治万物之权，没有保佑人类之力和其最终的原因，那就不成其为上帝，而不过是命运和自然而已。那种盲目的形而上学的必然性，当然同样是无时不在、无处不在的，但它并不能产生出多种多样的事物来。我们在不同时间、不同地点所看到的所有各种自然事物，只能发源于一个必然存在的上帝的思想和意志之中。”“从事物的表象来论说上帝，无疑是自然哲学分内的事。”①

引得够长了。总之，牛顿是在这里唱了一首对上帝的赞美诗，并且是将他的《自然哲学之数学原理》这部著作作为祭祀上帝的牺牲的。无怪乎一位牛顿传记的作者直截了当地说：“他非常相信上帝，他很尊敬基督，这两点是十分明显的，事实上，那是十分确定的，他写《自然哲学之数学原理》一书，主要的目的也是想证明宇宙中上帝的超人权利。”②

在这里，还应当特别说一说牛顿写《总释》的背景。在对上帝的信仰方面，当时牛顿曾经因为《自然哲学之数学原理》的出版而遭到了人们的一些责难。莱布尼茨和牛顿为了微积分的发明权的问题发生了激烈的争吵，互相攻击。莱布尼茨就曾经攻击牛顿，说牛顿不尊敬上帝，把上帝当做一个看管着自己创造的宇宙机器使之不致偶然损坏的大工匠，把上帝等同于无限空间

① 《自然哲学之数学原理》，商务印书馆，1957年重印本，第951～955页。译文据《牛顿自然哲学著作选》，上海人民出版社，1974年，第48～52页。

② 布林：《牛顿传》，商务印书馆万有文库本，第82页。

的感觉中枢。贝克莱主教也在《人类知识原理》一书中批评了牛顿的绝对时间、绝对空间和绝对运动的观念会导向无神论。这些责难使牛顿非常激动和愤怒，因此，他特地在《自然哲学之数学原理》第二版后面附上这段《总释》，目的就是洗刷自己，表白自己对上帝的忠诚。

最后还需要说明一个情况：牛顿不仅信仰上帝，而且他还是一位神学家。洛克在1703年写道："牛顿作为一个真正杰出的学者，不仅由于他在数学上的光辉成就，而且由于他在神学上对《圣经》的大量知识，在这方面很少有人能与他相比。"① 上述的那位牛顿传记的作者甚至说："牛顿的不想做高级僧是非常奇怪的，因为他有很深的宗教性。"② 牛顿在晚年，埋头于解释《约翰启示录》，并且写了许多神学著作。牛顿对上帝的一般看法、牛顿的宗教观，就是如此。

二、恩格斯怎样分析牛顿的世界观及其神学倾向

恩格斯是怎样分析和批判牛顿的这种神学倾向的呢，是怎样来评价牛顿的整个世界观的呢？

牛顿是一个伟大的自然科学家，对自然科学有卓越的贡献。恩格斯对牛顿的这些贡献作了充分的估计。② 牛顿对古典力学所作的系统的总结和他的一些其他成就，作为自然科学的基本成果而载入史册，至今仍是我们应该学习的科学遗产。牛顿在自然科学领域中是站在自发的唯物主义立场上的。他的这种唯物主义倾向，从他在《自然哲学之数学原理》第三篇《论宇宙系统》一开头提出的研究自然的四条法则中，从他对"实验哲学"的本质的论述中，从他强调必须"用观察和实验来建立"自然科学定律，必须"从试验和现象出发"，必须用实验来检验理论，必须反对"没有任何实验证明的臆断或猜测"这些事实中，可以看得最清楚③。

---

① 瓦维洛夫：《伊萨克·牛顿》俄文版，苏联科学院，1943年，第190页。

② 《英国状况十八世纪》，见《马克思恩格斯全集》第一卷，人民出版社，1956年，第657页。

③ 《自然哲学之数学原理》，商务印书馆，1957年重印本，第692页；《牛顿自然哲学著作选》，上海人民出版社，1974年，第1～9页。

然而牛顿的这种自发的、朴素的唯物主义倾向，缺乏强有力的哲学上的论证，并且含有根本的缺陷，因而抵挡不住唯心主义和神学的攻击。

恩格斯极为深刻地分析了牛顿的世界观的根本缺陷。正是这些缺陷使得牛顿做了神学的俘虏。牛顿的世界观的根本缺陷在于它的形而上学和经验主义的性质。

恩格斯在《自然辩证法》导言里分析了从哥白尼开始到牛顿结束的现代自然科学的第一个时期在世界观上的形而上学特征。他说："这个时代的特征是一个特殊的总观点的形成，这个总观点的中心是自然界绝对不变这样一个见解。""在我们所考察的这个时期的自然科学家看来，它却是某种僵化的东西、某种不变的东西，而在他们中的大多数人看来，则是某种一下子造成的东西。"[①] 然而，正如恩格斯在《自然辩证法》的一段札记中指出的："如果我们以现有状态的永恒性为前提，我们就需要有一个第一推动——上帝。"[②] 因为，如果把太阳系看做一个永恒不变的力学系统，那么，这个系统的现在的运动只需要用力学规律和引力定律就可以完全加以说明，所差的只是必须预先给出各种初始条件；单有力学和引力规律而没有给出初始条件是不能说明现在的运动的。谁来给出这些初始条件呢？牛顿认为，只有那"精通力学和几何学的上帝"才能明了这些天体的质量、距离及由此而来的引力，加以比较和调整，给出大小适宜的"第一推动"。这些初始条件也就是牛顿所说的我们只能从这里推知上帝的存在的所谓"终极原因"。牛顿的全部神学论据，归根到底就是：必须由上帝给出我们这个力学世界的初始条件、终极原因。

于是，恩格斯做出结论说，这种自然界现状的永恒性为前提的形而上学的世界观，使得："科学还深深地禁锢在神学之中。它到处寻找，并且找到了一种不能从自然界本身来说明的外来的推动力作为最后的原因。如果牛顿所夸张地命名为万有引力的吸引被当做物质的本质的特性，那么首先造成行星轨道的未被说明的切线的力是从哪里来的呢……对于这样的问题，自然科学常常以万物的创造者对此负责来回答。哥白尼在这一时期的开端给神学写

① 《自然辩证法》，人民出版社，1971年，第10、11页。

② 《自然辩证法》，人民出版社，1971年，第11、250页。

了挑战书；牛顿却以关于神的第一推动的假设结束了这个时期。”

如果以辩证法来代替形而上学，把整个自然界和太阳系看做某种发展中的、形成中的东西，把自然界的运动看做是由内部的矛盾统一和斗争所引起的“自己运动”，那么，关于第一推动、关于初始条件的问题就被取消了。康德在1755年出版的《自然通史和天体论》第一个打开了形而上学自然观的缺口。恩格斯说：“如果大多数自然科学家对于思维不像牛顿在‘物理学，当心形而上学呵！’这个警告中所表现的那种厌恶，那么他们一定会从康德的这个天才发现中得出结论，免得走无穷无尽的弯路，并节省在错误方向下浪费掉的无法计算的时间和劳动。”① 这就是说，英国式的经验主义是牛顿成为神学俘虏的另一个原因。恩格斯在《自然辩证法》的一篇生动地分析为什么一些自然科学家竟至于迷信扶乩和请神的文章，说明了“蔑视一切理论、不相信一切思维的最肤浅的经验论”是“从自然科学到神秘主义的最可靠的道路”，“当我们要寻找极端的幻想、盲从和迷信时，如果不到那种像德国自然哲学一样竭力把客观世界嵌入自己主观思维的框子里的自然科学派别中去寻找，而到那种单凭经验、非常蔑视思维、实际上走到了极端缺乏思想的地步的相反的派别中去寻找，那么我们就大致不会犯什么错误”①。在这篇文章里，恩格斯顺便用同一原因说明了牛顿在晚年埋头于解释《约翰启示录》的道理。

恩格斯的这种批评，从牛顿自己的文字里找到了最好的注释。牛顿在《自然哲学之数学原理》一书后面的《总释》中紧接着前引的对上帝的“赞美诗”后面说：“迄今为止，我们用重力解释天体以及海洋的种种现象，但是还没有把这种力量归之于什么原因。”“直到现在，我还未能从现象中发现重力有这些属性的原因。”“我也不作任何假说；因为凡不是从现象中推导出来的任何说法都应称之为假说，而这种假说无论是形而上学的或者是物理学的，无论是属于隐藏性质的或者是力学性质的，在实验哲学中都没有它们的地位。在这种哲学中，特殊的命题总是从现象中推论出来，然后用归纳法加以概括而使之带有普遍性的……对我们来说，能知道重力确实存在，并且按

---

① 《自然辩证法》，人民出版社，1971年，第12、34、43页。

照我们所已说明的那些定律起着作用，还可以广泛地用它来解释天体和海洋的一切运动，就已经足够了。”① 如此讨厌思维、讨厌假设的牛顿，却那样虔诚地提出了神的存在和他的第一推动的假设。经验主义就是这样在自然科学和神学之间搭起了一道桥梁！

当然，在唯物主义者看来，“上帝在信仰他的自然科学家那里所得到的待遇，比在任何地方所得到的都坏。”“牛顿还让上帝来做‘第一推动’，但是禁止他进一步干涉自己的太阳系。”② 这是因为，牛顿作为一个自然研究者，在自然科学方面仍然抱有自发的唯物主义世界观。所以，尽管牛顿如何煞费苦心来为上帝安排一个神圣的位置，终归无法使上帝摆脱这样一个尴尬的局面。这是牛顿世界观中的矛盾的必然反映。

牛顿之所以做了神学的俘虏，除了应该分析他在认识上的根源之外，还必须分析他的阶级的、社会的根源。恩格斯在《社会主义从空想到科学的发展》这本书的英文版序言中深刻地分析了英国资产阶级的宗教意向的原意。资产阶级在繁荣发展之初曾经因为需要科学而参加了科学对神学的起义，但是英国资产阶级经过几度革命以后，成了统治阶级中的一个公认的部分，同以前的封建大地主实行了妥协。为了利用宗教来麻痹他们的天然下属的灵魂，资产阶级越来越顽固地抓住各种各样的宗教信念。恩格斯在这里没有直接谈到牛顿。但是，牛顿作为英国资产阶级的典型代表人物，不仅在政治见解上属于这个阶级，在宗教见解上，也是完全属于这个阶级的；宗教意识作为这个统治阶级的阶级意识，也深深地统治着牛顿的头脑，因而使他把自然科学的成果当做祭祀上帝的牺牲。无论从认识的根源，或者从阶级的根源来说，牛顿的神学倾向都不是一个特殊的、偶然的现象，而是一种典型，具有充分的代表意义。不仅牛顿的同时代的许多自然科学家抱有同样的见解，在牛顿之后的18～19世纪的许多自然科学家，也都抱有这样的见解。朴素的机械的唯物主义同自然神论的结合是这一时代的许多自然科学家的世界观的特征。牛顿作为这种世界观的代表者，对同时代和后代的人们不能不产生很

① 《自然哲学之数学原理》，商务印书馆，1957年重印本，第956、957页；《牛顿自然哲学著作选》，上海人民出版社，1974年，第52、53页。

② 恩格斯：《自然辩证法》，人民出版社，1971年，第178、179页。

大的影响。

因此，恩格斯对牛顿的神学倾向的分析和批判，具有很大的意义。它不仅为我们提供了一个范例、一把钥匙，去了解那一时代的许多自然科学家的世界观上的矛盾及其在自然科学上的成就和局限，而且帮助我们总结了那一时代的许多自然科学家的历史教训，使我们认识到形而上学和经验主义的缺陷，认识到占统治地位的资产阶级意识形态的支配力量，以及它们对自然科学研究的危害性，从而认识到自觉地学习辩证唯物主义的必要性。

从门捷列夫谈天才和群众的关系*

在自然科学发展中，所谓天才和群众的关系是怎样的呢？

有些人认为："自然科学要靠天才，不能靠群众。""千千万万个人，顶不上一个门捷列夫，顶不上一个牛顿。"

在这些人看来，自然科学的历史仅仅是少数天才活动的历史。而这少数天才之所以能够做出杰出的科学创造，在他们看来，又仅仅取决于这些天才头脑中的偶然灵感。他们常常传播一些以讹传讹的小故事来"证明"自己的观点。诸如：牛顿偶然看见苹果从树上掉下来，因而想出了万有引力定律；瓦特偶然看见蒸汽冲开水壶的盖子，因而发明了蒸汽机①；门捷列夫把化学

---

* 本文以"天才与群众"为题，署名卢弓，原载《人民日报》1959年12月10日第7版，后以现标题收入《关于自然科学发展规律的几个问题》，上海人民出版社，1961年，第71～78页。

① 牛顿和苹果的事，完全是一个未经证实的传说（商务印书馆"万有文库"中布林著的《牛顿传》便是这样承认的。布林认为这个传说也许不过是伏尔泰的"妙笔生花"，但是他觉得人们不妨相信这个传说）。万有引力定律之所以在17世纪后期被发现，原因当然不在于牛顿的苹果。这个发现是以当时生产发展的水平，以及由于生产的要求而发展起来的力学知识的积累为基础的。马克思说过："机器在十七世纪的间或应用……为当时的大数学家创立现代力学提供了实际的支点和刺激。"（《资本论》第1卷，《马克思恩格斯全集》第23卷，人民出版社1972年版，第386、387页。）牛顿的万有引力定律特别是从总结当时天体力学的成就，从开普勒关于行星运动的研究中发展出来的。而当时天文学的发展，又是同贸易和航海的迅速发展的需要相联系的。

关于瓦特和水壶盖的事，更是无稽之谈。蒸汽机的真正发明和使用，取决于资本主义生产的发展，取决于资本主义工业生产中对于比水力更大、更方便的新动力的日益增长的需要。

蒸汽机的发明史最雄辩地说明了它并不是某一个杰出的个人的偶然创造，而是生产发展需要的产物，是许多人前后相继的劳动的成果。它的发明人只不过是这种集体劳动的总结者和提高者。早

元素的性质写在纸牌上，在摆弄这些纸牌的时候偶然发现了元素的周期律，等等。显然，这是一种唯心主义的历史观和神秘主义的认识论。马克思主义认为人民群众是人类社会一切物质财富和精神财富的创造者。自然科学并不仅仅是什么少数杰出人才的思想的花朵，而是世世代代的千千万万群众的生产斗争经验的结晶，是世世代代的千千万万科学研究者的劳动的共同硕果。自然科学的历史发展并不取决于天才头脑中的“偶然灵感”。它是人类对自然界的认识，在生产实践和科学研究实践的基础上，由少到多、由浅到深的合乎规律的过程。

马克思主义当然不否认杰出的自然科学家的个人作用。杰出科学家是广大科学研究工作者和劳动群众的经验和智慧的集中者和代表者。他们总结了一个领域、一个时期科学研究的成果，并且为以后的自然科学发展开辟了新的领域和新的阶段。他们个人的努力和才能，他们所取得的成就，是值得人们尊敬和纪念的。但是马克思主义者不是把少数杰出科学家同千千万万的群众脱离开来，对立起来，而是把他们的个人的活动放在有着大大小小的贡献的广大科学研究者的活动之中，把广大科学研究者的活动放在千千万万劳动群众的活动的基础上，来估价他们的作用。任何重大的科学发明和创造，都不是什么神秘、偶然的东西。在人类认识的发展中，这些科学发现和创造，都有其历史的必然性。首先，它们都是以一定的生产发展水平为前提的，是适应一定的生产发展需要的产物。其次，它们都是以一定的科学知识积累为条件的，是以前的科学认识发展的继续和飞跃。个人的努力和才能无疑是有重大作用的因素。但是，这些因素能发挥作用，只是在于使这些杰出的科学家顺乎历史的需要，成为历史的必然性的体现者。

在公元前 120 年左右，亚历山大利亚的希罗就发明了一种用水蒸气来推动的机械。但是这一发明在古代社会生产极不发达的情况下不可能得到重视和发展，只不过被用在神龛当做一个玩物罢了。15 世纪时，意大利的达・芬奇又提出了创造蒸汽发动机的思想。1630 年英国人拉姆谢依、1690 年法国物理学家巴本先后提出在手工工厂中使用蒸汽发动机的新方案。1698 年英国人塞维利制成了自己的蒸汽机。1705 年英国铁匠纽可门和玻璃工人科雷综合了巴本的蒸汽机和塞维利的蒸汽机的原理，制成了第一台矿井抽水用的蒸汽机。1766 年俄国技师波尔祖诺夫在改良纽可门机器的基础上制成了自己的蒸汽机，早于瓦特八年。但在生产落后的俄国，这一发明没有被重视，波尔组诺夫的机器闲搁了 13 年，以后就被拆毁了。至于瓦特，他也是在 1766 年修理纽可门机器的时候，而不是在烧开水的时候，发现了纽可门机器的缺点，然后花了十余年的时间对这架机器不断加以改进，使它在原理上达到可以广泛使用的水平。

这里，我们就把门捷列夫发现化学元素周期律的历史，当做一个“麻雀”解剖一下。

门捷列夫是在1869年发现化学元素周期律的。大家知道，自然界天然存在的化学元素共达90种（连同人工制造的化学元素，现在已经知道了一百零几种）。在人们还只知道这些元素中的极小部分的时候，任何科学家要想凭“灵感”发现所有元素之间的真实的普遍内在联系，是根本不可能的。拉瓦锡是科学史上最杰出的人物之一，但在1789年的时候，他只知道33种元素（其中还包括当时被误认为是元素的“热”和“光”）。他只能把这些元素列为一表，分成气体、金属、非金属、土质四类，而不能发现元素周期律，列出元素周期表。这并不是因为拉瓦锡的才能不及门捷列夫，或者拉瓦锡的运气不如门捷列夫，而是由于受到当时生产发展和科学知识发展水平的限制。18世纪末以来，采矿和冶金工业的发展、化学工业的发展，使得人们关于化学元素的知识迅速丰富起来。到门捷列夫的时候，人们已经积累了关于60种元素的知识，也就是知道了天然元素中的大部分，而且是最主要的部分，这时才提供了发现元素周期律的客观可能性。门捷列夫个人在完成元素周期律这一巨大科学概括中的作用，当然是极值得称道的。但是，难道可以把门捷列夫个人的作用同那些在发展这60余种元素并且弄清楚它们的化学性质方面付出了辛勤劳动、做出了大大小小贡献的千千万万人的作用脱离开来吗？难道可以孤立地夸大门捷列夫个人的成就，而完全抹杀那千千万万人的作用吗？

不仅如此，就是门捷列夫关于元素周期律的思想，也应当看做是以前许多研究者关于元素之间的各种联系的思想的继续和发展。在门捷列夫以前，自19世纪初以来，就不断有人观察到元素之间的各种联系。早在1815年，英国19岁的青年医生卜劳特就曾经做出了从原子结构和原子量的关系上来寻求全部元素间的统一联系的第一个勇敢的尝试。1829年，德国的段柏莱纳提出了所谓“三元组”的元素自然分类法，并且发现了各组性质相似的元素的原子量之间的数量关系。其后，如皮登科弗（1850年）、格拉德斯通（1853年）、库克（1854年）、列恩逊、奥德林（1857年）、杜马（1859年）等，对元素分类和其原子量间的关系的研究都各有新的贡献。所有这些，都是人类对元素间的普遍联系的认识发展中的各个阶段，是导致元素周期律的发现的各级阶梯。门捷列夫后来提出元素的性质随着它们的原子量而周期地变化这条规律，同前人所做的这些准备工作是不能分开的。

特别值得注意的是：1862～1863 年法国的尚古都，1863～1865 年英国的纽兰兹，都曾经把所有的元素按原子量递升的次序排列起来，并且发现了性质的某种的周期性（所谓“八音律”）。1864～1870 年德国的迈耶尔更有十分接近于元素周期律的发现。诚然，无论是尚古都和纽兰兹，还是迈耶尔，他们认识的深度和广度，都远不及门捷列夫。但是，无论如何，这些事实充分地表明：已经有许多人朝这方面努力了，发现元素周期律的成熟时机已经到来了。因此，它就不能不被发现了。

恩格斯在讨论到社会历史发展中所谓大人物的作用的时候，曾经说过："恰巧某个大人物在一定时间出现于某一国家，这当然纯粹是一种偶然现象。但是，如果我们把这个人除掉，那时就会需要有另外一个人来代替他，并且这个代替者是会出现的——或好或坏，但是随着时间的推移总是会出现的。"① 自然科学史上的情形也是如此。很多重大的自然科学发现，都是在差不多同时有几个自然科学家接近它或者互相独立地完成它的。化学元素周期律的发现是一个例子。此外，如牛顿与莱布尼茨大约同时提出微积分方法，罗巴切夫斯基、波约和高斯大约同时提出非欧几里得几何，勒贝尔和范霍夫大约同时开创立体结构化学……这都是众所周知的事例。这些事例充分表明，自然科学发展的历史并不取决于这个或那个科学家的偶然出现。它是千千万万群众在同自然界作斗争中对自然界的认识不断向前发展的必然过程。当生产发展到一定的阶段，知识积累到一定的程度，某一重大自然科学发现的成熟时期一经到来，认识的这一飞跃就必然要实现。不是由这个杰出的自然科学家实现，就是由那个杰出的自然科学家实现，或者由他们几个人同时实现。如果没有牛顿，从千千万万群众之中必定会出现另一个人或另一些人以这样或那样的方式发现万有引力定律。如果没有门捷列夫，从千千万万群众之中必定会出现另一个人或另一些人以这样或那样的方式发现化学元素周期律。自然科学的历史并不因为这个或那个科学家的出现或殒殁而改变自己

① 《致符·博尔吉乌斯》（1894 年 1 月 25 日），《马克思恩格斯选集》第 4 卷，人民出版社 1972 年版，第 506、507 页。

的总进程。在自然科学的历史上，顶替不了的任何科学家都是没有的。

就自然科学发展的整个历史来说，是这位还是那位自然科学家来完成某一件重大的科学发现和创造，那是一件偶然的事情。但是，就那些自然科学家本人来说，他们之所以能够完成重大的科学发现和创造，却绝不是如一些人所宣传的那样，取决于偶然的机遇和灵感，而是取决于这些自然科学家在科学实践中的艰苦努力。门捷列夫发现化学元素周期律以后，曾经有一个彼得堡小报的记者问他："德米特利·伊万诺维奇，您怎样想到您的周期系统的?"门捷列夫听了，大声笑起来，回答说："这个问题我大约考虑了20年，而您却认为：坐着不动，五个戈比一行、五个戈比一行地写着，突然就成了！事情并不是这样!"这里，门捷列夫不是最好不过地回答了那些企图把一位科学家的20年辛勤劳动归结为玩纸牌时偶然灵感的人们吗?

当然，一般来说，我们并不否认，自然科学家在研究过程中，可能偶尔地观察到某种现象，得到一些启发。这是人们在研究和思索的时候常常会有的事情，没有什么神秘。但是这种启发的获得，并不能表现科学发明和创造取决于偶然的灵感和个人的幸运。因为，一个科学课题的提出和解决的可能性，既然是为生产的水平和需要、生产发展所提供的材料和研究工具，以及已有科学知识的积累等历史条件所决定了的，那么，一个启发，也只是对于潜心研究的人来说，才能完成一个启发。离开研究的实践，离开大量掌握实际材料和经验，离开艰苦的创造性的思维活动，根本谈不到任何启发。反之，在辛勤的研究和探索过程中，人们总会得到这种或那种灵感。通过联想、类比等得到启发，本来是人们思想活动的一种形式。在我们的技术革新和技术革命运动中，许多苦心钻研的工人"革新迷"不正是常常从某些日常事务中引发联想、类比，得到启发，从而找到技术革新和技术革命的"窍门"吗？难道人们可以因此就把这些工人革新家称之为得到上天赐予的偶然灵感的幸运儿，或者把我们的技术革新和技术革命的成就归之于一批天才发明家的忽然降生吗?

总之，离开千千万万的群众，就不会有杰出的科学家，有才能的科学家成长于"千千万万"之中。

认识发展中的肯定否定问题

——谈太阳系学说的一段历史*

新旧事物之间、新旧认识之间，总是存在着两重关系——肯定的关系和否定的关系，两重关系，缺一不可。

自然科学的历史，就是人们对自然界的认识，经过无数的肯定否定的环节而向前发展的过程。

这个过程，绝不可能仅仅是经过单纯的肯定的环节来实现的。因为，自然科学的历史，绝不可能仅仅是正确认识的简单积累和不断被证实的直线过程，而是充满着正确的认识和错误的认识、全面的认识和片面的认识、深入的认识和表面的认识、普遍的认识和局部的认识等的不断斗争的曲线过程，是一切不正确的和不完全正确的认识不断被克服，即被否定的过程。没有矛盾和斗争，没有否定，就没有科学的前进，就不会有科学。

同时，这个过程，又绝不可能仅仅是经过单纯的否定的环节来实现的。因为，在自然科学的发展中，不仅有许多应该被克服的不正确的认识，而且有许多应该继承下来和积累起来，即被肯定的正确的认识。列宁说："人类思维按其本性是能够给我们提供并且正在提供由相对真理的总和所构成的绝

---

* 本文写于1962年，原载《红旗》1962年第5期，后收入《关于自然科学发展规律的几个问题》，上海人民出版社，1978年，第140～146页。

对真理的。科学发展的每一阶段，都在给这个绝对真理的总和增添新的一粟。”[①] 所有这些“新的一粟”，在科学的发展中，都不应该抛弃，而必须统统继承和积累起来，并且包含到以后发展阶段的科学内容中去。没有继承和积累，没有肯定，也就没有科学的历史，也就不会有科学。

毛泽东同志说：“对于任何问题应取分析态度，不要否定一切。”又说：“我们许多同志缺乏分析的头脑，对于复杂事物不愿做反复深入的分析研究，而爱做绝对肯定或绝对否定的简单结论。”[②] 关于自然科学发展中的肯定否定问题，我们也必须有全面观点，必须有“两点论”，避免片面观点，避免“一点论”。

根据马克思主义的观点和方法，我们对一切学术文化遗产和成果都要进行深入的分析研究，把它分解为精华和糟粕两部分，然后去其糟粕，取其精华，既有否定，又有肯定。对于自然科学来说，就是将实践作为检验一切科学理论的标准。凡是经过实践的检验证明是正确地反映了客观自然现象和规律的，就加以肯定，反之，凡是经过实践的检验证明是错误了的，就加以否定。

新旧事物、新旧认识之间的肯定否定关系，具有多种多样的方式。我们不仅要认识肯定否定规律的普遍性，而且要研究各个具体发展过程的肯定否定方式的特殊性。忽视肯定否定方式的特殊性，机械地把肯定否定的某一种方式当做适用于一切过程的方式，是不正确的。

多种多样的肯定否定方式，又可以概括为几种基本的类型。肯定否定方式的基本类型的划分，是一个值得提出来专门加以探讨的理论问题。

研究肯定否定方式的特殊性、区分肯定否定方式的基本类型，对实践，如对怎样正确地去批判继承自然科学的历史遗产，具有重要的意义。

在这里，我们仅就太阳系学说的一段历史，来分析一下认识发展中的肯定否定方式的多样性及其基本类型问题。

从太阳系学说的历史来看，有两种类型是必须加以区别的。第一种基本类型是，新认识推翻（否定）旧认识的基础，代之以新的基础，同时又继承

---

① 《唯物主义和经验批判主义》，见《列宁选集》第 2 卷，人民出版社，1972 年，第 134 页。

② 《学习和时局》，见《毛泽东选集》第 3 卷，人民出版社，1967 年，第 892、893 页。

（肯定）旧认识中个别的、局部的正确原理。第二种基本类型是，新认识保存（肯定）旧认识的基础，同时抛弃（否定）其中局部的错误的原理，代之以新的正确的原理；或者克服（否定）认识的片面性、表面性、局限性，使之发展到更为全面、深入和普遍的新阶段。从旧认识到新认识的无论哪一种类型的肯定否定方式，都是认识发展的质变和飞跃，但是，却是属于不同类型的质变和飞跃。

关于太阳系的科学学说，是由哥白尼创立的。哥白尼推翻了亚里士多德和托勒密关于地球是宇宙的不动的中心的错误学说。他指出，并不是太阳同其他行星一道围绕地球转动，而是相反，地球同其他行星一样，围绕太阳作周年的转动，并且绕自己的轴作周日的转动。

哥白尼关于太阳系的学说，曾经经历过艰苦的斗争。这个斗争，包含两个方面，一个方面，是科学的宇宙观同宗教的宇宙观的斗争。亚里士多德和托勒密的学说，当时是反动封建宗教势力所利用和支持的学说。反对这种学说，就意味着向自然事物方面的教会权威挑战，从而会招致残酷的摧残和迫害。所以，恩格斯把哥白尼著作的出版，称为伟大的“革命行为”①。

撇开这一方面的斗争不谈，仅仅从科学认识的方面来说，哥白尼学说也具有深刻的革命性。它打破了人们以直观感觉为基础的传统谬见，从根本上推翻了统治着人们头脑千百年之久的权威学说，还太阳系行星运动以本来面目。在认识发展史上，这也是一次革命性的变革。

哥白尼学说对亚里士多德-托勒密学说，是一个否定。

但是，亚里士多德-托勒密学说，在它的时代里，仍不失为一种具有某些相对正确的内容的学说。例如，亚里士多德在科学史上最先确立了地球是球形的科学学说。他曾经指出，月食是月球落在地球阴影以内的结果，月食时月球上暗区的圆形，乃是地球球形的证据。他还指出，在地球表面南北移动时，人们可以看出恒星位置有很大变动，在南方能够看到的某些恒星，到了北方却落到了地平线下，就看不见了。反之亦然。由此可见，地球不但是球形的，而且相对于宇宙空间来说，还不是很大的。

---

① 《自然辩证法》，人民出版社，1971年，第8页。

亚里士多德的地球球形学说及其论据，不仅哥白尼在自己的著作中继续加以引用，就是在我们的教科书中，也仍然引用着。

亚里士多德为了反驳地动学说，还提出了一个有力的论据：如果地球在运动，那么，从地球上看远处两颗远近不同的恒星，它们的相互位置应该发生变动。如同我们从行驶着的车辆上看远处两棵远近不同的树，就会发现它们的相互位置发生变动一样。这个现象叫做视差动。人们从来没有看见过恒星的视差动，可见地球是不动的。亚里士多德的结论，我们知道是错误的。但是，他所用的论证方法，却是科学的方法。视差动问题成为地动说的拥护者必须加以解决的难题。哥白尼对此作了一个说明，他说，由于恒星离我们太远，这种视差动就观测不出来了。在哥白尼逝世将近100年以后，亦即亚里士多德逝世2100多年以后，由于技术的发展，人们终于观测到了恒星的视差动现象，从而驳倒了地球不动说的最后一个有力论据，证明了地动说的正确性。

在这个问题上，哥白尼和他的学说的后继者，否定了亚里士多德的结论，但却肯定了亚里士多德提出的论证方法。

由此可见，即使是哥白尼学说同亚里士多德-托勒密学说之间，也不仅有否定的关系，还有肯定的关系。它们之间的肯定否定关系，属于我们前面提出的第一种基本类型。

在哥白尼之后，开普勒发现的行星运动三大定律，标志着太阳系学说发展的新阶段。

哥白尼的贡献，主要在于把地球和太阳摆在它们同诸行星构成的天体系统中的正确位置上。但是，关于地球和行星围绕太阳运动的轨道形状，哥白尼却因袭了从托勒密以来的传统观念，以为是正圆形的。而这个观念，是不正确的。

托勒密学说根本歪曲了地球、太阳和行星间的关系，因此，在解释从地球上看到的行星运动图像方面，遇到了极大的困难。为了勉强凑合观察到的材料，在他的理论中，设计了一个十分复杂的“本轮和均轮”系统。哥白尼学说正确地反映了地球、太阳和行星间的关系，从而从根本上克服了这个困难，使行星运动的图像，得到了很自然、很简单的说明。

但是，由于哥白尼仍然因袭着正圆形轨道的错误观念，在解释行星运动的时候，他还不能够完全摆脱托勒密学说的“本轮和均轮”系统，只不过把它们的数量大大减少了而已。

根据哥白尼学说编制的星历表，仍然同观察到的材料有颇大的出入。

列宁说，“无论在自然界或在社会中，实际生活随时随地都使我们看到新事物中有旧的残余”①。在认识领域中，也是这样。

开普勒经过长期仔细的研究，发现行星围绕太阳运动的轨道，原来并不是正圆形，而是椭圆形。开普勒的这个发现，以及他关于行星运动规律的其他发现，是以哥白尼学说为基础的，又克服了哥白尼学说中局部的错误原理，使它彻底摆脱了托勒密学说的陈腐观念和人为的“本轮和均轮”系统的残余，并且进一步发展了哥白尼学说，使之臻于更为完善的境地，取得了理论计算和观测之间的一致。

开普勒学说同哥白尼学说之间，也存在着肯定否定的关系。这种肯定否定的关系，与哥白尼学说同亚里士多德-托勒密学说之间的肯定否定关系不同，而属于我们前面提出的第二种基本类型。

从开普勒到牛顿，关于太阳系的学说，又发展到一个新的阶段。

开普勒的行星运动三大定律，是描述性的定律。它们完善地描述了行星的运动，但是还没有说明行星运动的本质。它们阐明了行星是怎样在运动，但是还没有回答行星为什么这样运动。

从伽利略开始到牛顿来完成的力学学说，特别是牛顿的万有引力学说，进一步阐明了行星运动的本质，回答了它们为什么这样运动的问题。原来，各天体之间，乃至任何物体之间，都是根据万有引力定律相互作用着的。人们知道了太阳和各行星的质量，以及它们相互之间的距离，就可以依据万有引力定律得知它们之间的相互作用力。知道了这些相互作用力，就可以依据牛顿的物体运动定律，如同计算投石的运动一样，计算出这些天体的全部运动，推知它们的过去，预测它们的未来。这样，开普勒的行星运动三大定律就得到了统一的解释。它们可以从牛顿的普遍力学定律推导出来。正如恩格斯所说的："在太阳系的天文学中，开普勒发现了行星运动的规律，而牛顿

① 《国家与革命》，见《列宁选集》第3卷，人民出版社，1972年，第256页。

则从物质的普遍运动规律的观点对这种规律进行了概括。"①

牛顿的力学，是比开普勒学说更为深入、具有更为普遍的概括性的学说。

牛顿学说同开普勒学说之间，也存在着肯定否定的关系。在这里，被否定的，并不是某种错误的原理（开普勒学说并不是错误的，只是对事物本质的不甚深刻的认识），而是旧学说的表面性。这种肯定否定的关系，也属于前面提到的第二种基本类型，虽然它又不同于也是属于这种基本类型的、开普勒学说同哥白尼学说之间的关系。

上面我们简略地分析了太阳系学说从亚里士多德到牛顿的发展历史。当然，牛顿也只是代表太阳系天文学发展的一个阶段，而不是最后阶段。由无数肯定否定的环节连接起来的认识的发展，是没有尽头的。

从这些分析中，我们可以看到，在科学发展的各个阶段之间，肯定否定的关系，是普遍存在着的，每一次从旧阶段飞跃到新阶段，肯定否定的方式都有自己的特殊性。

每次对旧学说的否定，都需要有足够的科学上的理论的勇气。哥白尼、开普勒这些为科学发展开拓道路的勇士，是我们学习的榜样。

但是，要做真正的科学勇士，不仅要敢于打破旧说，创立新说，而且要善于打破旧说，创立新说。这就是说，不能是凭空的，而必须是牢牢地立足在实践之上的；不能是盲目的，而必须是能够掌握科学发展中破旧立新的规律的。学习马克思主义辩证法，克服绝对肯定和绝对否定的片面性观点，仔细地研究各个具体发展过程中肯定否定方式的特殊性，注意到肯定否定方式的不同基本类型，克服不作具体分析、不会区别对待的简单化观点，就能够更好地推进科学的发展。

---

① 《自然辩证法》，人民出版社，1971 年，第 9 页。

认识曲折发展的一种形式

——谈燃素说、热素说的历史*

但是，在自然科学本身中，我们也常常遇到这样一些理论，在这些理论中真实的关系被颠倒了，映象被当做了原形，因而必须把这些理论同样地倒过来。

——恩格斯《自然辩证法》

最近，在学术界展开了一场关于真理与错误的关系的讨论。这个讨论是从如何评价与对待燃素说这类自然科学历史上的错误学说的问题开始的。

恩格斯曾经多次论述过关于燃素说和热素说的问题。恩格斯论述这些学说，是为了以它们为比喻，来说明马克思的辩证法同黑格尔的在唯心主义形态下倒置着的辩证法之间的关系，说明马克思的剩余价值论同前人的有关理论之间的关系；同时，也是为了通过这两个例子，来说明在自然科学历史中，从倒置到顺转，是认识曲折发展的一种常见的形式。

恩格斯关于燃素说和热素说的论述，在人们讨论认识发展规律的时候，经常被引用。这次讨论中，也是如此。因此，对这两个学说的内容和历史，作一个简单的介绍，并且以它们为例，对从倒置到顺转这样一种认识发展的

---

* 本文以“认识曲折发展的一种形式——试论燃素说、热质说等自然科学前期历史上的相对错误的学说”为题，原载《文汇报》1963年1月11日第3版，后以现标题收入《关于自然科学发展规律的几个问题》，上海人民出版社，1978年，第147～163页。

曲折形式，试作一些基本的分析，想来是很有益处的。

一、关于燃素说

燃素说是 17 世纪下半期和 18 世纪初由德国化学家伯赫和希达尔提出的一种化学学说。

燃烧现象是人们接触最早同时也是最普遍的一种化学现象。为什么有些东西，比如木头、煤块，能够燃烧，而另一些东西，比如石头，却不能燃烧呢？随着冶金的发展，人们又发现，金属，比如铅、锡，可以煅烧，而烧成之煅渣，如铅丹，则不能再烧。这又是为什么？

古代思想家把火当做世界的基本元素——“四大”或者“五行”之一。欧洲中世纪的炼金术家把可燃的属性归之于硫、汞、盐三元素中的硫。17 世纪下半期，伯赫提出，一切可燃物都含有一种燃烧要素。18 世纪初，希达尔把它进一步具体化，并且提出一个专门名词 Phlogiston——我们现在译之为燃素。

按照燃素说，一切可燃物本身都含有一种物质——燃素。燃烧过程，就是可燃物分解，释放出燃素的过程。金属的煅烧，就是金属“分解”，释放出燃素；煅渣则是脱去了燃素的金属。如果把富有燃素的东西，如木炭，同煅渣一起处理，则木炭中的燃素可以转移到煅渣中，使煅渣还原为金属。

至于燃烧过程中所不可缺少的空气，人们把它当做不过是这些过程中释放出来的燃素的吸收剂而已。为什么空气不够时燃烧就不能继续进行了呢？那是因为空气吸收燃素已达饱和的缘故。

这样，燃素说就以统一的观点，解释了燃烧过程、金属煅烧过程及其还原过程——也就是冶金过程。

不仅如此，燃素说还能解释下列化学现象。①酸的生成，如可燃的硫、磷，经过燃烧，去除燃素，则成为硫酸、磷酸。②金属溶于酸，这是金属在酸中分解出燃素。③金属在酸溶液中的置换，如铁在铜的酸溶液中置换出铜，这是铁中的燃素转移给铜了。燃素说甚至可以用来解释呼吸现象。

总之，燃素说虽然在许多地方不免有些牵强，大体上却颇好地解释和整理了当时所知道的大部分化学现象（即我们今天称之为氧化还原过程的广泛现象)，曾经是当时化学家们进行研究的颇为有用的工具。

但是，燃素到底是一种什么东西呢？说它是普通的物质元素的一种？可是，为什么总是不能把它像别的物质元素那样单独分离出来，对它的性质加以研究呢？特别奇怪的是它的重量。它有时似乎同普通物质一样有重量，有时似乎又没有重量。不，既然脱去了燃素的金属——煅渣，比原来的金属反而要重一些，为了解释这个事实，又不得不假定它有负重量。可是，负重量，这实在是过于牵强的说法，十分难以理解。燃素这种物质，因而带上了一层神秘的色彩。

现在，人们早已弄清楚，燃素——这种特殊的神秘的物质，是不存在的，它是一种幻想的观念、一种错误的观念。拉瓦锡在 18 世纪末，在人们发现了空气的几种成分和其他许多种气体并且研究了它们在燃烧中的作用的基础上，阐明了氧气的本性和燃烧即氧化的原理，从而推翻了在化学史上统治了 100 多年的燃素说，使它成为历史的陈迹。

但是，燃素说在自然科学历史上起过积极的作用，则是无可否认的。恩格斯说："化学……借燃素说从炼金术中解放出来。""在化学中，燃素说经过百年的实验工作提供了这样一些材料，借助于这些材料，拉瓦锡才能在普利斯特列制出的氧中发现了幻想的燃素的真实对立物，因而推翻了全部的燃素说。但是燃素说者的实验结果并不因此而完全被排除。相反地，这些实验结果仍然存在，只是它们的公式被倒过来了，从燃素说的语言翻译成了现今通用的化学的语言，因此它们还保持着自己的有效性。"①

燃素说者的公式是怎样被顺转过来的呢？

原来，在燃素说者看来，燃烧是燃素从可燃物中分解，实际上，却是氧气与可燃物中的元素化合。

金属煅烧过程，在燃素说者看来是

$$\text{金属} - \text{燃素} \longrightarrow \text{煅渣}$$

实际上却是

$$\text{金属} + \text{氧气} \longrightarrow \text{煅渣（金属氧化物）}$$

① 《自然辩证法》，人民出版社，1971 年，第 9、33 页。

还原过程，在燃素说者看来是

煅渣＋燃素 ⟶ 金属

实际上却是

煅渣－氧气 ⟶ 金属

酸的生成，在燃素说者看来是

硫－燃素 ⟶ 硫酸

实际上却是

硫＋氧气（＋水）⟶ 硫酸

如此等等。

一般来说，把燃素换成氧气，同时把前面的减号换成加号，或者加号换成减号，就从燃素说的语言译成了现今通用的化学语言，“在燃素说形式上倒立着的全部化学正立过来了”①。

二、关于热素说

热素说是燃素说的姊妹学说，它是 18 世纪中叶由苏格兰科学家布莱克等确立起来的一种热学学说。这个学说认为，热也是一种特殊的物质——一种没有重量的流体，叫做热素。物体的冷热，决定于它所含热素的多寡。物体受热膨胀，是由于热素的流入。热从高温处传导到低温处，这是热素的流动，如同水从高处流到低处一样。根据热素说，人们提出了热容、比热这些沿用至今的概念。根据热素传导时在量上守恒的观点，人们进行了热量的计量。量热学的全部实验结果，都可以很好地用热素说来解释和整理。在热素说的基础上，傅里叶还建立了关于热传导现象的严格的数学理论，萨迪·卡诺深刻地分析了热机的工作过程。

拉瓦锡用真实的氧气代替了幻想的燃素，但是，由于解释燃烧中热现象的需要，他仍然保留了热素，并且把它列入自己的物质元素表中。

但是，同燃素一样，热素也很难看做是一种特殊的物质元素。摩擦生热

① 恩格斯：《资本论，第二卷序言》，见《马克思恩格斯选集》第 2 卷，人民出版社，1972 年，第 279 页。

之类的现象，特别使热素说感到困难。用现今的语言来说，凡是发生了热能和其他能量形态相互转化的场合，热素说及其热素守恒的原理，就遇到困难，就需要作各种牵强的解释。

终于，热素也同燃素一样，被证明是不存在的，它是一种幻想的观念，错误的观念。19世纪中叶，热功当量的发现和能量守恒与转化定律的建立，表明热不是一种特殊的物质，而是普通物质的运动的一种形态，能量的一种形态。

然而，热素说的历史作用也是无可否认的。恩格斯说："被热素说所统治的物理学却发现了一系列非常重要的热学定律，在这里，特别是让·巴·约·傅里叶和萨迪·卡诺为正确的见解开拓了道路，而这种正确的见解本身不过是把它的前驱所发现的定律倒过来，翻译成自己的语言而已。"①

热素说者的定律是怎样顺转过来的呢？

原来，只要以热是能量的观点代替热素的观点、以热能在量上守恒的原理（在没有发生热能同其他能量形态相互转化的场合）代替热素在量上守恒的原理，那么，原来量热学和傅里叶的热传导理的全部公式，都继续保持其有效性。

至于卡诺对热机的研究，因为热机恰恰是一种使热能转化为机械能的机器，所以，他用量上不变的热素的"位降"（好像水从高水位降到低水位）来说明热的做功，这个前提是不正确的。但是，卡诺对理想热机的工作过程的基本分析仍可保留，他所作的热机做功正比于两个热源的温度差，并和工作物质无关的深刻结论，仍然正确，而且是热力学第二定律的前身。

三、从倒置到顺转

燃素说、热素说这类学说的产生，有其历史的和认识的根源。这类学说在自然科学前期历史上是常常遇见的。在物理学和化学中，除了燃烧现象、

① 《自然辩证法》，人民出版社，1971年，第33页。

热现象以外，关于光现象、电现象、磁现象等，也都有过大体类似的学说，如早期的光粒说、电液说、磁液说。在自然科学发展的幼稚阶段，人们把观察到的某类属性，归之于某种特殊的素质，某一类属性，归之于另一种特殊的素质，这是很自然的事情。在这里，某种素质，不过是人们对某类属性的物质承担体的一种假设而已。正如人们也曾把观察到的某类作用，归之于某种特殊的力，这些力不过是人们对某类作用的原因的一种假设而已。这是一种经验的、表面的、现象的归纳方法。局限于这种方法，当然是不能深入地认识事物的本质、事物的真实关系的。但是，这样的方法在历史上是不可避免的。它是认识发展的一个必经的、无法超越的阶段。

在天文学中，托勒密的地心学说也是一个典型例子。地心学说作为科学发展的幼稚阶段的宇宙学说，它的产生，也是很自然的。它开始不过是生活在地球上的人们，感觉不到地球的运动，却每天每晚看到日月星辰升起又落下，落下又升起，这样一种直观感觉的系统化而已。

认识是逐渐前进的。从不知到知，从知之很少到知之较多，从知之很浅到知之较深，这个过程，取决于客观的历史条件，对于自然科学来说，就是取决于生产实践的发展、科学实验的发展，以及已有的知识的积累。认识的这个前进过程，又是曲折的，而不是笔直的。从现象到本质、从表面关系到真实关系，不是一个一目了然的过程。在认识的幼稚阶段，事物的真实关系在人们头脑中的反映，往往不能一下子就获得科学的、正确的形式，而是采取幻想的、歪曲的形式，乃至倒置的形式。实践和认识的进一步发展，才把倒置的认识顺转过来，达到对事物的真实关系的正确的反映，从而在这个领域建立起真正科学的基础。

所谓从倒置到顺转，可以有两重含义。

一种是狭义的理解。像燃素说那样，顺转的结果，恰恰找到了幻想的燃素的真实的对立物。这在自然科学历史上当然只有少数的例子。另一种是广义的理解。按照这种理解，倒置的学说是指这样的学说，它们的基本观念是幻想的、错误的，但是却包含着合理的内核。这合理的内核被错误地解释和阐述了——被倒置了，必须把它顺转过来——用正确的观念来解释和发展，才能获得它的真实意义。热素说就是这样的学说。这样来理解的倒置的学说，在自然科学历史上就是较为常见的了。

认识进程的曲折形式，当然也是多种多样的，不能归结为一种刻板的公式。但是，根据上述的广义的理解，从倒置到顺转，在自然科学史上无疑是认识曲折发展的具有普遍意义的形式之一。

四、合理的内核

人们的认识，会产生各式各样的错误。有些错误，如观察错误、计算错误和其他一些明显的错误，简简单单，除了错误以外，就什么也没有了。但是还有一些错误，它们不是除了错误以外就什么也没有了的简单错误。燃素说、热素说之类的学说，作为认识发展过程的一个曲折阶段，是属于后一类性质的错误。

在这类学说中，除了基本观念是错误的以外，还包含着或多或少的合理的内核。

这合理的内核，有哪些内容呢?

从对燃素说、热素说和托勒密学说等典型例子的分析中，可以归纳出如下一些内容。

(1) 事实材料。这些学说占统治地位的时期，并且往往是在这些学说的指导下，完成的发现，搜集的事实，它们为正确的理论的产生，提供了材料的基础。恩格斯说过："在任何一门科学中，不正确的观念，如果抛开观察的错误不讲，归根到底都是对于正确事实的不正确的观念。事实终归是事实，尽管关于它的现有的观念是错误的。"虽然我们要抛弃错误的理论，但"这种理论企图加以解释的那些确定的事实仍然存在"①。

(2) 这些学说中包含的某些局部的正确原理、方法、公式、定律，等等。这些学说的基本观念是错误的，但是并不是其中一切原理、公式等都是错误的。它们之中包含的局部的正确原理，要为尔后的正确的理论所继承，以它们原来的形态包括到正确的理论中去，成为后者的组成部分。②

① 《自然辩证法》，人民出版社，1971 年，第 139 页。

② 比如，在托勒密学说中，地球是宇宙的不动中心这个基本观念是错误的，但是大地是球形的这个原理却是正确的。

(3) 这些学说中包含的某些基本公式、基本定律。这些公式、定律，是用错误的基本观念来解释或阐述了的，是对事物的真实关系的歪曲的反映。它们不能以原来的形态包括到新的、正确的理论中去。但是，把它们加以改造，把倒置的公式顺转过来，则继续保持着它们的有效性。也就是说，它们要以改造了的、顺转过来的形态，包括到正确的理论中去，成为后者的组成部分。

正因为这些学说中包含着后面这两种类型的原理，即一部分顺置着的正确原理和一部分倒置着的正确原理，所以，这些学说在实践发展的一定历史阶段和一定范围内，能够同人们观察到的事实、实验结果相符合，或者大体上相符合。没有发现很多同理论严重冲突的事实，或者虽然发现了一些这样的事实，但这些事实还没有成为当时研究工作注意的中心。不仅如此，运用这些学说，还能够对许多类现象提供满意的解释，能够对许多类现象和实验结果进行整理，乃至在一定程度上对实验、实践提供有益的指导。总之，这些学说曾经是有用的学说，在科学发展的一定历史阶段起过积极的作用。

正因为如此，它们在科学发展的一定历史阶段，曾经被人们当做正确的东西，当做真理，在科学领域中占据统治地位。

五、真理的标准

那么，应该给燃素说、热素说这类学说做出怎样的评价呢？

这些学说曾经是有用的学说，曾经被人们认为是真理。那么能不能因此就把它们称为真理或者相对真理呢？当然不能这样。因为，真理是不可以用“有用”或者“公认”作为标准的。

真理的标准是实践。当时的实践和以后的实践表明，这些学说中包含着一些合理的内核，也就是说，包含着一些真理的因素。那么，能不能因此就把它们称为真理或者相对真理呢？我以为，还是不能这样。因为就这些学说的基本观念来说，是错误的，它们的基本公式、定律，也是被错误地解释了或者本身就是倒置着的。如果不顾这些学说的主导方面是错误的，仅仅因为其中包含着一些真理的因素，就把它们称为相对真理，那就把相对真理这个范畴理解得过于宽泛了。

但是，是不是可以同意有些同志的看法，把这些学说断定为“完全错误、绝非真理”呢？我觉得，这样的评价也是不合乎实际的，它无视和否认了这些学说中所包含的真理的因素。

我以为，不妨把自然科学前期历史上的燃素说、热素说这类学说称为相对错误的学说。它们是错误的，但不是绝对的、完全的错误，它们之中还包含着一些相对正确的、合理的东西。

只有认识进一步发展，这些学说中的倒置的观念和原理被顺转过来，在某个认识领域里奠定了科学基础以后，那种其基本观念正确地反映了事物的真实关系、其主导方面是正确的学说，才有权利称为真理。当然，它们也只是相对真理。因为，随着认识的发展，它们还要进一步克服自身中可能包含着的某些不完善的部分，克服认识的各种局限性，而不断地发展。

真理和错误的对立，既是绝对的，又是相对的。

真理和错误的对立的绝对性，是从这样两个意义上来说的：第一，真理是人们的认识对客观事物的真实关系的正确的反映，而错误则是不正确的反映；第二，从人们的实践和认识无限发展的过程来说，人们总是能够根据实践的标准，把认识中正确的部分——真理，同不正确的部分——错误，鉴别开来。因此，那种混淆真理和错误的界限，否认客观真理的相对主义，是完全错误的。

但是，实践作为检验真理的标准，既是“确定”的，又是“不确定”的。列宁说：“这个标准也是这样的‘不确定’，以便不至于使人的知识变成‘绝对’，同时它又是这样的确定，以便同唯心主义和不可知论的一切变种进行无情的斗争。”[①] 因此，就人们实践和认识发展的某个有限阶段而言，就这个阶段上的学说、理论的具体的、历史的形态而言，情况就要复杂一些。在一定的历史阶段，人们的各种学说、理论中，有一些是为那时以前的全部实践所驳倒而判明为错误或者所证实而判明为真理了的；还有一些，则是当时的实践还没有全部地、最后地加以证实或驳倒，以至于当时的实践还不能加以鉴别的。这一些学说或者这些学说中的某些部分，究竟是真理还是错误，

---

① 《唯物主义和经验批判主义》，见《列宁选集》第2卷，人民出版社，1972年，第142页。

要留待历史、留待以后实践的发展来判明。所以，在一定的历史阶段的某一些学说、理论中，真理和错误又往往可能是互相交错着的。一些基本观念是错误的学说中，可能包含有真理的因素；一些基本观念是正确的学说中，也可能包含有错误的东西。恩格斯说，在旧的、但还十分流行的形而上学看来，真理和错误等是不能克服的对立。“人们知道：这些对立只有相对的意义；今天被认为是合乎真理的认识都有它隐蔽着的、以后会显露出来的错误的方面，同样，今天已经被认为是错误的认识也有它合乎真理的方面，因而它从前才能被认为是合乎真理的。”[①] 这是对认识的历史中，真理和错误的对立的相对性的极好的概括。

有一种观点是：实践是历史的，今天被实践证明了，明天还可能是错误的。持这种观点的同志认为，燃素说的历史经历就证明了这一点。我觉得这种观点是不正确的。

应该区别两类不同的情况。

一类情况是，某种认识、学说，确实为实践所检验了，证明为真理。这种认识、学说，是不会为以后的实践所推翻，又证明其为错误的（在被认识的对象本身没有发生变化的范围内）。否则，岂不就没有检验真理的客观标准了吗？当然，在这类情况下，认识还会发生变化。从认识的广度说，随着实践的新发展，真理的界限会时而扩大、时而缩小。所谓真理界限的扩大是指新的实践证明这一学说可以推广运用于新的范围。所谓真理界限的缩小是指新的实践证明这一学说在某个范围以外是不适用的，而原来人们不知道这个界限。从认识的深度说，随着实践的发展，已被证明为真理的学说，还会不断深化和丰富起来。

另一类情况是，某种认识、学说，似乎为实践所检验了，因而被人们认为是真理。后来实践的发展，却把这种认识推翻，证明其为错误。这类情况之所以可能发生，是因为“证明”是一个复杂的过程。某一学说，如果仅仅是同事实不矛盾，并不能认为得到了确证。甚至从这一学说推出的某一预见同事实符合，也不能认为它就得到了确证。从逻辑上说，从一前提推得一结

---

① 《路德维希·费尔巴哈和德国古典哲学的终结》，见《马克思恩格斯选集》第4卷，人民出版社，1972年，第240页。

论，结论正确不一定表示前提正确，因为还存在从另一前提推得同一结论的可能性。但是，在科学史上，许多学说仅仅因为它们同当时已知的事实不矛盾，可以用来解释这些事实，或者它们的某种预见同事实符合，就被当时的人们认为是真理。燃素说、热素说，都曾如此。这里产生一个证明的不完全性问题。

这样看来，实践标准的不确定性问题可以从两个方面来具体加以分析：一个方面是，实践的无限发展，使认识在深度广度上无限发展；另一个方面是，一定历史阶段的实践证明可能存在不完全性。

六、肯定与否定

既然像燃素说、热素说这些作为认识曲折发展的一个阶段的学说，不是简单的绝对的错误，其中还包含着若干真理的因素，那么，对待这些学说，就不能采取简单抛弃、全盘否定的方法。简单抛弃和全盘否定，是对待认识史的形而上学态度，不符合认识发展的辩证法。

我曾经提出过这样一种观点：新旧认识之间的肯定否定关系，可以区分为若干基本类型，首先可以区分为两种基本类型。第一种基本类型是，新认识推翻（否定）旧认识的基础，代之以新的基础，同时又继承（肯定）旧认识中个别的、局部的正确原理。第二种基本类型是，新认识保存（肯定）旧认识的基础，同时抛弃（否定）其中局部的错误的原理，代之以新的正确的原理；或者克服（否定）旧认识的片面性、表面性、局限性，使之发展到更为全面、深入和普遍的新阶段。我还分析了太阳系学说的一段历史，认为哥白尼学说对托勒密学说的关系，是第一种类型的肯定否定关系，而哥白尼学说建立以后的进一步发展，从哥白尼到开普勒，从开普勒到牛顿，则是第二种类型的肯定否定关系。

看来，新旧认识之间的肯定否定关系的两种基本类型的划分，不仅对太阳系学说的发展是合适的，对自然科学其他一些领域的认识发展，也是合适的。

托勒密学说、燃素说、热素说等，它们的基本观念，是倒置的，不正确的。新的认识对它们的肯定否定关系，都是属于我们所说的第一种基本类型。

需要补充说明一点是：在这种场合，新认识不仅是继承（肯定）旧认识中个别的、局部的正确原理，把旧认识中这些原理和方法当做现成的东西包括到新认识中去，而且还要经过一番制作改造的工夫，把那应予推翻的、作为旧认识的基础的倒置的观念和公式顺转过来，然后把它包括到新认识中去。所以，对旧认识，不是把它简单地分为两部分，肯定其一部分，否定其余的部分，而是肯定与否定错综复杂地交织起来，肯定之中有否定，否定之中也有肯定。

托勒密学说、燃素说、热素说，是各自的研究领域中属于科学发展的幼稚阶段的学说。说是科学发展的幼稚阶段，因为这个领域中事物的基本关系还没有被正确地认识。这时的学说，还是对事物的基本关系的歪曲的、倒置的反映。新的、正确地反映了事物的基本关系的学说的建立，必定要推翻旧的学说的基础。因此，从倒置到顺转，从科学发展的幼稚阶段的学说，到为这个研究领域建立科学基础的学说，它们之间的肯定否定关系，一般都是属于第一种基本类型。

当正确地反映了事物的基本关系的学说建立起来，这一研究领域的科学基础已经奠定以后，认识的进一步完善和发展，从一个阶段进到另一个阶段，它们之间的肯定否定关系，则大都属于第二种基本类型。

自然，建立了科学基础云云，也是相对的，是相对于一定的认识范围、一定的认识层次而言的。当认识进一步突破这个范围，进入新的领域，突破这个层次，进入更加深入的本质，这时，对新的领域和新的层次而言，认识发展又重新进入知之不多、知之不深、对事物的基本关系还没有正确的理解的幼稚阶段。这时出现的学说，又可能有一些是倒置的学说，需要在进一步发展中经历第一种类型的肯定否定过程，才能在新的领域、新的层次上建立科学的基础。

七、真理在同错误作斗争中发展

对待自然科学中那些错误的但又包含着真理的因素的学说，不能简单地全盘否定，这是一方面。另一方面，这些学说既然是错误的，那就必须根据实践的发展，批判和推翻这些学说，代之以新的、正确的学说，才能推进科学的前进。这两个方面，缺一不可，只强调其中的前一个方面，忽视后一个方面，是不全面的。

在自然科学史的一定阶段起过积极作用的倒置的学说，到了另一历史阶段，就成为阻碍科学前进的保守因素、落后势力。

托勒密的地心学说，后来由于同反动的宗教观念结合起来，被当做不许怀疑的神圣教义，任何反对地心说的思想，都被宗教裁判所判为异端邪说，遭到残酷的迫害，因而罪恶地阻碍了科学的发展。这是众所周知的了。反对托勒密学说的斗争，揭开了近代科学发展的序幕。

燃素说的情况同托勒密学说的情况不同，这里没有牵涉宗教观念之类的问题。拥护和反对燃素说的斗争，是认识领域内部的斗争。但是，作为长期流行、为科学界的大多数人拥护的权威学说，燃素说在认识发展到新阶段的时候，成为一种传统的保守力量，束缚着人们的思想，阻碍着新思想、新学说的产生和发展。

当实验事实越来越多地揭露出燃素说的矛盾的时候，那些墨守燃素说的人们却仍然抱着燃素说不放，并且，提出各种各样牵强附会的说法，企图勉强弥合理论同事实之间的冲突。当研究的发展积累了越来越多的新材料，远远超出了燃素说所能解释的范围的时候，那些墨守燃素说的人们，却无视这一切新的东西，并且竭力生拉硬凑地把它们塞到燃素说的旧框框里去。这时，燃素说就不再成为有积极作用的学说，而成为起消极阻碍作用的学说了。推翻燃素说，就成为科学进一步发展所必要的了。

事实上，最先发现氧气存在的，并不是拉瓦锡，而是普利斯特列和舍勒。但是，普利斯特列和舍勒，拘泥于燃素说的陈旧观点，不能真正理解他们所发现的气体，认识它在燃烧过程中的真正作用。这种气体，在墨守燃素说的人们看来，不过是一种“脱燃素气体”而已。

恩格斯说，普利斯特列和舍勒“为‘既有的’燃素说‘范畴所束缚’。这种本来可以推翻全部燃素说观点并使化学发生革命的元素，在他们手中没有能结出果实”①。

只有在这个问题上富有批判精神、敢于同传统观点决裂的拉瓦锡，才依

① 《〈资本论〉第二卷序言》，见《马克思恩格斯选集》第 2 卷，人民出版社，1972 年，第 279 页。

据这个新的事实，把在燃素说形态上倒置着的整个化学顺转过来，完成了化学的革命，奠定了这门科学的新基础。

人们每每认为拉瓦锡同普利斯特列、舍勒一样，同是氧气的发现者。恩格斯以为不然。他说，“真正发现氧气”的还是拉瓦锡，“而不是那两个人，因为他们只是析出了氧气，但甚至不知道自己所析出的是什么”①。

因袭陈旧的观念，缺乏批判的精神，就会阻碍科学的前进，限制人们（包括某些卓越的科学家在内）在科学发现上可能达到的高度，这是一个十分明显的例证。

热素说的情形也是类似的。当对摩擦生热现象的实验研究越来越暴露出热素说的没有根据的时候，那些囿于传统的热素观念的人们，却不能理解和思索这些具有革命意义的研究成果，甚至对这些研究成果采取挑剔的态度。这时，热素说便成为阻碍科学前进的思想障碍了。

恩格斯在谈到为热素说所束缚的萨迪·卡诺的研究工作时说：“他差不多已经探究到问题的底蕴。阻碍他完全解决这个问题的，并不是事实材料的不足，而只是一个先入为主的错误理论。”“他已经碰到热的机械当量了……只是他不能够发现和看清它，因为他相信热素。这也是错误理论造成损害的证明。”②

的确，卡诺曾经长期把自己的思想束缚在热素说这根传统的绳子上。虽然，后来发现的遗稿表明，卡诺最后终于摆脱了这根绳索，认识了热是运动，并且计算了热的机械当量。③ 这也说明，传统的错误观念是如何顽强地阻碍着科学的前进，要摆脱这些错误观念的束缚，一个卓越的科学家要经历怎样的艰难过程，要克服多少多余的阻碍，要付出多少过于高昂的代价！

毛泽东同志说：“历史上新的正确的东西，在开始的时候常常得不到多数人承认，只能在斗争中曲折地发展。正确的东西，好的东西，人们一开始常常不承认它们是香花，反而把它们看做毒草。哥白尼关于太刚系的学说，

---

① 《〈资本论〉第二卷序言》，见《马克思恩格斯选集》第 2 卷，人民出版社，1972 年，第 279 页。

② 《自然辩证法》，人民出版社，1971 年，第 93、207 页。

③ 卡诺的这些遗稿发表于 1878 年。恩格斯对卡诺的上述理论，一个写于 1875 年，另一个虽然写于 1881 到 1882 年，但可能仍没有看到这些遗稿。

达尔文的进化论，都曾经被看做是错误的东西，都曾经经历艰苦的斗争。”[①]

正确的学说被看做是错误的东西，是因为错误的学说被看做正确的东西，占据统治地位的缘故。

毛泽东同志还说：“正确的东西总是在同错误的东西作斗争的过程中发展起来的。真的、善的、美的东西总是在同假的、恶的、丑的东西相比较而存在，相斗争而发展的。当某一种错误的东西被人类普遍地抛弃，某一种真理被人类普遍地接受的时候，更加新的真理又在同新的错误意见作斗争。这种斗争永远不会完结。”[①]

这是真理发展的规律。

在自然科学领域中，批判的、革命的精神，严格地立足于实践、实验的基础上，敢于推翻错误的学说，创立新的、正确的学说的勇气，也是推动科学不断前进的必不可少的动力。

---

① 《关于正确处理人民内部矛盾的问题》，见《毛泽东选集》第5卷，人民出版社，1977年，第388～390页。

强调一下科学方法的 ABC*

我赞成这样的意见：要在翻译介绍国外讲科学方法的有价值的著作方面多花一些气力，特别是有重大成就的自然科学家，根据自己的实践，论及科学方法的文章和著作，价值更大。讲到科学方法论，有的自然科学工作者感到听起来好像又是一个多么深奥的哲学名词。其实，我们可以把"论"字去掉，就讲科学方法也行，有时候我们讨论的甚至不过是科学方法的 ABC。比如说，在某个领域开展研究工作，必须首先开展各种准备性的工作，使大家能够掌握这个领域最必要的最基本的文献资料，尽量了解前人在这个领域的成果和见解。这就属于科学方法的 ABC。基本的文献，是前人研究时留下的足迹，是后人研究时起步的基础。当然，这仅仅是一个方面的基础，而不是全部的基础，还要有新的实践嘛，但毕竟是不可缺少的基础。科学方法论研究工作的开展也必须遵守这个科学方法的 ABC，在掌握最重要的基本文献方面花更大的气力。固然，这类翻译工作一般算不上研究工作，但却是有效地开展研究工作必不可少的前提，如同原材料一般算不上制成品，但没有原材料却不可能有制成品一样。

我也赞成这样的意见：要结合最新的科学发展研究最新的科学方法。科

* 本文原载《哲学研究》，1980 年第 6 期，第 23～25 页。

学方法论的研究不能脱离当代科学发展的潮流，落后于当代科学迅速前进的步伐。不过，我想补充一点意见，就是我们也还需要研究近代自然科学产生以来在科学方法方面形成的最基本的东西，即科学方法的 ABC，并且将这些科学方法的 ABC，结合我们现实生活的实际，向广大干部和人民作宣传。这项工作之所以重要，是有历史原因的。

我国有悠久的光辉灿烂的文化传统，但是近代自然科学并不是在我国发展起来的。要把近代自然科学产生和发展中形成的传统的科学精神和科学方法在我国广泛地深入地发扬起来，成为我们民族的精神财富和文化传统，还需要作很大的努力。提高全民族的科学文化水平，不单要求掌握大量已有的自然科学知识，而且要求掌握获得这些知识的科学方法，掌握体现在这些知识和方法中的科学精神。科学方法是同精确科学的发生发展相伴随的。我们过去的文化传统往往使我们习惯于一些形象的、笼统的、形式上整齐而内容上不讲究精确的文字语言。比如牛顿力学的第一运动定律，它的表述是精确的：每个物体继续保持其静止或沿一直线作等速运动的状态，除非有力加于其上迫使它改变这种状态。这个表述指明了条件：没有外力作用或外力作用之和为零；精确地描述了运动在这种条件下所保持的状态，即等速直线运动的状态，而当这速度为零时就是静止状态。可是，当初这个定律介绍到中国来的时候，却被翻译和表述为“动者恒动，静者恒静”。这两句话，用字简洁，对仗工整，作为古文是很漂亮的。科学表述的精确性呢？那就作了牺牲了。精确科学变得笼统含糊了（至于热力学第二定律——孤立系统的熵增加，被等同于“自强不息”，更是匪夷所思，不在我们现在论列的范围之内了）。我们至今还比较习惯于笼统的形象表述，不大讲究精确的科学表述。我们在生活中，工作中，口号很多。我不反对口号，口号简单明了，一下就能抓住人们的注意力。但是，不能单靠口号。文字简洁整齐的口号，有时未必能够精确地表述复杂参差的条件和内容。如果不讲清楚参差复杂条件下的不同要求，硬要一切地方都按照一个口号办事，它的消极后果是大家都知道的了。

我们要向自然科学学习科学方法，在一种意义上，也就是学习唯物主义方法，学习辩证方法。说自然科学方法只有唯物主义，没有辩证法，是不合实际的。精确地指明各个科学定律适用的条件，一切以条件为转移，难道不是辩证方法吗？唯物主义、辩证法不能单从哲学书本上学，还要从实践中学。向自然科学学习，可以说是从实践中学习的一个重要方面。单从书本上去学哲学唯物主义，在抵御唯心主义的侵袭方面，有时并不及从自然科学的实践、自然科学的基本训练、自然科学方法的 ABC 中得来的唯物主义。所以，我们还要向自然科学学习科学方法、科学精神，把这种学习同对马克思主义哲学的学习结合起来。一方面使马克思主义哲学的学习由于结合着自然科学及其方法的学习而充实其基础，另一方面用马克思主义哲学来总结和研究自然科学及其方法，来促进自然科学方法朝更自觉、更完善的方向发展。

《20世纪科学技术简史》

——充实读者科技知识的巨著*

《20世纪科学技术简史》称为“简史”，其实是16开大本500多页八十几万字的著作，跟时下流行的诸多丛书的小册子比，可以说是“巨著”了。我丝毫没有鄙薄小册子丛书的意思，它们作为传播新知识的“轻骑”，发挥的作用是很大的。当然，人们要想求得扎实的学问，不能不硬着头皮啃几部“巨著”。所以，我愿意在这里向读者推荐中国科学院自然科学史研究所近现代科学史研究室编写、科学出版社出版的这本“巨著”。

现代化建设时期，大家都感到了充实自己的科学技术知识的必要性和迫切性。从加深对科学技术的综合的、总貌的理解来说，读一读科学技术史，是一条重要的途径。

科学技术的历史，可以划分为古代、近代和现代三个大阶段，近代科学产生（欧洲文艺复兴和哥白尼）以前为古代，20世纪以来为现代。现代科学技术之所以成为一个单独的历史阶段，是因为20世纪科学技术的发展较之18～19世纪以前，又有了质的变化。该书很好地概括了这种质的变化：①科学和技术都经历了全面的革命；②科学开始形成多层次的、综合的统一整体；③科学事业的社会化，即所谓“大科学”的产生；④科学对生产发展的

* 本文原载《瞭望周刊》，1988年第23期，第34、35页。

先导作用日益明显，科学对整个社会生活的改造作用空前巨大，书中称之为“社会的科学化”。

我们今天当然最需要了解20世纪以来的现代科学技术史。而这样的著作实在是太少了，我在这里推荐的这本书，恐怕可以说是中文文献中仅有的一部。外国文献中，综合的现代科学技术史著作据说也不多。这本书不是以某一本或几本外国著作为蓝本加以调整、补充写出来的，它是一部有开拓性的著作。为了写这样一部著作，20多位专家用了五年的时间，足见开拓之不易和组织编写这部书的同志们治学的严谨。

这部书的特色有两点：一是综合性，二是理论性。

综合性，不单是指包含了各个科学部门的历史，尤其是指把工业技术、农业技术和医学的历史也包括进来了。过去治科学技术史，专科史多，科学史和技术史分开得多（我国近年来结合科学和技术的历史著作逐渐多了一些）。由于前述的现代科学技术的特点，这种分割的缺点就越来越成为不能容许的了。这部书注意了各个学科的综合和科学与技术的综合，是一个特色。如果要谈不足，应该说，这种综合在内在的贯通方面还不足。当然这种内在的贯通难度很高，这部书是朝着这种综合和贯通的方向做的，这就是可贵的前进。

至于理论性，又涉及两方面：一是讲科学史，注意讲科学思想的历史，讲科学思想发展的进程、争论、突破和规律，不限于具体的科学技术发现和创造的记叙。二是讲科学史，注意科学、技术、社会的联系，注意科学技术对社会发展的作用和社会中发展的规律。书中写道：“到30年代，由于马克思主义的影响，科学史的研究对象从科学本身的发展（即所谓‘内史’），扩展到科学同社会的相互关系（‘外史’），研究工作出现了新的面貌。”这部书本身就是兼通“内”“外”的。尤其是本书“前言”和“结束语”，在科学同社会的相互关系方面，有不少依据具体历史的精辟论述。以系统地记述史实为主体的历史著作，又能带上理论性，历史就写活了。当然，这里也可以指出不足之处，就是“前言”和“结束语”中的论述，还没有能够充分地贯穿全书的各个部分。但是，科学技术史著作带有理论色彩，应该说这部书已达到较高的水平了。

向什么样的读者推荐这部书呢？该书书封里的“内容简介”中提到以下

几类：高等学校的学生，广大科技研究工作者和教育工作者，科技管理干部和与科技工作有关的领导干部。此外，我还想提到一类读者，那就是想补充自然科学知识的社会科学工作者。现在不是很强调社会科学同自然科学的结合吗？不是很强调社会科学从自然科学吸取方法和概念吗？这是很重要的。为此，就需要有志于这样做的社会科学工作者认真地学习一些自然科学的基本知识和基本历史。

《控制论》中译本和它的译者“郝季仁”*

《控制论》中译本自 1961 年年初出版以来，至今已过去 30 多年了。其间，不时有朋友问我，“你们翻译的那本《控制论》，为什么至今还用假名发表，而不用真实译者姓名呢”？现在，趁本书第四次即将重印之际，我作为尚存的两位译者之一，很愿意写几句话，把当时翻译这本书的由来和经历，向今天的读者作个简单的介绍，既是为学术界提供一点学术史料，也是对已经去世的另两位译者表示一点纪念之情。

我们几个人着手翻译维纳这本名著，还是 1956 年的事情。

1956 年这一年，在中华人民共和国的历史上，在我国科学工作的历史上，在我们许多人个人的历史上，是很值得怀恋的一年。“向科学进军”！“百花齐放、百家争鸣”！科学界的精神振奋起来了，科学界的思想活跃起来了。

这一年的 1 月，周恩来总理在党中央召开的知识分子问题会议上作报告，阐述了“现代科学技术正在一日千里地突飞猛进”的逼人形势，特别讲了原子能的利用和“由于电子学和其他科学的进步而产生的电子自动控制机器，已经可以开始有条件地代替一部分特定的脑力劳动，就像其他机器代替

---

* 本文写于 1996 年 5 月 18 日，原载《影响世界的著名文献（自然科学卷）》（邢贲思、何祚庥等主编，收有维纳著、郝季仁译《控制论》），新华出版社，1997 年，第 790～794 页。

体力劳动一样”。结论是:“这些最新的成就，使人类面临着一个新的科学技术和工业革命的前夕。这个革命，正如布尔加宁同志所说过的，‘就它的意义来说，远远超过蒸汽机和电的出现而产生的工业革命’。”布尔加宁是当时苏联的部长会议主席。

由此可见，当时在苏联，在中国，都在饶有兴趣地讨论用电子自动控制机器代替一部分脑力劳动的新的工业革命问题。这样的兴趣和讨论，不能不使人注意到最初提出这方面见解（从机器作为人手的延长发展到作为人脑的延长，来看第一次工业革命发展到第二次工业革命）的 N. 维纳和他创立的 cybernetics，不能不使人对 cybernetics 重新做出客观的评价。

说重新评价，就是因为以前有过评价。过去的评价不正确，所以需要重新评价。

苏联过去对 cybernetics 的评价，是根本否定的评价。其代表就是 1953 年第 5 期《哲学问题》杂志发表题为“cybernetics 为谁服务”的文章，署名是“唯物主义者”。1954 年，苏联两位哲学权威主编的《简明哲学辞典》，收有 cybernetics 这个条目，这篇文章和这个条目对 cybernetics 的判决词是:“一种反动的伪科学”，在哲学上是“人是机器”的机械论的现代变种，在政治上是为帝国主义服务的思想武器。

大家知道，从 1948 年李森科在斯大林和联共中央支持下发动批判摩尔根遗传学的运动开始，苏联在自然科学各个部门对许多学说都进行了粗暴而无理的政治批判和哲学批判，对 cybernetics 的批判，仅是其中之一。苏联自然科学领域的这些批判，中国当时大都当做“先进的”东西翻译过来了，并且在中国进行了学习和跟随着组织了或多或少的批判。不过，“唯物主义者”的这篇文章却没有翻译介绍过来，因而中国没有进行对 cybernetics 的批判。现在有些文章常说当时中国跟着苏联也批判过 cybernetics，这个情况是没有的。这不是因为当时介绍苏联科学的中国人，在这个问题上有什么觉悟和不同的见解，纯粹是因为当时没有注意到。当然，也不能说苏联对 cybernetics 的批判完全没有介绍到中国来，那本《简明哲学辞典》是出了中译本的，中译本根据原书条目进行阐释，把 cybernetics 译为“大脑机械论”。不过夹在那么一本词典中的一个小条目，不但中国科学界没有注意到，中国哲学界也没有注意到。

中国注意到 cybernetics，还是受苏联影响，在苏联对 cybernetics 重新讨论和评价以后。1954 年 11 月，哲学家和数学史家柯尔曼教授在苏共中央社会科学院作了一个题为“什么是 Cybernetics?”的报告，在《哲学问题》1955 年第 4 期发表了。同一期《哲学问题》还发表了数学家索伯列夫院士等三人的文章《Cybernetics 的若干基本特征》。这是苏联重新讨论 cybernetics 的开始。

苏联科学界的这个动向引起了中国的注意。1955 年 11 月、12 月《学习译丛》(它是中宣部主办的一个月刊)相继发表关于这个动向的报道，以及胡平、景松译出的柯尔曼的那篇文章——《什么是 Cybernetics?》。因为译者和译丛编辑部的同志不是学自然科学的，就要在中宣部科学处工作的我为他们校订译文，开初他们还是按《简明哲学辞典》的译法，把 cybernetics 译为“大脑机械论”。这是受过去错误评价而形成的错误译法，当然不应该沿用。该怎么译呢？我们几个人商量，觉得应该按 cybernetics 这个词的希腊字源和这门科学的现实内涵来译，就商定译为“控制论”。同期《科学通报》译出索伯列夫的文章，也统一用“控制论”这个新译法。由此这个译法传播开来，后来有人建议译为“控制学”，这个译法可能更好，但是“控制论”这个译法既已传开、用惯，也就不便更改了。

1956 年 1 月，知识分子问题会议报告的起草，其中的有关用语，无疑反映了上述的有关讨论和中国对苏联讨论的介绍和关注。

1956 年 5 月，中宣部部长陆定一代表中共中央向科学界和文艺界作报告，阐述党的“百花齐放、百家争鸣”方针，特别说到自然科学是没有阶级性的；给自然科学学说贴阶级标签，如说什么“米丘林的学说是社会主义的”、“孟德尔-摩尔根的遗传学是资本主义的”之类，就是错误的，我们切勿相信。陆定一这些话当然是针对苏联过去在自然科学领域进行粗暴批判和我们学习苏联也曾进行过许多粗暴批判这种情况而说的。中宣部科学处在处长于光远的主持下，按“百家争鸣”方针认真组织和推动了对遗传学问题的重新评价（1956 年青岛遗传学会议）和对其他一些遭到过粗暴批判的学说的重新评价，也就是在这个时候，科学处的三位同志，即罗劲柏、侯德彭和我，还有在中宣部国际处工作的陈步，一共四人，着手翻译维纳的《控制论》。

按我们原来的设想，是准备把翻译的过程当做学习和研究的过程，每译出一章译稿，就在我们几个人中间传阅、学习、讨论，不但讨论译文是否妥当，而且讨论其中的科学内容，还准备吸收几个对这个问题感兴趣的同志一起参加，实际上就是想搞成一个“控制论研究班”。我们的分工是，我译此书的长篇导言，他们三人分译和合校正文的各章。想搞这么一个研究班，就有点仿效维纳在导言中所介绍的他们那个酝酿出控制论思想的研究班的意思。这篇导言的中译文，在 1957 年第 6 期《学习译丛》上发表了。

然而，正是 1957 年 6 月掀起的那场风暴，把我们这个计划打破了，侯德彭、陈步两位同志被错划为“右派”分子。正文各章，虽已多数译出，但一章一章讨论的原意，没有法子实行了。几个月以后，侯德彭、陈步两位同志在等待处理下放之中，我们不甘心这本科学名著的翻译工作就此半途而废。他们三人继续完成了原来承担的翻译任务，相互校订了译稿，由罗劲柏出面，把这部书稿交给科学出版社了。当时规定，被划为“右派”的人不能用真名出版著作，我和罗劲柏又不同意只有我们两人署名。这样，就编造了一个名字——“郝季仁”，“郝季仁”者，好几人也。

这本书的出版，已经是 1961 年的事，1962 年又根据原书补充了新的两章，出了中译本的第二版。新版的补译，由罗劲柏负责。1985 年，这个译本又第三次印刷，这时，侯德彭、陈步两位同志的“右派”问题当然都已改正。但是，“郝季仁”这个名字，是一段历史的产物，历史的产物就让它留在历史上，我们都没有动议改署译者的姓名。

现在，这个中译本又准备第四次印刷，罗劲柏同志已于 1985 年逝世，陈步同志也于 1992 年逝世。我写到这里，引起对那一段往事和故友的回忆，罗劲柏和我是清华大学的同学，他学物理，我学化学，1952 年从大学毕业一起分配到中宣部科学处，共事多年，1973 年又一起从被砸烂的中宣部“阎王殿”重新分配到国务院科教组，继续共事。粉碎“四人帮”后，虽然不在同一个单位了，但许多时候仍然有机会合作，比如，十二大的文件，中央关于经济体制改革的决定，中央关于教育体制改革的决定，我们都是一起参与一些具体文字工作的。没有想到，就在教育文件出来后不久，罗劲柏就发现胃癌，住进我家附近的北大医院，我常在下班后溜进病房去探望，看到他辗转病床的痛苦，心里很难受。罗劲柏在他周围的同志中，是公认的老实人，即心地善良、埋头苦干的人。他党性坚强，一直遵照组织安排在党的领导机关工作，又是书生本色，一直尽可能挤时间从事一些科学研究和著述。罗劲柏去世后，我们老科学处的几位同志搜集他的论文，编成集子《科学·人才·经济增长》，由广西科学技术出版社出版。侯德彭同志是 1956 年从北京大学物理系毕业来到中宣部科学处的，下放劳动后分到广西大学物理系工作，改正后当过广西大学校长、自治区党委和政府的负责干部，除了别的成绩外，在科学哲学方面还出过几本译著。陈步同志比我们都大，新中国成立前在中央大学哲学系毕业，1956 年哲学研究所成立自然辩证法研究组时，于光远兼任组长，我兼做学术秘书，后来改由陈步兼做并决定把他调过去，还没有到任，就出了那场麻烦。下放劳动后分到商务印书馆工作，1978 年在商务印书馆出版了他译的维纳的《人有人的用处》，这是维纳《控制论》的姊妹篇，译这本书的念头也起于 1956 年，了却这桩心愿却是 22 年后了。

我们耽误了多少时间！我们需要为扎扎实实的学术建设抓紧多做工作。

第二部
科学技术政策

发展科学事业，更好地为社会主义事业服务*

经中央人民政府政务院二百零四次政务会议批准的《关于中国科学院的基本情况和今后工作任务的报告》今天在本报发表了。从这个报告中可以了解我国当前科学工作的状况和今后的任务。各有关方面必须依据这个报告所指出的方向，更积极地参与和协助科学工作，推动科学事业的发展。

科学工作对国家建设具有重要的意义。要把我国建设成为生产高度发达、文化高度繁荣的社会主义国家，一定要发展自然科学和社会科学。在我国有计划的经济建设已经开始的时候，更必须大力发展自然科学，以促进生产技术的不断发展，并帮助全面了解和更有效地利用自然资源。没有发达的工业和农业，科学事业不可能获得蓬勃的发展，而没有发达的科学事业，工农业生产的技术水平也不可能进一步提高，经济建设事业不可能迅速地向前推进。

我们的党从来是重视科学工作的。中华人民共和国成立以后，党和政府更提出努力发展科学的任务。《中国人民政治协商会议共同纲领》上规定了："努力发展自然科学，以服务于工业农业和国防的建设。奖励科学的发现和

* 本文原载《人民日报》，1954年3月26日，龚育之是主要执笔人。

发明，普及科学知识。”“提倡用科学的历史观点研究和解释历史、经济、政治、文化及国际事务。奖励优秀的社会科学著作。”在党和政府的关怀与领导下，全国科学研究的中心——中国科学院建立起来了。工业、农业、交通、卫生等政府部门也都成立了自己的科学研究机构。各高等学校的调整和扩大，也为科学研究工作的发展准备了条件。四年来，全国科学工作者辛勤努力，学习苏联先进的科学技术，解决了不少理论的和实际的科学问题，起了一定的作用。在培养青年科学干部方面，也进行了许多工作。全国科学工作者通过历次政治运动的锻炼，通过思想改造学习和科学工作的实践，显著地提高了自己的觉悟水平。

但是，旧中国给我们留下来的科学基础是很薄弱的，科学人员不多，水平一般不高，各门科学发展也不平衡。四年来，科学水平虽然有了很大的进步，但还没有根本改变上述的落后情况。科学干部的生长和科学经验的积累，都需要相当长的时期，要改变我国科学落后的情况，发展我国科学事业以适应国家经济建设的要求，我们必须作长期的、艰苦的努力。我们必须发奋努力、急起直追，否则将来就会由于科学的落后而阻碍国家建设事业的发展。目前科学工作仍然是全国各项建设工作中比较薄弱的一环，科学工作中仍然存在着许多严重的缺点。全国科学力量还没有充分动员，许多潜在力量还没有加以运用；许多科学研究工作还没有被正确地领导和组织起来；团结科学家的政策，在有些地方还执行得不好；培养青年科学干部的工作一般还没有切实做好；学习苏联先进科学的方针，还没有贯彻到科学研究的一切方面去；而有些干部对发展科学事业还认识不足或不善于领导和帮助科学研究工作。这些情况必须切实加以改进。

在促进科学发展方面，中国科学院担负着主要的责任。中国科学院应当切实加强对各研究单位的科学工作的领导，贯彻执行政务院所批准的工作方针和各项工作任务。作为全国科学工作中心的中国科学院，有责任密切联系全国科学工作者，协助和指导各方面的科学研究工作。中国科学院的报告中规定要在院务会议下设立秘书处并成立物理学数学化学部、生物学地学部、技术科学部、社会科学部等四个学部，广泛吸收院内外的优秀科学家参加学部委员会和各研究所的学术委员会。这对加强中国科学院对各门科学工作的领导，加强中国科学院与其他科学机构的联系，都有重大的作用。

工业、农业、交通、卫生等政府部门所属的科学研究机构对解决生产建设中的实际技术问题担负着首要的责任。各部门应加强对这些科学机构的领导，充分发挥现有的科学人员的作用，并根据需要与可能逐步发展本部门的科学研究力量。

全国各高等学校里集中了大量的科学人员，为了推进国民经济建设与科学和文化的发展，为了提高高等学校教学的科学水平，必须在与教学相结合的原则下，有步骤地积极地开展高等学校的科学研究工作。

要发展我国科学事业，首先必须依靠具有一定学术水平的科学家的辛勤努力。科学家是国家和社会的宝贵财富，是一支重要的建设力量。科学家的知识和劳动，应当受到人民的重视和尊敬。应当切实鼓励科学家在科学研究中发挥高度的积极性，关心和帮助他们的研究工作，为他们的研究工作安排便利的条件。这就是说，各科学研究机构应该尽可能合理地使用科学家以发挥其专长，并使他们有可能集中精力与时间于科学研究工作；应该尽可能解决他们在科学研究工作中缺乏必要的设备、经费和助手的困难。要让他们在科学研究工作中培养出学生来，把他们的专长传授给下一代。当科学家在科学研究中获有成绩时，应该给予奖励。团结科学家，关心他们的工作和生活，吸引他们积极参加国家建设，这是党和政府在科学工作中的根本政策，必须贯彻执行。科学家也应当善于支配自己的时间，努力从事科学研究工作，并在比较简陋的设备条件下发挥创造精神，做出良好的成绩。

大力培养青年科学干部，扩大科学工作人员的队伍，这是发展我国科学事业的重要环节。没有科学干部在数量上的增长和质量上的提高，就不能发展和提高我们的科学事业。我国科学人员本就十分不够，青年科学干部的培养不能不是我国科学工作中的长期的重要任务。各科学机构都应当认真进行这项工作，并建立必要的制度加以保证。在每年分配大学毕业生时应该选拔相当数量的最优秀的青年去做科学研究工作（包括基础科学、技术科学和社会科学各方面）。分配成绩不好的学生去做科学研究工作是不对的。在高等学校招生和选派留学生时，除应有大量学生学习技术科学外，还应保证相当数量的优秀学生去学习基础科学和社会科学。只有这样，才能保证科学工作力量不断增长。

加强党和人民政府对科学工作的领导，是科学事业健康发展的基本保证。政府各部门应加强对所属各科学机构的管理和领导，各有关党组织也应当经常关心各科学机构的工作，监督党的各项政策在科学工作中的正确执行。科学工作十分复杂，对于我们来说还是一件新的工作，我们还很缺乏这方面的经验，有关工作干部必须虚心谨慎，切忌粗暴简单，努力学习政策，认真钻研业务，把工作做好。在党和人民政府的关怀和领导下，在全国科学工作人员的共同努力下，我国的科学事业一定能够在为国家建设服务的实践中发展起来，繁荣起来！

评所谓“中医是封建医，西医是资本主义医”*

《在一定的政治经济基础上产生一定的医药卫生组织形式与思想作风》这篇文章，提出了一套从理论到办法都完全具备的消灭中医的“纲领”。这篇文章同时发表在《东北卫生》杂志第一卷第九期上，后来又到处印行，编入《医务工作者的道路》之类的小册子，作为“卫生人员思想学习文件”和“政治教材”，在东北地区和全国其他地区的广大医务人员和卫生工作干部中组织过学习。《东北卫生》杂志还曾经发表评论，把这篇文章吹捧为“马克思主义的”、“辩证唯物的”，“具有阶级性和实践性”的“政策性论文”的“典范”，把它规定为每一个卫生工作者必须遵奉的“行动指南”。因此这篇文章的错误思想影响极深，危害甚大。

文章中究竟有些什么“理论”来否定中医呢?

它用来否定中医的第一个“论据”便是：中医没有实际治病的效力。作者在自己的论文里说：“他们（中医）都是不合格的，他们只能在农民面前起到精神上有医生治疗的安慰作用。”

显然，这是一种十分武断的抹杀事实的说法！事实十分清楚：中国人民在几千年来同疾病作斗争中，创造和发展了自己的医学。这个医学，包括从

* 本文作者为龚育之、李佩珊，原载《人民日报》，1955 年 8 月 22 日，该文的主要部分以此标题收入《科学·哲学·社会》，光明日报出版社，1987 年，第 268～273 页。

预防到治疗，从内外妇幼各科到药石针灸各法，从浩繁的医药典籍到现有广大中医的经验和散遍民间的验术偏方，内容十分丰富。我们的祖宗辈辈就是依靠这个医学来防治疾病的。我国的生存发展，繁荣昌盛，以至成长为6亿人口的大国，中医有着伟大的贡献。直到现在，我国半数以上的城市居民和几乎全部农村居民，即5亿以上的人口，仍然依靠中医，将中医作为防治疾病的主要力量。中医确能治好许多疾病，这在我国人民中是有着充分的信任的。到处都可以发现许多中医治好了病的事实，甚至有一些现代医学尚难于治疗或疗效不高的疾病，中医治疗常常能有良好的效果。硬说中医“只能起到精神上有医生治疗的安慰作用”，这是何等武断！

它用来否定中医的第二个“论据”便是：中医不科学。论文里说，中医以“科学知识来衡量，都是不合格的”；人民相信中医，那是因为“缺乏科学知识”的缘故；“从单纯科学医学来看，取消他们是为了人民……”

然而，这一套“论据”也经不起驳斥。马克思主义认为，检证科学真理的标准是实践。中医数千年来曾经治好无数疾病，而且现在仍然在治好疾病，这些无可辩驳的事实，证明了中医里面确实包含着科学的内容。中医为实践所验证了的科学内容，是不容任何人加以主观抹杀的。不错，中医在长期而广泛的实践基础上积累起来的丰富的治病经验，由于历史条件的限制，未能获得合乎现代科学水平的理论说明和概括。但是，面对着这种情况，真正的科学态度应当是怎样的呢？是应该十分珍视这些实践经验，根据现代科学加以研究、整理和提高，用以丰富现代医学科学呢，还是把这些实践经验一概斥之为“不科学”而弃置不顾呢？后一种态度恰恰违背了科学的基本精神，哪里还有半点科学的气息！

抹杀中医确能治病的事实，忽视中医治病的经验，否认实践作为检证科学真理的标准，这是一种十足的主观主义、唯心主义。

论文里还制造了一套似乎是马克思主义的“理论”，即中医是“封建社会”的“封建医”、“封建医学”，应当随着封建社会的消灭而消灭的“理论”。这便是用来否定中医的第三个“论据”。

显然，这并不是什么马克思主义理论。医学，正如其他自然科学部门，它的发展是和整个社会发展一起的，并且受到社会发展的制约，这是毫无疑问的。同时，医学，正如其他自然科学部门，它不仅仅是某一个社会时代、某一种经济基础的产物，也不随某一个社会时代、某一种经济基础的消灭而消灭，它是人类社会长期历史发展中世代继承和积累起来的关于客观自然规律的知识，这也是毫无疑问的。列宁教导我们：“马克思主义从不抛弃资产阶级时代最有价值的成就，相反地，它正是把人类思想和文化两千多年的发展中一切有价值的东西接受过来并加以改造。”把旧时代的一切文化科学遗产一概当做“封建的”和“资本主义的”东西加以抛弃的观点，则正是列宁和斯大林一再申斥过的反动的所谓“无产阶级文化派”和“穴居野人”的观点，是一种对文化遗产的虚无主义的观点。

文章不仅在理论上否定中医，而且企图在实践上消灭中医。为了达到这样的目的，它歪曲党所明确宣布的团结中医的方针。宣称：中医本来是“不合格”的，不仅“只能在农民面前起到精神上有医生治疗的安慰作用”，而且“甚至有的庸医杀人”，“取消”中医本来是“为了人民”，仅仅是由于“今天新中国诞生不久，尚来不及培养大批有科学水平与经验的新医生去置换”，而且“人民文化程度不高，缺乏科学知识，不知为什么要取缔中医”，这才“不能采取打倒他们的方针”。然后，便提出了一套消灭中医的具体办法，第一，将现有中医经“短期训练”改造为西医“医助”；第二，“停止其（中医）今后招收学徒”，即不仅要消灭现有中医，而且要断绝中医的继续产生！

这套消灭中医的措施，由于党中央的纠正，以及广大干部和人民群众的反对，没有能够贯彻。虽然如此，这些措施在实践中仍然带来了恶劣的后果，使党在广大中医中的威信受到破坏，广大中医的力量未能充分发挥，人民保健事业受到严重损失。

必须指出，否定、排斥和企图消灭中医的错误思想，并不是什么新奇的东西。这是一种在我国社会中长期存在的盲目崇拜西洋文化、轻视和否定自己民族文化遗产的奴化思想。现代医学科学，是从西方传入我国的。由于中国人民努力学习，近几十年来现代医学在我国传播和发展，成为中国人民自己的医学。现代医学以全部现代自然科学为基础，是先进的，它传入中国，于中国人民是十分有益的。过去，我国封建势力反对西医在中国传播，则是落后的、反动的。中国人民从不拒绝而且从来善于吸收一切外国的进步文化，使之为中国人民服务。中国人民从来反对一切妄自尊大、固步自封的保守落后思想。但是，在对待西洋文化问题上，却存在着另一种错误思想，即盲目崇拜西洋文化的思想。他们奴颜婢膝地拜倒在西洋文化面前，不管它是糟粕还是精华，于中国人民有利还是无利，一律都焚香顶礼；反过来，对自己民族文化，则百般鄙视，认为一无可取之处，应当统统抛到垃圾堆里去。“全盘西化”论便是这种奴化思想的代表。这种奴化思想，表现在对待民族医学遗产上，便是盲目否定中医，不惜抹杀几千年来中医治好了无数疾病这个铁的事实，忍心对眼前千千万万人民的生命和健康采取漠不关心的态度，处处排挤和打击中医，甚至企图消灭中医。这种错误思想，导致了我国社会中西医长期对立的局面，导致了历届反动政府漠视和排挤中医的措施。1914年，袁世凯政府便曾发表过“废止中医、不用中药”的谈话。1929年，蒋介石反动政府的中央卫生委员会曾经通过了“废止中医”的决议。这就使得近几十年来，不但中医的力量未能充分为人民的保健服务，而且中医学术的发展和在近代科学基础上整理和提高的事业，蒙受莫大的损失，甚至有日渐散失和泯灭的严重危险。

中华人民共和国成立以后，这方面的情况发生了根本的变化。但是，旧社会长期存在过的否定和消灭中医的错误思想，却并没有销声匿迹。就是那个曾经向蒋介石政府建议废止中医提案的人，在中华人民共和国成立以后，仍然大肆叫嚣：“没有旧医继续存在的余地”，并且公然在第一届全国卫生会议上再次提出了他的“旧医处理方案”。但更严重的是，这种思想竟披上了“马克思主义”的新的伪装，继续在群众中散布毒害，而且更渗进了卫生领导部门，影响着政策的制定和执行。

《在一定的政治经济基础上产生一定的医学卫生组织形式与思想作风》这篇文章，不但提出了所谓“封建社会”的“封建医”的“理论”，同时还提出了所谓“资本主义社会”的“资本主义医”的“理论”。它把我国旧有西医和资本主义生产作了许多牵强附会的比拟，在我国旧有西医的头上戴了“占有性”、“商品化”、“利润观点”、“私有制”、“殖民地性”、“官僚化”、“垄断与居奇”、“投机”等十三顶帽子，从而论证我国旧有西医是所谓“资本主义医”，应当抛弃。显然，这仍然是前面已经批判过的十分错误的对待文化遗产的虚无主义的观点。

至于所谓“资本主义医”的谬论在实际工作中最为有害的一点，就是所谓在旧社会里“医生与病人的对立，也等于资本家与无产阶级对立一样”。而且，文章不仅把旧社会的西医比做资本家，甚至把现在新中国的自由开业的医生也比做私人资本主义。十分清楚，医生是有医学知识的人，是知识分子，是文化工作者，是脑力劳动者。在旧社会里他们绝大多数或者为资本家所雇佣，或者是自由职业者。他们的阶级地位，和资本家有着本质的不同，他们和病人的关系根本扯不上劳资对立的关系。列宁教导我们：“对专门家，我们不应采取吹毛求疵的政策，这些专门家不是剥削者的佣仆，而是文化工作者，他们在资产阶级社会里曾服务于资产阶级，而全世界社会主义者都曾说，这些人在无产阶级社会里是会为我们服务的。”为了建设社会主义，我们必须团结旧社会全体文化工作者，团结全体西医；任何把他们当做资本家而加以排斥和唾弃的看法和做法，都是违背社会主义建设的利益的。即使今天私人开业的医生，作为独立劳动者，他们的劳动对我国的社会主义建设仍然具有积极的意义。

当前科学工作的几个问题*

龚育之说明：

《当前科学工作的几个问题》是由中宣部科学处的同志共同整理的。

《宣教动态》上那篇当时引起毛泽东注意、不久前我在《毛泽东和傅鹰》一文中加以引用也引起许多同志注意的《傅鹰对党和知识分子的关系提出尖锐的批评》，是整风期间，我们去听取科学家的意见，我记录下来的一个单项材料，构成反映整风情况的一个特写镜头。当时，我们还整理了一个综合材料，就是把我们亲自参加各种鸣放会议所听到的意见，我们从各种公开报刊和各种内部材料中所看到的意见，加以归类和整理，构成反映整风情况的一个全景镜头。那就是这篇《当前科学工作的几个问题》。这个综合材料，是在于光远指导下，经过处里的同志多次讨论和分析，用整理者的语言，分头写出的。前面几个部分是我执笔的。

现在看来，这个材料比较如实地反映了当时科学界鸣放提意见

---

* 本文原载中宣部内部刊物《宣教动态》，1957年5月28日。龚育之于1997年加写说明后，先后发表在《在漩涡的边缘》，河南人民出版社，1998年，第180～192页。

的情况，反映了整理者当时对科学界人民内部矛盾状况的观察和分析，反映了想通过整风、听取批评和建议，来改进工作和改善关系的愿望。材料刊登于 1957 年 5 月 28 日，就是说，整理这些材料的时候，是“鸣放”已经比较充分的时候，各种意见大体上都讲出来了，又是“引蛇出洞”的方针还没有交代到我们这个层次的干部的时候，我们不是为搜集和准备反击“右派”的靶子而去整理这个材料的。我们把自己放在提意见的科学家们之中。

6 月 8 日“反右派”运动掀起，整风转向“反右”，这个材料就没有人注意了。

说没有人注意也不确切。有另一种的注意。我在《几番风雨忆周扬》中讲到“反右”以后的整风第四阶段，于光远受到批评，“科学处不该反映那么多科学家的意见，似乎热心于反映科学家的意见，就是代表科学家，就是代表资产阶级知识分子，乃至于就是做了‘右派’的传声筒”。这份《当前科学工作的几个问题》，被认为是最明显不过的一个证据。

根据最近报纸上的材料，以及和科学家接触当中听到的意见，将科学家们提出来的党和科学家之间的问题初步整理如下。

一、党能不能领导科学工作的问题

这个问题主要发生在自然科学方面，社会科学方面还没有提出来。有些自然科学家有过一些实质上反对党对自然科学的领导的意见和言论，“理由”是外行不能领导内行，政治不应干涉科学，哲学（马列主义）不应干涉科学。还有过科学工作应由民主党派领导的意见。但近来发表的言论，大都承认党对科学工作的领导，只是在领导的内容和方法上有分歧意见。一般都承认党对科学工作的方针政策的领导（如团结科学家、百家争鸣等），以及党对科学工作的条件支持；大部分人还承认党对科学工作的组织领导（如制定规划，组织协调，组织重大的集中的科学工作，如原子能研究等）和党对科学工作的思想领导（如组织科学家学马列主义，批判资产阶级唯心主义，改造思想等），但也有人不提这两点，特别是思想领导这一点。至于对具体科学业务和学术问题的领导，则有几种意见：一种是，党通过科学家来领导，党的领导不等于党员的领导，党在高级知识分子中发展大批党员并不能解决领导的问题，非党员也能体现党的领导；一种是，党现在还不能领导，将来党内有了大专家再领导；一种是，无论现在与将来，党都不要来领导，应该让科学家自己去搞；还有一种是，具体科学研究本身就是无从领导的，不仅党不能领导科学院，也都不能领导学会。此外，也有科学家强调要党来领导科学工作，认为否则就会一团糟。

许多科学家认为新中国成立以后科学机关和大学里科学家、教授没有地位，得不到信任，担任了行政职务的感到有职无权，没有行政职务的更感到无职无权。他们提出，办高等学校，办科学院，应当依靠科学家，而过去是依靠苏联专家，依靠党员，依靠青年，依靠“积极分子”，就是不依靠老科学家。

有人提出应实行新中国成立前的“教授治校”，实行“科学家治院”；有人觉得这口号不好，有脱离党的领导的意思，不如改为“民主办校”；有人则反对“教授治校”，认为新中国成立前的“教授治校”实际上是“把头治校”。这里涉及科学机关和大学应否取消党委负责制的问题，有人赞成，有人反对，但都批评了以党代政的许多做法。民主党派则提出应与共产党平等地、联合地在学校里起作用。

许多科学家不满意党员秘书“专政”的制度，即系、教研室、研究所和研究组都设青年党员（或团员）秘书，权都在秘书手中，“长”反而不能过问。另外，党员秘书由于行政事务工作繁重，业务的提高受到很大妨碍。

许多科学家不满意行政部门（如人事部门、教务部门等）的党员，认为他们的权力很大，不尊重科学家。

不少科学家认为党只听恭维，把一批“逢迎拍马”、“阿谀谄媚”、“不学无术”的人当做“积极分子”，被“积极分子”所包围（目前对“积极分子”的攻击很多）。同时，认为党疏远了一批刚正不阿，说老实话，爱提意见的真才实学的科学家，把他们当做“落后分子”。要求党辨明真假积极和真假落后。

此外，科学家对有些科学机关和大学的党组织的很多缺点，也感到不满：有些党组织涣散无力，不团结，对党员负责干部的错误姑息，如有些党员负责干部不钻研业务，工作能力差，又不听科学家意见，等等。

二、科学“自由”与科学“民主”问题

在科学“自由”方面，科学家提出的要求，可以归结为七点。①研究自由，要求根据自己的兴趣与专长自由选择研究题目，不愿意为了“理论联系实际”、“发展重点或空白学科”、“服从计划”而改行和做自己不愿意做的研究工作，不愿意做硬性指派下来的研究题目。一般地没有人反对“理论联系实际”的方针，但反对对这一方针的狭隘的理解。一般地也没有很多人反对制订科学计划，但要求制订计划要尊重科学家的志愿并允许一部分“科学计划领导下的自由市场”。但也有人提出应该“纯粹为了科学的目的”而进行研究，不应有“丝毫功利的考虑”。②教学自由，要求自己决定开什么课，怎么讲法，不愿受教学计划、教学大纲的约束，不愿受教研组及教研组的秘书的约束。③选择与调换工作岗位的自由。④选择助手的自由，包括留助教，留研究生，要某人和不要某人做助手的自由，要求实行“新婚姻法”，反对人事部门专权，“乱点鸳鸯谱”（青年则提出了选择导师的自由）。⑤国外与国内学术交流的自由。目前与国外通信、互相寄送科学资料受到很大限制，国内交流也受到过多的保密限制。⑥建立学术团体和办学术刊物的自由。⑦自己支配时间的自由（各种会议各种学习占据了太多时间）。

科学“民主”方面，提出了两种民主权利。①议事权，即讨论和决定重要科学工作问题时的民主，不愿接收硬贯彻下来的领导意图，不愿做“橡皮图章”。②选举权，即决定科学工作领导人选（院长、所长、组长、校长、系主任、教研组长、刊物编委、学术团体理事等）的民主。

三、关于学术思想批判问题

关于社会科学方面的学术思想批判：不少人认为批判俞平伯是围剿，一棍子打死；不少人不满意对胡适、杜威的学术全盘否定，认为批判胡适等全凭政治优势，科学性很低。批判者很无知，对他所批判的东西根本没看过，

认为学术思想批判运动养成了一种恶劣的教条主义的学术批判风气和研究风气，没有什么学术根底的青年在运动中逞英雄，老年科学家却抬不起头来；还有人提出批判资产阶级学术思想是否应该搞运动，可以怀疑。

关于自然科学中的学术思想批判：意见最多、最尖锐的，是生物学中对魏斯曼-摩尔根学派的批判和对米丘林、李森科的宣传，青岛遗传学会议贯彻“百家争鸣”以后，科学家比较满意。在其他学科方面，也都有过或大或小的学术思想批判：生理学和医学中宣传巴甫洛夫，批判微耳和；细胞学和病毒学中宣传根据不足的勒柏辛斯卡娅活质学说和伪造的波什杨的病毒微生物转化学说；土壤学中宣扬威廉士，批判李比锡和土壤报酬递减率；在化学中批判鲍林及其共振论；在物理中批判哥本哈根学派、爱因斯坦等的唯心主义观点。许多人认为，这些学术思想批判，在学术上都不足服人，乱扣“反动”、“唯心”帽子，好像苏联学者就都对，别国的科学家都“唯心”、“反动”，特别不满意停止了被批判的学派的研究、教学和出版，认为这是政治干涉科学，哲学干涉科学。

对歧视中医的批判，不少人认为说服力不够，并不满意现在强调西医学中医，不许西医批评中医和在报纸上根据不足地宣传中医疗效等做法。把梁思成的建筑学思想问题和建筑政策问题混在了一起。对胡先骕的反苏言论的批判（胡先骕在《植物分类学简编》一书中说李森科的错误的物种学说，该物种学说由于政治力量的支持，风行一时，胡先骕号召我国科学家切勿误入迷途，对此，苏联专家向高教部提出了抗议，在前年米丘林逝世一百周年纪念大会上没有指名地批判了胡先骕的这种言论）。对傅鹰不满意党对科学工作领导的言论的批评（傅鹰在前年 10 月《化学通报》上发表了一篇批评党对科学工作的领导的文章，范长江和陈毅在向科学家作报告时批评了他），许多人表示不满。

四、关于学习苏联的问题

目前还没有人提出反对学习苏联，反对的是：教条主义地学习苏联，过分崇拜苏联，轻视自己，以及排斥学习英美。①对学习苏联的教条主义的批评，集中在院系调整和教学改革上，很多人认为搬用苏联高等教育体制，理工分家，设过多单科性工业学院是不好的，认为教科书、教学大纲、专业设置，全搬苏联的，甚至各种具体的教学制度，如“辅导课”、“口试制”、“五分制”、“六节一贯制”、“工作量制”、“教研室制”乃至中学不学解析几何，也全搬苏联，是不对的。认为其中许多并非先进，具体地指出了其中的许多缺点和脱离中国实际的地方，对完全忽视和抛弃了我国旧大学几十年的传统和经验表示不满。对科学院评奖的制度与办法、研究生和副博士的制度与办法、学术秘书的制度，全抄苏联，也很有意见。②很多科学家不满意领导只听苏联专家的话，不听中国专家的话，不满意对苏联专家的不对的意见、外行的意见都听，把苏联专家当“样样通”，不满意同一个意见，中国专家提了没人理，苏联专家提了立刻实现；有人说，大学里苏联专家是一等人，党员是二等人，团员是三等人，中国专家是四等人。有的科学家认为，许多苏联专家水平不高，请来好处不大，费钱很多，还有少数苏联专家对中国专家很不尊重。③很多科学家不满意过分抬高苏联科学的成就，贬低别国科学的成就；对科学史问题上的“俄罗斯第一主义”，没有多少根据地争发明权，很反感；对过分吹嘘和草率推广组织疗法、无痛分娩法等有意见。④对历史研究上美化帝俄历史的做法，对中俄关系史上某些问题方面苏联学者的“爱国主义”不满。⑤很多科学家对新中国成立后几年切断了和资本主义国家的科学家联系，资本主义国家期刊断了几年很有意见，对学生不学英、德文也很有意见。

关于学习马列主义的问题：首先，不满意没有真正贯彻自愿的原则，不“自愿”参加学习的，被视为落后，受到很大压力，而强迫学习不可能有好效果。其次，都认为讲课、报告的质量太低、教条主义、空泛，学习方法老一套，拖沓得很（反复读文件，反复漫谈，讨论考试），把科学家当做没有文化的，没有自学能力的人；大报告太长，往返劳累。再次，不少人认为理论学习花时间太多，课程太多，好像要人人做“政治理论家”。此外，也有很多人认为党没有好好组织与帮助科学家学习。

五、关于思想改造和文教工作改革的问题

关于思想改造运动：有人提出反对思想改造，但许多人表示思想改造本身还是必要的，只是过去的思想改造运动方式太粗暴，大小会斗争，几次过

关，受不了，伤感情。有人还认为用运动方式进行思想改造根本就不对，顾虑以后还会搞思想改造运动。在科学工作方面，主要是认为思想改造运动中不该涉及科学问题，不该批评科学家作研究就是“脱离政治、单纯技术观点、个人主义”，不该用“理论脱离实际”一个帽子就否定了过去的全部研究工作并限制了以后的研究工作，不该批评学习英美科学（×××在大会上说科学家“三月不见英美文献如丧考妣”），不该批评“唯心主义”学习思想（如摩尔根学派），不该批评新中国成立前科学家的全部研究工作和培养干部工作都是“为国民党帝国主义服务”。

关于科学工作的改革：在科学院方面，主要是不满意“中央研究院”“北平研究院”合并后，轻率地解散了化学研究所（现在又花很大力气来筹建，基础很弱），把上海物理化学所迁长春并入应用化学所。对把一些有历史的学术刊物（如《中国生理学》杂志、《实验生物学》杂志、《中国化学会志》）停办或改名，对学术刊物停出外文版，也很有意见。在高等学校方面：除了前面学习苏联的项目中说到的外，还不满意院系调整拆散了一些有很好基础的大学（如浙江大学、清华大学），削弱了很多有基础的系（如南开大学经济方面的七个系、北大地质系），拆散了固有的师生和学派联系（如苏步青、陈建功及他们的弟子）；不满意盲目迁校（如交大）。

关于“三反”：不少人对“三反”时几位科学家（包括前清华大学化学系主任高崇熙）自杀的事情不满。此外，认为“三反”及历次节约运动对科学工作中浪费现象的批评“不切实际”，“外行”，“拾了芝麻，丢了西瓜”，“不懂得科学研究有成绩是最大的节约”。

关于肃反：对错斗了一些科学家，打击面过宽，不少人有怨气，并不满意对肃反中错斗的人未公开道歉、摘帽子。

六、社会科学方面的一些特殊问题

1）新中国成立后，有一种全盘否定旧社会科学的空气，还有一种“资产阶级无社会科学”的理论。近年来，哲学家、史学家、语言学家稍受重视，但大部分科学家仍遭冷遇，其中包括社会学、政治学、旧法学、旧经济学、西洋史学、国学（古文字学、考据学、经学等）、西洋语文学、旧新闻学、图书馆和博物馆学、速记学，还包括一些介乎社会科学与自然科学之间的部门，如人类学、优生学、旧心理学、家政学。院系调整后旧有的系被取消了（社会学、政治学、家政学），有的归并了（心理学），有的彻底“改造”了；旧有的科学家不少改行或失业。最近许多学科都提出了争取存在权利的呼声。

2）对我国旧社会科学家估计过低。

3）“党性科学”（四门政治课、辩证唯物主义与历史唯物主义、政治经济学、国际关系或国际政治）不许非党员研究。实际的社会经济问题非党员不能研究（由于资料保密或无法得到，不在实际部门工作的党员学者也无法研究）。

4）党员把持了社会科学的领导权（学部、研究部、大学、系、教研室、刊物、学会）；党员“宣传起家”，没有学问，“全凭思想性”，教条主义严重，党员评级过高，生活待遇比非党员好；党员优越感，不尊重旧学者。

5）大部分社会科学的学会被无形停止活动。

6）社会上和科学机关（科学院、大学）重理轻文。

7）社会科学界目前很不景气。由于教条主义的严重束缚，专职研究人员脱离社会生活实际，实际工作岗位上的研究人员没有时间进行研究，又由于否定和冷落了旧社会科学，几年来在社会科学研究方面，几乎没有做出什么成绩，去年科学院评奖社会科学部分只好不评，学术水平也漫无标准，青年老年都有苦闷。

七、科学家之间的一些矛盾

1）青年与老年的矛盾，主要是青年自命进步，看不起老科学家，甚至不尊重老科学家的学术成就，老科学家对此很不满意；培养与使用之间也有矛盾，青年强调有些老科学家不培养光使用青年，老科学家强调青年人不愿做科学研究中必要的事务性劳动，过分依赖导师；有些学问很差的老科学家，青年很不愿意跟他们。此外，也有不少青年政治上不求进步，完全以某一老科学家作为模范，成长为“年轻的老科学家”。

2）居领导地位的科学家与其他科学家的矛盾：一批居领导地位的科学家长年养成一股“官风”成为“科学官”，学术上不民主，有的甚至有排挤和压制别人的严重宗派主义行为；科学上的后进分子，包括一批近年来回国的留学生，认为这批居领导地位的科学家久已不做研究工作，科学上落后了，认为这些权威在挡路，后进不能出头。

3）北京的与外地的科学家的矛盾：外地科学家认为北京的科学家把持学术领导，独占出国开学术会议等便宜，独享较好的科学工作条件等。

4）科学家之间互有成见，不团结的现象还不很少；科学界若干旧宗派（如南高派、清华派、北大派、英美派、德日派等）至今还有残余影响；若干不同学术见解的学派之间，也染有宗派色彩（如语言学各学派）。

八、关于向科学进军的问题

1）对“向科学进军，赶上世界水平”的口号的精神，大都是很赞成的，但有人认为要求过急，12 年怕赶不上，“迎头赶上”的提法不妥，应从基础做起，“进军”的提法也不妥，不能像搞运动那样来发展科学。

2）“进军”的做法有形式主义，制订长远规划（全国的和各研究单位的）花时间很多，不起什么作用；到处摆摊子，特别是工业部门研究机构和科学院，平地起家，没有做实际工作；喊得凶，做得少，四大紧急措施外紧内松，进展很慢。

3）“重点发展”的方针有片面性，只突出了重点、尖端的学科，其他学科不被重视，造成人为的冷门，而没有其他学科的发展，科学是搞不好的。科学宣传上也片面，致使青年只想搞物理，而且只想搞原子能、半导体、电子计算机，其他都不想搞。此外，还普遍存在着重理论、轻实验的倾向。

4）向科学进军变成了向“副博士”进军，科学机构的青年大都想考副博士，都去读“副博士必读书目”上的书，不愿做实际研究工作，特别是实验工作，不愿做教学工作，而考副博士的规章制度都没有，很乱；大学生毕业，只愿意到科学机构去，不愿到实际工作部门去。

5）科学工作条件赶不上，今年“下马”，“百兴俱废”了。

九、科学工作的各种制度问题

我国科学工作制度许多都未建立，已建立的也不很明确，或有缺点要加以改变。总之，制度很不成熟，做法很乱，意见很多，需要大加研究。

1）国家科学工作体制：应以科学院为研究中心，还是以高等学校为研究中心？科学院应是科学家的荣誉团体，还是学术领导团体？或者两者都是，同时还是重要研究基地？意见很分歧。科学院、高等学校、产业部门研究机构、地方科学研究机构四者之间应如何分工合作、如何协调，也意见分歧。

2）学术领导制度：现有的科学规划委员会及其专业小组、国家技术委员会、科学院及其学部、专门学会这些领导机构，如何明确各自的任务与作用，协同动作？需要研究和总结几年来的经验。高等教育部要不要领导学术？如何领导？大学、系、研究所的学术领导如何进行？现有的学术委员会、科学研究部（处）的作用怎样？刊物（特别是社会科学刊物）的编委如何产生？地位怎样？产业部门如何领导科学研究工作？地方如何领导？要不要建立地方的科学院分院和科学工作委员会？

3）科学研究制订计划的制度：要求明确科学计划的性质（不同于生产计划），允许计划有一定的灵活性与变动性，开辟计划外的一定的自由市场，制订计划要民主，贯彻自愿原则。

4）人事制度：要求把“人权”较多地转移到科学家手中；科学家自己在选择工作岗位上应有一定的自由；科学家在决定自己所领导的单位内的人选、人员的去留，评级晋级等方面应有较大权力；在分配毕业生，选拔留学生，留助教、研究实习员方面，要求建立导师选择制、导师推荐制和自由应试制；要求改变目前科学机构有进无出的情况，建立人员淘汰的制度；要求去掉人员的政治审查和政治标准的掌握方面的宗派主义。

5）财务制度：要求把“财权”较多的从财政部门转交给科学机构，在科学机构内也要从财政科转到研究组，要下放，总之要给领导研究题目的人较大的“财权”；要求废除一些不合理的财务制度，如农业研究机关的财务按预算给差额补助的制度（如果实验的作物歉收，便只好借钱度日，发不了薪），以及诸如年终上交、专款专用之类的过死过细的规定，要求建立科学基金制。

6）工资制度（是否科学家工资太高）、评级晋级制度（现在的级别制是否合理？根据什么标准和用什么方式评级？目前制度是否妨碍提拔科学上的新生力量)、稿酬制度（科学刊物要不要给稿酬？稿酬标准如何制定？现在学术著作的稿酬与一般宣传文字、一般译稿、文字作品相比，显得过低)。

7）培养干部制度：研究生制度要不要？社会科学方面搬用苏联研究生制度容易养成教条主义，自然科学方面好一些。但研究生与助教和研究实习员之间有矛盾，是否应保留这种“双轨制”？很多人反对，也有人赞成。如果要研究生，有人提出成立研究院，以便集中培养，代替现在分散培养的办法，节约人力。在选拔留学生方面应选什么样的人去：中学毕业生，大学毕业生，工作过几年的研究实习员和助教，还是高级研究人员？一般不主张送中学毕业生和太多的大学毕业生。选拔的政治标准如何掌握？过去送了不少思想并不进步，成绩相当不好，但历史和社会关系清白的人去了。去学什么学科？大家也有意见，认为有些专业不必送。此外，过去送留学生方面问题很多，专业随意改变，很多人不满意。

8）学位制与学衔制：现在搞不搞？如果搞，旧的学位学术成就算不算？院士制搞不搞？

9）评奖制度：目前条件是否成熟？除中国科学院奖金外，各大学、研究所应否搞奖金？评奖方针如何？重理论？重实用？重论文？重工作（如工程师的设计)？评奖办法怎样？是否要分等？外行参与投票，无记名投票办法好吗？

10）科学书籍出版制度：审稿制度如何保证质量又保证贯彻“百家争鸣”？出版社只此一家，一家不出书就出不来。

11）科学成就推广制度（现在常常有了研究成果没人要)。

12）保密制度：保密太多太死，如国外公开出版的材料也保密，妨碍学术交流，甚至使一些科学无法进行研究（如经济地理)。

苏联自然科学领域思想斗争的历史情况*

龚育之说明：

《苏联自然科学领域思想斗争的历史情况》是我整理的。为贯彻《科学十四条》阐发的“百家争鸣”政策，科学处另外还撰写了一篇文章，整理了一个材料。这就是我在《红旗》上发表的文章《自然科学和世界观》和我整理的在《宣教动态》1962年1月18日那个专辑刊登的《苏联自然科学领域思想斗争的历史情况》。

中国在自然科学领域搞批判，是从苏联学来的。苏联搞过的那些批判，我们大都或多或少地跟着搞了一气。1956年提出“双百”方针，自然科学方面的背景，主要就是纠正从苏联学来的这些粗暴批判的错误。最严重的，是遗传学领域强制推行李森科所塑造的米丘林学派、禁止摩尔根学派的错误。不同的遗传学派应该允许“百家争鸣”，毛泽东和陆定一宣布“百家争鸣”方针时，都讲了这一点。根据毛泽东的一个批示和陆定一的要求，科学处同中国科学院

---

* 本文原载中宣部内部刊物《宣教动态》，1962年1月18日。龚育之于1997年加写说明，先后发表在《在漩涡的边缘》，河南人民出版社，1998年；《龚育之回忆“阎王殿”旧事》，江西人民出版社，2008年。

和高等教育部一起召开了青岛遗传学座谈会。科学处的孟庆哲、黄青禾、黄舜娥对苏联20世纪30～50年代在遗传学领域思想斗争的历史情况作了一番调查研究，写出了一个长篇材料，印成一本小册子，供领导研究参考。就是说，研究苏联这方面的历史，是为了在中国贯彻我们党的“百家争鸣”方针。

然而，1957年以后，在“红专辩论”、“白专批判”中，苏联式的对自然科学学术观点进行粗暴批判的做法，又重新在许多地方狠搞了一阵。科学处几次通过《宣教动态》反映过这方面的动向。1961年《科学十四条》重申“双百”方针，就是针对这几年粗暴批判再起的情况的。既然这些东西的根子是从苏联来的，我们觉得，查一查苏联建国以来如何处理哲学与科学、政治与学术的关系的历史经验教训（不仅是遗传学，包括整个自然科学领域）对我们会是有益的。为此，我们和哲学所自然辩证法组的同志查找和编译了不少资料，在这个基础上，由我编写了这个综合材料。

苏联20世纪40年代的情况，我们过去在大体上有所知晓，二三十年代那些“左”得厉害的情况和反简单化斗争的情况，则几乎全无所知。20世纪50年代初苏联哲学专家格列则尔曼给当时中央党校杨献珍的一封信中讲到过苏联过去有过简单化的教训，这封信在我国理论界广泛传播过，但是信里完全没有讲简单化教训的具体情况，而不了解历史的具体情况，怎能真正领会历史的教训呢？查到和译出这些材料之后，我们也大吃一惊和深有感触。其中一篇由苏共中央文化部部长斯切茨基写的《论简单化和简单化者》，是我从苏联《真理报》上查到译出的。此人后来在大清洗中被镇压了。从此文可以比较具体地看到当时简单化的一些情况，现在作为这个综合材料的附录，也收在这里。

苏联自然科学领域的思想斗争，在20世纪30年代初，同哲学战线反德波林派的斗争相联系，有过一次高潮。1947年以后，同文学艺术和哲学领域的斗争相联系，又有过一次高潮。这两次斗争，随后都有所反复。

现在，根据搜集到的不完全的材料，对苏联自然科学领域这两个时期的思想斗争情况，介绍如下。

一、1930 年前后反德波林派的斗争对自然科学战线的影响

反德波林派的斗争，是 1929 年年底开始的。当时，苏联正处在加速社会主义改造的时期。国内阶级斗争很激烈。党内政治斗争也很激烈。哲学战线的斗争反映了当时的阶级斗争。反对机械论和德波林派孟什维克化的唯心主义的斗争，是反对布哈林“右”倾机会主义和托洛茨基“左”倾机会主义斗争的一个部分。

当时，自然科学界的阶级斗争也很尖锐。苏联科学院虽然由苏联人民委员会领导了，但实际上还是一个自治的机关。1929 年年初选举院士，还公然排斥马克思主义者。德波林（那时还没有开始批判他）和弗理契（文艺理论家，这人后来被评为庸俗社会学的代表）都落选，经过斗争才补选进去。一些自然科学团体（如莫斯科数学学会）公然对抗党的领导。科学为社会主义建设服务和有计划发展的方针，遭到许多科学家的拒绝或冷淡。还有一些科学家参与了技术和经济方面的暗害活动。自然科学方面为数不多的马克思主义者和共产党员，在这些斗争面前软弱无力，并且是受德波林派影响的。

1930 年 12 月 29 日，在哲学和自然科学红色教授学院支部委员会的决议中写道：“自然科学战线的状况同哲学战线的状况密切联系着。自然科学领域的许多领导同志，完全支持德波林集团（阿果尔、列文、列维特、格森），或者对它采取调和态度，实质上是维护它（奥·尤·施密特）。”“除了政治上及理论上反马克思主义的立场外，在组织方面，自然科学战线现在的领导也没有保证党的路线的实际贯彻。”

为了改变这种状况，1931 年 3 月 15 日，联共（布）中央在《关于共产主义科学院主席团的报告的决议》中，规定了共产主义科学院自然科学部的任务。共产主义科学院主席团还在红色教授学院自然科学部参加下，作了一个关于自然科学战线的决议。

（一）“改造自然科学工作”

在这些文件中，提出了改造自然科学工作的任务，认为苏联整个经济的社会主义改造和上层建筑的改造，要求对技术、自然科学和医学的科学研究工作进行改造。

当时提出的改造工作，实际上有两个方面的内容。一个方面是政治、组织方面的改造，包括反对非政治倾向，反对理论脱离实际，要求科学为社会主义建设服务，实行科学研究工作计划化，培养工人阶级的科学干部，加强科学工作干部的共产主义核心，以及反对破坏活动等。另一个方面是学术思想方面的改造。

这两个方面，是混在一起没有加以区别的。同时，在学术思想问题上，又把自然科学同哲学社会科学混在一起，没有加以区别。

（二）自然科学学术思想方面的一些战斗口号

在自然科学学术思想方面，提出了如下的一些口号和观点：

自然科学的党性原则。

在哲学、社会科学和自然科学方面，对所有一切反马克思主义及从而反列宁主义的观点予以无情的批判，无论它们是怎样伪装起来的。

（以上见联共（布）中央决议）

改造资产阶级科学，反对向资产阶级科学投降。

在马克思列宁主义方法论的基础上改造自然科学的内容。

为科学的布尔什维克化而斗争。

争取马克思列宁主义的自然科学。

马克思主义者自然科学家的任务，在于改造资产阶级学者做出的成就，善于“消除它们的反动倾向，贯彻自己的路线，同敌视我们的各种力量和阶级的整个路线作斗争”（按，列宁这句话的原文是："无论在哲学上或经济学上，马克思主义者的任务就是要善于吸取和改造……"）。

（以上见共产主义科学院主席团决议）。

（三）自然科学方面受到批判的一些思想

当时自然科学方面被批判为反马克思主义观点的，主要是曲解马克思主义哲学与自然科学的关系的观点。机械论者否认哲学作为一种特殊科学的必要性，认为自然科学的最一般的结论就是现代唯物主义哲学的内容，自然科学不需要任何哲学。德波林派则在辩证唯物主义的幌子下，吹捧资产阶级自然科学家的最新成果（相对论、遗传学）和他们的哲学观点，把它们同马克思主义等同起来。两派在马克思主义与自然科学的关系问题上实际结合起来。

低估列宁的作用，不了解在自然科学中，列宁主义也是帝国主义和无产阶级革命时代的马克思主义。

此外，在生物学方面，人类遗传学和优生学，把社会现象归结为生物现象，从自然科学中做出反动政治结论。在心理学方面，柯尔尼诺夫之流和别赫切列夫之流的伪马克思主义。在医学方面，机械论的奥布赫集团。在物理学和数学方面，马赫主义言论。

一年后，尤金在总结工作的报告中说："在自然科学战线上进行了最大量的批判工作。它是在自己的领域中最坚决和彻底地进行了反孟什维克化的唯心主义的斗争的部门之一。现在，自然科学家转向更艰巨的工作，转向在自然科学的各个专门领域中具体地、深入地批判孟什维克化的唯心主义和机械论。"

在这段时期内，在组织方面，采取了以下几个方面的重要措施。

（四）改组和加强共产主义科学院自然科学部

1926 年，苏联中央执行委员会批准共产主义科学院的院章。院章规定，共产主义科学院的任务是，"既在社会科学中，又在自然科学中，为严格地贯彻辩证唯物主义观点而斗争，揭露唯心主义的残余"。社会科学方面的研究机构先建立起来，后来又设立了自然科学方面的研究机构和自然科学部。

在联共（布）中央和共产主义科学院主席团的决议中，批评了自然科学部原有的领导的错误，指出“学部的研究所至今同不属于共产主义科学院的同类的研究机构没有多大区别”，要求“特别注意自然科学部的全部工作的迫切的政治的重要性”，确定共产主义科学院的基本任务是“对苏联各主管部门的最重要的科学研究机构实行方法论的监督”，“对苏联的整个科学研究工作发生党的、方法论的影响”，“加强对苏联科学院的党的影响”。改组了自然科学部，建立了生物、高级神经活动、地质、数学（包括力学）、物理（包括地球物理和天文物理）、化学、社会主义保健原理、自然科学史等八个研究所，这些研究所的任务是：分别对各主管部门的相应的研究机构进行方法论的协助，监督它们的研究工作，审查它们的计划；研究对马克思主义世界观有重要意义的基本理论问题（如生物进化、地球和天体演化、物质结构等问题）；研究有关的技术（如农作与畜牧、动力、热工、地质勘探等）的方法论问题。

（五）发展各自然科学部门的马克思主义者协会

在共产主义科学院周围，组织过一系列的马克思主义者协会，如物理学家——马克思主义者协会，数学家、医生、生物学家、心理神经学家、地质学家——马克思主义者协会。决议说，这些协会的活动“至今仍有学院的和非政治的性质”，“影响没有超出共产主义科学院的范围”，要求“把共产主义的自然科学界组织起来”，改组各协会使之成为群众性组织，坚决克服工作的自流状态，组织各地的分会。

（六）出版《争取马克思列宁主义的自然科学》杂志

共产主义科学院自然科学部原来出版了《自然科学与马克思主义》杂志，但是它“实质上成了支持德波林集团的自然科学家的派别刊物”，因而需要改组，并且易名为“争取马克思列宁主义的自然科学”。

普遍检查科学出版物，组织对教科书、教学计划、教学大纲和教学方法的检查，编写各门自然科学和理论科学的马克思列宁主义的教科书。

(七) 培养马克思主义的自然科学干部

同自然科学红色教授学院合作，招收研究生，培养马克思主义的自然科学干部。组织马克思列宁主义自然科学的函授学校。

在自然科学界组织了广泛的马克思列宁主义的学习活动，建立学习小组，举办讲座，设立了辩证唯物主义和自然辩证法的课程。

(八) 改造苏联科学院

在这个时期，还开始进行了改造苏联科学院的工作。1929 年 8 月，政府派出专门小组检查科学院的工作，撤换了一批人员，建立了党的领导，第一次选出一批共产党员为院士。为此，全苏科学技术工作者志愿社会主义建设协会还组织了一些科学家在莫斯科游行示威，反对抗拒改造的“非政治主义”和“中立主义”。1930 年 5 月，通过新院章，规定科学院的工作与社会主义建设紧密结合，并且要“制定一个以唯物主义世界观为基础的统一的科学研究方法”。科学院的机构进行了调整和改组。1931 年，召开了第一次全苏科学研究工作规划会议。为了改组机构和实行研究工作计划，进行了长时间的尖锐的斗争。同时，在科学院，组织了十几个专门的方法论讨论会，“采取一切措施使辩证唯物主义的方法贯彻到科学院的工作中去”。

二、1932 年开始的反对自然科学领域中把马克思列宁主义简单化的斗争

自然科学学术思想方面的斗争，随即出现了严重的简单化、庸俗化现象。

1932 年 6 月，联共（布）中央文化宣传部部长斯切茨基在《真理报》上发表《论简单化和简单化者》一文，严重指责了自然科学中的简单化现象。《在马克思主义旗帜下》也为此发表了社论。

(一) 简单化现象的主要表现

这些文章所批判的简单化倾向，主要有如下几种。

“简单地在这个或那个知识领域中添上辩证法的或者马克思列宁主义的标签和蛇足。”例如，提出了“争取外科学中马克思列宁主义理论的纯洁性”之类的口号。《苏联花柳病和皮肤病学通报》声称，“杂志上的一切问题都要从辩证唯物主义观点来提出”。机器制造和金属加工研究所的机关刊物发表的《论锻造业中马克思列宁主义理论》一文说：“必须记住，在我们的条件下，如果没有充分的马克思主义的论证，任何一个工艺过程，都不应该付之实现，同样的，任何一种机器，也都不应该安装，更不应该从国外订货。”《争取保健事业的社会主义改造》一书中提到，根据否定的规律，认为医学应该从关于疾病的学说变成关于健康的学说，认为治疗医学是“个人主义的无益的‘缝补工作’”，医生应当同工程师一起掌握生产过程，以建立最愉快和健康的劳动条件。

“把政治口号、党的口号直接搬到各个自然科学部门。”如《苏联口腔学》杂志要求在口腔学工作中警惕托洛茨基主义私贩，揭露“右倾”和“左倾”机会主义者，以及各色各样的自由主义调和分子，认为杂志在这方面犯了腐朽的自由主义错误。

建议派出特殊的方法论工作队，去帮助各专门研究所，训练和纠正各研究所、教研室的思想。

专家们关于科学技术问题的实实在在的书籍和文章，常常由于没有讲到辩证法而遭到辱骂。同时，一些“辩证的”胡说八道的文章，却居然在杂志上发表了。

对简单化的批判，这些文章提得十分尖锐，甚至提到“殷勤的傻瓜比敌人更危险”。

（二）强调掌握专业知识

反对简单化的斗争中，主要是强调掌握专业知识的必要性。关于“自然科学的党性原则”，“在马克思列宁主义基础上改造自然科学”等口号，并没有改变。只是强调“首先要要求科学工作者认真地掌握自己的专业，通晓整个科学领域，在其中坚持不懈地工作”，“没有这个条件，关于科学中的党性的宣言，一钱不值”，“改造数学、物理学，等等，只有在详尽地批判地研究这些科学的全部现有材料，通晓它的历史，理解它的特点等的基础上，才能达到，更不用提这样的基本前提，即必须成为本门业务的专家和很好地通晓辩证法的内行"。

《在马克思主义旗帜下》杂志的社论仍然强调："毫无疑问，没有一个自然科学、医学部门，从物理学起到花柳病、口腔学为止，不偷运资产阶级唯心主义论。"并指出近来自然科学家中间反唯物主义力量的积极性加强了，必须同这些资产阶级理论经常斗争。但是一定要"在每一门科学的实际材料的基础上具体地进行这一斗争"。

（三）"简单化倾向是孟什维克化的唯心主义的复活"

在批判中提出，简单化倾向实质上是"在新阶段上复活了的孟什维克化的唯心主义对自然科学、医学和技术的态度"。"因为，冒充马克思主义科学的关于方法论的废话，根本不懂物理学或外科学却来改造科学的企图，如果不是孟什维克化的唯心主义的表现，又是什么?"

在这以后写的批判德波林派的文章中，提出了"德波林派对待现代自然科学的'左派'路线"。认为在自然科学问题上，德波林同列宁的区别就在于他看不到也不愿意看到现代自然科学中基本的唯物主义的一面，夸大了自然科学中唯心主义的作用。德波林派的自然科学家阿果尔宣称："在整个自然科学中充满了资产阶级的气息。"此外，还批判了德波林派轻视自然科学的实践，傲慢地看待自然科学家，就像对待经验主义者和思想方法狭隘的人那样。

在这以后，采取了如下的组织措施。

（四）改组红色教授学院

根据联共（布）中央的指示，自然科学和技术红色教授学院进行了改组，学员分配到有关的专门研究所去工作。"因为有了这个措施，才把红色教授学院的许多学员从丧失创造精神和无意义的空谈中挽救出来。"

（五）解散各学科的马克思主义者协会

联共（布）中央文化宣传部部长的文章指出："所有这些协会差不多全

都是由共产党员组成的，他们封闭在自己的狭隘范围内，脱离广大的苏联科学界。”是时候了，应该“拆掉这堵墙壁，让共产党员到广大苏联科学家中间去”。这和苏联文艺界解散“拉普”（俄罗斯无产阶级作家协会）是同时的事情。

（六）共产主义科学院并入苏联科学院

1936年2月，联共（布）中央和苏联人民委员会决定，由于考虑到两个科学院并存是不适宜的，为了将其合并为一个全国科学中心，取消共产主义科学院，将共产主义科学院的机构、研究所和人员移交苏联科学院。共产主义科学院自然科学部好像更早就被取消了。共产主义科学院工作的主要缺点之一，被认为是脱离苏联广大科学界。

1933年，《争取马克思列宁主义的自然科学》杂志停刊。

《自然辩证法》课程改为各门专业科学史的课程。

在这以后的年代中，《在马克思主义旗帜下》杂志等还不断发表一些讨论自然科学哲学问题，批判自然科学中的唯心主义和形而上学的文章。1936年，米丁在纪念联共（布）中央关于《在马克思主义旗帜下》杂志决议五周年的报告中说：“最近一个时期，我们在揭露有害的、反动的和机会主义的理论方面的批判工作，有些削弱，这些理论在哲学和自然科学战线的各个领域中是存在着的。例如，在心理学问题和遗传学问题上，还流行着一些直接或间接同法西斯主义的、种族主义的理论相结合的反科学观点。”

1941年，尤金在纪念联共（布）中央决议十周年的报告中说：“在自然科学中，不论是在物理学中，在生物学中，在数学中，以及在其他所有科学部门中，都有孟什维克化的唯心主义的影响。可以说，孟什维克化的唯心主义的余波，至今还隐藏在自然科学之中。不久以前《在马克思主义旗帜下》杂志编辑部举行的关于遗传学问题的讨论，充分地表明，孟什维克化的唯心主义的影响在遗传学家中间，比在其他任何自然科学部门都强烈。在遗传学家中间，有孟什维克化的唯心主义传统和观点的直接继承者。”

战争期间，这方面没有看到什么讨论。

三、1947 年以后，自然科学各个领域开展的斗争

卫国战争结束后不久，联共（布）中央作了一系列关于意识形态问题的决议，在文学艺术领域和哲学领域，展开了反对资产阶级思想的斗争。

1947 年，日丹诺夫在西欧哲学史讨论会的发言中，在讲到哲学战线的状况和任务时，特别提到，在自然科学方面，“现在资产阶级科学供给宗教和神学以新的论证，这是必须无情揭破的”。“这里是我国哲学家活动的巨大领域。”“除了我们，除了马克思主义及其哲学家已经获得胜利了的国家，还有谁能够领导反对腐朽的和卑鄙的资产阶级思想的斗争?”

（一）当时的一些口号和提法

1947～1952 年，苏联自然科学的各个领域，都或多或少地开展了学术思想批判。当时有如下的一些口号和指导思想。

反对世界主义，反对奴颜婢膝地拜倒在资产阶级科学面前。

宣传爱国主义，保卫俄罗斯科学家在自然科学上的发明权。维护俄国先进的唯物主义自然科学的伟大传统。

在自然科学中，坚持布尔什维克的党性原则。人民的苏维埃科学同时是有党性的科学。党性原则在一切知识部门中，即社会科学、技术和自然科学中的影响是巨大的和有效果的。世界上根本没有无党性的科学。

先进的苏维埃自然科学与资本主义自然科学截然不同。阶级社会中没有也不可能有“统一的世界的自然科学”。

资产阶级科学的总危机。资产阶级科学在这个或那个有限的部门中还能做一点积极的工作，但已经不能解决最重要的原则性的问题了。

由于 1950 年斯大林在《马克思主义和语言学问题》一书中批判了认为语言有阶级性的观点，学界后来逐渐不大提自然科学的党性和阶级性了。根据斯大林关于上层建筑的定义，苏联科学界讨论了自然科学的特点问题，一般指出，自然科学本身不是上层建筑，但是，自然科学又从来是唯物主义和唯心主义斗争的尖锐场所，所以有上层建筑的因素。

（二）在生物科学方面

1948 年的苏联列宁农业科学院会议是影响最大的。大会决议说："在生物学中已划分出两条对立的路线，一条是进步的、唯物主义的米丘林路线，它是以它的创始人、苏维埃杰出的自然科学家、伟大的自然改造者米丘林的名字命名的。另一条是反动的、唯心主义的魏斯曼（孟德尔、摩尔根）路线，这是由反动的生物学家魏斯曼、孟德尔和摩尔根所创始的。"

（三）在土壤科学方面

批判了"西欧和美国所盛行的落后的农业地质学的和农业化学的路线"和"英美土壤科学的反动本质"，宣传了苏联威廉斯院士及其学派的进步的生物学路线，以及俄国先进土壤科学家杜库查耶夫、科斯蒂切夫和威廉斯建立的草田轮作制。草田轮作制被认为是"社会主义农业的历史必然性"，"社会主义农业繁荣的基础的基础"。1948 年，苏联列宁农业科学院会议的决议认为，米丘林学说和威廉斯的土壤形成学说及其为提高土壤肥力创造条件的方法（草田轮作制），奠定了苏维埃农业生物科学的基础。

（四）在生理科学方面

1950 年，苏联科学院与苏联医学科学院召开了关于巴甫洛夫院士生理学说问题的科学会议。会议后，大规模地宣传了辩证唯物主义的巴甫洛夫学说，要求在巴甫洛夫学说基础上改造生理学、心理学和医学。批判了阻碍把巴甫洛夫学说贯彻到医学和生物学中去的"伪科学"施太恩学派和魏尔啸学说。批判了"对巴甫洛夫学说采取对抗态度的苏联学者别利托夫院士及其他某些唯心主义生理学家心理学家"，揭露了奥尔贝里院士"违反巴甫洛夫方向的错误道路"，指责了"若干科学家们制造他们自己的生理学'学派'和'小学派'的毫无理由的倾向，以致使他们违反了巴甫洛夫学说的总方向"。

（五）在细胞学方面

1950 年和 1952 年，苏联医学科学院和苏联科学院生物学部两次开会讨论了勒柏辛斯卡娅细胞学说。批判了“阻碍科学进步的最虚伪、最反动、最唯心的”魏尔啸细胞学说，认为在过去一百年当中，科学上和政治上都是反动的德国学者魏尔啸的细胞学说统治着生物学界。“在社会主义已经胜利了的祖国，不应当再有反动的魏尔啸的理论存在。”勒柏辛斯卡娅的著作被授予斯大林奖金。

宣传了波什扬关于病毒和微生物相互转化的学说，认为此学说符合辩证唯物主义，反对形而上学的魏尔啸学说。

（六）在物理学方面

批评了量子力学中哥本哈根学派（波尔、海森堡）的唯心主义的、“彻头彻尾反动的”观点，批判了相对论中爱因斯坦的“反动的哲学观点，以及爱因斯坦认为物质转变为能量”的“现代唯物主义”。批判了“一个明显地充满世界主义情绪的苏联物理学家集团，许多年来在他们的活动中完全以西方科学家马首是瞻”，“从未放过‘哥本哈根’或‘剑桥’物理学派方面所说的任何一句话”。被指出属于这个集团的有弗兰克尔和马尔柯夫，《哲学问题》杂志组织过对马尔柯夫的一篇文章的专门批判。

（七）在化学方面

1951 年，苏联科学院召开了有机化学中化学结构理论问题的讨论会。批判了美国当代学者鲍林的“共振论”和英国英果尔德的“中介论”，认为它们是唯心主义的、机械论的、反动的并且是无用的伪科学。批判了宣传共振论的苏联学者苏尔金和加特金娜。宣传了 19 世纪俄国化学家布特列诺夫的“先进的，唯物主义的，辩证的化学结构理论”。

在天文学方面，批判了剑桥学派（琴斯、爱丁顿）关于天体演化学和宇宙学的学说。

在数学方面，批判了数理逻辑和数学基础的唯心主义学说。

还批判了控制论，认为其是“一种反动的伪科学”，“是现代机械论的一种形式”，“是帝国主义反动势力的思想武器”。

此外，在哲学方面，1949 年反对世界主义的斗争，主要批判了《哲学问题》当时的主编、自然科学哲学问题专家凯德诺夫。认为凯德诺夫的主要错误，就是否认“发明权问题对于科学史是重要的”，主张“统一的世界的科学”，支持“物理学家中间的世界主义集团”，实际上支持摩尔根派的反动观念。

（八）“现代反动的资产阶级科学体系”

上述各门自然科学中的思想斗争，被认为是有联系的。1951 年在《布尔什维克》杂志发表的凯德诺夫批判共振论的文章中说：“社会现象被归结为生物现象，用生物个体的简单总和来说明社会（社会达尔文主义，马尔萨斯主义），依次地，生物个体被归结为细胞总和（魏尔啸理论），细胞被归结为基因总和（魏斯曼摩尔根主义），基因被归结为有机分子的总和，有机分子被归结为量子力学体系（共振论）。这就决定了共振论在现代反动的资产阶级科学体系中的地位与意义。”

（九）党组织的干预和行政命令的干涉

在这个时期的学术思想斗争中，不仅贴了许多政治的、阶级的、马克思列宁主义的标签，还在有些争论中，主要是在生物学方面的争论中，采取了党组织出面干预和用行政命令推行一种学派、禁止另一种学派的办法。例如，1948 年列宁农业科学院大会上，宣布李森科的报告是“联共（布）中央批准的”，“体现了布尔什维克党的路线”。威廉斯的草田轮作制由联共（布）中央和部长会议发指示推行。党员由于在学术上抱有不同的见解而作了检讨，声明放弃自己的学术观点，否则“不配做一个共产党员和布尔什维克科学家”。1948 年会议后，撤销了一批持有不同学术见解的科学家的职务（学部的院士秘书、所长、研究室主任、杂志编辑、学术委员等），解散了一些研究室。1950 年巴甫洛夫学说会议后也有些类似的措施。

四、1954 年以来的变化

1954 年以来，苏联陆续发表了一些文章和报告，对过去一段时期自然科学领域的思想斗争进行了重新考察。主要的文献有 1954 年《真理报》发表的《论科学中的批评、革新精神和教条主义》、1955 年《文学报》发表的《科学中的学派》、1956 年科学院大会上涅斯米扬诺夫院长的报告、1957 年《哲学问题》杂志的社论及 1958 年全苏现代自然科学哲学问题会议。

（一）指导思想方面的变化

不提自然科学的党性原则，不提资产阶级自然科学和社会主义自然科学了。1956 年，苏联科学院学术秘书长在《共产党人》上发表文章，还反对“把自然科学划分为先进的和非先进的”。1960 年，《共产党人》发表文章，认为“没有‘资本主义’科学和‘社会主义’科学之分。自然科学作为对周围的规律的正确反映和理解的结果，就其实质是统一的”。

“不能把同敌对的思想、同阶级敌人作斗争的方式和方法搬用到苏联学者对各种问题的学术讨论中来。”不能乱扣“反动的”、“唯心主义”的帽子。这种批评武器“必须针对着那种异端思想的真正表现。但是，非常轻率地和毫无根据地运用那样一些‘激烈的’字眼，却只会给我们带来损害”。

反对“粗暴的庸俗社会学态度”。“科学家在专门自然科学问题上的立场，同这些科学家所居住的那个帝国主义国家的政策，被混为一谈了。”

反对“对待自然科学的积极成就的虚无主义态度”。

提倡不同的学派，不能“满意于在这一或那一知识领域中只存在一个学派”。一个学派垄断，“创造的天地就会缩小，并且会使某些学派有可能遭受崇拜个人工作和个人观点的危险”，甚至出现种种“不端行为”。

同时，对各门学科中那些被推崇和被批判过的学说，其中许多都被重新作了评价。

（二）在生物科学方面

涅斯米扬诺夫在 1956 年科学院大会上说：“用压制科学上的反对者，贴标签及类似的不科学的方法来解决科学上的争论问题的习气，曾经在我们的生物学里扎下了根。”“米丘林方向要尽可能好和尽可能快地发展。他应该从错误的和被沾染的东西中解放出来。但是米丘林方向的活动者不应该妨碍生物学研究的其他实验方向。”

但是，生物学方面后来又有新的反复。1956 年，李森科辞去农业科学院院长职务。《植物学杂志》对李森科进行了集中的批评。1958 年，《真理报》又批评了《植物学杂志》，赫鲁晓夫在中央全会上也说：《植物学杂志》编辑部人员反对米丘林科学的，必须撤换。后来《植物学杂志》编辑部和苏联科学院生物学部的领导改组了。1959 年，赫鲁晓夫在中央全会上又批判了摩尔根学派的代表人物杜比宁，反对他担任新建的西伯利亚分院遗传学研究所所长，1961 年，李森科重任列宁农业科学院院长职务。这个反复，在其他学科方面没有看到，是一个值得注意的现象。

（三）在土壤科学方面

1954 年，苏共中央全会批判了“死板运用草田轮作制而犯的严重错误”，认为威廉斯研究的主要是国家的中部地带，不能把威廉斯学说机械地推广到苏联的一切地区。

值得注意的是，最近赫鲁晓夫在苏共二十二大前后，完全否定草田轮作制，把它一棍子打死。赫鲁晓夫说：“威廉斯的草田轮作制从根本上是有害的。”它“不是什么理论，而是凭空臆造的公式。”“让我们把草田轮作制从教学大纲中一笔勾销吧，某些地方可能需要换掉那些不愿放弃草田轮作制的教师们！”赫鲁晓夫还批判了所谓“草田轮作制分子”。

（四）在生理科学方面

涅斯米扬诺夫在 1956 年科学院大会上说：“我们的生理学几年以来在某种程度上是站在一条很少有好处的道路上的。”“在争论以后的时期中，即使是高级神经活动领域里的成就，也是单薄而片面的。”科学院学术秘书长说：不能认为“在生物学中米丘林生物学是唯一先进的，在生理学中巴甫洛夫生理学是唯一先进的。当然，这些科学派别是非常进步的，并且是唯物主义生物学的精华，但是却不能鄙视米丘林和巴甫洛夫没有指出过的科学中的各种新的言论和各种新的材料，而把它认为是伪科学，是反米丘林或巴甫洛夫的”。

恢复了奥尔贝里的研究工作。巴甫洛夫本人对奥尔贝里的生理学派作了很高评价，并认为他有在科学中走独立道路的权力。

（五）在细胞学方面

关于勒柏辛斯卡娅学说，涅斯米扬诺夫在科学院大会上说："在我们的科学里也有这样的例子，一个概念根据不足，却在大吹大擂。在苏联科学中发展了并且宣传了的关于细胞发生的概念就是这么一回事，它并不能帮助科学进步。在科学里也和在自然界一样，死亡，这是正常的。"

1955 年，《医务工作者》报发表《违反科学的真理》一文，宣布经过检查波什扬学说，没有任何科学根据，这种学说是不正确的。它带来了混乱，阻碍了科学的前进。波什扬缺乏诚恳和正直的品质，撤销了波什扬的实验室。

（六）在物理学方面

1955 年，《哲学问题》杂志在关于相对论讨论的总结中，批判了马克西莫夫否认相对论的物理学结论的观点，认为这种观点是"对待现代物理学上最重要理论之一的恶劣的虚无主义观点"。

1958 年，全苏自然科学哲学问题会议学术秘书的文章，批判过去一些哲学家"否认例如量子力学、相对论、控制论，以及研究遗传学的生物物理学派和生物化学学派等有价值的物理成果，仿佛这些都是跟辩证唯物主义相对立的"。

《哲学问题》杂志社论认为过去该刊对马尔柯夫一文的批判"采取了不应有的尖锐态度"。"这篇文章包含了一系列可以争论甚至错误的论点，但是对他的批判具有这样一种'一棍子打死'的性质，以至于至今回忆起来都像是一次'不许涉及'新问题的阴森的警告。"

（七）在化学方面

涅斯米扬诺夫在科学院大会上说："1951 年举行的结构理论讨论会，绝没有促进工作的进展，而是使科学家比较快地离开了这个科学领域。"参与起草这次讨论会批判共振论的报告的化学家克鲁仰茨说："在讨论中，虽然正确地指出了共振论的错误，但也同时没有任何根据地给现代化学发展中有巨大意义的量子论概念和量子力学计算方法投上了阴影，而同时又不公平地根本怀疑共振论的创始人之一、卓越的进步学者鲍林教授的全部研究的科学价值。"他还说："某些讨论的水平不很高，有时也会妨碍我们的学者同外国的进步科学家之间的正常相互关系。"新版《简明哲学辞典》撤销了"共振论"这一条。鲍林被选为苏联科学院外国院士。

（八）关于控制论

从1955年开始，肯定控制论作为一门新兴科学的成就，并且大力加以提倡。《哲学问题》杂志社论批评道："由于控制论中有唯心主义的曲解，就曾经对现在不能不承认是科学的特殊成就的东西加以打击。"《简明哲学辞典》撤销了"控制论"这一条。

同一篇社论还提到："对数理逻辑的攻击是记忆犹新的，而它是现代科学中最重要的研究工具之一。"

（九）自然科学家忽视哲学倾向的增长

看来，由于在实际工作中碰了壁，吃了亏，苏联许多自然科学家从事实教训中认识到，在自然科学学术问题上简单地贴政治标签之类的做法，是不正确的，并且开始改正这些做法了（至于赫鲁晓夫为什么重新用行政力量支持李森科学派，打击摩尔根学派，以及"一棍子打死"威廉斯学派，原因还不清楚，可能另有政治背景）。但是，同时又出现了另一种倾向。自然科学家中间忽视哲学的思想，又有增长，认为过去全都做错了。对学习马克思主义哲学和批评唯心主义表示厌恶，认为都是"教条主义"。《哲学问题》杂志的社论指出，这种思想是对过去错误的独特的反动。涅斯米扬诺夫在1958年全苏自然科学哲学问题会议上也批评说：有些自然科学家接受了"科学本身就是哲学"的实证主义口号，以为没有任何哲学也行。

而且，在这段时期的言论中，还有几点政治上和理论上值得注意的提法。

1. “凡此种种，都是个人迷信的结果”

1956年，奥米里扬诺夫斯基（苏联主要的自然科学哲学问题专家之一，现任哲学研究所副所长）说：“以摘引斯大林的著作来代替深入研究问题，哲学家对自然科学家用导师派头，还有哲学的吆喝，要不然就用哲学大棒，借口批评唯心主义来对付自然科学家，如果这些自然科学家胆敢说点什么使哲学家老师感到不称心的话——凡此一切以及其他种种，都是个人迷信的结果。”

2. “苏联已经消灭了唯心主义的阶级根源”

费多谢也夫（二十二大新当选的中央委员，哲学所所长）在全苏自然科学哲学问题会议上说：“唯心主义和神秘主义的阶级根源在我们这里已经消灭了，哲学家和自然科学家有共同的世界观基础，这种世界观基础就是辩证唯物主义。个别自然科学家和哲学家可能有唯心主义的错误，但是我们这里没有什么阶级关心把这些错误固定下来和扩大为一个完整的哲学体系。”

附录　斯切茨基：论简单化和简单化者①

近年来，马克思列宁主义的理论获得了新的阵地。唯物辩证法日益推广。这是说的在苏联科学工作者中表现出来的力图学习唯物辩证法的兴趣。科学工作者转向唯物辩证法——这是有巨大意义的事情。

但是，在这个学习唯物辩证法并且把它运用到各个科学领域中去的运动中，除了获得有价值的成果以外，还有许多无用的东西、许多糟粕、许多各式各样的曲解，这些东西应当坚决地清

① 龚育之摘译自苏联《争取马克思列宁主义的自然科学》，1932年第1期。

除掉。

在一些情况下，为唯物辩证法进行的斗争，不是按照本来应该采取的方式进行的，常常具有纯粹言词的、形式的、宣言的性质。某些同志把宣传唯物辩证法和为运用唯物辩证法而斗争，归结为简单地在这个或那个知识领域中贴上辩证法的或马克思列宁主义的标签和蛇足。这些现象不能叫做别的，只能叫做庸俗化。

无须费力搜集事实。例子可以从许多科学杂志中，从科学协会的活动中找到。

不久以前，在莫斯科外科医生会议上，勇敢的波波维扬同志作了题为“马克思主义与外科学”的报告，这个报告里面，既没有马克思主义，也没有外科学；某个技术理论家（新闻记者出身的！）写了一篇文章——《内燃发动机的辩证法》；马克思主义者——技术家协会听到了“同步机的辩证法”、“优质钢的辩证法”的报告；《苏联花柳病学和皮肤病学通报》确定自己的任务是，“杂志上的一切问题（即花柳病学和皮肤病学的问题），都要从辩证唯物主义观点来提出”（这种气派真是令人大吃一惊），《流行病学和微生物学杂志》和其他许多专业杂志也都宣布了同样的精神。

《争取马克思列宁主义的自然科学》杂志，提出了“争取数学中的党性”、“争取外科学中马克思列宁主义理论的纯洁性”的口号。在机器制造和金属加工研究所的机关刊物上，古勒金同志毫不犹豫地写了一篇文章——《论锻造业中的马克思列宁主义理论》，文章中说：“必须记住，在我们的条件下，如果没有充分的马克思主义的论证，任何一个工艺过程，都不应该付诸实现，同样的，任何一种机器，也都不应该安装，更不应该从国外订货。”作者叹息道，在这方面，工作特别薄弱的是“锻冲生产领域。在这里，工作的进行，不仅没有马克思列宁主义的论证，甚至有时连一点对过程的逻辑的（更不必说科学的）阐明都没有”。

可惜，作者没有及早把他的惊人发现告诉奥尔忠尼启则同志！整个一个五年计划（它毕竟是有牢固的马克思主义论证的）过去了，高炉、平炉、锻工车间都在做工，却不知道“工艺过程的马克思列宁主义的论证”。只好希望文章的作者赶快做出锻造业的论证，否则，当心第二个五年计划又要没有这些“论证”而进行了。

这类的例子还可以举很多。它们的实质，乃是在于人们极端轻率地运用术语——辩证法和马克思列宁主义，这些人对于自己的专业有着离奇的概念，对辩证法有着更离奇的概念，企图一下就“革新科学”。当然，除了荒谬愚蠢的笑话，除了破坏辩证方法的威信以外，结果什么也得不到。

没有什么东西像这类的企图那样，同实际的而不是言辞的马克思主义辩证法相矛盾。因为，辩证法的一条基本原理就是“没有抽象的真理，真理总是具体的”。

企图引用几段引文和一两条“对立的统一”、“量变到质变”的原理，来“革新”任何知识部门，这难道不是违反上述基本原理的最大的过失吗？企图把辩证法变成某种万能的钥匙，以为有了这种钥匙（一两条普遍原理），就能够打开任何知识部门的任何秘密和门户，这难道不是对辩证法开玩笑吗？

不，唯物主义辩证法绝不是魔法的公式，牢记住这个公式，不需要作进一步的努力和操劳，就可以得到打开自然界全部秘密，掌握从外科学到制鞋业的各种专业的钥匙。

不是别人，正是唯物主义辩证法的奠基人马克思、恩格斯、列宁，极坚决地进行了反对对辩证法的这种庸俗理解，反对把辩证法变成术语游戏、烦琐哲学的斗争。他们经常强调指出，辩证法是“世界的永恒发展的正确反映”，在辩证法的基础上建立某种科学，就是要聚精会神地坚持不懈地研究有关的现象，从这些现象的发展中、矛盾中、联系中，从它们的全部多面性中进行研究，而完全不是从事言辞游戏。

有些热心的理论家不懂得这一点，忘记了这一点，他们刚刚开过哲学学习讨论会，就打算像早已仙逝的杜林那样，进行“科学中的变革”，但是成就还不如他。

这些同志忘记了社会科学同自然科学、抽象（普遍）科学同具体科学的区别。他们不懂得辩证法的一般原理，无论如何不能简单地、机械地搬用到专门科学中去，他们不懂得，在政治经济学中运用辩证法，是一回事；在数学、物理学乃至在外科学中运用辩证法，是另一回事。这些热心的理论家没有考虑到，改造数学、物理学，等等，只有在详尽地批判地研究这些科学的全部现有的材料、通晓它的历史、理解它的特点等的基础上才能达到，更不用提到这样的基本前提：即必须成为本门业务的专家和很好的通晓辩证法的内行。这似乎是很基本的道理。但是，一些科学工作者往往忘记了这些道理，他们认为，宁可发发关于方法的一般宣言和一般议论，来代替在自己的领域里坚忍地进行工作，掌握本门科学的材料，真正坚持马克思主义观点，并且一丝不苟地用具体知识、事实、实验来加以论证和证明。德波林派的根子，似乎在理论战线上还可以看到。因为，冒充马克思主义科学的关于方法论的废话，根本不懂物理学或外科学却来改造科学的企图，如果不是孟什维克化的唯心主义的表现，又是什么呢？

这些不仅给科学工作带来极大的危害，还导致唯物主义辩证法即马克思列宁主义原理的庸俗化。

例如，某一个理论家在《唯物辩证法与渔业》这样一个令人抱有很大希望的题目下写了一些东西。这就是边疆渔业的“辩证的”特征，“它现在还处在自己的‘形成’过程的开始阶段——产生。它刚刚出现”。还有如这样的“辩证的”杰作：“并且，鱼——水体的鱼藏量，特别是开放的水体的鱼藏量，归根结底，与其说它是一个动力的对象，不如说它是一个（用哲学的语言来说）其全部范畴都是变动的过程。渔业的经典的辩证的明显性，正在这里。”①

这类胡言乱语登在我们的杂志上，难道不是一种耻辱吗？而这些东西却代替了干练的专家渔业问题所写的实实在在的文章。

关于渔业的技术问题，以及物理学问题的实实在在的书籍和文章（虽然没有“马克思列宁主义的论证”），比起这类“辩证的”胡

---

① 《远东渔业的社会主义改造》，1931 年第 5～6 期。

说八道，对我们要好得多、有用得多，这个道理难道还不明显吗?

可惜，在我们这里，苏联的专家们写的实实在在的、有益的文章和书籍，常常由于没有辩证法而遭到辱骂，同时，这类的胡说八道，却能够奉献给杂志发表。

某些可怜的马克思主义者就是这样理解自己的任务的。

直接把马克思主义搬用到从微生物学到制鞋业的任何领域中去的企图，常常在实践中带来曲解，而这就是更严重的事情了。

有这样的理论家，他们决定在似乎是马克思列宁主义的基础上改造医学。以前，医学主要是关于疾病的学说。他们运用独特的辩证法，显然，是否定的规律，认为现在医学不能是别的东西，应该是关于健康的学说。初看起来，这似乎是很好的、正确的、值得同情的，但是，在实践中得到了什么呢?

在巴尔苏考夫和茹克同志的《争取保健事业的社会主义改造》一书（1932 年）中，这个思想得到如下的发展：“在医学历史上，医生第一次同工程师一起，掌握着技术过程的知识，不再做个人主义的治疗医学的无益的‘缝补工作’，而成为社会主义生产的组织者。企业中的保健站变成了合理化站，它的基本任务，是自觉的掌握组织社会主义生产的过程，以建立最愉快和健康的劳动条件。”（第 28 页）

《经济生活报》发表的阐明第二个五年计划期间保健事业的任务的社论，一个字也没有提到医院，也没有提到医生。

于是，打倒“个人主义的缝补工作”（即治疗病人）。打倒医院，同工程师一起掌握着生产过程的医生万岁!

假如这仅仅是理论，那还不太要紧。倒霉的是，有些同志认真地企图在实践中贯彻这些提法，而这就近乎头脑愚笨了!

预防疫病的措施，公共卫生工作，是革命的成就，在保健机构的工作中具有越来越大的意义。但是，从这里完全不能得出结论说，我们应该在某种程度上削弱对发展医院、培养专业医生的注意力。一点也不能这样!

那些企图反其道而行的人们，在我们的任务的问题上，既不懂马克思列宁主义，也不懂医学。

“殷勤的傻瓜比敌人更危险。”

几句话作结。

无论如何不能忘记列宁的指示：“任何自然科学，任何唯物主义，如果没有充分可靠的哲学论据，是无法对资产阶级思想的侵袭和资产阶级世界观的复辟坚持斗争的。为了坚持这个斗争，为了把它进行到底并取得完全胜利，自然科学家就应该做一个现代的唯物主义者，做一个以马克思为代表的唯物主义的自觉信徒，也就是说应当做一个辩证唯物主义者。”

我们的科学工作者，应该仔细地、系统地学习辩证唯物主义。他们应该同宗教迷信的一切宣传、唯心主义的一切种类和表现做斗争。不管机械论的拥护者怎样企图抛弃为辩证法而斗争的任务，反对资产阶级世界观，为辩证唯物主义而斗争的任务现在摆在、将来也要摆在我们的日程上。

但是，这个斗争不能用宣言、仇恨和喧嚷的方法来进行。首先要要求科学工作者认真地掌握自己的事业，通晓整个科学领域，在其中坚持不懈地工作——只有在这样的条件下，才有可能同资产阶级世界观进行实际的斗争，使辩证方法取得胜利。没有这个条件，关于科学中的党性的宣言，一钱也不值。从“争取数学中的党性”这个宣言中能得到什么益处呢，如果提出这个口号的人们根本不懂得数学的话？人们可以几十次发誓忠于辩证唯物主义，要把它贯彻到数学中去，但是，如果他们不去通晓对象本身、它的方法、它的问题，不去了解资产阶级世界观在这个科学中如何具体地表现出来，那么所有这些宣誓和声明，都是空话。

是在非党专家中间进行更高质量的关于马克思列宁主义和唯物辩证法的宣传的时候了。

指导非党人士如何在马克思列宁主义的基础上炼铁，或者如何在唯物辩证法的基础上画图或盖房子，我们不能够。谁想这样做，谁是骗子。但是，给他们提供马克思主义经典作家的优秀著作，设立关于辩证法问题的实在的讲座，指出马克思、恩格斯、列宁和斯大林在自己的著作中如何运用辩证方法——这些，我们不仅能够，而且应该一定要做。而那些真心转向我们的科学工作者，他们向马克思和列宁学习，就会关心和设想，如何在自己的领域中，在他们已有的知识、事实材料，对科学问题的实际理解的基础上来运用辩证方法了。

最后，谈谈科学界的协会。在共产主义学院周围组成了一系列协会，如生理学家马克思主义者协会、医生马克思主义者协会、数学家协会，等等。

所有这些协会差不多全都是由共产党员组成的，他们封闭在自己的狭隘范围内，脱离广大的苏联科学界。现在难道还不是拆掉这堵墙壁，让共产党员到广大的苏联科学家中间去，同他们手携手地一起工作，如果必要就进行争论，来从实际上而不是从词句上解决科学问题的时候吗?

一些科学家对技术政策问题的批评和建议*

龚育之说明：

《一些科学家对技术政策问题的批评和建议》是中宣部科学处的同志参加广州会议回来整理的，登在《宣教动态》1962 年 4 月 7 日那一期上。

广州会议最重要的问题，是知识分子脱帽加冕的问题。中宣部的领导人当时对于这件事有不同看法，《宣教动态》上没有反映会议上这方面的情况。但是，我们参加会议的同志认为，会议上科学家们对“大跃进”中许多技术上瞎指挥的批评意见，是很重要的，就从广州会议的简报中，综合整理了这份材料，通过《宣教动态》向上反映。

在《科学十四条》中讲“百家争鸣”方针，已经专有一项，讲在技术政策、技术措施方面也要贯彻“百家争鸣”方针，并作了许多情况分析和政策规定。广州会议上，这方面的问题谈得这么多，与《科学十四条》讲了这方面的政策，不无关系。

---

* 本文原载中宣部内部刊物《宣教动态》，1962 年 4 月 7 日。龚育之于 1997 年加写说明后，先后发表在《在漩涡的边缘》，河南人民出版社，1998 年，第 190～201 页。

除了内部整理和反映这个材料以外，科学处还由罗劲柏主笔，写了一篇讲技术政策问题上“百家争鸣”的文章，作为《红旗》杂志的评论公开发表。

这篇综合反映和这篇评论文章，是科学处为贯彻《科学十四条》阐发的“百家争鸣”政策所作的一番努力。

最近在广州召开的全国科学技术工作会议上，对技术政策方面的“百花齐放、百家争鸣”问题，进行了一些讨论。对近年来执行的一些技术政策，提出了批评，分析了它的自然后果和经济后果，并且对今后制定和执行技术政策，如何发扬民主，尊重科学，发挥科学技术人员的积极性，提出了建议。

一、在技术政策问题上展开争鸣还有种种顾虑

有许多同志反映，自然科学领域的“百花齐放、百家争鸣”，在两类问题上顾虑最大，不敢争鸣。一类是理论问题，如摩尔根学说、魏尔啸学说，怕戴“反动”、“唯心主义”的帽子；一类是有关技术政策、措施的问题，怕戴“违反政策”、“违反多快好省的总路线”、“反对领导”的帽子。经过近一年贯彻“百家争鸣”方针的宣传和教育，前一类问题是学术问题，可以自由争鸣，大家已经认识到，顾虑比较小了。后一类问题，要展开争鸣，目前顾虑还是比较大。原因有如下几个方面。

1）有关土洋、大中小的技术政策问题，与总路线的基本点有关，提出不同意见怕戴“反对总路线”的帽子。结果，推行了一些不合理的“为土而土，为小而小”的技术政策和措施。例如，啤酒生产，要求冷冻和高压，技术较复杂，几个大城市已有“大洋”的啤酒厂，但为了推行“小土”的技术政策，许多城市都搞“小土”啤酒厂，技术过不了关，“大洋”啤酒厂反而停工。

2）有些技术政策，是作为党的政策来大规模宣传的，如水利的“蓄、小、群”政策，医学的中西医结合建立新医药学派等。有些技术政策用《人民日报》的社论发表，如高炉操作的“精料、大风、高温”政策。有些是党政负责

干部在《人民日报》、《红旗》杂志上发表文章，如森林的采伐和更新的政策，造纸的原料政策（草木之争）等。因此，很难提出不同意见。即使现在，这些部门的负责同志和党报党刊如果不自己表示态度，别人提意见还有顾虑。

3）有些技术政策问题上的争论，过去开展过较严重的思想批判或斗争。如关于森林的采伐和更新问题，是皆伐（砍光）还是择伐（选择的砍)？是人工更新（砍光之后人工种植）还是自然更新？有过争论。东北林学院带岭分院党委书记在《红旗》发表文章，《人民日报》也发表了文章，说这个争论是两条道路的斗争，批评主张某些林木应重视自然更新的科学家刘慎谔等是“自然主义”，忽视人的主观能动性。长春电影制片厂还根据这个指导思想拍了一部电影片《万木春》。关于果树生产，主张疏花疏果的，被指责为走资本主义道路。主张重视育种工作的人，过去也被批判为“品种万能论”。甚至不主张车床车速过快的，也被批评为违反总路线的灵魂——高速度。

二、在技术政策问题上展开争鸣，有利于克服生产技术上的瞎指挥

大家认为，在技术政策问题上，展开百家争鸣，十分重要，现实意义很大，因为它直接影响生产。生产技术上的瞎指挥风，影响到学术上不敢争鸣，反过来，学术上不能展开自由讨论，又助长生产技术上的瞎指挥。生产技术上的瞎指挥发生的不良后果，往往十分深远，如土壤盐碱化、森林破坏、水土流失、品种退化等，“擦屁股”很不容易。

三、建议规定技术政策的讨论和决策的程序，实行民主集中制

大家认为，在技术政策问题上的争鸣，同纯粹学术问题上的争鸣，又有所不同。学术问题党政领导可以不作结论，技术政策和措施，行政领导、有时甚至党的领导，必须做出决定，才能行动。对技术政策的制定，应该实行民主集中制，规定一套讨论、实验、决定、审查、批准的程序。这套程序应该保证技术政策的决策，十分慎重，并且有充分的民主。比如，应该规定有

一定的专家或学术组织参与技术政策问题的讨论和决定；给予科学院的学部或科委的专业组以咨询审议之权；规定技术问题决定以后，必须执行，同时允许继续提出不同的乃至反对的意见，提出重新讨论。并且要明确，技术上作了决定，并不等于学术上的是非已作了结论。技术上作的决定可能是错了的，错了以后可以改。

有些同志反映：现在技术上与上级看法不一致的意见，经过层层审查，往往都给扣下或删改掉了，根本反映不上去。技术上的不同意见，层层审查时，可以层层附注，但不同意见都应该反映上去。

四、设立科学顾问团

有些科学家提出，近年来各部在制定技术政策和重大措施时，很少征求他们的意见，很少"顾问"科学家。他们有意见也没有地方讲，讲了人家不听也毫无办法。农业部的一位负责同志在会上检讨说，在技术问题上，过去我们不但很少征求部外专家的意见，也很少征求部内专家的意见。为了在制定技术政策时充分发挥科学家的作用，他们建议设立各种科学顾问团。有人还建议组织一个聂副总理个人咨询的科学顾问团，人数不要多，包括各学科的权威专家。有些重大的技术问题，至少要在几个月以前就通知有关专家，把材料寄给他们，充分进行准备，然后再开会讨论。

有同志认为，经济学家应该积极参加技术政策问题的研究、讨论和决定，因为技术政策不仅是科学技术问题，而且是经济问题。

五、建议对近年来推行的技术政策进行一次清理

许多同志建议，各个部门应对近年来推行的技术政策和重大技术措施，进行一次清理，并且就一些重大问题，组织广泛的学术讨论。

六、建议国家有一个部门总管重大的技术政策

很多科学家指出，我国没有一个部门统一研究管理国民经济中的重大决

策，如资源的开发和综合利用的政策，原材料与燃料政策，各部门的装备和设备更新的政策，大、中、小的关系，土洋的关系。在制定这些政策时，不但要研究它们在技术上的可能性，还要全面研究它们的经济效果和自然后果。

重大技术政策没有一个部门总管，造成资源和生产能力很大的浪费。例如，煤的综合利用，提出了好几年至今未具体贯彻。很多炼焦炉，只生产焦炭，而把大量煤气放空。石油的综合利用，喊了五六年，也一直不能解决。主要是国家缺乏统一的管理机构。石油部门忙于勘察、开采、炼制，化工部门忙于化肥、酸碱、农药等十几种产品，都照顾不过来。

会上还提出如下的一些具体批评和建议。

(1) 土壤盐碱化是因为水利工程没有“以农为帅”

灌溉本来是农业的一项增产措施，但是水利部门没有“以农为帅”，屁股坐在“工”字上，单纯走水利工程路线，不恰当地强调水的综合利用，处处蓄水筑渠，没有量体裁衣。最严重的是修建平原水库和引水渠道。平原地区大搞水利化之前，虽然坡度小，仍有一定的自然排水通道，大搞水利化之后，各县、社自修水利工程，渠道纵横把排水通道破坏了，渠道渗漏问题得不到解决，形成土壤盐碱化。不少人认为平原水库害处太大，应判死刑。

王安石说，必须通晓土地耕种之理，才能治水。所以，不能脱离耕作栽培来考虑排水灌溉。在水利工作方面，农业部和农学家过去放弃了发言权是不对的。

(2) 棉种退化严重，良种繁育应两条腿走路

新中国成立后由于推广良种的结果，全国棉花纤维平均长度在 8 年中增加了 5 毫米，增产 10%～30%。但是 1959 年起棉种即开始退化，目前品种混杂率在 30%上下。1959 年全国棉花纤维平均长度比 1958 年缩短了 1.2 毫米，现在纤维品质还在不断下降。纺中支纱的原料本来可以自给，现在也要进口。

棉种混杂退化的主要原因是近年来没有进行选种留种。棉花统一收购后，群众就不能自己留种，群众这一条腿就很难起作用。国家方面也放松了这项工作，原来由农业部门掌握的良种轧花厂交商业部门后，就不再发生作用。基层种子工作站只管调运种子，不管良种繁育。解决品种退化的有效措施，一条腿要靠群众选种留种，另一条腿则必须由国家运用科学上已有的一

套比较成熟的经验，建立良种繁育基地。

(3) 不同意把内蒙古建为粮食基地

地理学家竺可桢、土壤学家熊毅对把内蒙古牧区划分为粮食基地的计划提出意见，他们认为把牧区改为粮食区，经济上不见得合算，牧区改为粮食区自然条件改变很大，内蒙古有成为一片沙漠的危险。希望领导慎重考虑这一措施的自然后果。

(4) 建议设立山区部，统管山区的全面开发和经营

有同志提出，我国的山区面积很大，山区森林多种资源的利用，水土的保持，粮食油料作物的种植，动物的猎狩和饲养等，生产的门路很多，潜力很大，引起的自然后果也很复杂。现在山区的开发和经营，没有一个部门统一研究管理，林业部只管木材的砍伐和更新，其他都不管。据说日本和朝鲜政府机构中都设有山林相，我国是否也设一个山区部，统一管理山区的全面开发和经营。

(5) 我国农业机械仍要重视国外经验

一些研究农业机械的科学家提出，农业机械科学研究工作批判了教条主义、生搬外国机器的倾向后，出现了片面地强调“独创”、不重视外国经验的偏向。有些单位拆了原来好机器的零件装在新设计的机器上，结果“两头失塌”，新机器没有创造出来，原来的机器也不能用了，影响了对进口的许多成熟的机器在我国某些地区适应性的研究。苏美等国大量使用拖拉机的经验，在我国没有受到重视。目前，我国农业用拖拉机 10 万标准台，“睡觉”的达半数，就和我们没有很好研究苏联修配工作的教训有关。

(6) 高炉“大风”否定了科学

冶金学家叶渚沛说：冶金部的高炉操作方针是“精料、大风、高温”，“大风”否定了科学。从流体力学及热交换等理论说，风的大小应有一定的范围，否则就浪费焦炭。请计算一下，我国在“大风”上浪费了多少焦炭和生铁。对“大风”应有个总结。

有些科学家说，像冶金这样复杂的技术问题，用几个字概括起来作为操作方针，容易简单化，是不科学的。

(7) 先进的汽车，落后的公路

我们目前制造的汽车，都是世界上第一流的。但是公路连二三流都谈不

上。公路大大落后于汽车。按现有二十几万辆汽车估算，每年约要多耗轮胎30万套，汽油40多万吨，两者和值两亿多元；再加上多损坏的配件，每年要多花七八亿元。如果今后10年发展到60万辆汽车，每年损失要超过20亿元。所以，加强公路建设，是发展汽车运输的一个重要环节。

(8) 不能靠蒸汽机车来实现铁道运输现代化

铁道运输的“心脏”是牵引动力。牵引动力不解决，就谈不上现代的铁道运输。牵引动力的发展方向，一个是电气化，另一个是内燃机化。兰新路经过西北缺水缺煤地区，从疏勒河到鄯善约800公里，除哈密外基本上是无水地区。现在用蒸汽机车，每天开6对列车中就有2.3对是拉水和拉煤的。机车与当地农业争水的现象也十分严重，七星泉一处葡萄园，过去浇12遍水，据说铁道通车后只能浇8遍水，减产几万斤，地方要铁路赔偿。

有些隧道群区段，每年因煤烟熏司机的情况也经常发生，司机室内的温度超过50℃。内燃机上不去，对铁道运输的发展构成一个严重障碍。

(9) 人造丝用草浆不合算

人造丝的原料问题上有“草木之争”。人造丝应该用最好的木浆做，而目前却尽量要在草（甘蔗渣、棉秆等）上打主意。现在我们用八吨草生产一吨人造丝，好像很合算，其实光是碱就要用一吨半。若把这一吨半碱出口，就可从国外换回不只一吨人造丝（木浆）来。

(10) 建议发展氧气转炉炼钢，把钢铁和化肥的生产结合起来

冶金学家叶渚沛说：“我国目前首先要发展农业，钢铁工业的发展比以前可能要慢些，但如何能够保证农业的迅速发展，而又使钢铁工业较快地发展呢？我建议，采用氧气转炉炼钢与生产肥料相联合的技术途径。”

这个联合的流程是：在钢铁联合企业的附近同时设合成氨厂，这样可以由炼钢厂的焦炉气中取得氢气，从氧气炼钢厂中取得氮气，这样可以得到廉价的合成氨的气体原料。因为炼钢厂不采用平炉，同时也降低了钢铁厂的基建投资。

在高炉增加磷矿石，使高炉铁水含磷量提高，将这种含磷生铁，在氧气转炉中炼钢，除了能得到转炉钢外，炉渣中可以使磷富集起来，这就变成了含磷较高的磷肥。我国生产磷肥的方法，因缺硫不能用硫酸法，因缺电不能用电炉法，大量生产磷肥，看来这个方法较便宜。如果把转炉的高磷炉渣再

送到肥料厂去加工，加上一些氧化钾，即可变成含氮、磷、钾的混合肥料。发展这样一个方法，是适合我国磷矿资源分散、品位较低的特点的。肥料生产与钢铁工业结合，还可以大大节约运费。如果目前全面发展氧气转炉炼钢有困难，也可以采用新的汤姆斯转炉炼钢，不过生产的炉渣含磷要低一些。

采用转炉炼钢，对钢铁的质量没有很大影响。我国目前生产的钢80%是结构钢，用汤姆斯转炉生产，质量可以满足要求，况且近年来，转炉钢的质量在不断改进提高。

这个建议在会上得到其他一些科学家的赞同，有人提出这个联合技术途径还可以生产硝酸铵，加上焦炉煤气的甲苯产品，就可以生产炸药。既有利于国民经济的发展，又能适应国防生产的需要，好处很多。

中国共产党的科学政策的历史发展

——新中国成立以前的部分*

中国共产党制定自己的科学政策，严格地说，是新中国成立以后的事情。但是，它的历史渊源可以追溯到新中国成立以前乃至建党之初。这是因为，在取得全国政权以前，中国共产党早已领导了革命根据地的建设，包括科学政策在内的许多政策在那时已经有了雏形。不仅如此，作为一个用马克思主义世界观来观察社会、观察中国革命问题的政党，从建立之初，它就确认：科学这个推动历史、改造社会的巨大革命力量，也是救治中国、改造中国的巨大革命力量。

一、德先生和赛先生

民主和科学，是“五四”时期的两大口号。这两个口号不仅有重大的历史意义，而且至今还有重大的现实意义。不能说这两个口号是中国共产党提出来的，那时候中国共产党还没有诞生。但是，最先提出并且大力宣传这两个口号的《新青年》杂志，后来成为中国共产党的机关刊，杂志的主持人陈

* 本文原载《自然辩证法通讯》，1980 年第 6 期，第 6～12 页；《龚育之文存》（下），上海人民出版社，2000 年第 1599～1614 页。

独秀，后来成为中国共产党最初的最高领导人，这绝不是偶然的。毛泽东在延安作了《如何研究中共党史》的讲话，讲话中说："陈独秀是'五四运动'的总司令"；"将来我们修中国历史，要讲一讲他的功劳"[①]。鼓吹民主和科学，就是当年陈独秀的一大功劳。早在 1915 年，他在《青年》杂志（后来改名为《新青年》）创刊号上《敬告青年》一文中就提出："国人而欲脱蒙昧时代"，"当以科学与人权并重"[②]。1919 年在《〈新青年〉罪案之答辩书》中他又指出，《新青年》之遇到一些人非难，"只因为拥护那德莫克拉西（democracy）和赛因斯（science）两位先生"。"我们现在认定，只有这两位先生，可以救治中国政治上、道德上、学术上、思想上一切的黑暗。若因为拥护这两位先生，一切政府的压迫，社会的攻击笑骂，就是断头流血，都不推辞。"[③] 果然不久陈独秀就被捕了。毛泽东在《湘江评论》上评论这件事情，强调指出：陈独秀之被捕正是因为他平日所标揭的就是德先生和赛先生。毛泽东说："迷信神鬼，迷信物象，迷信命运，迷信强权。全然不认有个人，不认有自己，不认有真理。这是科学思想不发达的结果。中国名为共和，实则专制，愈弄愈糟，甲仆乙代，这是群众心里没有民主的影子，不晓得民主究竟是什么的结果。"毛泽东称赞陈独秀"标揭"科学和民主，是"思想界的明星"[④]。

当然，那个时候陈独秀鼓吹的民主和科学，还是效法欧美的资产阶级民主革命口号。不久，中国共产党成立了。1923 年《新青年》在其由瞿秋白起草的《新宣言》中指出，在中国，"即使资产阶级的革命，亦非劳动阶级为之指导，不能成就"，"真正的解放中国，终究是劳动阶级的事业"。[⑤]这时，已经成为"无产阶级的思想机关"的《新青年》，继续高举拥护科学的旗帜，宣言要同"宗法社会的专制主义"之"反对科学"和"资产阶级的市侩主义"之"谬解科学"，"进行剧烈的争斗"，认定它们是"革命的大障碍"[⑤]。这样，科学这个口号，就同无产阶级领导民主革命的思想和实践联系起来，

① 《党史研究》，1980 年，第 1 期，第 5 页。
② 《陈独秀文章选编》，三联书店，1984 年，第 78 页。
③ 《陈独秀文章选编》，三联书店，1984 年，第 317、318 页。
④ 《陈独秀的被捕和营救》，《湘江评论》，1919 年 7 月 14 日。
⑤ 《瞿秋白选集》，人民出版社，1985 年，第 2、3 页。

而归属到新民主主义革命口号的范畴中来了。

总之，以民主和科学为中心口号的“五四新文化运动”，为中国共产主义运动的兴起充当了先行者；而中国共产党人则是这两个口号的最热烈的拥护者、最忠实的继承者，同时又是把这两个口号提到新的思想高度、纳入新的革命轨道的发扬者。

二、“革命救国”和“科学救国”

科学推动历史、改造社会，一是作为思想斗争的武器，一是转化为物质生产力。“五四”时期先进的人们拥护科学，首先着眼于它是思想武器，用它来同封建宗法思想的黑暗和愚昧作斗争。其次，那时人们也很重视发展科学在振兴实业中的作用，要用科学和实业来救治旧中国的积弱和贫穷。

这样，就涉及“革命救国”同“实业救国”、“科学救国”的关系问题。中国共产党人的口号是“革命救国”。周恩来早年写过一篇文章，题目就是“革命救国论”，阐明了“只有革命才能救中国”的道理，指责那种“不从国民革命入手”而鼓吹“振兴实业，图谋救国”的主张，“不过是为国内无可发展的列强资本主义延长其遁在尾间的生命而已”①。周恩来在这篇文章里批评“实业救国”论是实有所指的，指的就是张东荪等在当时舆论界围绕社会主义问题展开的一场论战中提出的论点。这些人反对马克思主义和社会主义学说在中国的传播，主张中国走资本主义道路来“振兴实业”。所以，争论的实质，并不在救国要不要实业，而是在走什么道路才能振兴中国的实业。“革命救国”的口号，绝非否认救国需要实业、需要科学，而是指明：只有经过革命，推翻帝国主义和封建主义的反动统治，并进而选择社会主义道路，才能为振兴实业，发展科学，使中国臻于富强，创造必不可少的政治前提。周恩来在另一篇文章《共产主义与中国》中说得很清楚：“以中国今日的情势，开发实业，似乎已成为不可争论的必然趋向，其实究用何种方法来开发他，却大可注意”，“袭用资本主义的方法来开发中国实业”，其结果是

① 《赤光》，1922年第2期。

外国资本家侵略欺凌而中国资本家又软弱无力，中国贫苦民众则陷入困苦颠连，“不要说他无真正发展中国实业的可能性，便是有，我们也决不甘从属于它”。而走“革命救国”道路，“一旦革命告成，政权落到劳动阶级的手里，那时候乃得言共产主义发达实业的方法”。“共产主义发达实业之大计在此，由此乃能使产业集中，大规模生产得以实现，科学为全人类效力，而人类才得脱去物质上的束缚，发展自如。”他还说，资本主义的害处“不在他利用科学，乃在他闭塞工人的知识”，革命成功后，劳动阶级的政府要“重用科学家来帮助无产者开发实业，振兴学术”①。周恩来写于中国共产党建立初期（1922 年）的这篇文章，对中国革命尽管只是指出一个方向，但在“革命救国”同“实业救国”、“科学救国”的关系问题上，在革命成功后劳动阶级政权对发展实业和科学的态度问题上，它的阐述却是很精辟的，现在读来仍给我们以深刻的印象。

刘少奇在 1923 年在论述工人运动的时候说过同样的意见：“社会改造的步骤，我们所主张的是：①使无产阶级团结起来养成无产阶级支配社会的潜伏势力；②实行夺取政权，用政治的力量消除社会一切阶级的压迫——人的压迫；③在产业公有制底下以极大的速率发展实业，减少人类自然的压迫。”②

毛泽东在 1926 年讨论农民问题的时候，对革命、政权和科学的关系也有极为精辟的论述。他在《国民革命与农民运动》一文中说：“农民问题本来包括两个方面的问题，即帝国主义军阀地主阶级等人为的压迫问题与水旱天灾病害虫害技术拙劣生产减缩等天然的压迫问题。前一问题固然是目前的紧急问题，同志们的注意力自然都集中在这里。但后一问题也是非常之严重，我们不能不积极的注意。要解决后一个问题，需要全国的革命的政权与科学的方法，不是即刻能办到的事，但时期也就快要到来了，我们应得预先准备。”③

---

① 《少年》，1922 年第 2 期。

② 《对俱乐部过去的批评和将来的计划》，见《安源路矿工人俱乐部罢工胜利周年纪念册》，1923 年。

③ 《农民问题丛刊》序，1926 年 9 月 1 日。

可见，中国共产党人在自己的革命救国主张中给予科学以重要的地位。如果要把中国共产党人的救国主张概括为简单的公式，即“革命 + 科学”。是两者相加，不是两者择一，更不是用一个去反对另一个。

三、中华苏维埃和科学

然而，1927 年大革命失败了，全国革命政权未能如预期的那样很快到来。中国共产党领导的人民革命，进入建立农村根据地阶段。1931 年在江西瑞金建立了中华苏维埃共和国临时中央政府。那时候苏区还很小，经济很落后，而且处在连续不断的“围剿”和反“围剿”的严酷战争之中，当然还谈不到什么开展科学工作和实施科学政策。当时任中华苏维埃共和国主席的毛泽东在《必须注意经济工作》这篇演说中说：“只有在国内战争完结之后，才说得上也才应该说以经济建设为一切任务的中心。”“当前的工作是战争所迫切地要求的一些工作。”[①] 经济工作如此，技术工作更是如此。

战争所迫切地要求的技术工作有哪些呢？主要是军医和无线电通信。这是中国共产党开辟的最早的两个技术工作部门。

曹丹辉有一篇文章[②]，对红军创建无线电通信工作的经过作了生动翔实的记述。红军最早缴获敌人的无线电台，是在第一次反“围剿”的龙岗大捷中。可惜战士们那时候不认识它是什么东西，竟把发报机、充电机等全都打烂，只剩下一架收报机送到了总部。龙岗大捷的翌日——1931 年 1 月 1 日，朱德、毛泽东立即在他们签署的红一方面军作战命令中特地指出：作战胜利后须注意收缴敌之无线电机，无线电机不准破坏，并须收集整部机器及无线电机务员、报务员。不久，红军总部就利用缴获的机器和俘虏的技术人员，创建了自己的无线电大队，培训红军的无线电技术人员，王诤任大队长。1 月 11 日开学，朱德亲临讲话。1 月 28 日朱德、毛泽东再次签署命令，说明无线电队成立半月以来，收音机所收的敌人的电报，确使我们对敌人位置和行动的侦察得到不少帮助，为了使红军各部之间通信灵便，使我们能得到外

① 《毛泽东选集》第 1 卷，第 109 页。

② 《在一九三一年间》，见《星火燎原》（二），人民文学出版社，1962 年，第 131～145 页。

面的政治消息和侦察敌军的行动，总部决定扩充无线电队的组织，要求红军各部看清无线电技术工作的重要性，选调可造青年到总部无线电队学习。红军的无线电技术工作就是从这里发轫的。以后又得到不断地发展，从而为新中国的无线电事业准备了一批久经革命战火锻炼、又有相当的专业实际知识的领导干部。

红军中的医药卫生工作比无线电工作的历史还要早些，规模还要大些。由于这方面工作的发展，1931 年 6 月中华苏维埃中央革命军事委员会发出通令，成立军医处，贺诚为处长，直接指导全国红军的医务工作，筹划医务人才的培养。这是红军医务工作统一健全的开端，以后又得到不断的发展，为新中国的医药卫生工作准备了一批久经革命战火锻炼又懂得专业的领导干部。

中华苏维埃共和国临时中央政府为征求专门技术人员还发布过一个启事："中华苏维埃中央政府现因苏区缺乏技术人员，特以现金聘请。凡白色区域的医师，无线电人才，军事技术人员同情于苏维埃革命而愿意来者，请向各地共产党组织及革命群众团体接洽，并填写履历，转询中华苏维埃共和国中央政府内务人民委员会，即可答复并谈判条件，于订立合同后，护送入苏区。"① 这个启事本身，说明了革命战争对技术工作的急迫需要和中国共产党对技术工作的开始重视。

说到红军的医务工作，还应该讲一讲早在井冈山时期毛泽东就向中央报告过红军医院"用中西两法治疗"的情况②。这是中国共产党以后制定的团结中西医政策的萌芽。这种从革命实践和生活实践中得出的对中西医作用的正确认识，从医学思想和医学政策上来说，与"五四"时期一班进步人士在拥护科学的口号下对祖国医学遗产所取的全盘否定的偏颇态度相比，是一个重要的进步。

除为战争服务的技术工作外，在为生产服务的技术工作方面，毛泽东在第二次全国苏维埃代表大会上所作的报告中已经提出："为着促进农业的发展，在各地组织小范围的农事试验场，并设立农业研究学校和农产品展览

① 《苏维埃中国》第 1 集，第 135 页。
② 《毛泽东选集》第 1 卷，第 64 页。

所，却是迫切地需要的。”[①] 他还讲道：“中等教育与专门教育之应该跟着普通教育的发展而使之发展起来，无疑应该成为教育计划中的一部分。”[②] 这些设想由于敌人对苏区的轮番进攻没有可能付诸实施，但是它们却清楚地表明了中国共产党的一种意向，重视科学技术的意向。在那样艰难的岁月里，中国共产党都没有忽视苏区的经济和文化建设，并且把科学技术的试验研究和教育工作摆在自己的视野之内。

四、陕甘宁边区和科学

抗日时期的延安，仍然是战争环境，仍然是经济很落后的地方，但是较之江西时期，情况要稳定得多，工作也开展得多了。这时，已经有可能把提倡自然科学当做一项普遍提出的任务摆到议事日程上来了（陕甘宁边区政府的施政纲领中就有“提倡科学知识”的规定），也有必要对中国共产党的科学政策做出一般的阐述了。

抗日的烽火引导大批青年学生和知识分子涌到延安，其中有不少学习自然科学的学生，也有一些学有专长的自然科学家。这些人才的聚集，为延安自然科学工作的开展准备了人员的条件。1939 年 5 月《新中华报》报导：中共中央为促进边区工业生产的进步和保证国防经济建设的成功，决定最近在延安创办自然科学研究院。[③] 1939 年年底，自然科学研究院召开自然科学讨论会，讨论了边区自然科学界和延安自然科学研究院的任务。[④] 接着，在毛泽东及吴玉章等各界人士的发起和赞助下，于 1940 年 2 月成立了陕甘宁边区自然科学研究会。毛泽东、陈云等亲自参加成立会，并且讲了话。[⑤] 研究会发布了宣言[⑥]，推举吴玉章为会长，这一年征集会员达 320 人。翌年 8 月在警报声中和敌机空袭下召开了第一届年会，朱德致词，洛甫（张闻天）作

---

① 《毛泽东选集》第 1 卷，第 118 页。
② 《苏维埃中国》第 2 集，第 284、285 页。
③ 《新中华报》，1939 年 5 月 30 日。
④ 《新中华报》，1940 年 1 月 6 日。
⑤ 《新中华报》，1940 年 3 月 15 日。
⑥ 《新中华报》，1940 年 2 月 28 日。

了题为“自然科学与社会科学”的专题报告。[1] 延安自然科学研究院是中国共产党所创办的第一个自然科学学术机构（它后来办成自然科学教学机构，改称自然科学院，并且成为延安大学的一个学院，李富春、徐特立先后任院长）。边区自然科学研究会是中国共产党所组织的第一个自然科学学术团体。毛泽东等对边区自然科学研究会的讲话和其他有关文件，是中国共产党阐明自己的科学政策的第一批文献。此外，那时在中国共产党阐明自己的政治、经济和文化任务的文献中，也有不少涉及自然科学和科学工作的论述。综观这些文献，当时中国共产党的科学政策，主要可以概括为以下几点。

1）科学和抗战。中国共产党是从抗战建国的总任务来规定科学工作的任务的。朱德对自然科学研究会年会的祝词，题目就是“科学和抗战结合起来”。一方面是团结自然科学界坚持抗战、团结、进步，反对投降、分裂、倒退；另一方面是动员自然科学界从事为抗战所需的各项科学技术工作。

2）科学和新民主主义政治建设。毛泽东关于工业和科学的发展“有待于新民主主义的政治条件在全中国境内的实现”[2] 的论述，是大家都很熟悉的。这个思想是当时阐述科学政策的有关文献的一个中心主题。朱德说：“只有抗战胜利，民主成功，中国的科学才能得到繁荣滋长的园地”，“殖民地是科学的坟墓而不是温室。”“不能想象，在黑暗的独裁专制下，科学会有前途。”[3] 吴玉章说：“民主和自由是科学发展的保姆。”“新民主主义就是民主政治加上科学的新经济建设。”[4] 这类阐述，同“五四”时期“民主和科学”的口号及“革命+科学”的公式一脉相承。由于新民主主义理论的创立明确地规划了中国革命的进程和道路，这时所说的“民主”和“革命”，内容就比以前更加具体、实在，而且有了新的科学的含义。至于“在新民主主义制度的边区”，“现在的社会制度是有利于自然科学发展的”[5]，科学是“偕

① 《解放日报》，1941年8月3日。

② 《毛泽东选集》第3卷，第982页。

③ 《把科学与抗战结合起来》，《解放日报》，1941年8月3日；《朱德选集》，人民出版社，1982年，第76、77页。

④ 吴玉章：《在发展科学方面对于边区参议会的希望》，《解放日报》，1941年11月10日。

⑤ 毛泽东：《在边区自然科学研究会成立会上的讲话》，《新中华报》，1940年3月15日。

着前进的政治一同前进”的[①]。

3）科学和新民主主义经济建设。这些文献着重强调了科学对“大大提高生产力”[②] 的意义，一再指出：科学是人们向自然界“争取自由”的武装[③]，科学是“创造物质文明的工具”[④]，科学是促进“工农各业的发达，生产能力的提高，富源的开发与正确利用，实业的正确管理”的“伟大的力量”[⑤]。徐特立还创造了一个很生动的提法：科学是“国力的灵魂”[⑥]。在边区，自然科学界被要求“都来参加边区的经济建设的战斗任务”，响应边区“生产建设第一”的号召[⑦]。毛泽东高度评价了来边区工作的科学技术人员“作为建立工业的指导力量”做出的贡献[⑧]。他在中央办公厅招待边区职工代表会上讲过一篇话，明确指出：边区工业发展的数量虽小，包含的意义却非常远大。“谁要不认识这个最有发展、最富于生命力、足以引起一切变化的力量，谁的头脑就是混沌无知。”“老百姓拥护共产党，是因为我们代表了民族与人民的要求，但是，如果我们不能解决经济问题，如果我们不能建立新式工业，如果我们不能发展生产力，老百姓就不一定拥护我们。”“经济工作，尤其是工业，我们还不大懂，可是这一门又是决定一切的，是决定军事、政治、文化、思想、道德、宗教这一切东西的，是决定社会变化的。”[⑨] 科学的重要性，只有在切实通晓这里所阐述的生产力发展决定一切的历史唯物主义基本原理的基础上，在充分认识科学对生产力发展的重大作用的基础上，才能得到最透彻、最有力的说明。

4）科学和新民主主义文化建设。毛泽东把新民主主义的文化概括为民族的、科学的、大众的文化，这个概括，一方面把科学在新文化中的地位突出了出来，一方面把科学和大众联系了起来，应该认为是“五四”时期科学

---

① 徐特立：《祝〈科学园地〉的诞生》，《解放日报》，1941年10月4日；《徐特立教育文集》，人民教育出版社，第66页。

② 陈云：《在边区自然科学研究会成立会上的讲话》，《新中华报》，1940年3月15日。

③ 毛泽东：《在边区自然科学研究会成立会上的讲话》。

④ 《边区自然科学研究会宣言》，《新中华报》，1940年2月28日。

⑤ 朱德：《把科学与抗战结合起来》。

⑥ 徐特立：《祝〈科学园地〉的诞生》。

⑦ 李富春：《给自然科学研究会的一封信》，《解放日报》，1943年1月30日。

⑧ 《经济问题与财政问题》，见《毛泽东选集》，东北书店版，1948年，第815页。

⑨ 《在中央办公厅招待职工代表会上的讲话》，《解放日报》，1944年5月26日。

口号的深入。科学的大众化成为延安自然科学界的一个重要论题。所谓科学的大众化，不但是向大众普及实用的自然知识，而且要用自然科学来“破除迷信，并反对复古盲从等一切反科学反进步的封建残余毒物，使人民的思想意识和风俗习惯都向着科学的进步的道路上发展”①。所谓科学的新文化，就是“反对武断、迷信、愚昧、无知，拥护科学真理，把真理当做自己实践的指南”，提倡科学的思想、生活和工作方法的文化②。就是说，科学既是物质建设的武器，又是思想斗争、思想建设的武器，绝不可以忽视科学作为精神力量的意义。

5）马克思主义和自然科学。毛泽东提出，马克思主义包括自然科学但不能代替自然科学③。这里的“包括”，参照毛泽东其他文章的解释，只应理解为“概括和总结”。毛泽东还提出“自然科学要在社会科学的指挥下去改造自然界”④。这里的“社会科学”，说的就是马克思主义。朱德也说，“马列主义决不如有些人所设想的那样，只限于社会科学，历史科学。马列主义乃是一切科学的最高成果，它的世界观，它的方法，当然也适用于一切科学。掌握了它，可以使一切科学得到新的发展”⑤。自然科学与社会科学的统一成为延安科学界的又一个重要论题。当时对这种统一，主要还是从“运用唯物辩证法来研究自然科学，并运用自然科学来证明和充实唯物辩证法理论”①这一点上来认识的，还没有涉及社会科学的其他领域。

6）党和自然科学。面对根据地建设的任务，随着科学技术工作摆上议事日程，党提出了这样的思想：“在今天，我党不仅要领导政治，也要领导技术。”⑥ 毛泽东在前面讲到的强调经济工作决定一切的那篇讲话中，明确地指出：“所有的共产党员都应该学习经济工作，其中许多人，应该学习工业技术。”“如果我们共产党员不关心工业，不关心经济，也不懂别的什么有益

---

① 《边区自然科学研究会宣言》。

② 洛甫：《抗战以来中华民族的新文化运动与今后任务》，《中国文化》，1940年第2期。

③ 毛泽东：《在延安文艺座谈会上的讲话》，见《毛泽东选集》第3卷，人民出版社，1966年，第831页。

④ 毛泽东：《在边区自然科学研究会成立会上的讲话》。

⑤ 朱德：《把科学与抗战结合起来》。

⑥ 徐特立：《在延大开学典礼上的讲话》，《解放日报》，1941年9月23日。

的工作，对这些一无所知，一无所能，只会做一种抽象的‘革命工作’，这种革命家是毫无价值的。我们应该反对这种空头革命家，学习使中国工业化的各种技术知识。"① 中共中央还做出了《关于党员参加经济和技术工作的决定》②，决定的第一条就是："向全党解释，各种经济工作和技术工作是革命工作中不可缺少的一部分，是具体的革命工作。应纠正某些党的组织和党员对革命工作的抽象的狭隘的了解，以至轻视经济工作和技术工作，认为这些工作没有严重政治意义的错误观点。"就是说，那个时候，政治和技术的关系问题已经提了出来，已为如何正确认识和处理这个关系指明了方向。除以上几点外，延安时期的科学工作中还接触到其他一些政策问题，例如，中医和西医的问题，土法生产和洋法（科学方法）生产的问题，学科（理论）和术科（应用）的问题，经验和科学的问题，空想主义和实利主义的问题，反对否定旧时代科学遗产的过左思想、反对"以为要直接能应用的东西才要"的狭隘偏向的问题，等等。主要是徐特立的一些文章（见《徐特立教育文集》），反映了当时领导科学工作的共产党在这些政策问题上的初步探讨和思考。

解放战争时期政治和军事斗争的形势发展得很迅速，中国共产党的注意力都在这些方面，无暇更多议及科学工作。在解放战争时期涉及科学政策的一些文献中，有一篇重要文献必须在这里介绍一下，这就是周恩来在 1948 年 6 月写的题为"新民主主义的经济建设"的提纲③。这个提纲指出：新民主主义的经济建设，一方面，"是反对旧民主主义或旧资本主义的经济方针的"，另一方面，"也是反对农业社会主义或极端平均主义的经济方针的"。毛泽东当时在晋绥干部会议上的讲话中曾经提出过对农村中的农业社会主义思想的批评，周恩来则联系整个新民主主义经济建设和工业建设来批评农业社会主义。那么，农业社会主义同新民主主义的经济方针的区别在哪里呢？周恩来列了七条："工业的科学管理还是后方机关制度"；"工资制度还是供给制度"；"生产观点还是救济观点"；"工业无产阶级立场还是贫雇农路线"；

① 毛泽东：《在中央办公厅招待职工代表会上的讲话》。

② 《新华日报》，1941 年 6 月 3 日。

③ 《周恩来选集》上卷，人民出版社，1980 年，第 305、306 页。

“技术进步还是安于落后”；“政治条件是什么？老资格还是新资格”；“向谁学习，学习什么”。这是一个思想深刻而丰富的提纲，从我们讨论的主题来看，最引起我们注意的是周恩来明确指出，农业社会主义思想的一个特征是技术保守和安于落后，新民主主义的经济必须建立在经济进步的基础上，而同农业社会主义划清界限。

总之，不论是抗日战争时期的根据地，还是解放战争时期的解放区，客观历史条件的限制使中国共产党不可能真正领导开展多少自然科学工作。以上归纳起来的种种政策思想，与其说反映了领导科学工作的实践和经验，毋宁说表现了中国共产党对科学工作的认识、意向和信念。然而，中国共产党毕竟提出了对科学工作的这样一些观点，形成了科学政策的这样一个雏形，也开展了当时条件下所能开展的这样一些工作。这是中国革命历史的一个侧面。中国的科学除了在沿海城市、文化中心发展以外，还有过这样一段在山沟里、在战火中发展的弥足珍贵的革命的历史。了解一下这段历史，对中国的革命者和中国的科学工作者，还是饶有兴趣的吧！何况这也不仅仅是一种历史的兴趣。当时阐明的关于科学政策的那些思想中，也还有一些东西，比如，对作为科学发展前提的民主政治的执著追求，强调用科学精神来反对迷信和盲从等封建残余毒物，对生产力发展归根到底决定一切的深刻理解，对安于技术落后的农业社会主义思想的批评，以及号召共产党员学习使中国工业化的科学技术知识（叶剑英庆祝国庆 30 周年的讲话中就为了当前的需要重新引用了毛泽东 35 年前发出的这个有远见的号召），等等，今天读来不是仍然发人深省吗？

中国共产党为科学而奋斗的历史篇章*

中国共产党的60年，是为中华民族的解放、为人民民主和社会主义在中国的胜利、为中国的工业化和现代化而英勇奋斗的60年。在党的60年的历史中，包含着为科学在中国的发展而奋斗的篇章。这是因为，作为马克思主义的政党，我们党认识到科学是改造和建设中国所必需的，为科学而奋斗是改造和建设中国的总奋斗的重要组成部分。粉碎江青反革命集团以来，特别是党的十一届三中全会以来，经过拨乱反正和总结历史的经验教训，我们党正以新的认识、觉悟和决心，继续为科学技术的现代化而奋斗。

一

在人类历史上，第一个认识到科学在社会发展中的重大作用的阶级是资产阶级。西欧新兴的资产阶级一方面把自然科学当做思想武器，用它同封建阶级及其反科学的宗教神学作斗争，另一方面把它当做能够转化为物质生产力的武器，用它来发展工业，从经济上摧毁封建关系的基础，壮大资产阶级

* 本文原载《红旗》，1981年第5期。收入《龚育之文存》（下）（上海人民出版社，2000年，第1615～1627页）时，原来的第二、第三两节，因为内容同《中国共产党的科学政策的历史发展（新中国成立以前的部分）》重复，压缩合并为现在的第二节。

的力量。恩格斯讲过，科学和哲学结合的结果，就是唯物主义、启蒙时代和法国的政治革命；科学和实践结合的结果，就是英国的社会革命、产业革命。这是对西欧资产阶级革命历史上科学所起作用的深刻概括。

中国资产阶级为科学在中国的发展也作过一番努力。清朝末年，向西方寻求真理的人们倡导学习西方科学，希望把它搬到中国来，促使中国进步和富强。但是中国资产阶级在经济上、政治上、思想上都很软弱，他们在推进资产阶级革命方面作为甚小，在传播西方科学方面尽管做了难能可贵的工作，总的说来收效甚微。中国资产阶级未能在中国担当起西欧资产阶级在西欧完成的认识和发展科学的历史使命。完成这个使命的责任，历史地落到了中国无产阶级的肩上。

二

在中国第一次唤起人民认识科学的伟大作用，是在“五四新文化运动”中。“五四新文化运动”的民主和科学这两大口号，最初还是效法欧美的资产阶级民主革命的口号。十月革命一声炮响，给我们送来了马克思列宁主义，左翼知识分子接受马克思列宁主义，并同中国新兴的工人运动相结合，产生了中国共产党。中国共产党人是民主和科学口号的最热烈的拥护者和最忠实的继承者，同时又把这两大口号提到新的思想高度，纳入新的革命轨道，把它们发扬光大了。

“五四”时期对科学的作用也是从两个方面认识的：一方面把它当做思想斗争的武器，要用科学的思想同封建宗法思想的黑暗和愚昧作斗争；另一方面也把科学当做可以转化为物质生产力的力量，重视用发展科学来发展工业，要用科学和工业来救治旧中国的积弱和贫穷。共产党人的主张当然是“只有革命才能救中国”，不赞成离开革命来谈科学和工业救国，强调必须经过革命，推翻帝国主义和封建主义的反动统治，进而选择社会主义道路，才能在中国发展科学和工业。同时共产党人在自己的革命救国主张中给予科学以重要的地位。如果要把中国共产党人的救国主张概括为公式，那就应该是：“革命＋科学”。

当然，那个时候党首先要为夺取政权而斗争，不可能为发展科学做多少直接的努力。但是，早在土地革命战争时期，我们党已经开始把红军所迫切需要的军医、军工和无线电通信等技术工作，以及在根据地所能进行的科学知识教育和农事试验工作，提到自己的议事日程上来。到了抗日战争时期的延安，由于有比过去较为稳定的环境和较多的知识分子，我们党在发展科学方面做了更多的工作。1939 年，党中央决定在延安建立自然科学研究院，这是我们党所建立的第一个自然科学研究机构（它后来变为教学机构——自然科学院）。1940 年，毛泽东同延安各界人士一道发起成立陕甘宁边区自然科学研究会，这是我们党所组织的第一个群众性的自然科学学术团体。特别应当提到的是，我们党在延安系统地阐明了新民主主义革命的理论、纲领和政策，同时对科学在新民主主义政治建设、经济建设、文化建设中的地位与作用也作了充分的论述，形成了我们党的科学政策的雏形。

至于在国民党统治区，我们党在科学界和科学青年中进行了长期的工作，推动他们参加从抗日救亡到民主运动的历次群众斗争。1946 年，党影响下的中国科协工作者协会成立。越来越多的科学工作者汇入了人民革命的洪流。

三

民主革命在全国胜利以后，我们党面临着全新的形势和任务。过去我们认识到了发展科学和工业的重要性，但是在实际工作中还不可能把重点摆在这里。现在，中华人民共和国的建立在全国范围内为科学发展创造了必要的政治条件，我们的工作重点应该而且能够逐步转移到经济建设和科学发展上来。

在新中国成立以后的第一个历史阶段，我们党为科学而奋斗是很有成效的。

从党的指导思想的角度来看，新中国成立之初党所提出的《中国人民政治协商会议共同纲领》专门定了一条：“努力发展自然科学，以服务于工业农业和国防的建设”，这表明了党和国家重视科学的基本态度。

接着，1953 年开始进入第一个五年计划的建设。这一年，毛泽东多次号召：要学习苏联先进的科学和技术，来建设我们的国家。

这一年，党中央在《关于纠正“技术一边倒”口号提法错误的指示》中指出：“在大规模建设时期，我们正是要提倡重视技术。斯大林说：‘在改造时期，技术决定一切’，这对我们今天正是适用的。”“技术问题和政治问题不同，并没有阶级和阵营的分别，技术本身是能够同样地为各个阶级和各种制度服务的。在技术上并不存在不是倒向这边就一定倒向那边的问题”。

1953 年，党中央向全国人民宣布了过渡时期的总路线。在总路线宣传提纲中强调：社会主义改造的目的是使我国“在技术上起一个革命”。这是党第一次向人民提出技术革命的任务。

1954 年，周恩来在讨论中国科学院向党中央和政务院提交的工作报告时提出：“我们要充分重视科学研究工作，结合最近对总路线的学习，把科学工作提到应有的地位。”党中央向全党转发了这个报告，加了很长的批语。这个批语强调了科学工作对国家建设的重要意义，指出我国科学基础薄弱，而科学研究干部的生长和科学研究经验的积累，都需要相当长的时间，因此，必须奋发努力，急起直追，否则就会由于科学落后而阻碍国家建设事业的发展。这个批语强调了重视和团结科学家是党在科学工作中的重要政策，做出了一系列关于团结、使用和教育科学家，培养新生的科学研究力量的政策规定。这个批语规划了一个以科学院为全国科学研究中心，在高等学校和生产部门的科研机构积极开展科学研究工作的体制，并且提出了建立学位制和科学研究奖励制度的问题。可以说，这是新中国成立以后全面奠定党的科学政策的初步基础的第一个文件。

1956 年，党中央召开了关于知识分子问题的会议，第一次把科学工作作为要求全党关注的重要工作郑重地提到全党面前。周恩来代表中央作报告，指出：“在社会主义时代，比以前任何时代都更加需要充分地提高生产技术，更加需要充分地发展科学和利用科学知识。”“科学是关系我们的国防、经济和文化各方面的有决定性的因素。”我们必须付出最紧张的努力，“向现代科学进军”。毛泽东在会上讲话，号召全党努力学习科学知识，同党外知识分子团结一致，为迅速赶上世界科学先进水平而奋斗。根据会议的建议，成立了以陈毅为主任的国家科学规划委员会，集中一大批优秀科学家编制了1956～1967 年全国科学发展规划。党的八大的政治报告和决议，把实现这个规划规定为党和政府的重要任务之一。

由重视科学联系到重视科学家。周恩来在报告中明确宣布：我国的知识分子的绝大部分已经是工人阶级的一部分。新中国成立前夕刘少奇在天津职工代表会上的讲话、周恩来在全国文学艺术工作者代表大会上的报告就已讲过，脑力劳动者是工人阶级的一员。在土改划分阶级的文件中，在确定工会会员条件的文件中，都讲到国家、合作社、私人雇佣的知识分子是工人阶级的一部分。这次会议不但从经济地位，而且联系到对知识分子思想上、政治上进步的估计，进一步明确了这个问题。

知识分子问题会议后不久，毛泽东又为我们党确定了在科学文化工作中实行“百花齐放，百家争鸣”这一基本政策。我们党强调：百家争鸣是发展科学的必由之路；科学上不同的学派可以自由争论，科学中的是非问题应当通过科学界的自由讨论、科学的实践去解决；利用行政力量强制推行一种学派，禁止另一种学派，有害于科学的发展。这个政策的提出，总结了科学发展的历史经验，总结了苏联过去对许多自然科学学说进行粗暴批判和行政压制的教训，总结了我们在学习苏联中重复这种错误的教训，是对这些经验教训的马克思主义的总结，充满了科学和民主精神的总结。

以上这些反映出新中国成立以后，在我们党的指导思想上，对科学和科学家的重要作用的认识，对科学工作规律的认识，是逐渐发展的。在这些正确认识的指导下，我们党在科学界进行了大量的思想政治工作和组织工作，增派了党的干部，聚集和发展了党的力量，动员各方面来支持科学工作，极大地扩大和加强了党对科学界的影响。广大科学工作者团结在党的周围，以高涨的政治热情，积极关心国家建设，辛勤开展科学工作。我国的科学事业出现了日益兴旺的景象。

四

从 1957 年以后，我们党对待科学的指导思想经历了曲折的发展进程。有继续前进的一面，这表现在党明确地提出社会主义改造基本完成以后，全党工作重点要转移到技术革命和社会主义建设上来，并且激发起广大群众和科学工作者的社会主义积极性，在生产建设和科学研究上开创了新局面。又有向后倒退的一面，这表现在反“右派”斗争严重地扩大化，导致改变了知识分子绝大多数已经是工人阶级一部分的正确论断，而把他们一般地看做是资产阶级的一部分。在“左”的指导思想的影响下，在经济和科学技术工作中，重视科学家被当成反对群众路线来批判，尊重科学被当成迷信来破除，技术上科学上的不同意见被当做政治错误来斗争。“大跃进”中失误的造成，这些不能不是重要的原因。

1960 年冬，我们党开始认真纠正和清理前一段的“左”的错误思想。科学方面，在聂荣臻主持下经过调查研究，集中科学家和党的科学工作干部的正确意见，于 1961 年制定了《科学十四条》。这个条例对党的科学政策做出了一系列具体规定，中心是纠正违反知识分子和“百家争鸣”政策的“左”的错误，稳定科学研究工作秩序。1962 年，在广州召开了科技工作会议。周恩来在这次会议上作了报告，重新肯定绝大多数知识分子不再是属于资产阶级的知识分子，而是属于劳动人民的知识分子。会上针对“大跃进”中违背科学的错误，指出破除迷信要同尊重科学结合起来，强调在生产建设中要发挥科学和科学家的作用，提出了科学家参与国家建设决策的问题。这是继知识分子会议之后，把我们党对科学和科学家的重要作用的认识重新端正过来的又一次重要会议。

1963 年年初，周恩来在上海科技会议上讲话，进一步指出，要实现四个现代化，关键在于实现科学技术现代化。这年年末，毛泽东在听取科学规划汇报时强调：科学技术这一仗一定要打；我们过去搞上层建筑的革命，搞生产关系的革命，都是为了发展生产力，科学技术这仗不打好，生产力无法提高。1965 年年初在审阅第三届人大周恩来作的政府工作报告时，毛泽东在技术革命的一节里专门加写了一段话，要求尽量采用先进技术，在一个不太长的时期内，把我国建设成为一个社会主义的现代化强国。

综观从新中国成立到“文化大革命”前夕这 17 年，我们党努力为科学而奋斗，总的说来取得了巨大的成绩，虽然由于经验不足以及指导思想上的失误，走过一些弯路。在旧中国的艰难时势里，我们的科学工作者辛勤研究，培养干部，为新中国的科学事业准备了基础，但是，这个基础毕竟是很薄弱和落后的。新中国成立之初，在原中央研究院和北平研究院的基础上创建的中国科学院，自然科学研究机构只有 13 个，研究技术人员约 300 人，

1956 年发展到 50 个，4000 多人，1965 年发展到 106 个，20 000 多人，增长速度是很快的。全国研究机构和人员以更高的速度增长。中央各产业部门、业务部门，以及企业的研究机构、各地方的研究机构、国防科研机构、高等学校的科研组织，这几大“方面军”都壮大起来。群众性的科研活动也有广泛的开展。科学技术研究工作从 1956 年起在全国规划指导下展开，原定“十二年规划”的主要任务大都提前完成，1963 年开始执行新的全国“科学发展十年规划”。原子能、半导体和电子计算机科学技术的迅速发展，人工合成牛胰岛素的成功，标志着我国科学同世界先进科学水平的差距在显著缩小。这是全体科学工作者在党领导下奋斗的成果。我国社会主义的科学事业，虽然还不能适应国家建设的需要，但已经奠定了远比过去雄厚的基础。

不幸的是，我国科学发展进程同整个国家生活进程一道，被“文化大革命”打乱了。在“文化大革命”以前，阶级斗争扩大化的错误已经在不断地干扰科学工作的稳定发展，干扰党的上述那些重视科学的指导思想，使它们不能始终一贯地和充分有效地贯彻执行；到“文化大革命”中，情况就完全不同了。科学队伍的骨干普遍被当做“资产阶级反动权威”而遭到迫害，研究工作被中断，研究机构被破坏，党的正确的科学政策被当做“修正主义”批判，党的领导科学工作的干部被当做“走资派”打倒。这是我国社会主义科学事业的一场浩劫，是林彪、江青反革命集团破坏和我们党的领导犯错误交织的结果。但是，人们都看到，“文化大革命”中科学遭到破坏，首先是因为我们党遭到破坏；而且，我们党的许多领导人在极端困难的条件下还为保卫和发展科学进行了艰苦的斗争。周恩来对许多科学家的保护和关怀，他对所谓“科技工作十七年黑线专政”谬论的抵制和否定，他为恢复科学工作包括基础理论研究工作所作的斗争，邓小平 1975 年对科学工作的整顿和在他支持下提出的科技工作汇报提纲，代表了在我国历史发展的这个特殊阶段中党对科学工作的正确领导。正因为如此，他们这些努力才受到江青反革命集团的仇恨和攻击。至于广大科学工作者和领导科学工作的党的干部，他们在极端困难的条件下仍然坚持工作。许多科学家在监狱里和“牛棚”中的严峻考验下，也没有动摇对党和社会主义的信念，甚至还进行了一些人们难以设想的科学研究。在此期间，我国科学工作取得了如人造卫星的发射和回收、杂交水稻育成等许多重大成绩。这是党在科学界长期教育和影响的结果，是我国科学界对人民忠贞的明证，是我国社会主义科学事业伟大生命力的生动表现。

五

粉碎江青反革命集团，结束“文化大革命”后，我们党和国家进入了新的历史时期，党中央召开的全国科学大会迎来了科学的春天。邓小平在全国科学大会上的讲话，为恢复党的正确的科学政策和在新时期进一步发展党的科学政策奠定了基础。几年来，特别是党的十一届三中全会以来，我们党深入地思考和总结了新中国成立以来历史的经验教训，对于我国社会主义现代化建设的任务与道路，对于科学在现代化建设中的地位和作用，认识都有了大大的提高。党的十一届六中全会通过的《关于建国以来党的若干历史问题的决议》(以下简称《决议》)，在党的指导思想上完成了拨乱反正的历史任务。我们党为科学而奋斗的历史，也揭开了新的篇章。

1）十一届三中全会提出把全党和全国的工作重点转移到社会主义现代化建设上来。这是一个伟大的战略转移。《决议》把这一点作为新中国成立以来历史的基本经验教训的第一点。从科学工作的角度看也是如此。过去的32年中，凡是科学得到比较顺利的发展的时候，都是我们党把经济建设摆在中心的、重要的位置上的时候；凡是我们党由于阶级斗争扩大化的错误而偏离以至抛开这个中心时，科学发展也就在不同程度上受到忽视、干扰和破坏。对科学的重视与对建设的重视紧密相连，这是很自然的逻辑。现在，我们党决心为长期的政治安定、为始终不渝地把工作重点放在社会主义现代化建设上而奋斗，这同时也就是为发展科学创造最有利的环境而奋斗。

2)《决议》提出：“要坚决扫除长期间存在而在‘文化大革命’期间登峰造极的那种轻视教育科学文化和歧视知识分子的完全错误的观念，努力提高教育科学文化在现代化建设中的地位和作用，明确肯定知识分子同工人、农民一样是社会主义事业的依靠力量，没有文化和知识分子是不可能建设社会主义的。”轻视科学和歧视科学技术人员的错误观念的存在和发展，是由于我们党过去在政治理论和实践上，以及在经济建设中把阶级斗争绝对化、扩大化所致，同时也有深刻的社会历史原因。它反映了我国长期封建社会中形成的轻视科学的思想的影响，反映了小生产者的保守习气和狭隘眼界。因此，扫除这种错误观念，是一项艰巨的任务，需要党为此而进行长期的思想斗争和思想教育。这里面有一个重要任务，就是用马克思主义的基本观点从理论上认真研究科学技术同社会经济政治发展的相互关系，创造性地探讨这方面的新现实、新趋向，使马克思主义对这个问题的认识达到现代的水平。这种研究要同我国的实际、我们各项工作的改进相结合，使对科学重要性的认识不是停留在抽象原则和外国事例上，而是成为在各项工作中具体地、实际地发挥科学的重大作用的指导思想。

3）我们党还提出，在国民经济调整中，必须同时调整科学技术同经济发展的关系，求得我国科学技术同经济、社会的协调发展。这既包括要逐步提高国家预算中科研经费的比例，逐步改变这方面比例失调的状况，又包括要进一步明确发展国民经济必须依靠科学技术和科学技术必须为发展国民经济建设服务的方针，纠正过去国民经济规划中科学技术没有得到应有的重视的错误，纠正科学技术规划中在发展目标、规模、速度方面的一些不切实的要求，使科学技术同经济发展更紧密地结合，对经济发展做出切实的贡献。提高人们对科学重要性的认识，不但要靠思想理论上的宣传教育，更重要的是要让人们从切近的生活中看到重视科学对经济发展的实际效益。

4）我们党又提出，为使科学技术在国民经济中真正发挥作用，现行体制需要逐步加以改革。经济体制改革的目的之一，就是要使工业、农业和其他各种企业内部都形成一种强大的推动力，促使它们去革新技术，采用科学成果，支持科学研究，把对科学的重视同企业自身的经济利益（包括企业的经营者和劳动者的利益）结合起来。科学工作的体制中那些不利于科学人才的选拔和成长，不利于科学成果的产生和推广，不利于协作和交流，总之，所有不利于科学生产力解放的东西，也都需要逐步加以改革。只有这样，社会主义制度在发展科学上的优越性才能通过具体的经济管理制度和科研管理制度体现出来。

5）我们党为社会主义民主政治的建设而奋斗，对于科学技术发展也有很重要的意义。健全的民主，是科学蓬勃自由发展的政治前提。我们党的“百家争鸣”政策，既是正确反映认识发展规律、促进科学进步的政策，又是切实保障我国宪法赋予公民的进行科学研究的自由权利的政策。不仅要在科学理论的探索上，而且要在技术政策、技术方案、技术措施的讨论上，在经济建设项目和经济社会发展规划的科学技术论证上，保证科学家自由发表意见的民主权利。我们党保护科学家对科学和技术问题的自由研究、自由讨论，就是保护人民的权利，保护科学的真理，保护党的政策，保护社会主义事业的利益。

6）科学作为一种精神力量，在我们党为建设社会主义的精神文明而奋斗中，是一项重要的武器。精神文明的发展，包括科学文化知识的普及和提高，也包括人们思想觉悟、道德品质的提高。在科学的长期发展中形成优良传统的种种精神，诸如尊重事实、尊重真理、反对迷信、反对盲从的精神，勇于革新、勇于创造、反对因循、反对守旧的精神，为科学锲而不舍的精神，为科学献身的精神，等等，它们是科学劳动的产物，对于社会主义精神文明的后一个方面无疑也是重要的来源。新中国成立之初我们就把爱科学列为国民公德，科学精神、科学态度，对科学的尊重，应当是社会主义精神文明的重要内容。同时，在科学工作中和科学队伍里，发扬优良的学风，培植高尚的科学道德，发展人与人之间社会主义的新型关系，克服资产阶级和封建阶级腐朽思想的影响，也是建设社会主义精神文明的一项重要任务。

7）在新的历史时期，我们党要把自己建设成为更有能力领导社会主义现代化建设的党。党的各级干部和广大党员，要努力学习科学和技术。我国有一大批老一辈的科学家，走过漫长曲折的道路，终于在我们党的队伍里找到了自己的政治归宿。在党的培育下成长的中青年优秀科学家中，有很大一部分是共产党员。他们是党的重要财富。我们要进一步克服歧视知识分子的错误思想在党的建设上的反映，大量吸收有工人阶级先进分子觉悟的科学技术人员到党里来。党的队伍和党的各级领导核心中科学力量的增强，将使我们党成为更有能力为科学、为社会主义现代化而奋斗的党。

总之，从总结历史的经验教训中，从确立我国社会主义现代化建设的正确目标和道路的思考中，我们党进行了对社会主义的再认识，同时也进行了对科学的再认识，并且把这两个方面的再认识结合在一起。在新的历史时期，在把我国逐步建设成为现代化的、高度民主的、高度文明的社会主义强国的总奋斗过程中，我们党将更加自觉、更加坚定、更加努力地为科学而奋斗。

端正党的知识分子政策的决定性斗争

——读《邓选》中关于知识分子的论述*

在《邓小平文选》（1975～1982 年）中，论述知识分子和教育科学文化问题的文章所占的分量很重。全书文章 47 篇，专讲和讲到这方面问题的文章约 20 篇。这个情况从领导人注意力的分布这一点上，表明了我们党领导社会主义现代化建设的一个重要战略思想。

《邓小平文选》中这方面的文章，同收入《知识分子问题文献选编》的其他文件和文章合在一起，集中反映了近几年来我们党中央的领导集体在知识分子问题上拨乱反正和适应新形势、制定新政策的进程和成果。继续推进这个进程，发展它的成果，一定会使我们党为端正党的知识分子政策而进行的这一次决定性斗争，取得过去的斗争未能取得的彻底的、巩固的胜利。党中央为夺取这个胜利已经下定了决心。因为这个胜利是客观形势的需要；没有这个胜利，我们党就不能领导中国人民实现社会主义现代化建设的伟大目标。

一、历史的回顾

要深刻理解《邓小平文选》中关于知识分子的论述的意义，必须稍许回

---

* 本文原载《红旗》，1983 年第 19 期；《龚育之文存》（下），上海人民出版社，2000 年，第 1628～1642 页。

顾一下我们党对知识分子的政策和工作的历史。

《关于建国以来党的若干历史问题的决议》在总结历史经验的时候，说了一句很重的话："要坚决扫除长期间存在而在'文化大革命'期间登峰造极的那种轻视教育科学文化和歧视知识分子的完全错误的观念。"党的十二大报告中又说："过去由于'左'倾思想和小生产观念的束缚，在我们党内相当普遍、相当长期地存在着轻视教育科学文化和歧视知识分子的错误观念。"

"长期地存在"，究竟有多长时间呢？

如果追溯到党的早期的历史，应该指出，民主革命时期三次"左"倾错误在知识分子问题上也有表现。毛泽东同志1939年为中央起草的《大量吸收知识分子》的决定，就讲到我们党在土地革命时期"许多地方许多军队对于知识分子的不正确态度"[①]。《论政策》一文历数土地革命后期的种种过左政策，"打击知识分子"就是所指出的一种[②]。纠正第三次"左"倾以后，情况不同了。虽然如此，某些时候在实际工作中也还是发生过对待知识分子的这种那种"左"的错误。从党史研究的角度看，民主革命时期党在知识分子问题上的"左"的错误的形态和根源，以及党为纠正这些错误而斗争的情况和经验，是一个应该加以探讨的课题。民主革命时期的错误同社会主义时期的错误有一定的联系，因此，这种研究今天仍有现实意义。

但是，在民主革命过程中，在建党时期和大革命时期，特别是遵义会议以后的抗战前夕、抗战时期和解放战争时期，我们党的知识分子政策和在知识分子中的工作，总的说来是正确的、成功的。大批先进的知识分子在革命中发挥了先锋和桥梁作用，他们中很大一部分被吸收进我们党，在长期的革命斗争实践中锻炼成为无产阶级的先进战士。广大知识分子也越来越倾向进步，倾向革命，倾向我们党，满腔热情地迎接我们党所领导的革命战争的胜利和新中国的到来。这种情况，同十月革命之初苏俄大多数高中级知识分子对革命抱敌对或怀疑态度，形成鲜明的对照。这当然是由

① 《毛泽东选集》第2卷，人民出版社，1966年，第583页。

② 《毛泽东选集》第2卷，人民出版社，1966年，第720页。

于时代和历史背景的不同；同时也是我们党对知识分子的正确政策和长期工作的伟大胜利。

《关于建党以来党的若干历史问题的决议》所说的“长期间存在”，主要是就新中国成立以后来说的。在新中国成立以后的各个历史阶段，这种存在的情况又有很大不同。大致说来，对待知识分子的“左”的错误在1956年以前已经发生，1957年反“右派”斗争扩大化以后严重发展，到“文化大革命”中达到登峰造极的地步。这种错误，曾经越来越严重地损害着我们党同知识分子的关系，损害着我国社会主义的政治建设、经济建设和文化建设，它的后果和流毒至今还是我们事业顺利前进的严重障碍，需要我们作极大的努力来清除和克服。

当然也要看到，在新中国成立以后的最初七年中，我们党的知识分子政策和工作继续取得巨大成绩。广大知识分子紧密团结在我们党周围，热情学习马克思主义，学习中国革命的理论和历史，学习全心全意为人民服务的新思想，改造不符合人民利益的旧思想，积极投身到各项社会改革和各项建设事业中去，取得了巨大进步，做出了重要贡献。

在对待知识分子的“左”的错误发生发展的过程中，我们党同它作过反复的斗争。如果按大的阶段来划分，可以说有三次。

第一次，是适应即将进入全面建设社会主义时期的形势，同时也是针对新中国成立最初几年实际工作中某些“左”的错误，以1956年党中央召开知识分子问题会议，周恩来同志代表党中央作报告，以及随后毛泽东同志代表党中央宣布“百花齐放、百家争鸣”方针，作为总结①。

第二次，是针对反“右”扩大化后开始严重发展的“左”的错误，从毛泽东同志批评对待知识分子宁“左”勿右的批示开始，经过科学、教育、文

---

① 在知识分子会议以前，为纠正对待知识分子的“左”的错误，已经做过一系列工作。例如，1954年3月8日中共中央对科学院党组报告的批示，系统地论述了党的团结、重视和尊重科学家的政策，是新中国成立初期正确阐明党的知识分子政策的重要文件之一。这个文件针对思想改造运动中某些粗暴做法指出：“固然我们对于科学家也应该进行必要的思想教育，但这种思想教育必须是长期地耐心地来进行的，必须是在尊重他们的科学工作，发扬他们的科学研究的积极性的前提下，而不是以挫伤他们的自尊心的方式来进行的，科学家在政治上受到歧视，在工作上和生活上得不到保证的状况，现在某些地方，在某些程度上仍然存在着，这种状况是不能允许的，必须坚决予以改变。科学院、高等学校、大医院，以及各种企业机关凡有科学家工作的地方都应该注意此点。”

艺等几个政策条例的制定，以 1962 年周恩来、陈毅、聂荣臻同志在广州科学和文艺会议上的讲话，以及周恩来同志在二届三次人代会上的政府工作报告中的关于知识分子政策的论述，作为总结①。

第三次，就是《邓小平文选》中关于知识分子的论述和《知识分子问题文献选编》所反映的这一次。这次斗争是针对“文化大革命”中达到极点的“左”的错误。从 1975 年邓小平同志抓整顿开始，以粉碎“四人帮”以后邓小平同志在全国科学大会上的讲话、十一届三中全会以来在知识分子问题上系统的拨乱反正和中央关于知识分子问题的一系列文件，作为总结。

前两次斗争，都在一段时间内和一定程度上纠正或限制了“左”的错误，使广大知识分子在“文化大革命”以前的 10 年社会主义建设中，继续发挥了重要的作用。不过这些斗争都未能贯彻到底。“文化大革命”一来，这些斗争的成果都被弃置，甚至被指责为“修正主义”。林彪、“四人帮”两个反革命集团利用我们党的领导的错误，使知识分子受到沉重的打击和折磨。但是，由于在长期革命斗争中我们党同知识分子形成了血肉联系，由于我们党的各级领导骨干同他们一起遭到劫难，正如《关于建国以来党的若干历史问题的决议》所说的，“遭受过打击和折磨的知识分子”，“绝大多数都没有动摇热爱祖国和拥护党、拥护社会主义的立场”。

---

① 毛泽东这个批示，是 1958 年 12 月 22 日写给中宣部部长陆定一同志的，写在中宣部和北京市委反映一个大学的党支部对待教师宁“左”勿右的材料上。他写道：“建议将此件印发给全国一切大专学校、科学研究机关的党委、总支、支委阅读，并讨论一次，端正方向，争取一切可能争取的教授、讲师、助教、研究人员为无产阶级的教育事业和文化科学事业服务，你看如何？文学艺术团体、报社、杂志社和出版机关的党委、党支，也应发去，也应讨论一次。请酌定。”

《科学十四条》，《高教六十条》，《文艺八条》，这几个政策条例的一个共同的中心问题，就是纠正对知识分子的“左”的错误。1961 年 7 月 19 日中共中央在批转聂荣臻同志《关于当前自然科学工作中若干政策问题的请示报告》和国家科委党组、中国科学院党组《关于自然科学研究机构当前工作的十四条意见（草案）》的批语中说：“做好知识分子工作，很关紧要。我们党历来很重视知识分子工作，规定了一系列正确的政策和细致的工作方法，取得了巨大的成绩和丰富的经验。但是，近几年来，有不少的同志，在对待知识、对待知识分子的问题上，有一些片面的认识，简单粗暴的现象也有所滋长，必须引起严重的注意，以端正方向，正确地贯彻执行党的政策。”批语还要求各单位对过去一个时期对一些知识分子进行的批判，加以清理。“凡是批判错了，或者有一部分错了的，都要甄别事实，分清是非，纠正错误，由党的负责干部采取适当方式向他们讲清楚，戴错了帽子的要摘掉，以利于解除思想疙瘩，发扬民主，增强团结。”当时所说的清理、甄别，是指对 1958 年以后进行的批判，那时还没有提出对“反右派”斗争进行清理、甄别。

第三次斗争，在粉碎“四人帮”和十一届三中全会以后，一步一步取得了重要的进展和切实的成效。同过去斗争的情况不同，现在整个形势发生了变化，党从深刻总结历史曲折的经验教训中完成了整个指导思想的拨乱反正，我们党的知识分子政策的历史也揭开了新的胜利的篇章。当然，现在问题还多，贯彻落实党的知识分子政策的任务还很艰巨，但是知识分子同工人、农民一样作为我们国家和社会的主人受到尊重，得以充分发挥他们的作用，工人、农民、知识分子三部分社会主义劳动者团结一致，为社会主义现代化而共同奋斗，这样的新局面正在我们党的领导下迅速到来。

二、前进的步伐

现在让我们来考察一下反映在《邓小平文选》中的为端正党的知识分子政策而斗争的前进步伐。

还在 1975 年，邓小平同志就把这个问题当做全面整顿的重点之一。他鲜明地指出：教育有危机，学生不读书，它会拖四个现代化的后腿；科学研究工作落后了，它应该走在前头。由调整教育科学文化政策，由恢复工业生产正常秩序，连带地提出了端正党的知识分子政策的问题①。在当时的情况下，他不能不多次引用毛泽东同志说过“老九不能走”这样一句话，来阐明科技人员、知识分子不应受到排斥。这样一句话自然很不彻底，但它的方向是纠极“左”，毕竟是对这方面整顿的支持。借助它，端正知识分子政策的工作跨出了前进的一步。

可是，后来毛泽东同志不能容忍系统地纠正“文化大革命”的错误，又发动了“批邓、反击右倾翻案风”。“右倾翻案风”的一大罪状，据说是“站在资产阶级知识分子立场，反对对资产阶级知识分子的改造”；“大量未改造好的知识分子不是都在吗”，被宣布为必须坚持“阶级斗争为纲”的一大“理由”。

粉碎“四人帮”不久，邓小平同志还没有复出，端正知识分子政策又成

---

① 《邓小平文选》(1975～1982 年)，人民出版社，1983 年。

为他注意的中心问题之一。收入《邓小平文选》的 1977 年 5 月 24 日的谈话，有两个主要部分，整理为两篇文章，一篇是《“两个凡是”不符合马克思主义》，一篇就是《尊重知识，尊重人才》。在这后一篇文章中，邓小平同志高瞻远瞩地提出：“一定要在党内造成一种空气：尊重知识，尊重人才。要反对不尊重知识分子的错误思想。不论脑力劳动，体力劳动，都是劳动。从事脑力劳动的人也是劳动者。”① 如果说，这一段谈话代表着粉碎“四人帮”以后端正知识分子政策的新的起步，那么，这次起步比 1975 年的起步跨得要高了。

1977 年 7 月，十届三中全会决定恢复邓小平同志党内外一切职务。他在全会上的“复职”讲话中，针对“两个凡是”的观点论述了完整地准确地理解毛泽东思想的必要性，并且特别以知识分子问题作为头一个例子来阐明这种必要性②。他自告奋勇管科教方面的工作，抓知识分子问题。他这样做，一个重要原因，就是他看到了这个问题在现代化建设中的战略上的重要性，看到了纠正这个问题上的长期“左倾”错误这项任务的艰巨性。他决心运用自己的经验、智慧和权威，领导和推动全党在这个问题上迈开步子前进。

这时，向前迈进的关键一步，是要彻底解决“两个估计”的问题。所谓“两个估计”，指的是 1971 年《全国教育工作会议纪要》（简称《纪要》）中的两个政治结论，即“文化大革命”前 17 年教育战线是资产阶级专了无产阶级的政，是“黑线专政”；知识分子的大多数世界观基本上是资产阶级的，是资产阶级知识分子。

1977 年 8 月和 9 月，邓小平同志作了两次重要谈话：《关于科学和教育工作的几点意见》和《教育战线的拨乱反正问题》。这两篇谈话，中心就是要推翻“两个估计”。

应该指出，还在《纪要》制定的过程中，“两个估计”即已引起教育战线许多干部和知识分子的怀疑和抵触。《纪要》批发后一个月，林彪叛国案发生，在批林逐步深入的过程中，许多干部和知识分子又纷纷议论，认为

① 《邓小平文选》(1975～1982 年)，人民出版社，1983 年，第 38 页。
② 《邓小平文选》(1975～1982 年)，人民出版社，1983 年，第 40 页。

《纪要》是林彪极“左”路线的产物。但是，当时“四人帮”还很猖獗，这些怀疑和议论，一直遭到压制和批判。当批林转入所谓批判林彪路线的极“右”实质和反对“右倾”回潮复辟的时候，当开展所谓“批林批孔、批克己复礼”的时候，当开展所谓“批邓、反击右倾翻案风”的时候，对“两个估计”的怀疑和反对一直都是在教育战线和知识分子中“联系实际”进行批判的靶子。“四人帮”主持制定了《纪要》，“两个估计”成了他们手中时常挥舞的指向教育战线的干部和广大知识分子的两把大刀。

粉碎“四人帮”以后，广大干部和知识分子强烈要求解决“两个估计”的问题。然而，按照“两个凡是”的指导思想，这个问题却不能解决。因为《纪要》是经过毛泽东同志批示“同意”的。不仅如此，对知识分子的那个估计，在“文化大革命”以前，反“右派”斗争扩大化以后，就已经流行起来。1964 年发表的毛泽东同志 1957 年 3 月《在中国共产党全国宣传工作会议上的讲话》以及其他一些讲话，早就被引用来支持那个估计了。

因此，当邓小平同志毅然决然着手解决“两个估计”问题的时候，他表现了马克思主义者的高度的政治勇气。这种勇气，来源于实事求是，来源于倾听实践和群众的呼声。在前一篇谈话中，他还只是正面阐明应该如何正确地估计新中国成立后 17 年教育工作的成绩，如何正确地估计广大知识分子的进步和贡献。他自己后来说，那是个“大胆的讲话，当然也照顾了一点现实”①。在后一篇谈话中，他就直截了当批判“两个估计”不符合实际，并且说：“《纪要》是毛泽东同志画了圈的。毛泽东同志画了圈，不等于说里面就没有是非问题了。”② 从而从一个重大问题上突破了“两个凡是”的禁锢。他要求教育部的领导“要独立思考，不要东看看，西看看”，不要“胆子小，怕又跟着我犯‘错误’”③。当时，这样做是担着风险的。为了事业，为了真理，为了党和人民的利益，马克思主义者从来不怕风险。

推翻了“两个估计”，继续前进就比较顺利了。

1978 年 3 月，邓小平同志在全国科学大会开幕式上发表了重要讲话。这

---

① 《邓小平文选》1975～1982 年，人民出版社，1983 年，第 64 页。

② 《邓小平文选》1975～1982 年，人民出版社，1983 年，第 63 页。

③ 《邓小平文选》1975～1982 年，人民出版社，1983 年，第 65 页。

是确定我们党在新时期的知识分子政策的纲领性文件，是对周恩来同志 1956 年在知识分子问题会议上的讲话和 1962 年在广州会议上的讲话的继承和发展。如同周恩来同志的那两次讲话一样，邓小平同志这篇讲话，着重是对我国广大知识分子的阶级属性做出符合实际的马克思主义的估计。他说：我国的知识分子，“总的说来，他们的绝大多数已经是工人阶级和劳动人民自己的知识分子，因此也可以说，已经是工人阶级自己的一部分。他们与体力劳动者的区别，只是社会分工的不同。从事体力劳动的，从事脑力劳动的，都是社会主义社会的劳动者”①。

这个马克思主义的估计，同那个把我国知识分子从整体上划入资产阶级范畴的估计，是完全不同的。那个估计，是 1957 年以来对待知识分子的“左”倾错误的理论基础。这个估计，则是我们党对待知识分子的正确政策的理论基础。明确了这一点，就要求我们党在这个马克思主义的估计的基础之上，实现党的知识分子政策和知识分子工作的全面转变。《知识分子问题文献选编》反映了我们党的许多领导同志和许多工作部门，从各方面为实现这个全面转变所作的巨大努力。

邓小平同志在这以后还多次讲到知识分子问题。他在这方面的论述转向一个新的主题。1980 年 1 月 16 日，邓小平同志作《目前的形势和任务》的重要讲话，提出“要有一支坚持社会主义道路的、具有专业知识和能力的干部队伍”，并把它作为实现四个现代化必须具备的四个前提之一。1980 年 8 月 18 日，邓小平同志作《党和国家领导制度的改革》的重要讲话，提出“对干部队伍的知识化、专业化也很不重视”，是“过去在知识分子问题上长期存在的‘左’倾思想的一种恶果”。1981 年 7 月 2 日，邓小平同志作《老干部第一位的任务是选拔中青年干部》的讲话，提出要特别注意从“六十年代的（主要是六十年代的）大学毕业生”即中年知识分子中选拔领导干部接班人。1982 年 1 月 13 日，邓小平同志作《精简机构是一场革命》的讲话，进一步强调实现干部队伍的革命化、年轻化、知识化、专业化，是“革命和建设的战略需要”，是我们老干部“对党的最后一次历史性贡献，也是对我

① 《邓小平文选》(1975～1982 年)，人民出版社，1983 年，第 86 页。

们每个人党性的一次严重考验"[①]。这些讲话表明邓小平同志的注意力集中在把党和国家工作重点的转变、党的知识分子政策的转变，体现到我们党的组织路线、干部路线中来。从端正党的知识分子政策这个方面来说，这无疑是推进这个进程的极其重要的步骤。

三、问题的根本

端正党的知识分子政策，涉及许许多多的方面，但根本的是一个理论问题或者说一个政治问题：究竟是把知识分子看做工人阶级和劳动人民自己的一部分，还是把知识分子看做工人阶级和劳动人民之外的异己的力量?

从总体上把我国知识分子归入资产阶级的范畴，看做资产阶级的一部分，进而把"资产阶级知识分子"看做社会主义革命的对象、打击的对象，或者看做"一批二用"、"给出路"的对象，这样的政策，实践业已证明是错误和有害的。

如果我们纠正这种错误，指出不应该把知识分子看做革命和打击的对象，却仍然停留在把我国知识分子从总体上划入资产阶级范畴，认为对他们的团结和改造完全不同于工人阶级和劳动人民自己队伍内部的团结和改造，那么，我们也不能彻底地端正党的知识分子政策，并且很容易滑到把知识分子当做异己的敌对力量的错误中去。这也是过去的实践业已证明了的。

要完全端正党的知识分子政策，坚决扫除歧视知识分子的错误观念，必须对我国知识分子的现实状况做出马克思主义的估计，如实地从总体上把他们看做工人阶级和劳动人民自己的一部分。

有这样一种议论，认为这种观点是新提出的观点，同我们党的传统观点不一致，因而对这种观点表示怀疑。这种论调是不正确的。恰恰相反，从总体上把知识分子看做资产阶级的一部分，不是我们党的传统观点，而是在1957年以后流行起来的偏离我们党的传统的观点。

我们党的传统观点是怎样的呢?

民主革命时期的老早的情况不说了，从新中国成立前夕谈起。

---

① 《邓小平文选》(1975～1982年)，人民出版社，1983年，第225～230、286、341、351页。

1948 年，毛泽东同志多次阐明过作为我国人民革命和人民政权的主体的劳动人民，是指“一切体力劳动者（如工人、农民、手工业者等）以及和体力劳动者相近的、不剥削人而又受人剥削的脑力劳动者”①。他在为中共中央起草的一个电报中说：“像晋冀鲁豫这样大范围的政权机关不应只是代表农民的，它是应当代表一切劳动群众（工人、农民、独立工商业者、自由职业者及脑力劳动的知识分子）及中产阶级（小资产阶级、中等资产阶级、开明绅士）的，而以劳动群众为主体。”

1949 年，在七届二中全会上毛泽东同志又说：我国的人民民主专政包括两个团结。一个是“团结全体工人阶级、全体农民阶级和广大的革命知识分子，这些是这个专政的领导力量和基础力量”。一个是“团结尽可能多的能够同我们合作的城市小资产阶级和民族资产阶级的代表人物，它们的知识分子和政治派别”②。可见，毛泽东同志明确地把“脑力劳动的知识分子”、“广大的革命知识分子”归入“劳动群众”的范畴，看做人民民主专政的主体，而不是一般地把知识分子归入“资产阶级”的范畴。七届二中全会以后，刘少奇同志在天津职工代表会上的讲话，周恩来同志在中华全国文学艺术工作者代表大会上的政治报告和在全国工会工作会议上的讲话，都讲过脑力劳动者是工人阶级的一员。③

新中国成立初期，在土改划分阶级的文件中，在确定工会会员的条件的文件中，都讲到国家、合作社、私人雇用的知识分子是工人阶级的一部分④。

---

① 《毛泽东选集》第 4 卷，人民出版社，1966 年，第 1230 页。

② 《毛泽东选集》第 4 卷，人民出版社，1966 年，第 1374、1375 页。

③ 《周恩来选集》上卷，第 349、364 页。

④ 1933 年瑞金民主中央政府公布的《关于土地改革中一些问题的决定》中指出：“知识分子在他们从事非剥削别人的工作，如当教员、当编辑员、当新闻记者、当事务员、当著作家、艺术家的时候，是一种使用脑力的劳动者”，“把当教员、当医生等工作看做不是劳动，这也是不对的。”

1950 年中央人民政府政务院重新公布了 1933 年的这个决定，并做出补充决定：“凡受雇于国家的、合作社的或私人的机关、企业、学校等，为其中办事人员，取得工资以为生活之全部或主要来源的人，称为职员。职员为工人阶级中的一部分”，“凡有专门技能或专门知识的知识分子，受雇于国家的合作社的或私人的机关、企业、学校等，从事脑力劳动，取得高额工资以为生活之全部或主要来源的人，例如工程师、教授、专家等，称为高级职员，其阶级成分与一般职员同。”

1950 年中央人民政府公布的《工会法》规定：“凡在中国境内一切企业、机关和学校中以工资收入为其生活资料之全部或主要来源之体力与脑力的雇佣劳动者及无固定雇主的雇佣劳动者，均有组织工会之权。”还规定各产业工会包括文化教育工作者工会、公务人员工会。

最系统地解决这个问题，是 1956 年中共中央召开的知识分子问题会议和周恩来同志代表中央在会上作的报告。如果说过去说明知识分子是工人阶级一部分，主要是从他们从事脑力劳动、受雇佣靠工资收入生活、不占有生产资料不进行剥削这几个方面来说的，那么，周恩来同志 1956 年分析我国从旧社会过来的知识分子的情况，宣布“他们中间的绝大部分已经成为国家工作人员，已经为社会主义服务，已经是工人阶级的一部分”，则不仅是从上述几个方面，而且联系到新中国成立以来我们国家的变化和知识分子同我们这个国家的关系，联系到这些知识分子在思想上、政治上的进步，联系到他们在实践中为社会主义、为劳动人民服务，来做出这个估计的。这是一个同过去的估计相衔接，又考虑到新的情况、概括了新的内容的新估计。知识分子问题会议的主要锋芒，是针对对知识分子的宗派主义。周恩来同志指出，这种倾向的重要根源，是低估了知识界在政治上的巨大进步，“不认识他们是工人阶级一部分”。

应该引为严重教训的是，反“右派”斗争严重扩大化以后，这个估计连同以前划阶级、立工会时的估计，都被抛开了。知识分子从总体上被划入资产阶级的范畴。

上面提到的 1958 年年底毛泽东同志关于在知识分子问题上要“端正方向”的批语，是针对党内有些同志认为“社会主义革命时期知识分子是革命对象，因为他们绝大多数都是资产阶级知识分子”的意见而写的。不过这段批语，以及后来的科学、教育、文艺工作条例，都还没有明确地恢复知识分子是工人阶级一部分的估计。①

1962 年，周恩来同志在广州会议上讲话，毅然恢复了我们党对知识分子的传统估计，是有很大魄力的。周恩来同志论述了中国工人阶级在革命过程中结成了两种联盟，一种是同其他劳动者的联盟，一种是同民族资产阶级的联盟，后一种联盟是同非劳动者的联盟。同民族资产阶级的联盟当然包括这个阶级的知识分子在内，但一般来说同知识分子的联盟属于同其他劳动者的联盟。周恩来同志特地引用了刘少奇同志八大一次会议报告中引过的列宁的

---

① 但是，1961 年 9 月 16 日中共中央批准的《国营工业企业工作条例（草案）》第六十四条说了“技术人员和职员是工人阶级的一部分”。

话："无产阶级专政是劳动者的先锋队——无产阶级同人数众多的非无产阶级的劳动阶层（小资产阶级、小业主、农民、知识分子，等等）或同他们的大多数结成的特种形式的阶级联盟。"列宁这里所讲的无产阶级，用的是狭义，即体力劳动的产业工人，他在"非无产阶级的劳动阶层"的说明中包括了知识分子。周恩来同志说，对知识分子的估计要以这个为纲。周恩来同志的这些论述，同前面引用的毛泽东同志关于两个团结和作为人民政权主体的一切劳动群众包括知识分子在内的论述，是多么吻合啊！

广州讲话后不久，周恩来同志在二届三次人代会上作政府工作报告，再一次肯定了我国知识分子的绝大多数是"属于劳动人民的知识分子"，而不是"属于资产阶级的知识分子"，从实质上恢复了 1956 年知识分子问题会议上做出而一度被抛开的估计。政府工作报告是经党中央批准了的。

由此可见，这样的估计正是我们党的传统的、马克思主义的观点。邓小平同志正是坚持、恢复和发展了我们党对知识分子的传统的、马克思主义的观点，要求我们坚决克服背离这个传统的错误观点。

“发展科学的必由之路”*

——介绍毛泽东同志为转载《从遗传学谈百家争鸣》一文而写的一封信和一个按语

“发展科学的必由之路”——这是 1957 年毛泽东同志建议《人民日报》转载北京大学李汝祺教授的《从遗传学谈百家争鸣》一文时，为这篇文章改换的一个题目。

毛泽东同志为这件事写了一封信和一个按语。信文如下：

乔木同志：

此篇有用，请在《人民日报》上转载。南京一篇，上海一篇，尚未转载，请给我，写上按语。

毛泽东

四月三十日

为《人民日报》写的按语如下：

本报编者按：这篇文章载在四月二十九日的《光明日报》，我

* 本文原载《科学学研究》，1983 年第 1 卷第 1 期，第 3、4 页；《光明日报》1983 年 12 月 23 日转载。

们将原题改为副题，替作者换了一个肯定的题目，表示我们赞成这篇文章。我们欢迎对错误作彻底的批判（一切真正错误的思想和措施都应该批判干净），同时提出恰当的建设性的意见来。

1957 年 5 月 1 日，《人民日报》转载了这篇文章，改用了毛泽东同志给换的题目，加上了毛泽东同志给拟的按语。

"发展科学的必由之路"——这是对"百家争鸣"方针的深刻阐述，也是对科学发展规律的重要概括。

"百家争鸣"方针的提出，在中国共产党的科学政策发展史上是一件大事。研究这个方针的由来和发展，以及它的理论基础，总结执行和背离这个方针的正反两个方面的历史经验教训，探讨在当前贯彻执行这个方针的新情况和新问题，是结合我国的历史和现实开展科学学研究的一个重要课题。

提出"百家争鸣"方针的历史背景是多方面的。在自然科学方面，特别是在遗传学中，我们过去受了苏联 1948 年农业科学院会议和李森科报告用粗暴批判和行政手段压制摩尔根学派的影响，介绍和宣传过他们这套做法，并在某种程度上搬用过他们的做法。这方面的教训，是后来我们党提出这个方针的一个重要的历史背景。

20 世纪 50 年代以来，搬用这种做法在我国遗传学工作中造成的严重后果（如铲掉持摩尔根学派观点的研究人员的实验麦苗等），逐渐为我们党的领导机关所察觉和认识，开始采取了若干具体的纠正措施。1956 年 1 月中共中央召开知识分子问题会议以后，我们党更加注意研究这方面问题。

1956 年，在东欧一个国家的党的负责干部谈到他们国内遗传学方面的同类问题的一份谈话记录上，毛泽东同志给当时任中央宣传部副部长的张际春同志写了一段话：

张际春同志：

此件值得注意。请中宣部讨论一下这个问题。讨论时邀请科学院及其他有关机关负责同志参加。陆定一同志回来，请将此件给他一阅。

毛泽东

四月十八日

1956 年 4 月 25 日，毛泽东同志在中共中央政治局扩大会议上讲“十大关系”，在“中国和外国的关系”这一节里强调指出：对外国的东西必须有分析、有批判地学，不能盲目地学，对苏联经验也应该采取这样的态度；并说：“过去我们一些人不清楚，人家的短处也去学。”学习苏联李森科那一套，就被指出为盲目学习人家短处的一个例子。

1956 年 4 月 28 日，毛泽东同志在政治局扩大会议上讲话，进一步从积极的方面、从科学文化工作的全局提出：“百花齐放、百家争鸣”，我看这应该成为我们的方针。艺术问题上“百花齐放”，学术问题上“百家争鸣”。他还说，讲学术，这种学术可以，那种学术也可以，不要拿一种学术压倒一切，你如果是真理，信的人势必就会越多。

1956 年 5 月 2 日，毛泽东同志召开最高国务会议讲“十大关系”。在参加会议的各方面代表人物发言以后，毛泽东同志再一次讲话，正式公开宣布：艺术方面的“百花齐放”的方针，学术方面的“百家争鸣”的方针，是有必要的。他说：百花齐放是文艺界提出来的，后来有人要我写几个字，我就写了“百花齐放，推陈出新”。他还说：“百家争鸣”是诸子百家，春秋战国时代，2000 年前那个时候，有许多学说，大家自由争论，现在我们也需要这个。他指出：在《中华人民共和国宪法》范围之内，各种学术思想，让他们去说。在说这些话的时候，他一再举了自然科学方面“像李森科这样的问题”作例子。

周恩来同志向干部传达毛泽东同志《论十大关系》讲话的报告，也讲了遗传学和李森科的问题。

在毛泽东同志讲话和他给中宣部领导那封信的推动下，1956 年 8 月在青岛召开了遗传学问题座谈会。这个会议的目的，就是在遗传学中，并通过遗传学问题的解决在整个自然科学工作中，纠正过去学习人家短处的错误，认真贯彻“百家争鸣”的方针。李汝祺教授的文章就是参加青岛会议以后，联系这次会议的收获来从遗传学谈“百家争鸣”的。

毛泽东同志在 1957 年 2 月最高国务会议上关于正确处理人民内部矛盾的讲话中，在 3 月中国共产党全国宣传工作会议上的讲话中，在他随后南下途经天津、济南、南京、上海、杭州各地的讲话中，反复阐述了“百花齐放、百家争鸣”的方针。正是这时，他注意到并建议《人民日报》转载李汝祺教授这篇文章，还为它另拟了“发展科学的必由之路”这样一个精辟的题目。

所有这些说明了毛泽东同志对发展我国科学的深切关心。

为纪念毛泽东同志九十诞辰，中共中央文献研究室编辑的《毛泽东书信选集》和中共中央文献研究室和新华通讯社合编的《毛泽东新闻工作文选》即将出版，毛泽东同志为转载这篇文章而写的这封信和这个按语均已选入。自然科学工作者读到这样的信和按语，了解到与它们有关的一些历史文献材料，当会是感到很亲切的。

从思想批判到体制改革

——历史经验的一瞥*

体制改革——经济体制的改革和科学技术体制的改革，为科学技术工作同经济建设的密切结合，开拓着通道，增强了动力。

科学技术工作必须面向经济建设，为经济建设服务，这个方针，并不是新提出来的。中华人民共和国成立之初，《中国人民政治协商会议共同纲领》这个起临时宪法作用的文件中就已明确规定："努力发展自然科学，以服务于工业、农业和国防的建设。"自那以后，为贯彻执行这个方针，曾经做过许多努力。但是，问题却长期未能很好解决。这里面是有历史的经验教训的。

在自然科学界，批判"理论脱离实际"，可以说从来没有中止过。20 世纪 50 年代初搞思想改造，就曾经批判过这种"资产阶级思想"。20 世纪 50 年代中后期反"右派"、"大辩论"，又把它当做科学工作中"资本主义道路"的一个特征，大张挞伐。那时候，是想通过思想批判来解决自然科学研究面向经济建设实际的问题。这些批判，都是同政治运动结合在一起进行的。

现在回顾起来，我们看到：第一，判定"理论脱离实际"为"资产阶级

---

* 本文原载《中国科技论坛》1985 年创刊号；《科学·哲学·社会》，光明日报出版社，1987 年，第 317～321 页。

思想”、“资本主义祸害”，对自然科学工作来说是不确实的。资产阶级还不同于封建统治阶级，它是懂得要用自然科学的阶级。它极力让自然科学通过服务于生产发展和技术进步，来为它牟取更多的利润。在发达资本主义国家，科学技术工作同资产阶级所支配的经济事业之间的沟通和结合，并不存在“理论脱离实际”的思想障碍。在这个论点上的引经据典，表现了对待经典著作的粗疏、盲目和简单化。第二，责备我国的自然科学家不愿意联系实际，不愿意为国家建设服务，是不公正的。从总体上说，我国科学家有很高的爱国热情，是渴望为祖国富强贡献力量的。当我们着重指出，在旧中国许多科学家的“科学救国”的理想只能化为破灭的梦的时候，不是首先就承认了这些科学家有用科学来救国的爱国心和责任感吗？如果说，面对着新中国经济建设发展的紧迫要求，自然科学工作严重地不能适应需要，那么，这种状况是历史的原因造成的，是半殖民地半封建制度下的旧中国生产不发达、科学不发达、科学和生产之间的联系未能建立起来所留下的，不能归之于自然科学家“理论脱离实际”的思想罪过。以为可以靠思想批判来解决问题，倒真是脱离了实际，其结果只能是损害党的干部和自然科学家之间的相互信任。还有一个重要的问题：批判运动的固有气氛和逻辑，很容易导致思想上、理论上的片面性和绝对化。反对理论脱离实际，往往发展到否定基础理论和基础研究的地步。反对唯心史观，往往发展到把关于科学和生产的关系的历史唯物主义观点弄得非常粗糙简单的地步。所以，在批判高潮之后，又要从政策上和理论上做许多纠正片面性和绝对化的工作。

1961年，国家科委党组、中国科学院党组提出了《关于自然科学研究机构当前工作的十四条意见》（简称《科学十四条》），聂荣臻同志为《科学十四条》中七个方面属于政策界线的问题向中央写了“请示报告”，并得到中央的同意。其中第三个方面的问题就是“理论联系实际的问题”。报告中说：“科学研究应当为国家建设服务，这是不能有任何疑问的。直接结合经济建设、国防建设需要的研究工作，是急需的和大量的，在国家的科学计划中，应该占首要地位”，“放松这方面的工作，是要误大事的”。同时又说：“社会主义建设的需要是多种多样的，理论联系实际的途径是十分宽广的，在这方面要有全面、长远观点。直接为近期的生产建设和国防建设服务的研究工作，应该多投入力量；间接的或在远期才能发生作用的研究工作，也必须做出安排。研究课题，可以是从生产建设任务中提出的，也可以是从各门学科发展中提出的，两者不可偏废。即使有一些探索性课题，目前还看不出应用价值，如果有利于人们进一步深入认识客观世界，也不能忽视，投的力量可以少一些，但不能丢开不管。”报告还说：“开展理论研究，不但对于明天是必要的，而且在今天就很需要，要防止对理论联系实际作狭隘的、近视的了解”。

我觉得，这些论点奠定了对科学为社会主义建设服务、理论联系实际方针的正确理解的基础，是从总结历史的经验教训中获得的一种思想财富，是应该珍视的。1975 年邓小平同志提出整顿科学工作的时候，中国科学院工作汇报提纲在这个问题上要求恢复和重新确立的基本观点，就是这些观点。现在中央关于科技体制改革的决定，在合理部署科学研究的纵深配置问题上所遵循和坚持的，也是这些观点。这反映了我们党的正确政策的连续性。

但是，有了对科学为社会主义建设服务方针的全面的、正确的理解，也还不能保证这个方针的贯彻执行。除了这种正确理解不时受到冲击这个原因以外，多年的实践表明，我们的经济体制和科学技术体制中还存在许多弊端。这些弊端在颇大的程度上阻塞着我国科学技术工作同经济建设之间的渠道，使之不能畅通。

正如赵紫阳同志指出的，单是解决方针、政策、规划问题还不够，还需要解决体制问题。体制改革的提出和实行，标志着党和国家领导科学技术新的、重大的进步。

事情的关键是经济体制的改革。经济体制改革的中心是增强企业的活力。企业活力最重要方面之一，是企业吸收科学技术成果的活力，如果这种活力被窒息了，不论怎样从思想上、计划上、工作组织上去努力推进科学研究同经济建设的结合，都是事倍功半，甚至是徒劳无功的。通过经济体制改革，使企业的这种活力释放、迸发出来，就会成为把科学技术成果和科学技术力量引向经济建设的强大吸力。这正是我们希望看到和已经开始看到的。

科学技术体制改革的目的是要去除原来体制中不利于科学技术工作面向经济建设的弊端，打通科学技术机构同企业之间的横向联系，使科学技术机构具有自动为经济建设服务的活力，从而同企业吸收科学技术的活力汇合起来。

科学技术发展的社会动力是社会需要。社会主义解放生产力，发展生产力，从根本上为科学技术发展提供了强大的社会需要和社会动力。讲体制改革，讲企业活力，讲科技机构，就是要使这种强大的需要通过一个个经济活动的实体和科技活动的实体，通过它们自动的运行机构，通过同这些实体自身及各实体中的劳动者自身利益的结合，实际地、具体地体现出来。当然，经济体制的改革要有一个逐步发展的过程，企业活力的显现也要有一个逐步发展的过程。吸收科技成果的活力，是较深层次的活力，这方面的活力本身又还有深浅不同的层次。一般来说，现在主要还只是一部分企业，小型的、乡镇的、集体的企业在吸收科技成果方面显现出了浅层次的活力。如何使更多的企业，所有的企业，显现出吸收科学技术成果和科学技术力量的强大活力，并把这种活力开发到更深层次，这是经济体制改革向前推进的重大课题。同时，科技发展的活力，不能只是由一个个企业、一个个科学技术机构显现出来，还要由国家、社会从宏观上、整体上更好地组织起来。这也是体制改革中的重大课题。

读《百家争鸣——发展科学的必由之路》*

1956年8月，青岛遗传学座谈会纪实这部书——《百家争鸣——发展科学的必由之路》，经于光远同志提议，李佩珊、孟庆哲、黄青禾、黄舜娥四同志编辑，由商务印书馆出版了。取这么一个书名，是因为北京大学李汝祺教授在参加这个座谈会后写了一篇文章——《从遗传学谈百家争鸣》；毛泽东从《光明日报》上看到这篇文章，要求《人民日报》予以转载并将原题改为副题，替作者换了一个肯定的题目：《发展科学的必由之路》。这是毛泽东对“百家争鸣”所做的一个简明而深刻的论断，过去鲜为人知。大前年《毛泽东书信选集》、《毛泽东新闻工作文选》出版，公布了毛泽东要求转载此文的信件和他替《人民日报》拟的编者按，这个论断就引起了人们的注意和重视。所以，用它作为这部书的书名，是很恰当的。

今年是“百花齐放、百家争鸣”方针提出30周年，也是青岛遗传学座谈会30周年。所以这部书的出版，是一个很好的纪念。

一、一个评价——有现实意义的历史文献

这部书的主体是30年前那次座谈会的全部发言记录，附有若干历史的材

* 本文原载《文汇报》，1986年4月29日；任元彪等编《遗传学与百家争鸣》，北京大学出版社，1996年，第4～8页。

料，新写了两篇序言（一长一短）。它是一部历史文献，又有现实的意义；它是一部专门（遗传学）文献，又有广泛的意义。这现实意义和广泛意义，就在于人们可以通过了解历史上遗传学的争论，来研究百家争鸣的重要意义和正反两面的经验教训，以利于现在贯彻执行这个方针。所以，不单是遗传学及其邻近学科的工作者可以读它，自然辩证法工作者、科学学工作者以及所有对科学、哲学、社会、政治的相互关系问题有兴趣的学术工作者，特别是对掌握科学政策、指导科学工作负有责任的领导干部，都可以读一读这部书。

“百家争鸣”方针的提出，有多方面的历史经验教训作为背景，自然科学是其中的一个重要方面。毛泽东论述“百家争鸣”时讲到：“哥白尼关于太阳系的学说，达尔文的进化论，都曾经被看做是错误的东西，都曾经经历艰苦的斗争。”这是讲的过去时代的历史教训。毛泽东还讲到遗传学上强制推行一种学派，禁止另一种学派，有害于科学发展的事例。这是讲的社会主义时代的历史教训。这教训发生在苏联，也发生在中国。

社会主义时代遗传学问题上的历史教训，现在学术界的人们大都耳闻其事，却又知之不详。这部书，特别是其中李佩珊等四人新写的长序《青岛遗传学座谈会的历史背景和基本经验》和黄青禾当年为帮助中央领导机关了解情况而编写的长篇调查报告《1935～1956 年苏联生物学界的三次论争》，可以为读者提供详细、翔实和有分析的介绍，读了是会增长见识的。长序把对苏联情况的叙说延伸到 1964 年，并且从头到尾系统地叙说了这场争论在中国的历史。这后一方面是国外的研究未曾接触过的，所以，去年这篇论文的摘要在美国召开的国际科学史会议上宣读，引起了外国学者的注意。文章对历史经验的几点总结，归结为正确处理政治同科学的关系，正确对待外国的科学成果，正确开展学术的讨论（必须把它置于科学研究的基础上），正确处理哲学同科学的关系。其中有些论点，如学术讨论本身不是政治生活，但允不允许学术上的自由讨论却属于政治上民主充分不充分的问题，因此学术上“百家争鸣”方针的贯彻需要政治上的民主来保障；如“百家争鸣”方针往往会遇到科学界内部或外部的各种阻力或干扰，没有党的正确领导，不进行大量艰苦细致的工作去调查了解情况，去解决各种思想问题，“百家争鸣”方针不可能得到顺利贯彻，等等，我以为是总结得很深的。

于光远为这部书新写了一篇短序，提出把青岛遗传学座谈会的记录，同

1948 年李森科的那次全苏农业科学院会议记录进行对比，说明 1956 年那个时期我们党和我国科学界试图执行一种迥然不同于 1948 年的苏联的科学政策，试图创造一种迥然不同的科学气氛。于光远当年作为中宣部科学处处长在座谈会上的两次发言，也说明了我们党的这种努力。当然，正如于光远在序言中说的，“仅就遗传学方面来说，1956 年时苏联的情况就不同于 1948 年，现在苏联的情况也不同于 1956 年。我国从青岛会议以后，也曾有过一些反复”。这反复，到“文化大革命”而达于极点。十一届三中全会以后，我国情况发生了根本的变化。我们贯彻“百家争鸣”的科学政策，创造新的科学气氛的努力，是对 1956 年的继续和发展。

以上的介绍是供广大范围的读者读的。至于专家们在遗传学座谈会上的发言，当然主要是专业内容。但是生物学有些描述性的内容，一般读者也多少能接触到。许多专家的发言，就科学态度，科学精神，科学的实验方法、思想方法和讨论方法，等等，说了许多切实的意见，也都是一般读者会感兴趣的。

二、一项建议——对青岛会议作追踪研究

青岛座谈会上许多同志发言，都谈到若干年后回顾这次会议的话题。有的同志说，他选择了自己的研究路线，“这条路是不是走得通呢，有没有可能走回来呢，或者还需要另走一条路呢？且待事实指示我们”。有的同志说：“德国赫克尔说，假如生物的进化史缩成二十四小时的话，那么，我们研究生物的历史，仅只千分之一秒。所以一切学说或理论，只不过是许多暂时的假设而已。随着科学的进展，我们对事物的进一步了解，这些假设也很可能是被新的更完善的代替。”

30 年，从历史的视野上来看，不过是一瞬。但是，包括遗传学在内的自然科学，30 年中有了迅速的进展。昔年承不承认有基因，曾经激烈争论过；现在基因工程已经不只是设想，而是开始付诸实践了！从现在到达的科学认识，回顾 30 年前的历史争论，回顾 30 年来走过的道路，看看事实指示了我们什么，哪些假设被事实所证实，哪些假设被事实所否定，哪些新的假设和新的争论从实践中又产生出来，进而评论现在，展望前程，这不是一件很有

意思的事情吗？当年参加青岛会议的科学家们和科学管理工作者们，有些已经离开我们，但大多数还健在。如果有人为纪念青岛会议30周年，进行一番追踪研究，用通信或面访的办法，分别请当年会议的参加者们，谈一谈或写一写今天的想法，我想，许多同志是会乐意合作的。可以从不同的角度谈，谈自己研究工作的成果和思路，谈自己对国内研究发展或国外研究发展的评论。对这些追踪采访的结果，作一番综合的研究，从遗传学发展来研究，从哲学发展来研究，从科学政策来研究，必定可以有所收获。有兴趣的同志，不妨一试？

三、一点余想——出版发行工作急需改革

这部书印数为2800册。这样小的印量，出版者必定要赔钱。商务印书馆为使这部有价值的学术历史文献得以出版，不吝赔钱，表现了出版者的眼光和责任感。作为读者，我们对这样的出版者表示敬意，希望有更多这样的出版者。出版工作改革，是精神产品生产的改革，要把社会效益摆在首位，在这个前提下讲求经济效益。如果为了赚钱，置学术积累、学术发展的社会利益不顾，使学术著作难以出版，岂不有悖于改革的目标？解决学术著作出版难的问题，主要要靠出版者；同时，建立若干学术著作出版基金，由国家拨款和社会捐赠，由专家评审，许多同志作过这种提议，我认为是应该认真考虑和采纳的。

这部书印2800册，太少了。听说，刚出版，社会科学院就要购几百本，北京大学科学与社会研究中心就要购10本。如果信息通畅，需要量肯定大大超过现印数。而现在的印数，决定于先前统一征订的汇总数。如此泱泱大国的广大读者群，如此千差万别的阅读需要，如此众多的科学门类和书籍门类，如果由一个发行的渠道统一计划调度，不管书店工作人员如何努力，也不可能把计划做好。统一的无所不包的发行计划，只能是官僚主义的幻想。从前，商务印书馆、中华书局这些大书店不用说了，就像开明书店，生活书店，也都有自己的发行网（各地的分店和代售处），还有自己的一批刊物，它们同时也向所联系的读者群提供本店出版信息的渠道。出版事业经营中的这些经验，是不是可以研究吸取呢？发行渠道畅通了，经济效益就容易提高

了。在许多情况下，即使是学术著作，也是可以求得经济效益，不必赔钱的。开辟多种渠道，形成多个开发网，联系不同的读者群，建立灵便的信息反馈和重印制度，使读者能及时知道要出什么书，出了什么书，能够买到想买的书。作为读者，这个愿望实在不能认为是奢望。通过发行改革，如能使这个愿望得到满足，则读者幸甚，科学文化事业幸甚。

中国科技政策的历史、理论和实践（编写提纲）*

总的说明

绪论

1）历史篇。对中国科技政策的发展作历史的回顾。从近代科学技术传入中国时起，以中华人民共和国成立为界，分为上下两篇。从党的十一届三中全会前夕召开的全国科学大会为历史追溯的终点，向当代篇过渡，而且作历史的总结和评论。

2）当代篇。从总体上并分别地论述社会主义现代化建设和改革、开放时期我国的各项科技政策，包括科学发展战略和科技体制改革以及对待科技知识分子的政策。不仅作概括的介绍，而且对政策制定的有关理论问题和政策执行中存在的各种问题作适当的探讨。

3）比较篇。介绍各类主要国家的科技政策及其特点，作适当的比较研究，特别注意其对中国科技政策制定和实施的借鉴作用。

4）文献。总的和分章的，文件目录和参考目录。

---

* 这是龚育之写于1987年的一篇遗稿，是为准备撰写《中国科技政策的历史、理论和实践》一书的编写提纲。原载龚育之著，《党史札记末编》，中共党史出版社，2008年，第398～406页。

篇章设计

历史篇

第一章　从近代科学传入到中华人民共和国建立

1）各派政治力量（清廷顽固派、洋务派、维新派、革命民主派）对近代科学技术的态度；孙中山（从上书李鸿章，到建立民国，到建国大纲）。

2）五四时期民主与科学的口号和各派社会思潮对科学技术的态度；北洋政府和国民政府的态度和政策。

3）中国共产党人对科学技术的态度及其科学技术政策的雏形（建党、苏维埃时期、延安时期、准备全国解放）。

4）这段时期的历史总结。

第二章　从中华人民共和国成立到党的十一届三中全会

1）新中国成立初期的七年：从共同纲领到1956年中共中央召开知识分子问题会议和第一个科技发展长远规划。

2）中间曲折的10年：反“右派”和“大跃进”对科技政策的影响；《科研十四条》、广州会议和第二个科技发展长远规划。

3）“文化大革命”破坏的十年：“文化大革命”的破坏；整顿和科技工作汇报提纲。

4）历史转折的开端：全国科技大会和第三个科技发展长远规划。

5）新中国成立以来科技政策演变的历史总结（经验教训的分析和评论，联系到有关科技政策的理论研究的演变和总结）。

当代篇（从十一届三中全会到现在）

第一章　新的历史时期中科技工作的战略地位

1）新时期对科学技术的新认识（重点阐述“科技是生产力”）。

2）新时期对科学技术的新需求（从“以阶级斗争为纲”转到以经济建设为中心后对科技需求的变化）。

3）新时期科学技术工作的新使命和新地位（重点论述“关键”）。

4）世界新技术革命对我国科学技术的新挑战和新机遇（找出主要差距，制定迎接挑战的对策）。

第二章　新时期科技工作的基本方针

1）发展科学技术必须有正确的方针。

2）从国情出发是制定科技工作方针的基本原则。

3）基本方针的主要内容。

4）依靠科学技术是国民经济长期稳定发展的两个重要保证之一。

5）基本方针在实践中显示出生命力。

第三章　新时期发展科学技术的新战略（上）

1）战略的科学定义及制定战略的重要意义。

2）科技发展战略已成为许多国家总体发展战略的重要组成部分。

3）我国发展科学技术的战略构思。

4）动员绝大部分科技力量投身于主战场。

5）继续重视基础研究，进行高技术研究开发。

第四章　新时期发展科学技术的新战略（下）

1）20世纪末和21世纪中叶我国科技发展的战略目标（与经济发展目标相适应）。

2）科技发展的计划、规划。

3）远近结合、统筹兼顾把科学技术置于持续稳定发展的基础之上。

第五章　建立新的科技体制

1）科技体制与经济、社会及科技自身发展的关系。

2）原有科技体制的形成及其主要弊端。

3）新的科技体制的基本构思。

4）推行新的科技体制需要树立新的观念。

5）新的科技体制在改革的实践中逐步形成。

第六章　我国的科技人员政策（上）

1）我国科技队伍的现状。

2）制定科技人员政策的两个重要依据——科技队伍是完全可以依赖的工人阶级的一个重要组成部分和依靠力量；科技工作者的劳动特点。

3）“尊重知识，尊重人才”，充分发挥科技人员的作用。

4）贯彻“双百”方针，鼓励科技工作者无所畏惧地大胆探索、勇于创新。

5）实行专业技术职务聘任制，努力做到人尽其才、才尽其用。

第七章　我国的科技人员政策（下）

1）实行奖励政策，对有重大贡献者实行重奖。

2）在不侵犯本单位经济、技术权益的前提下，允许科技人员进行兼职和业余技术服务活动。

3）引导和鼓励支持一些科技工作者走由科学技术专家到实业家之路。

4）改善科技人员的工作、生活条件，创造民主、团结、融洽、活跃的环境气氛。

5）发展壮大科技队伍。

第八章　制定并实施技术政策。

1）技术政策的作用。

2）制定技术政策的原则。

3）若干主要领域的技术政策。

第九章　加强科技立法，开展软科学研究

1）软科学研究、科技立法与科技政策的关系。

2）发挥软科学在宏观决策中的作用。

3）搞好科技立法，从法律上保护科技工作和科技政策的顺利进行。

第十章　大力开展国际科技合作与交流

1）对外开放，走向世界，是我国发展科技的一项长期方针。

2）引进、消化、吸收国外的先进技术与国内的自主开发紧密结合起来。

3）有计划地派人出国学习、进修是提高科技水平的重要措施。

第十一章　八年的简要回顾——一些规律性的认识

1）划清发挥科技在“四化”中的关键作用与新中国成立前的“科学救国”的界限。

2. 社会的需要是科技发展的根本动力。

3）千方百计地解放科技生产力，最大限度地调动广大科技工作者的积极性，是科技工作的根本出发点和归宿。

比较篇

第一章　蓬勃发展的世界新技术革命

1）这次新技术革命的特点。

2）这次新技术革命将对整个国际社会产生的巨大而深刻的影响。

3）迎接新技术革命的挑战，成为各国制定政策的根本出发点。

第二章　美国、苏联、日本的科技政策

1）美国的科技政策

2）苏联的科技政策

3）日本的科技政策

第三章　西德、法国、英国的科技政策

1）西德的科技政策

2）法国的科技政策

3）英国的科技政策

第四章　印度、巴西的科技政策

1）印度的科技政策

2）巴西的科技政策

第五章　当代各国科技政策研究的若干发展趋势

1）科技政策已成为国策，而且成为一个国家总体政策中的一个极为重要的组成部分。

2）强调科技与生产结合，是各国科技政策的中心内容。

3）引进技术是各国科技政策的另一共同性的重要内容。

4）增加投资是各国科技政策所要解决的一个重要问题。

5）借鉴国外经验，搞好政策研究。

文献和参考文章

第一章

§1

《中国的现代化：技术革命和社会革命的结合》（龚育之，《自然辩证法研究》，1986 年第 5 期）

§2

§3

《中国共产党的科学政策的历史发展（建国以前部分）》（龚育之，《自然

辩证法通讯》，1980 年第 6 期）

边区自然科学研究会宣言

边区自然科学研究会成立大会文件

毛泽东讲话

王明、陈云、康生讲话

朱德，把科学与抗战结合起来（朱选）

新民主主义论·民族的·科学的·大众的·文化

论联合政府·工业问题，知识分子问题

第二章

《中国共产党为科学而奋斗的历史篇章》（龚育之，《红旗》，1981 年第 15 期）

§1

《论我国的科学工作》（人民出版社，1956 年版）

《中共中央给科学院党组报告的批示》（党内文件，1954 年 3 月）

毛泽东关于科技工作的论述（集纳）

周恩来：《在知识分子问题会议上的报告》（1956 年，周选下卷，第 158～189 页）

《中共中央关于知识分子问题的决议》（党内文件，1956 年 1 月）

陆定一：《百家齐放，百家争鸣》

于光远在党的八大的发言

十二年科技发展规划

许良英、范岱年：《科学与社会主义建设》

§2

聂荣臻在中国科学技术协会成立大会上的报告（1958 年）

《科研十四条》（1961 年，党内文件）

聂荣臻关于自然科学工作中若干政策问题给中央的请示报告和中央的批语（1961 年，党内文件）

周恩来在广州会议上的讲话（周选）

聂荣臻在广州会议上的讲话（党内文件）

聂荣臻回忆录

毛泽东在听取聂荣臻关于第二个科学规划的汇报时的谈话（党内档案，1963年）

周恩来：四化的关键是科学技术现代化（周选）

毛泽东：把我国建设成为社会主义的现代化的强国（毛著选读终卷）

§3

科学院汇报提纲

邓小平听汇报时的谈话

两校大批判组的批判文章

§4

全国科学大会文件

会议通知

郭沫若开幕词

邓小平讲话

规划

开展重大科技战略决策的探索性研究*

1995 年 5 月 6 日，党中央和国务院提出的“科教兴国”战略，是既涉及当前社会经济发展，又涉及如何建成有中国特色的社会主义现代化的重大建国方略。

历史经验证明，正确的科技战略的制定，既能极大推动我国的物质文明建设，也将极大地促进我国综合国力的提升和整个社会的进步。1955～1956 年，在毛泽东、周恩来等老一代领导人的领导下，我国做出了发展核武器核导弹的决定，这对巩固我国国防、掌握尖端武器、打破霸权主义国家的核垄断和核威胁起了极其巨大的作用，至今仍在国际政治生活中起重大影响。然而，当时的中国仅是革命胜利后初步休养生息、仍然贫穷落后的中国。自邓小平同志主持中央工作以来，注意到了在大力发展经济的同时，要大力发展科学和教育。邓小平同志提出“科学技术是第一生产力”的理论，提出要优先发展教育的战略。现在我国社会经济的发展正进入新阶段，我国将做出哪些新的重大的科学技术的战略决策？这是需要精心研究，积极探索，甚至还要具体部署某些科学实验，才能做出最后正确决策的事情。

我国曾有若干决策正确、及时而且措施恰当的先例，但从做出决策到社会生活中真正发挥重大作用，往往有一个滞后的时期。例如，1955 年，我国

---

* 本文与何祚庥合写，原载《世界科技研究与发展》，1996 年第 3 期；《群言》，1996 年第 8 期。

决策研制原子弹，历时9年后才爆炸第一颗原子弹，又历时两年零8个月爆炸第一颗氢弹。又如1956年，我国决定研制导弹，直到14年后才发射仅能起示范作用的人造卫星。真正能为国防建设提供实用的核武器及配套的核导弹，还是后来的事情。我国还有若干决策不及时，因而延误时机，形成被动的若干事例。同时，也有决策及时，但投入不够，因而未能充分发挥其技术潜力的例子，如电子计算机和大规模集成电路；也有决策及时，但技术方向抉择有误的事例，如激光技术曾一度过分关注于激光武器，而未能发挥激光在制导和通信方面的巨大作用。

当然，在那一时期，我国所有先关注的是国防，而现在就要充分发挥科技在物质文明和精神文明建设中的巨大作用。当前的急务，就是要从战略的高度，结合我国的自然条件、资源分布、生态环境、科技力量，以及国际局势等具体情况，立足于当代科技的发展，提出在我国实行可持续发展的科技战略措施。

这里既有直接影响于当前经济发展，但属于“跨部门”、“跨地区”的若干重大科技措施，也有涉及国家长远发展、人民根本利益的重大科学技术问题。举例来说，农业是我国发展的最薄弱环节，滴灌农业的建立和发展就是值得关注的一项。滴灌农业不仅能大幅度节水（可达80%），还能使各项作物大幅度增产（如为30%～40%），对华北、西北干旱地区，极为适用，并能大大减轻“南水北调”的压力。但是这一项新技术的推广涉及塑料及其加工工业和计算机等技术的支撑，并要求发挥规模经济效益，以大幅度降低成本。这不是农业部门就能决策和办理的。再如，“管道运输”的技术不仅能输运石油，而且能运送煤炭或“水煤浆”。这一技术不仅能大幅度缓解铁路运输的高度紧张（煤的运输约计占铁路运量的40%），还能有效地解决运煤列车返程“空载”问题。但这一技术涉及钢铁、化工、机械等多个部门，也不是煤炭部门就能承办的。

略微长远一些的，如西南横断山脉地区金沙江、怒江、澜沧江、雅鲁藏布江拥有极丰富的水力资源，是世界能源的宝库。但地形复杂，交通极其不便，开发难度极大。原则上可以建造盘山公路，运送物资、人员、给养。但成本太高，在工程完工后，又没有什么用处，因而得不偿失！这就要发展飞艇技术、轻便索道运输技术，还要研制高水头水轮机，解决远程输电问题，以实现“西电东移”。再如大西北仅占有全国水资源的7%，是严重干旱地区。而雅鲁藏布江的年径流量达1.6×10^{10}立方米，白白流入印度和孟加拉，并给这些国家造成严重水害。有些地理学家便提出由雅鲁藏布江发电、提水、调水予南疆的设想，但这需要学科的综合研究，更需要应用定向的爆破技术，开山劈岭，打通隧洞。又如我国的基本特点是，人口密集于东部南部，而资源却集中于西部北部。为使“人”和“物”有效形成生产力，中国必须建立“大交通”体系，要发展重载、高速交通运输新技术，如磁浮列车、大吨位运载技术等。世界各国均竞相发展高温超导输电、高清晰度电视等技术，国外估计未来中国是这类技术的最大市场，中国自己急需奋起直追。

科学的力量

——在中国科学学与科技政策研究会第三届理事会第一次会议上的发言*

祝贺中国科学学与科技政策研究会第三届理事会第一次会议的召开，祝贺新一届理事会领导人的产生。

我们这个研究会，从酝酿1979年第一次全国科学学学术讨论会的时候算起，经过延长了任期的两届理事会，到这一届理事会，有18年的历史了。可以说，它是新时期的产物，与新时期同寿。这里所说的新时期，就是以中国共产党十一届三中全会为标志而开始的在改革开放中实现社会主义现代化的中国历史新时期。

新一届理事会，将是跨世纪的一届理事会，将要领导我们研究会走完20世纪的路程，开辟21世纪的路程。

说到跨世纪，一种历史感就油然而生。中国人是有很深的历史感的，这大概是因为中华民族历史悠久，近代历史又备经坎坷。

20世纪，是中华民族命运生死攸关的一个世纪。1900年，八国联军从天津打到北京，中国是蒙受着国都被外国侵略军占领的民族屈辱进入20世

---

* 本文为1997年1月10日在天津召开的中国科学学与科技政策研究会第三届理事会第一次会议上的发言，原载《科学学与科学技术管理》，1997年第5期，第18～20页。

纪的。“振兴中华”成为整个20世纪中国人最强烈的民族呼声。

振兴中华，靠什么力量，走什么道路?

20世纪初叶的“新文化运动”，提出了科学和民主两大口号。呼唤科学和民主，呼唤民族独立、人民解放和社会主义，这是中国人的世纪性的呼唤，是中国人对“振兴中华靠什么力量、走什么道路”这个世纪性问题的回答。

对科学的呼唤，对科学的力量的信念，贯穿于为民族独立、民主自由、人民解放、社会主义而奋斗的全部进程中。

我们要搞的社会主义，是科学的社会主义。这个“科学的”包含两个含义。一个含义是，我们的社会主义不是空想的，而是以对人类社会发展规律的科学的研究为基础的社会主义；另一个含义是，我们的社会主义是高度重视科学的力量的社会主义。①

20世纪有两大潮流，极大地改变了世界的面貌。一个是科学技术革命的潮流，一个是民族解放和社会主义的潮流。社会主义潮流在20世纪兴起，是几千年人类文明史的崭新事物，但是在20世纪的后几十年中社会主义在许多国家遇到挫折。产生这种挫折的一个重要原因，就在于社会主义没有能够同迅猛发展的科学技术革命潮流很好地结合起来，没有能够充分地利用科学技术革命提供的巨大力量去广泛地发展和提高社会主义国家整个社会的生产力，切实地改善广大人民的生活，提高人民生活的质量和水平。

面向21世纪的社会主义改革、社会主义振兴、社会主义发展，一个根本任务，就在于同日新月异的科学技术革命的潮流更好地结合起来，把科学的力量更好地运用起来。

科学的力量，表现在哪些方面？这里有三个命题。

一个命题是：“科学技术是第一生产力”。这是邓小平同志提出的命题。这个命题继承了马克思主义理论，又根据对20世纪特别是近几十年科学技术革命迅猛发展的进程和前景所作的科学观察，发展了马克思主义理论。这个命题不仅是马克思主义理论对现代生产力和现代科学技术发展的重要观

① 20世纪人们在称颂科学技术迅猛发展给人类社会生活带来巨大利益和进步的同时，也越来越注意到它带来的许多损害和威胁。科学对人类是为利，还是为害，这根本上是个社会如何利用科学的问题。我们的社会主义还应该是为科学的利用提供最优的、最有远见的社会条件的社会主义。

点，而且是马克思主义理论对当前时代和当代社会发展的重要观点，对把马克思主义理论、科学社会主义理论提高到现时代的水平，有重要的意义。

另一个命题是："科学思想是第一精神力量"。这是比照着"科学技术是第一生产力"而提出的一个命题。马克思主义不但历来重视科学通过技术在发展社会生产力中的巨大作用，而且历来重视科学将它的思想作为精神力量在推动社会进步中的巨大作用。"新文化运动"呼唤科学和民主，在当时的历史条件下，首先是把科学作为精神力量。毛泽东同志把新民主主义文化的性质规定为民族的科学的大众的，在当时的历史条件下，首先也是把科学作为精神力量。在今天进行社会主义现代化建设的历史条件下，我们当然首先要充分重视和发挥科学通过技术在发展社会主义社会生产力中的第一位的作用，同时也要充分重视和发挥科学思想作为精神力量在社会主义社会精神文明建设中的第一位的作用。

说科学思想是第一精神力量，既包括自然科学的思想，也包括社会科学、马克思主义科学的思想，是作为统一整体的科学思想。

马克思主义、毛泽东思想、邓小平建设有中国特色社会主义理论，本身正是一种科学思想、科学理论，是关于社会发展规律、中国社会发展规律、当代中国社会发展规律的科学理论，是成为我们事业的指导思想的科学理论。邓小平同志在"南方谈话"的末尾说："我坚信，世界上赞成马克思主义的人会多起来，因为马克思主义是科学。它运用历史唯物主义揭示了人类社会发展的规律。"这是中国共产党人，也是我们大家共同的认识和信念。把用这样的科学理论武装全党、教育人民摆在我们精神文明建设任务的第一位，正是科学思想作为第一精神力量的很好的说明和论证。

马克思主义、毛泽东思想、邓小平建设有中国特色社会主义理论的生命力和创造力，正在于它自身的科学精神。邓小平同志说过，实事求是是马克思主义的精髓；又说过，实事求是是毛泽东思想的精髓。同样，我们也要说：实事求是是邓小平建设有中国特色社会主义理论的精髓。什么叫做实事求是？实事求是就是科学精神、科学态度。批评"两个凡是"，强调解放思想、实事求是的思想路线，主张实践是检验真理的唯一标准，就是主张用科学精神、科学态度对待马克思主义本身，就是主张恢复和发扬马克思主义本来的科学精神和创造活力。关于实践是检验真理的唯一标准的大讨论，成为邓小平建设有中国特色社会主义理论形成和发展的历史起点，这个事实，正是科学精神成为第一位力量的说明和论证。不单是起点，解放思想、实事求是的科学精神还要贯穿在实践邓小平建设有中国特色社会主义理论的全过程中和我们工作的各方面。反对浮夸虚报，反对形式主义，如此等等，归根到底，也都是要坚持科学精神、科学态度。

除了“科学技术是第一生产力”和“科学思想是第一精神力量”这两个命题以外，是不是还应该有一个命题，即“科学决策、科学规划、科学管理是第一组织力量”？物质生产力，属于自然科学的层次，精神力量，属于哲学的层次，科学的力量，除了这上下两个层次以外，还表现在一个中间层次上，这就是作为具体的社会科学的层次，即我们称之为科学学、软科学、管理科学、决策科学、规划科学等这样的层次。现在不是很强调决策的民主化和科学化吗？不是很强调管理的民主化和科学化吗？软科学不是已经被定义为科学决策的支撑系统了吗？管理科学不是已经列入学位授予的学科名称目录了吗？科学的力量的这个层次，正是我们这样的研究会更关心的层次。我们要在这方面多做工作，积累经验，使这方面的研究逐渐成形，逐渐规范起来。这也是我对新一届理事会的一点希望。

中宣部里看傅鹰*

傅鹰是一位化学家，北京大学化学系的教授，中国科学院数理化学部的学部委员（今称院士)。中宣部是中共中央负责知识分子政策和知识分子工作的部门之一，要经常了解知识分子的情况和意见。了解当然要多方面、多渠道地进行，要有广角的全景，也要有聚焦的特写。而在“文化大革命”以前，傅鹰成为中宣部了解知识分子思想动向的特写镜头中一位经常上镜的代表性人物。这种情况是怎么造成的呢？好像并没有刻意地安排，只是因为傅鹰这人性格鲜明，语言率直而带幽默，批评尖锐又透出诚意，所以挺引人注目。自然而然，一次又一次积累，就形成了这样一种情况。

一

中宣部里第一次注意到傅鹰，是因为他的一篇文章——《高等学校的化学研究——一个三部曲》，发表在《化学通报》1955年9月号上。

所谓“三部曲”，第一部是对领导提意见，第二部是对教师提要求，第三部是对学生提要求。在这里不妨摘引一下这篇文章第一部分的一些内容。

---

* 本文原载《在漩涡的边缘》，河南人民出版社，1998年，第141～174页；《阎王殿旧事》，江西人民出版社，2008年，第114～141页。

前　　奏

从高等学校的观点，前年中国科学院访苏代表团带回来的最大一种收获是使许多人认识到科学研究的重要性。又由于现在政府和学校的苏联专家们的督促和建议，高等学校对科学研究渐渐地重视起来。这是一种非常好的现象。回忆1950年我初到北京时社会中有一种很流行的意见，认为研究是科学院的事，学校只管教学就够了。今昔对照起来，任何人也不能不承认我们的高等教育向前走了一大步。但是认识研究的重要性只是第一步，此中的问题还多得很；就是在有些研究经验和成绩的人中，见解也还不很一致。因此谈一谈我个人的看法也许不是一件完全无意义的事。事先应当声明，以下所说的只是个人的意见，并不代表化学通报编辑部或北京大学化学系的意见，虽然在这两个部门及其他高等学校中和我意见很接近的并不乏人。

第一部曲——贡献给学校的领导当局

我们的国家正在过渡时期，高等教育的发展至少在广的方面一日千里，因此学校的领导人中作过科学研究的并不多，作过化学研究的就更少了。这也就是说，我们的领导人对化学研究不是行家。因此，我想对什么是研究、对待研究的态度、如何提倡研究三个问题表示一些意见，以供参考。敬爱的同志们，倘若你们有工夫看这篇东西，我诚恳地请求你们本着言者无罪的精神，以容忍的态度来对待一个科学工作者的意见，千万不要认为作者有意挑剔，因为那根本不是作者的用意。

1. 什么是研究

几个人聚在一起谈谈问题时，我们常说研究研究这个问题。这种的“研究”只是讨论或漫谈的代名词，不是本文所要提的。此处所说的研究是对扩大科学领域的努力。它的目的是推广一门科学的理论及实用的范围；它的一个必需的而不是充分的标准是有创造性。根据这种见解就有许多工作不能算为研究。今举几个实例来说明。编写讲义或教科书是教学上极有价值的工作，但是不能算为研究，因为在讲义或教科书中虽然在编排及如何说明某个节目可能或多或少与前人不同，所以可以夸大地说是有些创造性，但是对那门科学的领域并未加以扩大，故此不能算为研究。实验室中的工作也是如此。例如，自某种有机混合物中用硫酸提出其中的烯类，再加以水解使之成醇。倘若详细地考虑混合物的成分，反应条件对产量的关系、产品的证实等问题，而这个体系又是前人所未曾研究过的，即这种工作可以算是研究；倘若只是将烯变成醇，那就只能算为初级有机化学中的一个实验，根本够不上研究。又如水的分析，倘若我们分析国内的许多江河湖沼的水，从分析的结果推出矿物之分布及地层的构成等，那就是一种极有价值的化学研究（现在苏联化学家正在建立中的水化学就是此种工作），倘若只用成法将某处的水分析一下，那就只能算是工业分析中的一个实验，谈不到研究。也许有人认为我所提出的标准太高，有打击青年人研究情绪的流弊。我认为这种看法是完全不对的。首先，这种说法对于我们的青年是一种没有根据的诬蔑。我们要求我们的青年有坚定的意志，而事实证明他们中的绝大多数是有坚定意志的。他们往往会犯急躁病，但是将问题谈清楚了之后他们是不辞艰苦、不怕麻烦的。我对我所指导的学生的要求是严格的，但是他们对自己的要求常常比我的要求还要严格。直到现在我还没有发现我的学生中有因工作困难或标准过高而情绪低落的。我相信这种优点在青年中是相当普遍的。其次，任何东西都有规格。我们不能因为现时国内还不能生产某种合金钢，就将一块生铁叫做那种钢。我们将一种起码的化学实验夸大为研究，并不能改变那种实验的本质。提倡研究的道路很多，但是其中没有降低标准这一条路。

2. 对待研究的态度

在一个作过研究的人看来，上节所举的例子近乎笑话，但却是事实。此种情形之存在可能有两种原因：①负责宣传的人根本不明了化学研究是什么；②将研究当做一种时髦的东西，没有似乎显得寒碜，因此就滥竽充数地混淆一下子。第一种情况并不严重，因为在不久的将来自然会改正；第二种情形就不同了。倘若存在就必需立时加以纠正，因为这是社会道德的问题，此风不戢，不但会使科学研究庸俗化，更严重的后果是使青年学会了不老实的作风。因为客观的条件或教师的水平一时不能展开研究，诚然不是一件光荣的事，但是更寒碜的是不设法改善条件，提高水平。倘若有人认为别的学校能够展开研究而我们的学校不能，不足以装点门面，他对待研究的态度至少说是不正确的。无论什么东西也不能建筑在虚伪和吹牛皮的基础上，化学研究更不能例外。

3. 如何提倡研究

倘若认为研究是提高教学质量的最有效的方法，则学校当局应该将提倡研究列为首要的任务。如何提倡不在高谈，而在为研究创造有利的条件。以下所说的可以算是研究工作者的共同呼声，谨请学校当局注意。首先，研究需要时间。现时对研究开展最大的敌人就是时间不足。造成此种情况的原因主要有三种。①不必要的会太多。在这句话中“不必要”三个字可能是不必要的，因为根据我五年来的亲身体会，有必要的会几乎是例外。在学校中全校性的、全系性的、全教研室性的会比比皆是。一个稍微有些研究经验的教师就更忙了。除了在学校内部，在校外还有许多会议被请去参加。只要是不好意思摇头，就有自原子能（A）到动物园（Z）种种莫名其妙的会需要参加。今以北大化学系主任孙承谔先生为例，他时常一天需参加四个会，而孙先生还不是我们系中职务最多的人。根据惯例，一个会少则两三个小时，多则五六个小时。这些会议真正解决了什么问题只有天晓得，但是宝贵的时间却很无聊地浪费了。②杂务太多。今天填几张表，明天编个计划，后天又检查这个那个……但是填完编完了之后，就没有下文了，不知究竟有何用处。现在同学超学时的问题已经得到注意，但是据我亲身的了解，自长春到上海一个负责的教师每天的工作鲜有不超过12小时的，不知这算不算超学时？③一般人不知珍惜研究人员的时间。今举一个实例来说明此点。有一个学校中的一位化学教授开始作一种研究，这位教授是那个教研室，也是该校最有研究经验的教师。领到了试管、烧杯、蒸馏器等之后，这位教师用了将近两个星期的工夫亲自将仪器洗净，因为学校不肯派一个实验员帮他做这类事情。这种情形我认为是学校当局对研究是外行的充分说明。做研究最宝贵的是经验，因为那是有钱也买不来的。使一位有20年研究经验的教授用两个星期的工夫去做不需要多少经验就完全可以胜任的刷试管工作，这种浪费比基本建设中长材短用要严重得多，但是很少听见有人提出什么意见。提起作研究，我们应当懂得一位经验丰富的教授的一小时是不能和一位什么科长的一小时相提并论的，虽然在其他工作中可能正相反。对作过研究的人，这种看法是和雪白炭黑一样的明显，而有许多主持校务的人却未必明了。现时每个教师的教学任务是相当繁重的，再加上开会、填表、作计划、刷试管等还有多少时间来作研究？因此以我的愚见，不将这出“除三害”唱好而高谈研究，其结果只是“一春梦雨常飘瓦，尽日灵风不满旗”而已。

化学研究的第二个必要的条件是设备。北大的苏联专家诺沃德拉诺夫教授（列宁格勒大学的化学系主任）到北大的第一天就去看图书馆和库房。他对北大的系主任孙承谔先生说，一个高等学校的化学系主任的第一个任务就是将库房中装满了必需的仪器药品，将图书馆中装满了必要的文献，因为只有如此才能使研究顺利地开展，才能提高教学质量。在我和他接触的一年中，他不下六七次地告诉我，他在列宁格勒大学如何搜罗仪器药品来充实库房。在苏联仪器和药品的来源与现在的我国不能同日而语，他还如此注重库房，对于我们来说，库房和图书馆的重要性不更明显了么？然而问题之严重也许不是不作研究的人所能体会的，故此我再举一个实例。前几天我的一个研究生需要纯苯。设备科的同志到市面上跑了两天，结果两手空空，说要到夏季才有货。苯是一种极普通的东西，来源还大有问题，其他可想而知。这种情形并不限于北京。去年我到上海去购买仪器和药品，结果只达到预期的十分之二三。上海如此，兰州可知了。提起设备就有两点请当局注意：购买东西需要钱和目录。现时学校中似乎有这种倾向，即遇到经费支出的时候，首先要精减的就是研究费。这种办法至少是目光太短。三天打鱼，两天晒网，不是提倡研究的方法。费尽苦心因陋就简地制订了可行的研究计划，而不断地一曝十寒，停工待料，是提倡研究的正当途径吗？至于目录，其重要性并不下于经费。同是电位计，因为规格不同，价钱可以自几十元到几千元。没有目录，即使经费很充裕，也不能以最经济的方式解决问题。再举一个实例。为研究泥浆的流变性我需要一种黏度计。因为没有目录，将近一年了，订单还在学校与进出口公司之间作“苦闷的旅行”。也许有人会说，做研究的人应当事先详细计划，不选那些需要特殊仪器药品的题目。我的回答是：研究的题目主要是祖国的需要和自然的现象给我们提出来的，而这两位先生出题目时并没有考虑到我们的现有设备。再以泥浆的流变性为例。现在钻一口油井用 100 万～300 万元。费用庞大，事故繁多，主要是泥浆问题没有得到解决。倘若我们能够帮助解决一部分的问题，一口井很可能省十分之一二的费用。在不久的将来我国大量开采石油，这笔钱可就省多了，难道说这是不应该立刻研究的题目吗？研究泥浆的黏度而没有合适的黏度计就像演武松打虎时没有武松一样。至于文献，其重要性并不下于仪器和药品，因为那是前人智慧的总汇。只有仪器药品而没有文献就像打仗时只有枪炮子弹而没有地图一样。但是现在各大学的图书馆没有一个是够用的。

最后，学校当局应当尽力消除研究工作者的顾虑，否则不能发挥他们的积极性，而没有积极性则虽有好条件也不能有好结果，因为仪器药品和文献还是要靠人来用的。在我国，科学的传统还未建立起来，所以有很多人对研究的认识是不正确的，因而为科学工作者添了很多不必要的顾虑。如何纠正此种情形，我认为郭沫若院长在科学院学部成立大会的报告中有几句话是应该广为宣传的，他说：“在制订（研究）计划时，理论与实际的密切结合是必须遵守的原则。忽视这一原则，不认真考虑国家建设的需要，强调个人兴趣，在任何时候都是不应该的。但是我们决不能认为科学工作的任务就只限于解决目前的问题。”现时许多不正确看法就是渊源于没有体会这段中的末一句话。倘若不正确的见解只停留在个人意见的阶段，其影响还不很大，但是有时将见解化为行动，其危害性就不可估计了。今举一个令人万分痛心的例子。一个农业研究机关中有一位育种专家费了若干年的心血，培养出许多优良品种。一个干部认为这种工作是浪费人民财产的勾当，趁这位科学家出差的机会，将这些品种搅混在一起。他的这一举手之劳不但毁坏了多年研究的成果，而且使我国的农业增产可能受到不可估计的严重打击。这类违反革命利益的行为在高等学校中可能不会实现，但是外行人的愚而好自用的危害性却是存在的。现在再举一个例子。一个学校的化学库房中存了六磅乙醚。一个管理员认为这是积压浪费而提出“批评”。一个研究工作者遇到这种不可以闻邻国的“批评”时不外乎走三条路：第一是向愚昧投降，作一次心口不符的检讨；第二是耐心说服，使“批评”者认识错误，无论走哪条路都是浪费了宝贵的时间，在心情上起了一阵辛酸愤怒的波动；第三条最彻底的路是痛痛快快地不作研究以避免无谓的麻烦。在这两条弯路、一条死路之中没有提倡积极性的大路……领导同志们，请不要误会，认为我反对批评。批评是绝对必要的，没有批评就没有进步。但是我们所欢迎的，所需要的是有建设性的、中肯的严正批评，而不是扣帽子。只有内行人才能提出使被批评者心服口服的批评；至于没有拿过试管，更没有涉猎过世界化学文献的人所提之批评，即使不是别有用心，也不过是扣帽子而已。天下岂有扣帽子就能解决之问题哉！

敬爱的同志们，我以公民的资格请求你们听一听一个化学工作者的意见，哪怕有许多是偏见，消除一些不合理的状况，创造一些有利的条件，使从事研究的人省去一些开会、填表、写订单、为经费着急、应付外行人指摘等的时间，而将其用在实验室中来培养我们的下一代。

此文的发表，与我也有一点关系。因为文章中对高等学校的党组织在领导科学研究中的某些做法多有批评。编者拿到文章，感到有些没把握，向我征求意见。为什么找我呢？因为我那时同《化学通报》有一些联系，并任它的姊妹刊物《化学译报》的编委，当然，更重要的是我在中宣部科学处这个领导机关工作。这不算送审，但是，征求过科学处工作人员的意见，编者会觉得踏实一些。

我看了文章，非常赞赏，特别是知道傅鹰说到过他从小受到国耻教育，1949 年解放军渡江的时候敢于对企图进行干涉的英国军舰紫石英号打炮还击，这炮声使他深受鼓舞，毅然决定从美国回来。他对高等学校科学研究工作的许多批评，也很坦率和中肯。我主张刊物发表这篇文章，并且建议摆在第一篇的重要位置上。后来果然这样发了。不过，发表的稿子比起我看过的清样，又加了一些比较尖锐的字句，如“没有拿过试管，更没有涉猎过世界化学文献”的“外行人的愚而好自用”的批评之类。这也没有什么，并未改变原来文章的基调。

文章发表后，在科学界，在领导科学工作的机关，引起了较大的反响。一些同志认为，它表现了对党的领导的不满情绪。于是，在有些领导同志的讲话中，对这篇文章就有所批评。记得听说，范长江在北大演讲时就提到傅的这篇文章。还有别的领导同志，讲话时也提到过。范长江当时已经不在人民日报社，而在国务院文教办公室，是从事文教工作的一位领导人。领导人讲话，一般说，语气会比较缓和，但指名道姓，传播开来，影响和压力还是很大的。

对傅鹰这篇文章，究竟该怎么看？在中宣部科学处，有不同意见。讨论的时候，我不完全同意对傅鹰的文章做那样的批评，我认为：文章中有的语言是过分尖刻了，也可以说，他不满意某个单位党员领导干部对科学工作的领导，但是，总体说文章是好的，政治上是拥护新中国、拥护党的领导的，从大处看，不能认为是不满意党的领导。当时科学处里开玩笑，说我是“中派’，是介乎“左派列宁”和“右派伯恩斯坦”之间的（前期的）“考茨基”！

此外，我还知道，胡乔木同志，他当时是中央副秘书长，也是中宣部的领导之一，认为傅的文章没有什么问题，这样的批评意见，做领导的应该能够听得进去。

二

傅鹰引起党内更高层的注意，是因为他在“大鸣大放”期间的言论。这些言论，登在中共中央宣传部的“只供领导同志参考”的党内刊物《宣教动态》1957年第51期（五月十二日）上，是这一期的头条，文如下。

傅鹰对党和知识分子的关系提出尖锐的批评

北京大学教授傅鹰在北大化学系讨论正确处理人民内部矛盾问题的座谈会上作了几次发言。

第一次（四月二十七日）座谈会上的发言如下。

年轻党员如同国民党特务

党和党外人士关系不好，首先是由于“三反”时的偏差。“三反”后，教授们谈话，只要来了个党员，便都相视而笑，说些专门给党员听的话，其实教授们并非在骂毛主席，也许是在谈梅兰芳的“贵妃醉酒”。但欲加之罪，何患无辞。斗争时，党员会说，某次我听见傅鹰在议论梅兰芳，为什么不尊重艺术家？这是什么思想？什么根源？所以我对于年轻党员的看法，就同在重庆时对国民党特务的看法一样。特别是对正在争取入党争取转正的人有戒心。他们越多打你几棍子，入党转正的机会就越大。

没有把握不再来“三反”

现在说话虽然已无杀头的危险，甚至也无失业的危险，但没有把握不再来个“三反”运动来了，给你提意见的不是毛泽东、周恩来（要是毛泽东、周恩来提意见，保证愿意接受），而是那些年轻的党员、团员。他们在大会上大骂你一通，骂你三分混蛋，你承认五分混蛋，这才鼓掌通过。事后说是搞错了，他只到你一个人面前道歉。为什么科学家都想到北京来？因为运动中偏差的大小与离北京的距离成正比。我相信党，但不相信个别党员不会作难。不怕官，只怕管。好汉不吃眼前亏。你可以批评人家没骨气，为什么不扛起来？这种批评不对。求生是动物的本性，吊打是“不可逆”反应。

当然不是说所有党员都坏，党员和非党员有一个共同之点：良莠不齐。

我最讨厌思想改造

我最讨厌“思想改造”，改造两字，和劳动改造联在一起。有了错才要改，我自信一生无大错，爱国不下于任何党员，有什么要改？现在所谓“改造”，就是要人在什么场合，慷慨激昂说一通时髦话，引经据典——马、恩、列、斯。何必要用任何人都听不懂的话去说人人都懂的事？化学系只我一个人没上夜大学，受不了。夜大学教员把人都当做全无文化。毛主席说一句话，本来清清楚楚，偏要左体会右体会。煤是黑的——就完了。非要说什么“煤之黑也，其不同于墨之黑也，它和皮鞋油又如何如何”，全是废话。

把不好的思想说成资产阶级影响是不公平的

人们有什么不好的思想行为，总说是资产阶级思想影响，这是不公平的。资产阶级思想的老祖宗无非是孔夫子，孔夫子几曾教人贪污、损人利己、唯利是图？我从小就念孔夫子那一套，不觉得有什么错。张子善、刘青山、高岗也不代表无产阶级。

一个化学家怎么可能是唯心的

我不懂一个化学家怎么可能是唯心的。自然科学家自然而然就是唯物辩证的。我看过很多哲学书，很欣赏贝克莱，但他终于搬出上帝来，我就不信他了。

前年我在《化学通报》上写了一篇文章（记者按：题为“高等学校的化学研究——一个三部曲”，载《化学通报》），范长江在北大演讲，说我反对党的领导，至少是对老干部没有同情。那时我刚从石油学院来，石油学院的老干部有一条公式：我是老党员，你是群众，所以，你是错的。这还有什么可说。石油学院的年轻党员，指指点点，我应该如何如何作研究。受不了。他们要跟我谈学问，还得先学五六年，还要下苦功学呢。在石油学院我跟两个小孩一起教普通化学，我根据多年经验，建议把某个教学次序倒转一下，那两个小孩不听，非要照格林卡（按：是苏联教本）的讲。你有自由不听，但反过来却在校刊上批评我学习苏联不积极。其实，我一人看的苏联文献比全石油学院的教授看的还多，他们只看过一本格林卡。

×××“集教条主义之大成”，应作公开检讨

学苏联要一板一眼地学，这是××× 的主张，他集教条主义之大成。如果这样何必还要师资，开录音机就行了。据闻，×××在党内检讨过种种错误，检讨了什么我们全不知道，不满意（邢其毅教授后来点明说，傅鹰的意思就是要×××到北大或是别的地方作公开检讨。邢说，×××在一次报告中说知识分子“三月不见英美文献，如丧考妣”，这简直是骂知识分子的祖宗；×××在另一次报告中公然号召“学苏联就是要教条地学”。邢说，虽然×××是中央候补委员，我对他还是有意见。他如果作个公开检讨，很有好处）。

我和党是同奔一个门，事实证明，他认路比我认得好，我自然跟着他走，并没有被领导的不愉快感。

党对知识分子的脾气还没摸对

党到现在对知识分子的脾气还没有摸对。知识分子的要求就是把我们当自己人，如此而已，并不需要优待。加了薪便感激涕零，

那么蒋介石给更多的钱，怎么办？岂不危险？看电影时，特别留着好位子，坐在这种特殊座位里，心里就想：还是把我当客人。用“现在比过去”的方法教育知识分子，根本不对头。现在比过去好，因此应该拥护现在的政府，这个逻辑用于知识分子就很危险。过去我刚回国时，住了13间房，五个澡盆，每月600元薪水。按这个逻辑推下去，我岂不要反对政府？

知识分子就是爱国

知识分子就是爱国。我父亲从前在外交部做事，从小我就听他说，从康熙《尼布楚条约》到《辛丑条约》，每条都是中国吃亏。宣统三年我到上海，公园牌子上写着“中国人与狗不许入内”。后来到美国，过国境到加拿大看瀑布，日本人可以自由来往，中国人就不行；我到物料科领药品，那里的人说，“你们中国人学科学干什么”？我一生的希望就是有一天中国翻身，现在这个希望实现了，所以我拥护这个政府。共产主义我不了解，从书本上看的来说，意识形态方面我不见得全同意，但共产党把国家弄成现在的气派，我拥护它。

但我心里还是有不快，党还是把我当外人。我十分力气只使出六分，并不是不愿意使出全力，是没有机会，还没有和党做到知己。

第二次（四月二十九日）座谈会上的发言如下。

学校里的衙门习气比新中国成立前还重

学校里至今没有建立起学术风气，衙门习气比新中国成立前还浓厚。在教学、作研究方面，教授的把握最大，教授应对学校的一切有发言权，应尊重他们的意见。新中国成立以来，教授没有地位。留哪个毕业生做助手是由人事处决定的，全凭政治水平；入选的机会，党员比团员大，团员比群众大。什么叫政治水平？我以为，爱国、百分之百拥护政府，政治就够条件。人事处全是一帮孩子，不知大学该如何办，不懂哪能不主观？化学系一个复员军人学生，党员，去年因为侮辱女生，被开除出党了，校方处分是留校察看，今年他又在实验本子上大骂教师，我们教研室教师全都认为这回该开除了，但人事处不同意。不知人事处凭什么资格不同意。最好废除人事处。如果废不了，至少要他们了解自己的地位，不能掌生杀之大权。教授评级，最后也是由人事处定的。人事处的毛孩子，有没有“术”不知道，“不学”是定了的。不学的人在学校做主，何堪设想？冯新德教授太太神经有病，要求换个清静房。唐有祺教授家人多，要求换个大房。总务科就是不理，我家旁边有一幢大房子，空了一年，也不肯给他们住，现在给新上任的科学研究处副处长（指×××，新入党）住了。现在是“长”字辈的吃得开，后果何堪设想？当“长”，什么人都可以，摆一块木头在那里，它也能当“长”。但木头不能讲课。当“长”等于穿一件衣，穿了脱了都无所谓的，“长”与学问并不成正比，常是成反比的，做学问的人就不是当“长”的料。

真进步是把意见贡献出来

也不能完全怪学校领导，教授本身也要负责。不顺眼为什么不说？宪法规定了言论自由，毛主席提出了“百家争鸣”以后很久并不热闹，现在才热闹起来。以前没人敢说，偶尔有几个不识时务的人说了，好家伙，我几乎和胡风弄到一起去了，马列主义教研室的人就是这样说我的（按：指傅在《化学通报》上那篇文章的事），不敢说，是没肩膀。很大一部分“进步分子”是光拣领导爱听的话说，昨天还是国民党，今天又申请入共产党，这样的人不止一个，算进步我不信。真进步是把意见贡献出来，把国家办好，中国知识分子有气节传统，不会阿谀谄媚。现在“气节”两字不时兴了，说是封建的。“三反”时，凡是1949年以前的全都要不得。自己半辈子努力培养了多少学生，也全给批判掉了，说是为蒋介石服务。

并非主张教授治校，但应与教授商量

我并非主张教授治校，虽然有人这样提了。工作应该与教授商量。这次北大校委会讨论评奖问题，尊重教授意见，决定取消了，这才是民主；但早尊重教授意见，也不必花这么多时间来讨论。校长请教授去喝咖啡等倒不必。把教授当做自己人，遇事征求意见，教授意见错了可以和他争，如果敷衍敷衍，错了他不驳，我就感到是把我当外人。

党和知识分子关系紧张，是党员瞎汇报的

邢其毅教授问为什么《人民日报》社论说党和知识分子的关系最紧张，我说，这又不知是底下的党员如何向上瞎汇报的，我就不信和知识分子的关系比和农民、资本家的关系还紧张。党员瞎汇报的例子很多。周总理有一次说我国有机化学达到国际水平，我说没有那回事，大概又是汇报得不对。

（科学处）

以上是全文，文中多处×××，是这里引用时略去的，原文中当然是有名有姓的。

上述材料署名“科学处”，是因为当时中宣部科学处处长于光远率领我们处里几个人，到北大蹲点，分别参加人们讨论正确处理人民内部矛盾问题的大小座谈会，有向领导反映北大各部分人意见的职责。化学系教授们的小型座谈会（十来个人吧）是我去听的。我整理了两次座谈会上傅鹰的发言。之所以要单独全文整理他的发言，一是因为我认为这两个发言内容尖锐，又十分重要；二是因为傅鹰由于那篇《三部曲》已经成为一个引人注目且有不同看法的代表性人物。《宣教动态》所登动态，大多是短条

的摘录的消息，或者是综合的消息。专门整理一个人的较长的发言，登在刊物上，不多见。当时也有主张只摘若干尖端言论就可以了的。我们坚持全文登载傅在北大化学系小组会上的这两次发言，就是期望全面反映情况，以便领导判断。

三

《三部曲》这样一篇文章，在政治评价上都引起过分歧和争论。在北大的这些发言，对党的批评比起《三部曲》来尖锐多了，会引起怎样的政治评价呢？

没有想到，毛泽东主席注意到了这一期《宣教动态》，并且在两篇文章中，对傅鹰这些尖锐的意见两次亲笔做出了评价。①

一篇是1957年5月中旬（也就是这一期《宣教动态》出版之后不几天）毛泽东写的《事情正在起变化》。这是为准备发动“反右派”斗争，在党的领导层中作思想酝酿的一篇名文。原来收在《毛泽东选集》第五卷中，因为现在对“反右派”斗争有了同以前不很相同的评价，在《毛泽东著作选读》新编本中，就没有再收了。

在《事情正在起变化》里，毛泽东分析当时的整风和批评运动的情

---

① 1980年《新华月报》文摘版转载了叶永烈写的《敢说真话的人——记傅鹰教授》，对毛泽东所说的傅鹰的尖锐批评作了猜测，以为就是《三部曲》这篇批评。这个猜测是不对的。《三部曲》是在刊物上发表了的，毛泽东讲的是“没有在报纸上发表”的。至于毛泽东是不是看到和评论过《三部曲》，我没有充分的把握作判断。据王澈1957年5月25日发表在《人民日报》上的《傅鹰教授一席谈》（这篇访问记显然是在毛泽东起草的5月16日中央指示中说到傅鹰以后去采访的，其中有许多内容和《宣教动态》上所登的一样，不过没有那些对瞎汇报的党员和瞎指挥的人事干部的尖锐批评），傅鹰在叙述到《三部曲》引起的风波时，说：“市委要《化学通报》多印了许多份，周总理看过，据说毛主席也看过。由于这篇文章，我倒成了名人了。”傅鹰强调了“毛主席看过”只是“据说”。我当时在中宣部科学处工作，是没有听说过这一点的。到叶永烈的文章里，情况又成为这样：1957年5月的一天，彭真突然请傅鹰夫妇到家里做客，说：“受毛主席的委托，找你们谈谈。你的《三部曲》我们印了许多份，周总理亲自看了，毛主席也亲自看了。你的批评是尖锐的，但看得出是善意的，是希望改善相互关系。善意、恶意，不是猜想的，是可以看得出来的。”叶所作的这样的描写，显然是把《三部曲》同毛泽东在1957年5月看到的没有在报纸上发表的批评意见混为一谈了。我曾经写信给叶，告诉他《宣教动态》的情况。后来，叶在自己的文章中补充了《宣教动态》的情况，但没有改变他所述的彭真这番谈话。而这番谈话的原始根据是什么，我没有看到他提供。

况，说：

> 多数人的批评合理，或者基本上合理，包括北京大学傅鹰教授那种尖锐的没有在报纸上发表的批评在内。这些人的批评目的，就是希望改善相互关系，他们的批评是善意的。右派的批评往往是恶意的，他们怀着敌对情绪。善意，恶意，不是猜想的，是可以看得出来的。

另一篇是5月16日毛泽东为中共中央起草的关于对待当前党外人士批评的指示，其中写道：

> 自从展开人民内部矛盾的党内外公开讨论以来，异常迅速地揭露了各方面的矛盾。这些矛盾的详细情况，我们过去几乎完全不知道。现在如实地揭露出来，很好。党外人士对我们的批评，不管如何尖锐，包括北京大学傅鹰化学教授在内，基本上是诚恳的、正确的。这类批评占90%以上，对于我党整风、改正缺点错误，大有利益。从揭露出来的事实看来，不正确地甚至是完全不合理地对党外人士发号施令，完全不信任和不尊重党外人士，以致造成深沟、高墙，不讲真话，没有友情，隔阂得很。党员评级评薪和提拔等事均有特权，党员高一等，党外低一等。党员盛气凌人，非党员做小媳妇。学校我党干部教员助教讲师教授资历低，学问少，不向资历高学问多的教员、教授诚恳学习，反而向他们摆架子。以上情况，虽非全部，但甚普遍。这种错误方向，必须完全扳过来，而且越快越好。无论文教界和其他方面，凡态度十分恶劣，已为多数群众所不信任的同志应当迅速调动工作，以党外资历深、信誉好的人员充任，或以胜任的党员充任，以利团结党内外、改进工作。

这篇指示，没有公开发表过，但已为许多史书引用，现在收入内部发行的《建国以来毛泽东文稿》中。

毛泽东对傅鹰批评作这样的评价，多么中肯，多么重要！

这样的评价所表现的政治气度和对知识分子的理解，为什么没有能够切实贯彻到整风和“反右”中，其中的教训，是很值得研究和记取的！

大家知道，6 月 8 日“反右派”斗争的群众运动猛烈地掀起以后，许多善意的批评，竟被打成“右派进攻”，使许多知识分子被错误地划为“右派分子”，受到严重的长久的伤害。

傅鹰则因为有过毛泽东的这番话，在“反右运动”中得幸免于被划为“右派”的灾难，而且不久还成为第三届全国政协的特邀委员。但是，当时在党内对究竟应该如何看待傅鹰，认识并不统一。近读韦君宜回忆，谈及她的丈夫杨述（当时任北京市委宣传部长）在讨论划“右派”该多划学生还是多划教师时的思想矛盾。韦的回忆是这样写的：“他说：‘傅鹰那样老骂街的都不划，还划学生？应当划傅鹰。’但是，他完全想不到，所有这些人，老的、少的，都不应该划，他们都不是敌人，都没有反社会主义。”

不但当时在党内对傅鹰看法并不统一，在后来的政治运动中，傅鹰仍然不免时常遭到各种批判。根据北京大学党委 1961 年年初检查化学系严重违反知识分子政策的一份材料说：

> 傅鹰是中央在 1957 年“反右派”斗争中确定的“中右”标兵。但是，在将近四年的时间内，化学系总支领导同志却一直认为傅是没有戴帽子的“右派”。双反运动中，对傅进行了批判，傅也作了检讨，并发表了《向真理投降》的文章。这次批判是正确的，傅鹰至今也承认对他有帮助。以后两年多来，虽然傅在教学和科学研究工作中，对党的领导和群众运动有许多怀疑、保留以至抵触，对改造的要求比较差；但是，在总的方面，他对党的领导和三面红旗是表示拥护的，基本上愿意跟着走，愿意为祖国的教育和科学事业贡献力量。而总支领导同志却看不到傅的这些进步，对他只片面地强调斗争，很少有团结和争取的愿望，很少注意发挥他的专长，实际上采取政治上孤立、业务上搞臭的方针，混淆了中间派和“右派”的界限。直到 1961 年 2 月，总支根据党委要求起草对傅鹰的工作计划时，总支的领导同志仍然说：“傅鹰比‘中右’还坏”，“实质上是未戴帽的‘右派’”。

这个情况，中宣部也通过《宣教动态》向上作了反映。

四

1961 年，我们国家进入调整时期。从农村政策的调整开始，扩展到工业政策的调整和科学教育文化政策和知识分子政策的调整。

1961 年，刚好又是 5 月 12 日，《宣教动态》又反映了一篇傅鹰的批评意见。

一个值得注意的意见

4 月 15 日傅鹰在政协科技组扩大座谈会上，对党的领导、开展“百家争鸣”等问题，提出很多意见，摘要如下。

中央的政策是正确的。问题在于政策是一回事，到了基层执行时又变成另一回事了。例如，中央的政策规定对某些与生产没有直接关系而对该学科的发展有帮助的研究项目可以进行，而在系里却提出“以任务带学科”的口号。北大就把“经济分析”取消了，说它对生产没有直接关系，照这样说，数学系整个都可以取消。有的问题在系务会议上决定了，但到了教研室就不能贯彻。如我的一个研究生，本来在系务会议上决定留他做研究工作，后来到将开始实验时，突然调他去搞基建工作，我跟他的关系也就一刀两断了。研究生做什么，导师无权过问。这说明政策经层层下来就打了折扣。我对基层的总评价是：“阎王好见，小鬼难挡。”我们现在是处在基层干部管制之下，他们可以随便给你扣帽子，若有不同意见，就说是不服从党的领导，再进一步就说是跟党争夺领导权。现在大学里 40 多岁以上的人，没有不是灰溜溜的，为什么提不起劲，是对中央政策执行的信心不大。

开展百家争鸣也有问题。例如，去年学会在西安开会时，黄子卿在会上对化学分科问题提出了不同意见，但在总结会上黄先生成了众矢之的，这种情况如何能开展“百家争鸣”呢？现在“鸣”是看谁的嗓门大，没有共同语言，怎么争呢？领导上很不好作结论，但在场就可以看出领导是站在谁的方面。坚持真理当未到水落石出时，这一阶段的日子不好过，同时会有些古怪的东西来压你。如某学生写热理学讲义给黄子卿看，黄指出 20 多处错误，后来他在黄检查思想的会上给黄提意见，说黄是“不尊重群众的劳动”，这种时候黄只有挨批评的义务。所以有时坚持原则就很难，在这种场合下，若再坚持就会惹火烧身。

敢想敢说敢做与胡想胡说胡做的界限如何划分也是个问题。如北大去年写讲义，有一个学生修改我的热理学讲义，但他连基本的东西，如温度概念，也不懂，这类事情在北大发生的很多，将来是否就没有了，我还不敢相信。毛主席在庐山说写讲义要由有经验的人来做，毛主席的话都难执行而况周扬乎！

我教的一班学生，1954 年不及格的占 10%，去年全班优良的占 85%以上，这并非质量提高，而是在考试前进行了辅导。辅导的方法是挑几个学习题在黑板上写出来，考的时候就出这几个题目，这样的优良有何价值呢？清华、北大在“五一”、“十一”游行时说优良占百分之几，但是分数好并不说明教学质量最高。

现在很多人提出要退休，我已正式提出过。我拿薪水不做事，完全成了废物。说我一点事不能做，我不服气，若说我能做什么事，我则茫然。我愿意把经验传授给年轻人，但这样的愿望并未实现，而且连实现的苗头都看不出来。我所说的话并非牢骚，近几年在北大有很多时候日子不大好过，现在召开这种会说明领导正确，但希望能经常有机会，使下情能够上达。

采写这篇意见的同志，大概不是学习自然科学的，所记的“热理学”显系“热力学”之误，“经济分析”不知道是什么之误。这篇动态，似乎没有引起特别的反应。

五

1962年7月20日，《宣教动态》第70期再一次反映了傅鹰的一番谈话。

傅鹰谈当前高等学校中的几个问题

傅鹰最近在教育部理科会议上谈了贯彻《高等学校六十条》的问题，并向华北局文教办公室一位同志谈了下列意见，综合如下。

傅说："高等学校六十条"贯彻后，教学秩序稳定了，但是还存在不少问题。

1. 不少干部对《高等学校六十条》的执行很勉强

傅说，1958年后学校一直是"一竿子插到底"，干部习惯了，现在要他们起保证作用，他们不愿意。有人说："这好比老虎吃惯了肉，要他吃素菜，他不愿意吃了。"把干部比做老虎，固然不当，但这几年，我们确实深深体会到"苛政猛如虎"。现在强调要发挥行政作用，但实权仍掌握在支部手中，很多事系主任不知道。如化学系人事工作由系主任孙承谔负责，但招生他不知道，留助教他不知道，现在搞调整精简，好多会他未参加，叫他怎样做工作？不久前学校召开非党系主任座谈会，好多教师提出："现在还是让总支领导吧。"他们心想："多一事不如少一事好"，管多了，将来说不定又会记在账上说你和党争领导权。

2. 青老关系的弯转得太大了，不自然

旧社会是"天、地、君、亲、师"，把老师放在第五位，做老师感到很光荣。过去我带的学生，把他们都当做自己的子弟，想尽一切办法培养他们。但这几年提倡"在新的基础上建立新的师生关系"。我体会的"新基础"就是青年人指着鼻子骂我们。《高等学校六十条》贯彻后，有一些青年人转了180度的弯，过去对我们是一概否定，现在又是一概肯定，真是"昔日阶下囚，今日座上客"。

这个弯转得太大了，使人感到很不自然。现在我们和青年人在一起仍有戒心，和他们谈话总是话到嘴边留半句，总怕将来不知什么时候又来一个“新基础”，作为骂我们的资料。现在年轻人对钻研业务不感兴趣，认为“红的必不专，专的必白”。我们对青年人的态度是：你来问我，我就告诉你，你不问我，我也不主动找你，找多了，将来又说我和党争夺青年。

我现在年纪大了，很希望把自己知道的尽量告诉青年人，但理论和感情还有一段距离，现在我的力量并没有全部使出来，过去刺伤很深，感情上恢复起来不容易，这也不能勉强，还需要一个过程。

3. 师资提升有问题，带来不好影响

北大大部分教师做学问尚未入门，大家见面彼此不谈学问，而是谈生活琐事，这几年提升工作给教师带来了很不好的影响。化学系提升的教师都是业务上最差的。有两个助教能讲课、能搞科学研究，业务很好，但未提为讲师；而那些既不能讲课，又不能搞科学研究的人，却被提为讲师了，甚至有一个业务很差未搞过科学研究的被提为副教授了，这给青年人树立了极不好的榜样。群众说：“谁搞业务，谁就不能升级。”现在不少青年人不愿搞学问，抱着混的态度。对教师提升，应有严格的要求，才能鼓励教师努力钻研业务。

4. 大部分老教师还有顾虑

现在大部分老教师讲话还有顾虑，每次许多同志到我家来开“神仙会”时，总有几个人留下来个别交谈，怕在桌面上谈后，留下被人批判的资料，老教师过去的疙瘩并未彻底解开。过去斗争时有记录的已作了道歉，但无记录的就未处理。过去刺伤很深，现在难以忘掉。我最痛心的有两件事。一是我有个最喜爱的研究生，他原是辅仁大学的讲师，家庭经济很困难，但他为了研究学问，自愿降低工资跟我当研究生，他来后埋头苦干，做出了很多成绩，但后来批判了我，把他也调走了，我感到非常对不起他。二是大搞科学研究时，三门峡水库请我们研究一项有关胶体化学的问题，党总支不让我参加会议，并对别人说我是“两面派”、“毒害青年”。我在美国时是抱着满腔热忱经过许多斗争第一批回国的，希望为国家多培养一些人才，但党却把我当“两面派”、“毒害青年”，这怎不令人痛心?!现在陆平同志对我说，这位同志未说我是“两面派”。我当然不会相信，过去骂了人，现在又不承认，这些疙瘩不可能一下子解开。

5. 科学研究时间少，条件差

《高等学校六十条》中规定科学研究工作占教师平均工作量的10％～30％，这一规定时间太少。科学研究是培养提高师资的主要途径，对提高国家的科学水平也有直接影响，现在对高等学校的科学研究重视不够，实验室设备很差，软木塞也买不到，室内通风很差，人进实验室是训练吸毒气，我们不愿进实验室，助教也不愿去，只有实验员动动手，科学研究水平怎能提高。当然目前国家经济很困难，想多搞一些科学研究也不现实。

这篇谈话，得到了“有关方面”的反应。就在八天之后，《宣教动态》第72期登载了这样一篇：

对《傅鹰谈当前高等学校中的几个问题》一文的调查

本刊第70期《傅鹰谈当前高等学校中的几个问题》一文中，谈到的几个具体问题，经有关方面进一步调查核对，补充如下。

1）教师提升问题。傅鹰说，“有两个助教能讲课，能搞科学研究，业务很好，但未提为讲师；而那些既不能讲课，又不能搞科学研究的人，却被提升为讲师了，甚至有一个业务很差未搞过科学研究的被提升为副教授了”。据调查，傅鹰所讲的两个业务好的助教，都是他所在的胶体化学教研室的，一个叫周××，1952年大学毕业；另一个是顾××，1955年大学毕业。化学系总支和北大人事处认为，这两个助教，业务能力比较强，1960 年已经开课。1960 年教师提级时，人事处曾提出考虑把他们提为讲师，但总支因为当时他们政治上是“中中”（现为“中左”），认为他们是“白专”，没有同意提升。而当时在胶体化学教研室被提升为讲师并担任教研室副主任的×××（党员），1956 年大学毕业，曾给周××做助手，业务上不够踏实，现在仍不能开课。

“业务很差被提为副教授的”是华××。华于 1951 年大学毕业，1954 年北大研究生毕业，党员，业务情况一般，除写过研究生毕业论文外，没有发表过研究论文。1960 年提升教师时，为了照顾新生力量，被提为副教授。而当时与华及另两位助教合开一门课的孙××，1952 年大学毕业，业务相当好，仍为助教。相形之下，群众意见很大。

类似上述情况，各系都有。据北大人事处副处长说，1960 年 3 月，教育部指示，教师提升的政治条件，一般应在“中左”以上，个别“中中”的也可考虑，“中右”一律不提。（按：1960 年 3 月 7 日由中央批转的《教育部党组关于高等学校教师职务名称问题和改善教师生活待遇问题的请示报告》中，对教师提升的原则，提出“政治态度划为“中右”的教师，和划为“中中”而表现一般或“右倾”落后的教师，一般地不考虑提升”）北大按此精神进行工作，当年确有一批政治上处于中间状态，而业务能力较好、资历较长的教师，未被提升。这种情况在化学系更为突出。目前该系助教中，1952 年和 1953 年大学毕业，早该提升而未被提升为讲师的，至少还有 15 人。

但傅鹰谈话中也承认，1960 年被提升的教师，也有业务好的和一般的，并非都是业务上最差的。

2）傅鹰最喜爱的研究生被调走的问题。此人名周××，辅仁大学毕业，曾在北京医学院当讲师，1958 年到北大胶体化学教研室在傅鹰指导下做研究生。周的业务很好，据傅鹰说，实验技术是化学系现在少有的。傅鹰确实很喜爱他。1960 年上半年，该教研室党员教师×××未与傅鹰商量，要周停下协助傅鹰所搞的研究题目，调到催化教研室搞另外的研究工作，一直搞到毕业。傅对此很不满意。周××1961年春毕业时，希望照顾爱人关系，向教研室副主任 ×××提出，要去华东师大工作（他的爱人在华东师大任英语教师）。

经×××与傅鹰商量，傅为了照顾年轻夫妇团聚，同意周去华东师大。以后据了解，周在华东师大担任的工作，并不是他所学的专长。教育部已于今年5月分别通知北大和华东师大，拟用互换教师的办法，将周调回北大，仍做傅鹰助手。现两校正在接洽中。

此外，这个材料还对傅鹰所讲“党总支不让我参加会议，并对别人说我是‘两面派’、‘毒害青年”’的问题作了调查。并且说，今年甄别时，党委向傅鹰解释，说明确实未说过“两面派”，请他不要误会。傅鹰现在对这个问题的态度是：“我没理由怀疑党委的解释，也没理由怀疑我朋友的言谈，党委认为我不是‘两面派’，这问题也就算结束了。”至于“毒害青年”这句话，在1960年批判傅鹰时，是有人说过的。

应该说，这是一个负责的调查，是对待批评的认真的态度，反映了广州会议后知识分子政策得到初步端正和较好执行的情况。

六

这之后不久，傅鹰被任命为北京大学副校长。这是中宣部长陆定一的建议。

陆定一的理论是：反“右派”以后，党同资产阶级左派和中间派知识分子仍然要结成统一战线，党团结知识分子，一直要团结到“中右”。在教育科学文化机构的行政领导职务的安排中，要实行“三三制”，即要有共产党员，还要有资产阶级左派的代表和资产阶级中间派的代表。傅鹰被安排为北京大学副校长，就是按照这样的政策思路由陆定一提出的。同时被安排为副校长的，还有翦伯赞、魏建功、王竹溪。

据北京大学的张学书同志告诉我，一天晚上，陆定一把翦、魏、王、傅四位，以及史梦兰、张学书（他们两人都是北京大学党委副书记，党委书记兼校长陆平当时不在北京）找去谈话，谈任命这四位为北京大学副校长的事。陆同每个人都谈了几句。同傅鹰谈时，傅鹰表示，自己做副校长不合适，对领导老爱提意见，有时说话不检点。陆说：就要你这样坦率地提意见，有什么说什么。

陆还问史梦兰，党的干部们对《高等学校六十条》通了没有？史回答说，通了。又问化学系总支的那位干部通了没有。回答说，也通了。陆大声说：通个屁！

七

此外，1964年8月，毛泽东两次谈话涉及傅鹰，这也是由《宣教动态》反映傅鹰的情况而引起的。这次反映的不是傅鹰对工作的批评意见，而是傅鹰对氢氧化合成水的看法。

当时正在展开一场对“合二而一”论的批评。这是一场过“左”的、简单化的，但当时弄得很热闹的哲学批判和政治批判。主张“一分为二”、反对用“合二而一”来表达辩证法的同志，认为“合二而一”是“宣扬阶级调和、反对阶级斗争”；主张“合二而一”是辩证法的同志，则说氢和氧化合成水，精卵结合成胚，都是“合二而一”。毛泽东曾经对艾思奇同志说过，对这样的一些论据，要加以澄清。这样，《宣教动态》在1964年8月3日关于“合二而一”专刊（第十八期）登了一条消息：“几位自然科学家谈‘合二而一’问题”，其中有这样一段：

> 化学系傅鹰（北京大学副校长）说，大家都知道，氢跟氧化合成水，即 H_2O，但是决不能说，氢和氧“合二而一”为水，因为氢跟氧不知道要经过几千万次的结合，才有可能在一定的条件下变成水。而这个水，既不同于“氢”，也不同于“氧”。

傅的这个谈话，我不知道是谁去访谈，又如何被《宣教动态》选用的。

这时我也写了一篇文章，谈氢氧化合的问题，8月21日在《光明日报》上发表了。其中说道，氢和氧化合的过程，即氢氧燃烧的过程，在室温下实际上并不进行。把氢气和氧气混合放在玻璃容器中，在室温下几年也不会有化合的迹象。根据理论的计算，在这种条件下，要经过几百万年才会生成少量的水。只有当温度大大升高以后，分子活化起来，碰撞增多，才会比较迅速地发生化合成水的反应。在 600～1000 摄氏度的高温下，化合反应激烈，以至采取爆炸的形式。当温度达到 2000 摄氏度以上时，产生了水分子分解的新过程；当达到 4000～5000 摄氏度时，水爆炸分解而成为氢和氧。

8 月 18 日，毛泽东同《红旗》杂志组织的一个准备写一分为二问题的哲学文章的写作班子谈话，我是这个班子的成员之一，记下了这次谈话。谈话中，毛谈到进化论，人类起源和演化，生命起源和演化，地球起源和演化，由此谈到氢氧化合成水的问题，并提到傅的见解。毛泽东说：

> 地球原来是个死的地球，没有植物，没有水，没有空气。傅鹰说，不知几千万年才形成水，不是随便一下就变成了水的。几千万年，逐步变成水。水也有自己的历史。以前连氢氧二气都没有，产生了氢和氧，才有可能两种元素化合成水。

8 月 24 日，毛泽东又找于光远、周培源两人谈话，专门谈坂田关于基本粒子可分问题的文章，又提到傅关于氢氧化合的见解。[①] 毛泽东说：

> 地球上的水，也不是一开始就有的。最早的时候，地球上温度那么高，水是不能存在的。《光明日报》上前两天有一篇文章，讲

---

① 周培源当时是北京大学副校长，听到毛泽东提及傅鹰，回去便同傅鹰谈起，并问傅关于氢氧化合的见解毛泽东是怎么得知的。傅并不知道，因为当时《宣教动态》登这类反映一般是不告诉本人的。他大概也没有记得曾和谁谈起过，便说他写的普通化学讲义中讲到过类似的意见。周便以为毛泽东连北大的化学讲义都翻阅过，很惊异于毛泽东读书之广博。毛泽东读书的确广博，但是傅鹰对氢氧化合的见解，毛泽东是从他常看的《宣教动态》得知的，不会是从北大的化学讲义上得知的，这是可以肯定的。毛泽东逝世后，周写纪念文章，提到毛泽东那次同于光远和他的谈话，提到谈及傅鹰的事以及他们猜测的毛泽东读到北大化学讲义的事。叶永烈写傅鹰，便据周的文章，写了毛泽东读过傅鹰的讲义。这是以讹传讹的事。我曾写信告诉叶，不知为什么他没有更正。

氢、氧化合成水要经过几百万年。北京大学教授傅鹰说要几千万年，不知道《光明日报》那篇文章的作者同傅鹰讨论过没有？有了水，生物才能生长出来。人就是从鱼的，人有胚胎，有一个发育阶段就像鱼。

毛泽东这两次谈话，提到傅的见解，从上面介绍的文字中可以看到，引用得并不是准确的（反映傅的见解的那篇记录本身记得就不清楚）。毛泽东虽然谈到傅的见解和《光明日报》上的文章，但是，他从地球演化史的角度谈这个问题，完全是他自己的见解，是很有意思的，与傅的见解和《光明日报》文章并不相干，这两处都没有从地球演化来谈问题。

八

我记下的毛泽东 8 月 18 日在北戴河同哲学工作者的谈话，当时的中宣部部长陆定一曾要我在中宣部的部长办公会议（有中宣部所联系的有关部门和单位的负责人参加）用可以记录下来的慢速度作过详细传达。许多部门和单位的负责人又把他们记下的传达稿向自己部门和单位作了传达。当我传达到涉及傅鹰的那些话时，陆插了一句话："傅鹰讲氢和氧经过千百次化合成水，并不是简单的合二而一。他这话，讲得倒是有道理的。"并对在场的北大校长说："你们对傅鹰也不要一切都反对。"

"文化大革命"期间，许多领导人的笔记记录都被抄家拿走，红卫兵们编的《毛泽东思想万岁》之类的本子中收录了毛泽东的许多谈话记录。在一些本子中，就收有由我所作又经辗转传达的毛泽东 8 月 18 日同哲学工作者谈话的记录。其中把陆定一插着讲的这几句话也当做毛泽东的话了。这也是辗转传达中发生的一种舛误吧。

"文化大革命"中流传的毛泽东这次谈话的记录稿，共有三种。一种就是我当时整理的并在中宣部（还在《红旗》杂志编辑部）作过传达的记录，题为"关于哲学问题的讲话"。一种是我在 1966 年春重新整理的记录，这时中宣部想编印一本毛泽东关于教育革命的内部指示和谈话集，要把毛泽东这次谈话收进去。而我在 1964 年时整理的记录稿被《红旗》杂志的负责人拿去，一时取不回来，我就据我的原始的笔记重新整理了一个记录，题为“关于哲学工作的一次谈话”。这个本子刚刚印成，中宣部就被当做“阎王殿”给砸烂了，这个本子也落到红卫兵手中了。还有一种，看来是对第一种记录稿的进一步整理，有所压缩，并分列了三个小标题：“阶级斗争与哲学的关系”、“关于分析和综合问题”、“关于社会发展问题”，题为《关于哲学问题的谈话》。谁做的这个整理加工，我不知道。

当年在北戴河一起听了毛泽东这次谈话的吴江，不久前写了一本回忆录，说到 1964 年组织写“一分为二”的文章班子和毛泽东同这个班子谈话的事。他说：“这次谈话，我请也是湖南人，能听清毛泽东口音的龚育之作记录，他是当时在场的唯一记录人，我以为讲话记录只此一本，谁料后来‘文革’中流传的讲话记录比我们的要详尽得多，这才想起当时空荡荡的大厅中有录音装置。”

这个猜测是不确切的。当时的确没有专门的记录人，除我以外，文章班子中别的人也可能有人作了简单记录。但是记录得最详细的，的确是唯有我一个，所以后来都是按我整理的记录传达。我的原始的笔记和两次按原始笔记整理出的记录稿，在毛泽东逝世后都提供给档案馆了。档案馆中别无更详细的记录。

以上这些情况，我以为，借这个机会可以在这里澄清一下。

为知识分子“脱帽加冕”的广州会议*

1961年7月中央批准下发的《科学十四条》(我以为，从实质上应当说，它是国家科委党组和中国科学院党组提出的《关于自然科学研究机构当前工作的十四条意见（草案)》、中央科学小组组长聂荣臻为报送《科学十四条》写给中央的《关于当前自然科学工作中若干政策问题的请示报告》、中央批转聂总报告和《科学十四条》意见的长篇批语，这三者的简称)，有力地推动了党的知识分子政策的调整。但是，这个调整，在政策思想上还没有完全到位，即所谓画龙而未点睛。就是说，还没有触及重新确认我国知识分子已经是工人阶级和劳动人民的一部分这个根本的政策和理论问题。

其实，周恩来1956年1月14日在中共中央召开的知识分子问题会议上的报告，已经解决了这个问题，为党在社会主义时期的知识分子政策奠定了基础。这篇报告的特点，就是适应新的形势发展，实现了党在新的历史条件下对知识分子问题的理论和政策上的创新。在报告中，周恩来代表中央，以我国知识分子中间的绝大部分“已经成为国家工作人员，已经为社会主义服务”和在政治上思想上“知识界的面貌在过去六年来已经发生了根本的变化”这两点为根据，宣布他们“已经是工人阶级的一部分”。

这是中国共产党在知识分子问题理论和政策上的一个全新的结论。

---

* 本文写于1998年3月29日，原载《百年潮》1999年第1期。

然而，知识分子政策的这个理论问题，当时并没有能够彻底解决。1956年9月，党的八大第一次会议的政治报告，在这个问题上出现了反复。大家知道，八大的路线是正确的，是探索中国自己的建设社会主义道路的良好开端，八大的报告是一个很好的报告。但是，八大报告没有重申知识分子问题会议上周恩来报告中关于我国知识分子的绝大多数已经是“工人阶级的一部分”的新结论，而是一方面确认“我国知识分子的面貌已经发生了根本的变化”，另一方面又恢复了“资产阶级和小资产阶级的知识分子”的传统提法，这里面就包含着矛盾。

当时，我们读到报告，对没有确认知识分子会议的新结论，是敏感的。于光远是八大代表，我们问他，他说，他也提过，也不理解。多年以后，我有机会问到胡乔木，他是知识分子问题报告的起草者，又是八大报告的起草者，可惜他记不起来是什么原因了。他只是记得，就在知识分子会议时已有不同意见。中央政治局后来通过的《中共中央关于知识分子问题的指示》里，就没有用“工人阶级的一部分”的提法。我去查了这年2月24日通过的这个指示，果然如此。但是，指示中还是明确宣布“知识分子的基本队伍已经成了劳动人民的一部分”，这同周恩来报告的精神是一致的。八大报告也没有重申这个指示中的新结论！

1957年在全国宣传工作会议上，毛泽东进一步说，现在的大多数的知识分子，世界观基本上是资产阶级的，他们还是属于资产阶级的知识分子。他还解释过，世界观没有资产阶级和小资产阶级之分，难道可以说，无产阶级的世界观是唯物主义的，资产阶级的世界观是唯心主义的，小资产阶级的世界观是二元论的吗？

反右派以后，知识分子更被一般地归入资产阶级的范围，并且从“政治战线和思想战线社会主义革命”的高度，宣称资产阶级知识分子是资产阶级同无产阶级较量的主要力量。这个论断，应该说，是“反右派”运动、“拔白旗”运动以来，知识分子问题上“左”的错误的发展，在理论上的反映和总结。

一、广州会议之前

1958年12月19日，中宣部的《宣教动态》刊登了一则消息，即《清华大学物理教研组对待教师宁“左”毋“右”》，反映清华大学检查这个支部的工作时发现党员中有一些不正确的认识。①认为社会主义革命时期知识分子是革命对象，过共产主义关更是革命对象，因为他们中的绝大多数是资产阶级知识分子，连团员助教也被认为是革命对象。②认为高级知识分子都是从根本上反对党的教育方针，他们摆开了阵势向我们进攻，必须还击；所有的统战对象都是促退派，把他们摆在这里，只是为了树立对立面。③认为从工人阶级的利益出发，应当走阶级路线，在学校中提群众路线是不妥当的。为了划清界限，宁可“左”一些。提“发挥老教师的作用”，就会模糊阶级界限，放松斗争。④认为现在党的威信和群众觉悟都提高了，到了党员可以取而代之的时候了。现在工作忙，做统战工作会妨碍大跃进，一切组织都应当换上党员来领导。

这个材料很能说明把知识分子一般地划入资产阶级的范围，看成资产阶级同无产阶级较量的主要力量，造成了怎样的思想混乱和政治后果。这种情况必须要纠正。《宣教动态》提出了这个问题，毛泽东注意到了，作了一个重要批示。

陆定一同志：

建议将此件印发给全国一切大专学校、科学研究机关的党委、总支、支委阅读，并讨论一次，端正方向，争取一切可能争取的教授、讲师、助教、研究人员为无产阶级的教育事业和文科科学事业服务，你看如何？文学艺术团体、报社、杂志社和出版机关的党委、党支，也应发去，也应讨论一次。请酌定。

毛泽东

1958 年 12 月 22 日

这个批示，本来应该成为调整知识分子政策的极其重要的推动力，可惜有两点：一是从 1958 年年底开始的初步纠“左”的努力，后来又被庐山会议“反右倾”运动的错误打断了；二是从实践行动上指出需要“端正方向”，争取知识分子，而对于把知识分子一般地划入“资产阶级”范围这个理论根源，却还没有触动。

1961 年《科学十四条》针对“左”的错误的实际后果，对知识分子政策做了调整，可以说是接续由毛泽东批示启动的、后来被打断了的纠“左”的努力。中央批语中用了“端正方向”等语言，显然是以毛泽东那个批示为根据、从毛泽东那个批示中引来的。同时，也同那个批示一样，在回到 1956 年知识分子会议的结论上去这个根本问题上，还是没有跨出那决定性的一步。“请示报告”中用的还是八大报告的语言：“我们必须运用资产阶级知识分子的力量来建设社会主义。我们也必须运用资产阶级知识分子来帮助培养工人阶级的科学技术人才。”就是说，在广大知识分子的头上，仍然戴着“资产阶级”这顶帽子。

继《科学十四条》之后的《文艺十条》、《高教六十条》和中央关于《高教六十条》的指示（9 月 15 日发出），也没有跨出这一步。

倒是同《高教六十条》一起在庐山中央工作会议上讨论通过的《工业七十条》，触及了这个问题，明确提出国营企业中的技术人员和职员是工人阶级的一部分。薄一波在说明这个条例草案的时候，分析了国营工业企业中技术人员状况的变化，指出：“过去每一次运动，有不少的企业总是把这些人叫做资产阶级知识分子，或者叫旧人员。《条例》上也讲到这个问题，不能笼统说旧的技术人员都是资产阶级知识分子，更不能说我们培养出来的青年技术人员也是资产阶级知识分子。”

这个文件只管国营工业企业，没有涉及科学教育文化机构中的广大知识分子。

二、陶铸功不可没

不过，随着这些条例的制定和贯彻，知识分子阶级属性这个根本问题的普遍提出，是势所必至的了。

这些条例通过之前，在 1961 年 6 月 19 日的文艺工作座谈会上，周恩来就说过：“有一个时期好像觉得 1956 年关于知识分子的那些问题可以不讲了，不是的，那些原则仍然存在。”

在这些条例出台以后，鲜明地把这个根本问题提了出来的，是当时任中南局书记兼广东省委书记的陶铸。

这一年9月28日，根据中央关于讨论和试行《科学十四条》和《高教六十条》的要求，广东省委召开了有中国科学院学部委员、高级知识分子中的全国人大代表和全国政协委员参加的高级知识分子座谈会，陶铸在会上发表了在党内外引起强烈反响的讲话，郑重地提出了这个问题。陶铸是这样说的：

十二年的时间不算短，知识分子可以说已同我们结成患难之交。几年来的物质条件比较困难，没有猪肉吃，大家还是积极工作，没有躺倒不干。酒肉之交不算好朋友，患难之交才算，“疾风知劲草”，“岁寒然后知松柏之后凋”。现在的问题是团结高级知识分子不够，对他们的信任不够。……今后对于思想认识问题，只能采取关心、倾谈、切磋、诚恳帮助的办法，要把思想问题与政治问题严格区分开来，今后不能采用大搞群众运动的办法来解决思想问题。……对于过去批判搞错的，应该平反、道歉、老老实实认错。“等价交换”。在什么场合戴的帽子，就在什么场合脱帽子，不留尾巴。凡是三年来斗争批判错了的，我代表中南局和广东省委向你们道歉、认错。……同时，我还建议：今后一般不要用资产阶级知识分子这个名词，因为这个帽子很伤人。其次，凡属思想认识问题，一律不准再搞思想批判斗争会。第三，不准用“白专道路”的帽子。

12天后，陶铸又在他主持召开的中南地区高级知识分子座谈会上说：

我们不能老讲人家是资产阶级知识分子，我看要到此为止了。现在他们是国家的知识分子，民族的知识分子，社会主义建设的知识分子。因此，我建议今后在中南地区一般地不要用“资产阶级知识分子”这个名词了，那个名词伤感情。谁有什么毛病，实事求是，是什么讲什么，不要戴这个帽子。

这些讲话，表现了党的一位地方领导人在贯彻执行中央文件的过程中，在政策问题上的创造性和主动性。

近年的许多回忆和史籍，在讲到广州会议为知识分子“脱帽加冕”的时候，往往忽略了陶铸代表中南局和广东省委的这些活动，不能不说是一个缺陷。《陈寅恪的最后二十年》一书，在这个问题上发掘了不少史料。我在这里引用的陶铸讲话的内容，主要就是从这本书上引用来的。

当时，我们没有听到、看到陶铸讲话的文本，只是从中宣部的内部刊物《宣教动态》11月的一期上看到《中南一些知识分子认为党给他们“摘掉了资产阶级知识分子的帽子”》这样一条消息。其中说：“10月间，中南局召开了中南地区高级知识分子座谈会。在这以前，9月下旬和10月初，广东省委也举行了几次高级知识分子座谈会。据《广东宣教动态》反映，大家对陶铸同志在会上提出的‘今后一般地不再叫他们资产阶级知识分子’最为高兴，认为党已经给他们‘摘了资产阶级知识分子的帽子’。”这条消息还反映了许多知识分子对陶铸讲话表示欢欣鼓舞的发言。这条消息，可以说是“纯客观”的，甚至可以说是“有保留”的，但是，我们许多人是从这里知道这件事的。

三、聂总功不可没

本文所说的广州会议，不是指上述1961年秋天广东省委和中南局召开的高级知识分子座谈会，而是指1962年春天在广州召开的两个全国会议，一个全国科学技术工作会议，一个全国话剧、歌剧创作座谈会。因为周恩来在聂荣臻主持的全国科学技术工作会议上讲了话，接着陈毅分别在这两个会议上讲了话，在调整知识分子政策上跨出了决定性的一步，所以人们把这两个会合到一起，通称广州会议。

聂总在他的回忆录中说：

> 回忆起那一段工作，还应该提到的就是《科学十四条》公布半年以后的广州‘全国科学技术工作会议’，那是一九六二年二月十六日由我主持召开的。

那次会议的目的，起初是想借《科学十四条》贯彻以后的东风，搞出一个新的科学规划来。大家集中到广州以后，我先找少数科学家谈心，发现知识分子仍然顾虑很大。有人问我，对资产阶级知识分子这个提法如何理解？他们说，一提起知识分子，就是资产阶级的，叫做资产阶级知识分子，使子女也因此受到歧视，从没听到有人提谁是无产阶级知识分子。我觉得这个问题要解决。我先请示了恩来同志。他说："知识分子就是知识分子，人民的知识分子。"过去在国务院开会，对知识分子的阶级属性就有争论。我说："革命这么久了，大学为我们培养的都是知识分子，难道都是为资产阶级培养的？这不能理解嘛！"我记得当时的国务院副秘书长许明同志，就很同意我的意见，她很激动地说："办那么多学校，都是培养资产阶级知识分子，我们干什么！那是不合乎逻辑的。"

所以我感到这次会议应该进一步解决这个问题。于是把会议的要点改为两个：一是进一步搞出新的科学规划；二是进一步深入贯彻《科学十四条》，突出地调整一下与知识分子的关系问题。

同陶铸一样，聂总在推动知识分子政策的这一决定性调整中，也是功不可没的。

需要补充的就是，广州会议的召开，先有陶铸的中南地区高级知识分子座谈会做背景，后有中央在北京召开的"七千人大会"作为背景。

我们中宣部科学处的同志参加了广州全国科学技术工作会议。会议按聂总的指示，遵照刚刚开完的"七千人大会"的精神，"白天出气，晚上看戏"，畅所欲言，共同总结几年来科学技术工作和知识分子工作中的成绩和失误，经验和教训。

四、一"马"功不可没

会上大家发言热烈，可以说是一马当先，百马奔腾。

所谓一"马"当先，就是中国科学院的学部委员、声学家马大猷，在会议第二天率先提出："昨天聂总报告'三不'，不扣帽子，可是我们头上就有一顶大帽子——资产阶级知识分子。如果凭为谁服务来判断，那就不能说我们还在为资产阶级服务。如果说有资产阶级思想，或者思想方法是资产阶级的，所以是资产阶级知识分子，那么脑子里的东西，不是实物，是没法对证的。这个问题谁能从理论上说清楚?"

国家科委的赵石英，叫人写了马大猷发言的报道，交给会议简报（据"文化大革命"中的小报揭露，简报的主编，是国家科委的高更用、中宣部科学处的龚育之、科学院的黎功德）。先是只登向领导反映的简报，后来按领导的指示和督促，索性登在发给全体与会人员的简报上。这就引起了更大的反响和很多人的共鸣。有的科学家还说，地主劳动三年，可以改变成分，为什么我们干了十几年，还不能改变，还叫我们资产阶级知识分子?

这些情况也都上了会议简报。

五、总理主持决策

聂总从广州打电话，向那时还在北京的周恩来总理汇报了情况。周恩来动身来广州之前，于2月25日给毛泽东写了信，报告次日将同陈毅一起赴广州，"谈军队转业十万干部的安置问题和科学机构的精简问题，同时也准备同科学家见见面（他们正在广州开科学工作会议），听听他们的意见。"（据《周恩来年谱》，中共中央文献研究室编，中央文献出版社，1998年）

周恩来听了汇报，看了全部会议简报。他面对的正是在中南地区已经形成、在科学会议上进一步形成的这样的舆论背景。他到会上来讲话，作为中央领导人，难以回避对知识分子政策的这一根本问题做出权威说明的强烈要求。

我记得，于光远（中宣部科学处处长）当时告诉我们：周恩来就这个知识分子阶级属性判定的重大问题，召集在广州的一些领导同志（现在记得他提到的有陶铸、聂荣臻、张劲夫、于光远、范长江、杜润生、武衡等）征求意见。

陶铸非常明确，说他在中南局的座谈会上已经宣布，今后在中南地区一般地不要用"资产阶级知识分子"这个名词了。但是，他的话只是"地方粮票"，不能在全国通行；中央领导人说了，才是"全国通用粮票"。

科学界的几位领导人表示赞同。

周恩来还特别问于光远说，你是中宣部的，你是什么意见？（不知道周恩来这时是不是注意到了《宣教动态》上的那则情况反映）于光远也说了赞同的意见和他对知识分子问题的分析。

最后，周恩来说：不再一般地称知识分子为“资产阶级知识分子”，肯定绝大多数知识分子属于劳动人民的范围，这是今天参加讨论的同志一致的意见，我们大家共同负责啊！

这样，1962年3月2日，周恩来在广州会议上作了那篇著名的讲话《论知识分子问题》。新中国成立以来，周恩来关于知识分子问题作过三篇重要讲话：1951年那一篇，向北京和天津的高等学校师生作思想改造的动员，它的特点，在于现身说法的人格魅力；1956年那一篇，在中央召开的知识分子问题会议上作主题报告，它的特点，在于新条件下的理论创新；1962年这一篇，广州会议上的讲话，它的特点，则在于拨乱反正的政治勇气。这三篇讲话都收进《周恩来选集》了。

周恩来在广州会议上的这篇讲话，立论谨慎，照顾周到，但是，指出党历来认为同知识分子的联盟属于同劳动者联盟的范围，重提六年前知识分子会议的“初步估计”，强调12年来我国大多数知识分子已有了根本的转变和极大的进步，则是非常明确的。

六、陈毅画龙点睛

对周恩来的讲话，会上反应热烈，大家极其拥护，又感到还有意犹未尽、话犹未透的地方。经过同周恩来商量，陈毅3月5日在科学技术工作会议上，3月6日在话剧歌剧创作会议上快人快语，作了那个著名的“脱帽加冕”的讲话。在3月6日的会议上，陈毅说：

> 有些人说：“我们跟共产党走了十二年，共产党总是不相信我们，还是把我们当成外人看待。”这样下去怎么行呢？这个问题必须解决。经过反复的考虑，昨天我对科学家讲话时，讲得很尖锐。周总理前天动身回北京的时候，我把我讲话的大体意思跟他讲了一

下，他赞成我这个讲话。他说，你们是人民的科学家，社会主义的科学家，无产阶级的科学家，是革命的知识分子，应该取消资产阶级知识分子的帽子。今天，我跟你们行“脱帽礼”。

周恩来回北京，一件重要事情就是准备即将提交二届全国人大第三次会议的政府工作报告。经中央政治局讨论同意的这个报告中明确肯定：我国的知识分子，在社会主义建设的各个战线上，做出宝贵的贡献，应当受到国家和人民的尊重。我国知识分子的状况，已经同新中国成立初期有了很大的不同。新社会培养出来了大量年轻的知识分子，他们正在沿着“又红又专”的道路成长。从旧社会来的知识分子，经过 12 年的锻炼，一般地说，已经起了根本的变化。知识分子的绝大多数，都是积极地为社会主义服务，接受中国共产党的领导，并且愿意继续进行自我改造的，毫无疑问，他们是属于劳动人民的知识分子。我们应该信任他们，关心他们，使他们很好地为社会主义服务。如果还把他们看做是资产阶级知识分子，显然是不对的。

这就表明，广州会议对知识分子的“脱帽加冕”，已经不只是中央几位领导人的共同意见，而是经过中共中央和全国人大同意了的正式意见。

七、《中国共产党七十年》的评论和胡乔木的修改

在胡绳主编的《中国共产党的七十年》中，写到广州会议这一段历史的时候，我们提出了一个论断：“周恩来在广州会议上所作的《论知识分子问题》的报告，同他一九五六年所作的《关于知识分子问题的报告》和一九五一年所作的《关于知识分子的改造问题》的报告一脉相承，是建国以后代表党对知识分子的正确政策的三篇历史文献。”

胡乔木在审定书稿的时候，在这个地方亲笔加写了这样一段话：“但是，党中央对思想政治上的‘左’倾观点没有做出彻底清理。周恩来、陈毅在广州会议上关于知识分子问题的讲话，在党中央内部有少数人不同意甚至明确反对，在周恩来要求毛泽东对这个问题表示态度时，毛泽东竟没有说话。这种情形是后来党对知识分子、知识、文化、教育的政策再次出现大反复的预兆。”

的确，1962 年 9 月“重提阶级斗争”的八届十中全会期间，有同志提到知识分子“脱帽加冕”的问题。毛泽东已经表示了他对此并不以为然的意见。不过，他没有多谈，会上也没有多讨论。会议公报中，知识分子是没有“帽子”的光头，既没有加上“劳动人民”之冕，也没有重戴“资产阶级”之帽，相关的文字是：“要加强对知识分子的团结和教育工作，使他们充分发挥应有的作用。”这当然只是一种暂时的情况。

八、文教书记会议上的争论

十中全会以后，在全国文教书记会议上，关于知识分子问题发生了一场争论。

争论的一方仍然赞成广州会议上的意见。

争论另一方的意见，以 10 月 22 日陆定一的讲话为代表。这篇讲话认为：

> 这些年来知识分子政策有些乱，一“左”一右。“左”发生在一九五七年，一九五八年，一九五九年的下半年和一九六〇年的上半年，表现为拔白旗，宁“左”毋右的那个纲领，提升职称的那个文件。右表现为脱帽加冕，知识分子都成了劳动人民知识分子。知识分子只有两种：资产阶级知识分子和无产阶级知识分子，按世界观来划分。劳动人民知识分子的提法不确切，模糊了阶级界限。出身于农民、小资产阶级的知识分子，不附属于无产阶级，就附属于资产阶级。在社会主义时期，知识分子，不附属于无产阶级，就附属于资产阶级。在社会主义时期，知识分子中的统一战线，包括无产阶级知识分子和资产阶级“左派”、“中间派”的知识分子，团结的范围一直要伸展到“中右”的知识分子。用这样一条界限来防“左”防右。

这段话，是根据我保存下来的个人笔记摘录的。其中所说“宁‘左’毋右的那个纲领”，指的就是 1958 年 12 月《宣教动态》上刊载、毛泽东作了批示的《清华大学物理教研组对待教师宁“左”毋右》的材料。“提升职称的那个文件”，指 1960 年 3 月教育部门的一个文件，其中规定，只有政治上属于“左派”和“中左”的教师可以提升职称；属于“中中”的，有一半可以提升，另一半不能提升；属于“中右”的都不能提升，“右派”更不能提升。界限划在“中中”的中间，“中右”被划到敌人一边去了。

这场党内争论，惊动了中央。

九、中央书记处的“正式结论”

据薄老《若干重大决策与事件的回顾》一书的介绍，11 月 26 日在中央书记处会议上，陆定一汇报了会上的不同意见。

周恩来听后明确表示：“对知识分子，说我们提劳动人民的知识分子是没阶级分析，我是代表党作报告的，是党批准的，不是我一个人起草的。”他还引用刘少奇在宪法报告中讲过劳动人民知识分子和资产阶级知识分子作为论据，说“我不认为我在广州会议上讲劳动人民知识分子有什么错误”。

邓小平表示支持，说：“恩来在广州报告没毛病，对知识分子问题应照总理讲的解释，请定一查一查，澄清一下，讲清楚。关于知识分子问题，下次会议还要讨论，统一解释口径，还是按总理在人代会讲的为准，把那一段印一下，那是中央批准的我们党的正式语言，今天正式决定。”

邓小平还说：“上次在主席处谈了，这次宣传会议关于知识分子的讨论，不下传。”

虽然有了这个正式决定，争论在会上不再进行了，但问题实际上还是没有解决。

十、《知识分子问题提纲》

中央书记处会议以后，陆定一立即着手，由中宣部准备一个文件，题目是“社会主义社会的文化革命和知识分子问题提纲”。起草工作，经部长办公会议讨论，陆定一、各位副部长和一些处长都发表了意见，交给童大林主持，我和龙卧流（他已逝去多年了，呜呼！）参加。

陆定一亲自执笔为这个提纲写了第一部分，讲十中全会关于社会主义社会阶级斗争的长期性的思想。“文化革命”，给了一个定义：“革文化落后的命”，革资产阶级思想的命。后面的部分，讲知识分子问题，按陆定一的意见，从政治上分析，强调团结一切革命的和爱国的知识分子；从阶级上分析，还是按世界观划分，分为无产阶级知识分子和资产阶级知识分子。同工农相结合，树立无产阶级的、马克思主义的世界观，才是无产阶级知识分子，否则，还是资产阶级知识分子。陆定一的总的思路是：民主革命时期，同整个资产阶级知识分子结成统一战线；社会主义革命和社会主义改造以后，资产阶级“右派”分裂出去，还要同资产阶级“左派”和“中间派”（一直到“中右”）知识分子结成统一战线。资产阶级右派是反党反社会主义的，资产阶级“左派”是拥护党拥护社会主义的，资产阶级“中间派”是处在两者之间的。“中右”是有时对党对社会主义也持反对立场，但不是坚持反党反社会主义。只要不是坚持反党反社会主义，也要加以团结。把反对资产阶级“右派”，变成反对所有资产阶级知识分子，破裂同资产阶级“左派”、“中间派”知识分子的统一战线，这是原则的错误。现状的估计是：无产阶级知识分子占30%多一点，资产阶级“左派”知识分子占30%多一点，资产阶级“中间派”知识分子占30%多一点，资产阶级“右派”知识分子不到10%。

这是理论的框架。

在当前工作和具体政策上，则是接续《科学十四条》、《高教六十条》、《文艺八条》几个条例纠“左”的努力，并且力求把几个条例中的政策规定加以总结和系统化，制定了对待“资产阶级左派和中间派知识分子”的七条具体政策：

> 一、在政治上，团结他们，实行民主；
>
> 二、在学术上，实行双百方针（包括在文艺上要容许政治上“无害”的作品，在学术上要“引导资产阶级学者做好非马克思主义的学术工作”）；
>
> 三、在业务上，向他们学习，实行“同工同酬”（“学术职称和工资级别根据业务水平评定，不因政治思想进步的快慢而不同”）；

四、在行政职务的安排上，实行“三三制”（共产党员加资产阶级左派加资产阶级中间派的代表）；

五、在领导工作中，实行“三结合”，吸收专家参与某些政策和计划的评论和制定；

六、在技术工作中，实行专家的“技术责任制”；

七、在生活上，给较高水平的专家以较高的待遇。

另外，还规定了实行学位制度、制定奖励办法、定期提升职称等鼓励业务积极性的措施。

作为“三三制”的一个示范的例子，陆定一亲自安排了北京大学校长的人选。增加了四名副校长，文科两位——翦伯赞、魏建功；理科两位——王竹溪、傅鹰。翦一直是著名的“左派”，傅一直是“中右”的标兵。

在起草和讨论这个提纲的过程中，在具体政策上，意见大都一致，但是在理论框架上，意见还是难以统一。不少同志对不提劳动人民知识分子，还是表示难以同意；对知识分子“非无即资”的划分，也表示难以同意。有些同志主张，拥护党拥护社会主义的知识分子，就可以称为劳动人民知识分子；也有同志主张，这样的知识分子可以称为半无产阶级知识分子。意见难以统一，文件也就搁置起来，没有搞成，没有提到中央讨论。

十一、后话和后话的后话

而形势的发展，也不需要这样一个文件来统一认识了。很快，阶级斗争为纲的弦越绷越紧，随着阶级斗争扩大化和学术文化领域各种过火批判的日益加紧，教育学术文化领域被认为社会主义改造收效甚微，至今还是由资产阶级知识分子统治着，这种状况再也不能继续下去了。

“文化大革命”在一种意义上可以说，就是从“彻底批判学术界、教育界、新闻界、文艺界、出版界的”资产阶级代表人物和“保护资产阶级代表人物”的“党内走资本主义道路的当权派”开刀的。

“文化大革命”一开始，陆定一就被打倒，中宣部被当做保护“资产阶级知识分子”的“阎王殿”给砸烂了。

十一届三中全会以后，陆定一复出，发表的第一篇文章，就包含这样一段自我批评：

对于我国知识分子队伍的情况，周总理也作了实事求是的估计。有人把我国知识分子队伍说得漆黑一团，周总理不同意这种看法，他说：“我国知识分子绝大部分是好的，他们听党的话，愿意为社会主义服务。”周总理把为谁服务的政治态度作为划分知识分子阶级属性的唯一标准，而不把世界观作为标准。世界观的改造是长期的，当然每个知识分子都应该改造世界观。这是很对的。我在这个问题上的观点，当时曾经是偏“左”的，所以是错误的。我要努力向周总理学习。

在另一篇文章中，陆定一又说：

一九五六年，中国社会主义改造基本完成以后，全党的中心任务是建设。要团结工人农民，还要团结知识分子。党内对于是否团结知识分子，又有两种绝对相反的主张。一种人，包括周总理、陈毅、聂荣臻、王震等同志，是重视而且能团结知识分子的。另一种人，是林彪、江青反革命集团，认为知识分子就是资产阶级，是“臭老九”，是敌人，“知识越多越反动”，要打倒。“文化大革命”就是从打击知识分子开头的。还有的人，在两者之间，比如说我自己吧，对知识分子犯了不少“左”的错误，同时也提出过“百花齐放，百家争鸣”的正确意见。

两篇文章，见《陆定一文集》第697～698页、第780～781页。陆定一的这种态度，赢得了广泛的尊敬，也是全党的经验和财富。

陆定一与“双百方针”的提出*

如果要问，陆定一在中宣部部长这个岗位上 22 年，他的最大贡献是什么？我想，无论是他自己还是别的人，无论是党内还是党外，回答恐怕会是比较一致的，那就是：“百花齐放，百家争鸣”方针的确立和对这种生动活泼局面的执著追求。

最先提出“百花齐放”，是在 1951 年。毛泽东应梅兰芳之请，为中国戏曲研究院成立题词，就写了“百花齐放，推陈出新”八个字。

“百家争鸣”最初的提出，则是在 1953 年。当时，对中国奴隶社会何时向封建社会转变的历史分期问题，两位著名的历史学家郭沫若和范文澜，有不同的意见和热烈的争论。当时的中国历史问题研究委员会主任陈伯达向毛泽东请示，毛泽东说要“百家争鸣”。陈伯达向历史研究委员会传达了，第二年创办《历史研究》杂志，也将此作为办刊的方针。这件事，历史学界几位党内主要领导人大概是知道的，在历史学界外一般还不知道。

1956 年年初，中共中央召开知识分子问题会议。这次会议以宣布中国知识分子的绝大多数已经成为工人阶级、劳动人民的一部分和号召向现代科学

---

* 本文原载龚育之著《我所知道的陆定一》(2006 年春在《学习时报》连载，曾发表在《党史札记（末编）》，中共党史出版社，2008 年，第 186～248 页；《阎王殿旧事》，江西人民出版社，2008 年，第 257～307 页)。

进军而载入史册。在这次会上，陆定一作了一个重要发言。他说：在政治问题上，我们不要做“瞎子”，在学术、艺术、技术的发展上，我们不要做“盖子”。学术问题、艺术问题、技术问题，应该放手发动党内外知识分子进行讨论，放手让知识分子发表自己的意见，发挥个人的才能，采取自己的风格，应该容许不同学派的存在和新的学派的树立。他们之间可以互相批评，但批评时决不要戴大帽子。

这段话，虽然还没有用“百家争鸣”这四个字来概括这样的政策思想，但“百家争鸣”已经是呼之欲出了。

1956 年 2 月 19 日，毛泽东给包括陆定一在内的各领导人写了一封信。缘由是一位在中国讲学的苏联学者向陪同人员谈到他不同意毛泽东对孙中山世界观的论点，有关方面向中央反映这个情况。毛泽东在信中说：“我认为这种自由谈论，不应当去禁止。这是对学术思想的不同意见，什么人都可以谈论，无所谓损害威信”，“如果国内对此类学术问题和任何领导人有不同意见，也不应加以禁止。如果企图禁止，那是完全错误的”。

接着就是 1956 年 4 月 25 日毛泽东在中共中央政治局扩大会议上作《论十大关系》的报告。在讨论这个报告的过程中，4 月 27 日陆定一发言，他从对苏联专家批判中国植物学家胡先骕问题的处理，说到在宣传部部长会议上宣布把资本主义和社会主义的帽子套到自然科学上去是错误的；从苏联过去反对形式逻辑、数理逻辑后来又不反了，说到中国科学院一位同志的法宝是把大帽子一扣，说某某学派是资产阶级的，不知道这样一来科学的发展就完蛋了；从苏联共产党对文艺干涉最多，说到中国关于写新人物和旧人物、写新社会和旧社会的争论，说到昆曲旧戏《十五贯》的现实意义和社会主义现实主义不是唯一的创作方法。在陆定一发言过程中，毛泽东不断插话，气氛十分活跃。“百家争鸣”四字，不仅呼之欲出，事实上已从自然科学、社会科学、文学艺术诸多方面初步展开了。

1956 年 4 月 28 日，毛泽东在政治局扩大会议上作讨论总结，讲了“艺术问题上的‘百花齐放’，学术问题上的‘百家争鸣’，我看应该成为我们的方针”那样一番话。

1956 年 5 月 2 日毛泽东在最高国务会议上作了《论十大关系》的报告，讨论发言结束，毛泽东作总结，又讲了关于“百花齐放，百家争鸣”

的一番话。

1956 年 5 月 26 日，陆定一在怀仁堂向科学界和文艺界的代表作了题为“百花齐放，百家争鸣”的报告。

1956 年 6 月 13 日，《人民日报》上公开发表了陆定一这篇长达 1.5 万字的报告。报告一开始就说：“中国共产党对文艺工作主张‘百花齐放’，对科学工作主张‘百家争鸣’，这已经由毛主席在最高国务会议上宣布过了。”

由此可见，陆定一积极参与了“双百方针”的提出和决策，是这个方针的权威的阐释者和创造性执行者。

1956 年党的八大确认了“双百方针”，将此方针写进了政治报告和关于政治报告的决议，从而使这个方针成为党的全国代表大会这个党的最高领导机关的决策。

第三部

科学技术论

论科学（研究提纲草稿）*

一、研究范围

什么是科学？物质运动形态的划分和科学分类问题、科学发展的规律性问题、党的科学政策的理论基础、科学工作中的重要理论性思想性问题等都属于科学。

二、研究方法

科学与科学发展的规律性的研究是系统的研究，准备要写出专门著作的。但着手进行研究的方式是，分成若干个单独的题目，先从一些较为成熟的题目研究起。因此，近几年内产生的只会是若干篇论文。

科学工作中的理论性问题的研究，结合科学工作的实际情况和需要，无系统地写出若干单篇论文。

---

* 本文大约写于1954～1955年，是于光远提议撰写的、准备在科学处进行学习讨论的一份研究提纲草稿，后来由于政治运动的冲击而未能按计划执行，此处是第一次发表。

三、研究项目（初步设计）

什么是科学？阐明马克思列宁主义科学观及科学的最一般性质，批判唯心主义、形而上学的科学观（主要是认识论方面的考察）。

物质运动形态的划分和科学分类。

四、先　研　究

1）力学运动形态问题。

2）物理学运动形态问题。

3）化学运动形态问题。

4）它们三者之间的关系问题。

5）物质运动形态的总划分问题（是否分为社会的、生物的、物理的三种）。

6）边缘科学问题（概念、类型、目前状况）。

7）技术科学和应用科学问题（概念）。

8）基础科学问题（概念）。

9）科学分类的总划分方法问题。

10）科学发展的规律性。

11）科学与其他社会现象间相互作用的规律性。

12）科学、技术、生产。科学如何作用于生产发展。

13）科学、政治、阶级、社会制度。

14）科学、哲学、宗教。

15）科学本身发展的规律性。

16）科学发展的继承性。

17）科学的世界性与科学交流。

18）各门科学学科间相互影响的规律。

19）科学中的学派争论与百家争鸣。

20）目前科学发展趋势的特点。

21）“生长点”问题。

22）论学派。

社会主义制度与科学发展（及对我国科学工作中缺点的看法）。

党对科学工作的领导问题（要不要领导及领导什么）与科学“自由”问题。

马克思列宁主义哲学与科学发展（两者的关系问题，要不要哲学指导及如何指导，自然科学家到底为什么要学哲学）。

科学为国家建设服务问题及为科学而科学问题。

科学工作计划问题（可计划性与不可计划性，各种科学计划的性质，计划工作中的各种重要问题）。

当前科学工作中的若干思想性理论性问题。

五、外国科学工作经验的研究

外国科学力量组织工作的传统与经验的比较研究（包括国家科学院制度、高等学校在科学研究中的地位、政府产业部门、托拉斯与企业的研究工作、技术性研究工作的组织、理论性研究工作的组织、学会的作用等）。

外国科学干部培养工作经验的研究（包括学位、学衔、研究生、在职科学干部的培养、科学干部的分配方法、科学干部的工资制度、奖励制度等）。

现代若干国家科学事业发展的过程与经验的比较研究（苏联、美国、德国、日本、印度、巴西等）。

列宁论团结和教育科学技术专家*

一

科学和技术在资本主义社会里被掌握在资产阶级手中，变成了剥削的工具和暴力的工具。“只有社会主义才能把科学解放出来，使它摆脱资产阶级的桎梏，摆脱对资本的依附，摆脱对卑污的资本主义私利的奴隶地位。只有社会主义才提供了可能性来广泛推行并且真正使社会生产和生产品分配服从科学理想，只看如何能做到使全体劳动者的生活最美好，使他们有可能享受物质福利。只有社会主义才能实现这一点。”①

十月革命胜利后，俄国共产党开始着手领导人民进行社会主义建设。为了进行社会主义建设，必须利用从资本主义社会中继承过来的全部科学和技术，必须吸收从资本主义社会里培养出来的科学、技术专家参加工作。这便提出了制定党的对待科学、技术专家的政策的问题。列宁说：“这是从资本

---

* 本文是龚育之花费两年多时间编译完《列宁斯大林论科学技术工作》一书后所写的心得体会，也是他研究科学技术论的第一篇论文，原载《学习》，1955 年第 2 期，第 4～11 页。

① 《在第一次国民经济委员会代表大会上的讲话》，见《列宁全集》第二十七卷，俄文第四版，第 375 页，转引自《列宁斯大林论科学技术工作》，中国科学院，1954 年，第 11 页。

主义到共产主义过渡时期中一个很重要的问题。”① 这个问题，在革命胜利后的建设过程中才第一次摆到了马克思主义者面前。

俄国共产党和列宁英明地解决了这个新问题，正确地制定了党团结与教育科学、技术专家的政策，从而大大地推动了社会主义建设事业。俄国共产党和列宁根据社会主义的实际经验而制定的这项政策，是贡献给马克思主义武器库的新的武器之一，它具有世界意义。学习这个政策，对取得了革命胜利并正在着手建设社会主义的各国工人阶级，具有重要意义。

二

在十月革命胜利后的最初几个动荡的月份里，还没有提出团结科学、技术专家的一般问题，当时提出的只是吸收旧军事专家以协助苏维埃军队建设的问题。1918 年春，苏维埃政权签订了《布列斯特和约》，赢得了暂息时期，这时恢复经济和社会主义建设的任务，团结科学、技术专家的问题，被突出地提了出来。必须正确解决这一问题，才有利于工作的进展。从这时起，列宁就反复不倦地在许多次讲话和许多篇论文中，从各个方面来解释团结科学、技术专家参加建设工作的必要性，并把这个问题在 1919 年俄国共产党第九次代表大会上提了出来，进行了详尽的讨论，而且在这次大会上通过的新党纲上对这个问题作了明确的政策规定。

列宁教导说，“为了进行社会主义建设，必须运用全部科学、技术”②；“必须取得一切科学、技术，一切知识、艺术。没有这些我们就不可能建成共产主义社会的生活”③；“我们只有利用资产阶级的科学和技术来把共产主

---

① 《在俄国共产党（布）第八次代表大会上关于党纲的报告》，见《列宁文选》两卷集第二卷，人民出版社，1954 年，第 536 页。

② 《在彼得格勒苏维埃会议上所做的关于人民委员会对外政策和对内政策的报告》，见《列宁全集》第二十九卷，俄文第四版，第 6 页，转引自《列宁斯大林论科学技术工作》，中国科学院，1954 年，第 19 页。

③ 《苏维埃政权的成就与困难》，见《列宁全集》第二十九卷，俄文第四版，第 52 页，转引自《列宁斯大林论科学技术工作》，中国科学院，1954 年，第 25 页。

义变成为大众所容易接近的东西时才能建成共产主义"①。因为"社会主义需要有广大群众自觉地在资本主义已达到的成绩基础上前进到比资本主义更高的劳动生产率"②，因为社会主义不能建筑在空想的基础上，必须建筑在高度生产力的基础上，建筑在最新科学和技术的成就上，建筑在电气化的基础上。

当时有过一种"无产阶级文化派"，他们对资本主义社会的科学、技术以及一般文化遗产采取全盘否定态度，而妄想臆造出自己特别的文化。列宁斥责这是"胡说八道"，是"在理论上不正确，在实际上有害"的观点。列宁说："马克思主义之获得作为革命无产阶级的意识形态的世界历史意义，是因为马克思主义从不抛弃资产阶级时代最有价值的成就，相反地，它正是把人类思想和文化两千多年的发展中一切有价值的东西接收过来并加以改造。"③"只有确切通晓人类全部发展过程所造成的文化，只有改造这种以往的文化，才能建设无产阶级的文化。"④而在资本主义社会留下的文化遗产中，对社会主义建设事业意义最大的和最宝贵的，首先便是科学与技术。因此，任务便在于"把胜利的无产阶级革命与资产阶级文化与至今只属于少数人的资产阶级科学和技术结合起来"⑤。这种结合，无疑是困难的，但正是在这种结合之中，产生了建设社会主义的巨大力量。"在科学、无产阶级和技术的代表者联盟面前，任何黑暗势力都站不住脚的。"⑥

胜利的工人阶级怎样才能取得科学、技术遗产，实现上面所说的那种结合呢?

显然，必须首先通过团结、使用从资本主义社会里培养出来的科学、技术专家来实现这种结合，因为这些人占有科学和技术，而绝大多数工人和农民并不占有。比起历史上各个统治阶级来，工人阶级的地位是较为不利的，

---

① 《在俄国共产党（布）第八次代表大会上关于党纲的报告》，见《列宁文选》两卷集第二卷，人民出版社，1954年，第536页。

② 《苏维埃政权当前任务》，见《列宁文选》两卷集第二卷，人民出版社，1954年，第380页。

③ 《论无产阶级文化》，见《列宁全集》第三十一卷，俄文第四版，第292页，转引自《列宁斯大林论科学技术工作》，中国科学院，1954年，第66页。

④ 《青年团任务》，见《列宁文选》两卷集第二卷，人民出版社，1954年，第803页。

⑤ 《苏维埃政权的成就与困难》，见《列宁全集》第二十九卷，俄文第四版，第56页，转引自《列宁斯大林论科学技术工作》，中国科学院，1954年，第29～30页。

⑥ 《在医药卫生工作人员第二次全俄代表大会上的讲话（记录稿）》，见《列宁文集》第三十卷，俄文第四版，第376页，转引自《列宁斯大林论科学技术工作》，中国科学院，1954年，第57页。

它一直受到剥削和压迫，没有获得教育、获得文化科学知识的权力。列宁说得很生动："穷苦的无产阶级离开车床、农民放下犁耙去进大学，无论在尼古拉沙皇的统治下，或者在共和国总统威尔逊的统治下，都是不可能的。"①因此，在工人阶级开始掌握政权之初，并没有自己的科学、技术专家来供其使用，而必须团结、使用资产阶级的科学、技术专家来进行建设。

但是，在开头，革命的工人群众还不能了解这个道理。有许多工人自然而然地对资产阶级专家采取敌视的态度。列宁指出，这是因为这些工人才开始走向共产主义，政治上还未锻炼成熟的缘故。他向全党和全体工人反复不倦地教导说："我们并没有其他材料。我们要赶快用资本主义从昨天留给今天的材料建成社会主义……我们有资产阶级专家，此外再也没有什么了。我们没有别的砖头，我们无法用别的砖头来建设。社会主义一定要胜利，而我们，社会主义者和共产主义者，则应当用事实说明，我们有能力用这些砖头，用这些材料建成社会主义，有能力靠简直没有享受过什么文化的无产者，靠资产阶级专家建成社会主义。"①

当时有一批"左派共产主义者"，他们利用群众政治上的幼稚，口里讲着漂亮的"左"的词句，宣称他们不愿意和资产阶级专家共同工作，他们要用"纯洁的共产主义的手"来建设共产主义，他们主张首先花 20 年工夫培养出一代善良的、纯洁的、无可责难的共产主义专家，然后才能着手进行建设，从而在实际上阻碍党的团结、使用资产阶级专家的政策的执行。他们诬蔑列宁和党，说列宁和党的政策会引导俄国恢复到资本主义。列宁驳斥了这种用来迷惑群众的荒谬"理论"，斥责这是纯粹的空口说白话，是贵族小姐对社会主义开的玩笑，而不是严肃的政策，并和全党一道同"左派共产主义者"进行了坚决的斗争。

在 1919 年俄国共产党（布）第八次代表大会上，列宁又强调地提出了必须团结、使用从资本主义社会里培养出来的科学、技术专家的问题，并在他所起草的提交这次大会通过的新党纲上故意把这个问题发挥得很详细，以便用急进方法来解决它。党纲上说："发展生产力的任务要求迅速地、广泛

---

① 《苏维埃政权的成就与困难》，见《列宁全集》第二十九卷，俄文第四版，第 51 页，转引自《列宁斯大林论科学技术工作》，中国科学院，1954 年，第 24 页。

地、全面地使用资本主义遗留给我们的遗产——科学和技术专家，尽管他们多半不免浸透着资产阶级的世界观和习惯……党应该……无情地与那种以为劳动人民不必向资产阶级专家学习，不必使用他们，不必经过和他们并肩工作的长期训练，就能够克服资本主义和资产阶级制度的貌似急进，其实则是无知的自负作斗争。"①

三

那么，当时俄国科学、技术专家对待革命的态度是怎样的呢？有没有可能把他们团结过来参加社会主义建设呢？

在革命浪潮的冲击下，当时俄国的科学、技术知识界发生了分化。那些与资产阶级联系最深的上层知识分子公然站在反革命方面，仇视工人阶级的革命事业。他们有的跑去参加高尔察克之流的反革命白军，直接拿起武器来反抗苏维埃政权；有的逃跑国外，在外国帝国主义的庇护下进行反苏活动；有的则留在苏维埃政权下，积极组织与煽动怠工，进行破坏社会主义建设和社会主义改造事业的活动。对这些分子的反革命活动，党采取了坚定不移的无情镇压的方针。但这些坚决的反革命分子在科学、技术专家中只占极少数。另外，一些正义的、倾向人民的科学家，如生物学家季米里亚席夫、米丘林，土壤学家威廉姆士，化学家库尔纳可夫、泽林斯基，数学家克雷洛夫等，都热情地迎接十月社会主义革命，并立即献身到保卫年轻的工农国家和恢复被战争破坏了的经济的斗争中去。这些先进科学家的政治影响是很大的，但他们在当时也还是少数。科学、技术专家中的大多数则是不了解工人阶级革命，不了解社会主义，对它采取怀疑的态度，他们在犹豫，动摇，但终究还是坚持下来和人民一道共同经受了战争和经济破坏的困难。他们是科学、技术专家的基本队伍，党可能也必须把他们争取过来，使之成为建设社会主义的积极力量。只有在争取了这个基本队伍，克服了他们的动摇之后，才能真正孤立那些反革命的资产阶级专家，击破他们的反革命活动，从而造

① 《俄国（布）党纲》，见《苏共决议汇编》两卷集第一卷，俄文第七版，第 423 页，转引自《列宁斯大林论科学技术工作》，中国科学院，1954 年，第 32 页。

成形势，影响到一部分已被孤立了的反革命专家，使之放弃反革命活动，诚实地在苏维埃政权的领导下工作。

在革命胜利之初，大多数旧俄的科学、技术专家对革命抱有怀疑态度，这是很自然的。列宁对这一阶层作了深刻的阶级分析，他指出，所有的科学、技术专家，几乎毫无例外地都是出身于有产阶级，他们受了过去培养他们成为专家的那种社会生活的全部影响，“浸透着资产阶级的世界观和习惯”，大都是资产阶级的知识分子。因此，他们自然容易接受资产阶级的政治影响，对工人阶级的事业抱怀疑与敌视的态度。但是，列宁又着重指出，这些人是文化工作者，是脑力劳动者。不错，他们是在资产阶级制度范围内推动过文化工作，这就是说，使资产阶级获得了巨大的物质财富，而无产阶级所分享的却渺小得不足道——但是，他们总算是推进了文化，这也就是他们的职业。而文化工作者、脑力劳动者，即使他们接受了资产阶级的影响，为资产阶级服务过，也还是与资本家有所区别，这一点是很重要的。作为文化工作者、脑力劳动者，他们也有可能接受工人阶级的教育和影响，转变过来为工人阶级服务，成为工人阶级的知识分子。列宁在俄国共产党（布）第八次代表大会上的报告中说：“对专家们，我们不应当采取吹毛求疵的政策。这些专家们不是剥削者的佣仆，而是文化工作者，他们在资产阶级社会里曾服务于资产阶级，而全世界社会主义者都会说，这些人在无产阶级社会里是会向我们服务的。”① 工人阶级夺得了政权，这便为广大科学、技术专家转变到工人阶级方面创造了前提条件。工人阶级领导的经济事业，科学、技术和文化事业的发展，则不能不成为对他们的巨大吸引力量。而党的正确政策及其在实际工作中的贯彻和不断取得的胜利，则是使旧科学、技术专家转变为工人阶级的科学、技术专家的可能性变成现实的关键性的保证。

四

吸引科学、技术专家到社会主义方面来，同时也要对他们进行教育。这

---

① 《在俄国共产党（布）第八次代表大会上关于党纲的报告》，见《列宁文选》两卷集第二卷，人民出版社，1954 年，第 539 页。

是很重要的。

列宁教导说，必须使科学、技术专家“在社会主义制度下，无论在物质或权利方面，无论在与工农间的同志合作方面，亦无论在思想方面，即满意于自己的工作，并觉悟到自己的这种工作不依赖于资本家阶级的自私自利而对社会有益方面，都比在资本主义制度下生活的要好些”①。

列宁首先强调了对专家的生活和工作的物质上的帮助。

俄国共产党制定了给予专家以较高的薪金的政策。列宁提出，科学、技术专家在资产阶级政权下一直是得到较好的生活条件的，苏维埃政权不应当一下子把他们的生活水平降到中等程度，因此，尽管当时整个工人阶级的生活都很困难，仍然必须坚持尽可能给他们较高的薪金。列宁向一部分对这个政策措施表示怀疑与不满的工人解释说，应当从政治的观点来看问题，苏维埃政权在平衡高低工资差方面已经做了不少工作了，但要求在目前一切工资平等，这是不对的，我们是为了收受到教益才付出较高的薪金的，这不仅值得，而且是应当的，在理论上是必需的。

列宁还从各方面来改善专家的生活和工作条件，1920 年曾特别指令教育人民委员部立即研究改善专家生活的实际办法。他甚至亲自帮助许多科学机关和科学家个人解决在进行科学工作时的经费、房屋、设备缺乏的困难，纸张、印刷的困难，等等。他也十分强调对那些取得卓著成效的科学、技术工作者给予奖金的必要性。

俄国共产党和列宁对科学、技术专家的生活和工作的关怀，最清楚地表现在列宁签署的人民委员会关于保证巴甫洛夫院士及其同事的科学工作的条件的决议上。这个决议说，鉴于巴甫洛夫院士的十分杰出的科学贡献对全世界劳动者具有重大意义，人民委员会决定：组织包括高尔基在内的具有广泛权力的专门委员会在短期内创造最顺利的条件以保证巴甫洛夫院士及其同事的科学工作；在最好的印刷所里印行巴甫洛夫院士的科学著作的精印本，并保障他的版权；发给巴甫洛夫夫妇以特殊口粮，将他们的住宅拨归他们终身使用。

---

① 《新经济政策下职工会的作用与任务》，见《列宁文选》两卷集第二卷，人民出版社，1954 年，第 929 页。

当然，列宁也指出，生活条件和工作条件只能随着国家经济状况的上升而逐渐改善。

列宁还特别强调必须十分尊重科学、技术专家的切实的工作，必须对他们采取灵活而慎重的政策，必须善于引导他们通过自己的道路走向共产主义。

列宁认为，对科学、技术专家，首要的前提便是争取他们为人民服务，与人民建立的苏维埃政权合作，有了这个前提，一切工作便有了基础。至于从思想上成为一个共产主义者，那是需要相当的时间的。必须“做到真正爱护一切诚实工作、通晓本专业并酷爱本专业，纵令在思想上还完全是歧视共产主义的专家们，如像爱护自己的眼球一样”，必须从各方面保障这样的专家，鼓励其中的优秀分子，捍卫他们的利益，否则就“根本谈不上社会主义建设事业中的任何真实成绩”①。

列宁严厉地批评了一些党员和工人存在的排斥和打击这种诚实工作、然而却是非共产主义的专家倾向，同时更为严厉地斥责了某些领导干部不懂得尊重科学、技术专家的切实工作，开口闭口挑剔这些专家满脑的资产阶级思想的行为，认为这是“浅学之徒和官僚分子的共产主义夸大狂”。在一篇讨论电气化计划的文章中，列宁进一步对共产党员对待专家的态度问题作了深刻的指示，他说：“共产党员在俄罗斯国家电气化委员会内部的任务就是要少用些命令手段，或是——正确些说——完全不用命令手段，而是要对科学专家和技术专家（正如俄共‘党纲’上所说的那样，‘他们多半是不免浸透有资产阶级的世界观和习惯的’）采取异常慎重和灵活的态度，要向他们学习和帮助他们扩大他们自己的眼界，要根据相当科学部门的成果和事实材料出发，要时刻记着一点，即工程师承认共产主义思想所经历的途径并不像从前那些在秘密条件下工作的宣传员和著作家所经历的一样，而是经过他在自己哪一门科学方面所达到的实际成果，如农艺学家是循着自己的途径来承认共产主义思想的，植林学家是循着自己的途径来承认共产主义思想的，

---

① 《新经济政策下职工会的作用与任务》，见《列宁文选》两卷集第二卷，人民出版社，1954年，第929页。

等等。"①

列宁这个指示，是向科学、技术专家进行思想教育所必须遵循的原则。科学、技术专家是通过他们亲自体会到的他们所从事的科学、技术事业在资本主义制度下的命运和在社会主义制度下的命运对比，认识到社会主义的优越性，是在社会主义制度不但在理论上而且在实践上证明了自己具有发展生产力，发展科学、文化事业的创造力量的时候，在社会主义制度把他们吸引到这一事业中来并使他们为这一事业充分发挥了自己的力量的时候，才完全从精神上折服，最终地站到社会主义方面来的。当苏维埃政权把米丘林在一小块可怜的宅旁围地上开始的微小事业变成为拥有几千公顷土地的全苏果树育种中心，把他由一个为沙皇官方科学家所否认和讥笑的孤独的实验者变为几千万种植物实验的领导者，使他育成的新品种不是由试验地移到少数富农那里，而是移到广大的国营农场和集体农庄的时候，他当然不能不衷心感谢共产党和苏维埃政权，热烈地表示他希望"为了我们无产阶级国家的社会主义发展的利益而生活和工作"②。当广大的工程技术专家看到工人阶级正以惊人的创造精神和忘我的英勇劳动来建设自己的国家的时候，他们自然不能不衷心感谢，而跻身到这一建设队伍的最前列去。正如斯大林在 1927 年分析的那样："如像沃尔霍夫建筑工程、第聂伯建筑工程、斯维尔建筑工程、土尔克斯坦铁路建筑工程、伏尔加—顿河运河建筑工程，以及整批新建巨型工厂——所有这些都是技术知识界中许多阶层本身命运所系的企业，当然不能不对这些阶层发生相当良好的影响。这对于他们来说并不只是饭碗问题，这同时又是光荣的事情，创造性的事情，因而也就自然使他们同工人阶级接近起来，使他们同苏维埃政权接近起来。"③

科学、技术专家只有在投身到社会主义经济和文化建设事业的实践过程中，只有在感到社会主义建设事业的胜利之中有着自己的一份贡献的时候，才会和工人阶级建立起血肉相连的不可分割的关系。

另外，科学、技术专家只有在参加社会主义建设的实践过程中，才能真

---

① 列宁：《论统一经济计划》，人民出版社，1953 年，第 12、13 页。

② 《致斯大林同志的信》，见《米丘林选集》，人民出版社，1951 年，第 19 页。

③ 斯大林：《在联共（布）第十五次代表大会上关于中央委员会政治工作的报告》，人民出版社，1953 年，第 45 页。

正受到党的工人阶级的教育，逐步克服资产阶级个人主义的思想影响，对人民的事业产生热烈的情感，自愿和乐意地把自己的全部力量毫无保留地贡献给人民；逐步克服资产阶级理论脱离实际偏向的影响，使科学和生产密切结合起来，在人民生活中发挥更大的作用；逐步克服资产阶级保守停滞的恶习，在科学上敢于大胆的创造，支持一切新的先进的思想，勇敢地展开争论和批评。只是在这个过程中才能克服自己的资产阶级世界观和人生观，接受工人阶级的世界观和人生观。

广大的旧俄科学、技术知识分子便是通过这样的道路，走到社会主义的旗帜下，成为积极的建设战士的。他们对苏联社会主义建设贡献了很大的力量，与后来为了适应社会主义建设事业的巨大规模的发展而从工人阶级和劳动农民中培养出来的、作为社会主义建设的主力的新型的专家汇合在一起，共同组成了统一的、全新的苏维埃劳动知识界。

五

我国正处在从新民主主义到社会主义社会的过渡时期，社会主义建设事业正以空前的规模和速度向前发展。吸引科学、技术专家参加这一事业，是十分重要的任务。学习列宁在这方面的指示，对我们今天的工作，有着实际的指导意义。正如刘少奇同志在《关于中华人民共和国宪法草案的报告》中所说：“我国的知识分子，在过去的革命运动中起了很重要的作用，在今后建设社会主义的事业中将起更加重要的作用……除开极少数坚持反动立场并进行反对中华人民共和国活动的知识分子以外，我们的国家必须注意团结一切知识分子，帮助他们进行思想改造，发挥他们的能力，使他们为社会主义的建设事业服务。”①

在吸收科学、技术专家参加社会主义建设方面，我们今天所处的形势，比起苏联建国初期来，有着一些有利的条件。旧中国的科学、技术专家以及一般知识分子，正如毛泽东同志所分析的，是半殖民地半封建国家里的知识

① 《中华人民共和国宪法》，人民出版社，1954年，第51页。

分子，与资本主义国家里的知识分子有很大的不同，他们除了极少数接近反动阶级并为其服务的以外，一般的是受帝国主义、封建主义和官僚资本主义的压迫，有很大的革命性。由于中国共产党一贯坚持了正确的争取、团结和教育知识分子的政策，所以他们一般是同情，有些甚至是参加了党所领导的人民民主革命斗争的。中华人民共和国成立以后，他们的政治地位提高了，工作和生活条件改善了，在党和群众的教育下，思想上也有了很大的进步。现在，绝大多数的科学家、技术专家都愿意在党的领导下，在社会主义建设事业中贡献出自己的力量。这种情况，对我国社会主义事业是极为有利的。

另外，由于苏联在经济建设上和科学与文化事业上所达到的辉煌成就，苏联给予我们的各方面的，包括科学、技术方面在内的无私援助，所以我国科学、技术专家可以比较容易地通过这些实际的榜样认识到社会主义在发展科学、技术方面的优越性，因而比较容易地接受社会主义思想。认真学习苏联先进科学、技术，一方面，是提高我国的科学、技术水平以更有效地服务于我国的建设的重要手段，另一方面，也成为教育和改造我国科学、技术专家的深刻过程。

党中央和毛泽东同志根据中国的实际情况，制定了我们党的团结和教育科学、技术工作人员的政策，正确地解决了这个政策执行中的一系列的具体问题。学习列宁的这些指示的精神和实质，将帮助我们深入地了解党的政策，做好我们的工作。

自然科学的发展和生产的关系*

在社会主义建设事业中，自然科学工作占有重要的地位。为生产服务，为社会主义建设服务，理论和实际相结合，是我国自然科学工作的方针。根据马克思主义的原理，阐明自然科学同生产的相互关系，阐明自然科学的发展依赖于生产实践，又反过来指导生产实践的道理，对于帮助我们正确地、全面地理解和贯彻执行上述方针，具有重要的意义。

一、自然科学的发展对生产的依赖关系

自然科学是人对自然现象和规律的知识，人依靠这种知识，按照自己的目的来进行生产斗争，进行改造自然界的活动。毛泽东同志说："人的认识，主要地依赖于物质的生产活动，逐渐地了解自然的现象、自然的性质、自然的规律性、人和自然的关系。"①他又说，自然科学是生产斗争知识的结晶②。恩格斯在分析自然科学的历史时指出："科学的发生和发展一开始就是由生产决定的。""如果说，在中世纪的黑夜之后，科学以意想不到的力量一下子

* 本文原载《红旗》，1959年第12期第9～17页；1961年收入《关于自然科学发展规律的几个问题》，上海人民出版社，第18～34页。

① 《实践论》，见《毛泽东选集》第1卷，人民出版社，1991年，第282、283页。

② 《整顿党的作风》，见《毛泽东选集》第3卷，人民出版社，1991年，第815页。

重新兴起，并且以神奇的速度发展起来，那么，我们要再次把这个奇迹归功于生产。"[①] 自然科学对生产的依赖关系，是自然科学发展的最根本的规律性。

自然科学的发展对生产的依赖关系，可以从以下几个方面来进行分析。

1. 生产实践是自然科学知识的源泉，是检验自然科学知识的标准，生产的发展给自然科学提供日益丰富的研究材料，开辟日益广阔的研究领域

实践是一切知识的来源。人对自然规律的知识，来源于人改造自然界的实践，来源于生产斗争的实践。地球上开始有人类生活、有人类生产活动的时候，就有自然科学的萌芽。当生产实践发展到一定的阶段，生产经验积累到一定的程度的时候，在这个基础上便产生了古代的初步的自然科学知识。古代的自然科学，差不多是完全以直接的生产实践的经验，以及对自然界的直接观察为基础发展起来，并且在生产实践中进行检验的。近代资本主义的发展引起了生产的巨大发展。在近代生产实践迅速发展的基础上，兴起了近代自然科学。在近代自然科学中，逐渐发展并大量运用了实验方法，扩大了自然科学的实践基础。但是，直接的生产实践，仍然是自然科学知识的源泉和检验自然科学知识的标准。广大的劳动群众在长期的实践中，创造着和改进着生产技术方法，对自然界和生产过程进行着细致、深入和广泛的观察与了解，不断积累了极为丰富的生产经验。总结这些经验，对于发展整个自然科学，现在仍然具有极重要的意义。

生产实践是人的认识活动中的一个极为活跃的因素。它经常是突破自然科学中的陈腐观念，推动自然科学前进的动力。这一点在社会主义制度下，当生产者获得了经济上、政治上和思想上的解放以后，表现得最为明显突出。斯大林根据苏联在这方面的经验，曾经反复强调："科学所以叫做科学，正是因为它不承认偶像，不怕推翻过时的旧事物，很仔细地倾听实践和经验

---

① 《自然辩证法》，人民出版社，1971 年，第 162、163 页。

的呼声。"[①] "有时候，开拓科学和技术道路的，竟不是在科学界著名的人物，而是在科学界全不著名的人物，平凡的人物，实践家，工作革新者。"[②] 我国"大跃进"以来，在农业、工业、医疗等方面的许多实践的成就和发明创造，打破了不少科学技术上的陈腐观念，这些事实十分生动地表明了生产实践在推动自然科学前进中的巨大作用。自然科学以生产实践为基础，但生产实践的经验还不是科学。自然科学要把生产实践的经验加以总结和概括，使之上升为理论，然后反过来用理论来指导生产实践。自然科学理论指导生产实践又为新的实践经验所修正、丰富和发展，然后又在更高更广的角度上来指导生产实践，如此往复不已。这就是自然科学在生产实践的基础上不断发展的道路。

生产的发展不仅给自然科学提供丰富的实践经验，而且提供了日益丰富的研究材料。自然科学从整个自然界中取得自己的研究材料。但是，自然科学并不是脱离生产实践来静观地研究自然界，而是首先从生产实践中来研究自然界，研究人在生产活动中所接触和改造的自然界。自然科学研究的对象和材料，是随着生产的发展而日益扩大和丰富起来的。正如恩格斯所分析的，15世纪以来的欧洲，工业巨大地发展起来，产生了很多力学上的（纺织、钟表制造、磨坊）、化学上的（染色、冶金、酿酒）以及物理学上的（透镜制造）新事实，这些新事实提供了大量可供观察的材料。近代力学、化学、物理学便是在研究由生产的发展而不断扩大的材料的基础上迅速发展起来的。

由于生产的发展，人的活动领域也越来越扩大，人所接触的自然界的范围也越来越扩大。15～16世纪地理上的发现，为当时的动物学、植物学、生理学（人体的）方面展示了无数前所未有的材料。只有在这样广大范围的材料的基础上进行概括，达尔文的生物进化学说才有可能产生。现在，人类正向宇宙空间跨出第一步。随着人类日益征服宇宙空间，自然科学只能从地球上获得研究材料的局限性将被突破。可以预计，从宇宙空间已经获得和将要获得的大量材料，会把自然科学的发展

① 《在全苏斯达汉诺夫工作者第一次会议上的讲话》，见《列宁主义问题》，人民出版社，1972年，第594页。

② 《在克里姆林宫招待高级学校工作人员时的演说》，见《列宁文选》两卷集第1卷，人民出版社，1958年，第60页。

推向一个新的阶段。

2. 生产的状况决定了自然科学研究的物质技术条件

正如使用什么样的工具进行生产，标志着生产力发展的水平一样，从某种意义也可以说，使用什么样的仪器设备进行自然科学的研究，在一定程度上标志着自然科学发展的水平。

没有望远镜就没有近代天文学。没有显微镜就不可能发现细胞和细菌，也就不会有近代生物学和医学。望远镜与显微镜最初都是透镜制造业的产物。现在，没有射电望远镜、电子显微镜这些现代工业生产所提供的装备，现代天文学和生物学的最新发展，也是不可能的。现代各门尖端科学技术的研究更是取决于许多复杂而庞大的实验技术设备。原子核和基本粒子物理学的研究所需要的强大的加速器，要用数万吨重的电磁铁和其他极复杂的电气工程和无线电工程的部件，以及每秒钟能抽出几万公升空气的强大抽真空设备。高空和宇宙空间的研究所需要的人造卫星和火箭，更要有冶金工业、无线电工业、高能燃料化学工业和计算技术等一系列生产技术的高度发展。快速电子计算机的出现和生产，给工程技术、力学、物理学、气象学、数学等许多研究部门提供了十分重要的研究工具，没有这种装备，许多研究工作便很难甚至不可能进行。除了这些尖端部门以外，几乎现代所有各门自然科学的实验室，都日益以各种电子学仪器、光学仪器装备起来。技术科学各部门还往往需要建立相当规模的实验基地。适应着这种需要，现代工业中甚至分化出了专门生产供科学研究用的仪器、设备、试剂、特殊材料的部门。①

---

① 恩格斯在分析生产对近代自然科学的兴起所发生的作用时，还专门提到印刷术的出现。印刷术的出现，使记录和传播自然科学研究成果的工作得到极大的改善，使自然科学研究者有可能广泛而迅速地利用他人的成果，从而大大推动了自然科学的发展。

如果说，在几个世纪以前，自然科学家主要以写成著作的形式来记载和传播自己的研究成果，那么，后来随着生产和科学的迅速发展，就需要出版大量的科学期刊，以便更迅速、更及时地交流研究成果。现在，全世界出版的自然科学期刊数达五万种以上。为了适应数量越来越巨大的科学文献的传播工作的需要，开始出现了各种复制、缩印和录制信息的新技术，出现了自动进行翻译的电子计算机和使资料检索自动化的机器。这些机器的出现及其进一步改善和广泛使用，可能将同过去印刷术的出现一样，使科学文献工作跃进到一个更新的阶段，从而大大有助于科学研究工作的进展。

3. 生产的需要是推动自然科学发展的根本动力

恩格斯说，“经济上的需要曾经是，而且愈来愈是对自然界的认识进展的主要动力”①，“如果像您所断言的，技术在很大程度上依赖于科学状况，那么科学状况却在更大的程度上依赖于技术的状况和需要。社会一旦有技术上的需要，则这种需要就会比十所大学更能把科学推向前进”②。恩格斯是从对自然科学历史的分析中得到这个结论的。他指出，古代天文学最早是因游牧民族和农业民族定季节的需要而产生的；古代力学是因建筑工程和手工业发展、航海和战争的需要而产生的；古代数学也是从丈量地段面积、衡量器物容积、计算时间和制造器皿等实际需要中产生的。他还指出，整个液体力学是由16世纪和17世纪意大利治理山洪的需要所引起的；对于电，只有从电在技术上有用的性能（电池、电解等）被发现时起，人们才得到了一些合理的概念。③ 此外，17世纪机器的应用，给近代力学的创造提供了实际的支撑点和刺激力；金属生产发展和医药发展的需要，使化学转向矿冶和制药事业而从炼金术中解放出来；纺织工业的发展所引起的印染上的需要，推动了有机化学的进步；蒸汽机的应用和提高热机效率的追求，促使热学的迅速发展；近代力学特别是研究运动状态的力学的需要，又推动了变量数学和函数概念的产生，开辟了高等数学的新阶段。生产的需要对现代自然科学发展的推动作用，更是十分明显。例如，航空工业和火箭发展的需要，推动空气动力学和材料力学的迅速发展；利用原子能的需要，促进原子核物理学、放射化学、放射生物学的巨大发展；新技术对具有特殊性能的材料的需要，引起了对稀有元素及其合金的研究；雷达、通信和自动控制的需要，推动了无线电电子学、半导体物理学和化学、信息论和控制论的发展；技术和物理上的

---

① 《致康·施密特》（1890年10月27日），见《马克思恩格斯选集》第4卷，人民出版社，1972年，第484页。

② 《致符·博尔吉乌斯》（1894年1月25日），见《马克思恩格斯选集》第4卷，人民出版社，1972年，第505页。

③ 《自然辩证法》，人民出版社，1971年，第162页；《反杜林论》，见《马克思恩格斯选集》第3卷，人民出版社，1972年，第77～78页；《致符·博尔吉乌斯》（1894年1月25日），见《马克思恩格斯选集》第4卷，人民出版社，1972年，第505页。

需要，成为计算数学、概率论、数理逻辑等一系列数学部门发展的动力。

当然，自然科学并不仅仅是被动地适应生产的需要。自然科学满足着生产实践中提出的需要，同时，它又以自己的发现为解决生产需要开辟新的途径，引起新的生产需要。例如，自然科学研究了原子核反应的规律，发现了在技术上利用原子能的可能性，然后才导致在生产中运用原子能。原子能研究的例子，同热能研究的情况稍有不同。在热能研究，首先是生产中运用了蒸汽机，由于提高热能利用效率的需要，推动了自然科学关于热能转换规律的研究。虽然如此，应当看到，原子能的研究正是因为初步的研究成果显示了在生产中应用的端倪，然后才在生产的需要的强烈推动下迅速发展起来。因此，这个例子并不是否定了，而是恰恰证明了生产的需要对自然科学发展的决定作用这一根本原理。自然科学的发展对生产的依赖关系的各个方面，简单分析便是如此。自然科学的发展决定于生产的发展，反过来，自然科学的发展又大大促进生产的发展。这便是科学发展与生产发展的辩证法。自然科学一经发展起来，便成为生产发展的重要因素。马克思认为，自然科学是生产的“精神潜力”，生产工具的发展，表明科学知识“已经在多么大的程度上变成了直接的生产力”①。他在分析决定着劳动生产力的多种复杂的因素时，特别指出其中应当包括“科学的发展水平和它在工艺上应用的程度”②这个重要的因素。自然科学的发展对生产的依赖关系这样一个根本的规律性，是由马克思主义最彻底、最充分地加以阐明的。马克思主义关于自然科学发展规律的这个原理，不仅给我们提供了理解整个自然科学历史的钥匙，而且帮助我们自觉地遵循和运用自然科学发展的规律，来正确规定我们现在自然科学工作的目的、任务和道路。我国社会主义建设事业的发展和生产的“大跃进”，为自然科学的发展创造了极有利的条件，给予了极巨大的动力，提出了极迫切的要求。为了把我国建设成为一个具有现代农业、现代工业、现代科学技术和现代国防的强大的社会主义国家，党中央提出了使我国科学和技术尽快地赶上和超过世界先进水平的任务。我国自然科学工作必须坚决贯彻为生产服务、为社会主义建设服务的方针，必须以极大的热情去研究和

---

① 《政治经济学批判大纲》，（草稿）1857～1868年，第3分册，人民出版社，1963年，第358页。

② 《资本论》第1卷，《马克思恩格斯全集》第23卷，人民出版社，1972年，第53页。

解决目前的和长远的生产建设中所提出的各种科学技术任务。归根到底，积极促进生产发展是我国自然科学工作的唯一目的，是它的存在的价值之所在，同时也是它本身获得发展的基础和条件。我国自然科学工作必须坚持贯彻同生产相结合、同群众相结合的方针，并且根据这个方针来改进研究机构的工作，密切联系生产实践，认真总结群众生产实践的经验，积极参加和帮助群众性的技术革新、技术革命运动，坚决反对和克服脱离生产实践、为科学而科学的倾向。这便是我们应当做出的结论。

二、自然科学的发展对生产的相对独立性

在分析自然科学的发展对生产的依赖关系的时候，我们还应当看到，自然科学不仅依赖于生产，而且能动地作用于生产。自然科学作为一种认识活动，还有它自己的发展历史，有它内部的矛盾运动和继承积累关系，以及内部各部门之间相互影响的过程。当然，自然科学发展对生产发展的独立性只具有相对的意义。首先要强调自然科学发展对生产的依赖关系，强调生产是自然科学发展的基础和根本动力，它决定着自然科学发展的趋势、方向、速度和规模，即决定着自然科学发展的总进程。然后才能在这个为生产所决定的总进程的范围内来观察自然科学的独立发展。下面我们根据这个基本观点，仅就科学实验的作用和理论研究的作用这两个问题，对自然科学发展的相对独立性，作一些简单的分析。

1. 关于科学实验的作用问题

社会实践是认识活动的基础。人类的生产活动是最基本的实践活动，自然科学认识活动首先是以生产实践为基础的。但是，人类的社会实践不限于生产活动一种形式。毛泽东同志在提到主要的几种社会实践过程时，在物质生产过程和阶级斗争过程以外，还提到了科学实验。科学实验是社会实践的一种特殊形式，是自然科学认识活动的一种重要方法。自从近代自然科学中运用了实验方法，自然科学就开始不仅从生产实践中、从对自然界的直接观察中获得材料和经验，而且还从科学实验中获得材料和经验，从而扩大了自然科学认识活动的实践基础。在科学实验中，人们处理的是人所控制下的自

然过程，或简化了的、缩小了的生产过程；人们撇开了所研究的现象中的一些偶然的、次要的因素，控制着一些因素，变化着一些因素，增添一些因素，减掉一些因素，从而对各种因素分析、比较和综合。而在自然条件或生产条件下，各种复杂的因素交织在一起，这种分析、比较和综合有时便难以进行。在科学实验中，人们创造了许多特殊的自然条件（如特殊的高温、高压，等），研究了在地球表面的自然条件下没有的或不常有的自然过程；人们运用了各种大大扩大了人的感官能力的研究工具；人们还利用了一些比较方便的实验材料（如利用繁殖很快的生物来研究遗传现象），等等。这样，人们在科学实验中，取得了大量的材料和经验，这是从生产实践和直接观察中得不到或不易得到的。这就使得自然科学有可能凭借科学实验的材料，超过生产实践所提供的材料基础，走到生产实践的前面，更深入地进行理论研究，揭示自然规律，为生产开辟新的途径。由于各门自然科学同生产实践联系的情况不一样，研究对象的复杂程度不一样，理论发展成熟程度不一样，以及实验方法发展水平不一样，所以，科学实验和生产实践在各门自然科学中的作用也是不一样的。例如，在现代物理学中和在农业科学中，科学实验和生产实践的作用就是不一样的。随着科学方法的进步，作为一个总的趋向来说，科学实验的作用是要越来越好地加以发挥的。当然，我们不能把科学实验同生产实践对立起来，割裂开来，而是应当把它们联系起来，看到它们之间的互相补充、互相发挥和互相促进。那种以为有了科学实验，自然科学便无须依赖生产实践了，生产实践对自然科学便没有什么意义的观点，是完全错误的。无论如何，科学实验只是研究的方法，不是研究的目的。自然科学的研究，连同它的实验方法，归根结底，都是为了服务于生产实践。科学实验只是扩大了自然科学的实践基础，绝不能排除生产实践，而成为自然科学的唯一的实践基础。科学实验有它的局限性。从少数的实验中得到的经验和材料，绝不可能完全代替从大量的、十分复杂的生产实践中得到的丰富多样的经验和材料。从实验中得到的知识，当它运用到复杂的生产过程中去的时候，还需要由生产实践的经验来复核、丰富和发展。把生产实际情况简化了和缩小了的实验室的研究，还要同中间工厂的实验研究、同生产现场的研究结合起来。同时，科学实验水平的发展，归根到底，又取决于生产的发展，取决于生产所提供的物质技术条件。

2. 关于理论研究的作用的一些问题

认识有待于深化。由感性认识上升到理性认识，由经验积累上升到理论概括，由较低程度的理论概括上升到较高程度的理论概括，由零散的知识上升为概念和理论的系统，这是认识活动逐渐深化的过程。自然科学中有些理论概括程度较高、范围较广的研究工作，看来似乎并不直接与这项或那项具体的生产需要发生联系，似乎只是为了理论本身的需要，理论的系统化、理论基础的阐明的需要。例如，门捷列夫关于化学元素周期律的理论概括工作，并不是为了解决某一项具体的生产需要而进行的，对于他本人来说，最初的直接目的是满足教学的需要——将化学知识系统化以便对学生作最清晰的阐述。但并不能因此便认为这种理论概括工作是与生产实践无关的。首先，理论概括要以足够的材料积累为前提。正是在生产需要的推动下，在生产发展达到一定的程度的时候，某些自然科学部门才逐渐积累起足够的材料，产生了进行理论概括的必要和可能。只是由于矿冶工业、化学工业发展到了一定的程度，化学在这些生产的需要的推动下发展到了一定的程度，积累了足够数量的关于化学元素的知识的时候，化学元素周期律这样一个巨大的理论概括才有必要和可能。门捷列夫是在 1869 年做出元素周期律的理论概括的，那时化学中已经积累了 60 余种元素的知识（现在知道的自然界存在的元素约有 90 种，连同用人工方法制成的元素一起，总共有一百零几种）。在 18 世纪便不可能做出这个理论概括，那时化学中知道的元素不过十几种。其次，理论概括虽不是直接为了满足这项或那项生产的需要，但它使人对自然规律的认识大大深入，从而对生产实践具有普遍的指导意义。门捷列夫关于元素周期律的理论概括，成为现代化学和物理学的基础，至今在如原子能利用、半导体技术、寻找和利用矿产资源（地球化学）、制造在新技术上特殊需要的金属和合金材料（稀有元素化学）等许多重要方面，都具有理论指导的作用。

理论概括的过程，是一个通过认识活动内部矛盾而发展的过程。这里包含新的事实和旧的理论、概念、假设之间的矛盾，解释着这一些事实的理论、概念和解释着那一些事实的理论、概念之间的矛盾，解释着一些事实的不同理论、概念之间的矛盾，等等。理论的发展便是通过这些认识活动内部矛盾的不断揭示和不断克服来实现的。认识活动内部矛盾发展的需要，推动人们去研究那些为现有理论所不能解释的新事实，去发展新的理论来解释这些事实。这些新事实的研究有的并不一定直接与这项或那项生产的需要相联系，但它往往是认识内部矛盾的焦点，解决这个矛盾便能把认识大大推前一步，因而是具有重大意义的。例如，量子理论便是从研究黑体辐射能量的频率分布这个耐人寻味的、为旧理论所解释不了的事实中诞生的。新理论的诞生成为物理学的新阶段的起点，人对自然的认识开始从宏观的领域推进到微观的领域。今天的新技术的奇迹，不论是原子能还是半导体的应用，离开这个由此发轫的新物理学，都是不可思议的。

在理性认识阶段，推理过程是一个重要的认识过程。从现有的理论和概念出发，经过逻辑推演或数学推导，经过各种理论和概念的交相接触，人们可以获得新的理论，预见新的事实。当然，推理过程并不是与实践无关的，它必须以实践为基础。因为，作为推理的出发点的现有理论和概念是从实践中概括出来的。推理所依据的逻辑或数学规律也是从实践中概括出来，反映了客观事物间的关系的。特别重要的是，从推理中得到的结果，必须到实践中去检验，去证明或推翻。例如，第一个反粒子（正电子，即同普通的带负电荷的电子相反的、带正电荷的电子）的存在，便是由于把相对论概念引进量子力学中，建立了描述电子行为的相对论量子力学方程，然后从这个方程出发，经过理论推导而预见出来的。这个预见在当时甚至显得不可理解。但后来相继在实验室中和宇宙线中发现了正电子，这就从实践上证明了理论预见的正确性。罗巴切夫斯基几何的建立，是理论推导作用的另一个典型的例子。罗巴切夫斯基继承和总结了 2000 多年来从理论上探讨欧几里得几何的基础（公设系统）的成果，取消了欧几里得几何的第五公设（通过一点对一线只能作一条平行线的公设），从理论上推导出了第一个非欧几里得几何系统。从非欧几里得几何中得到的许多结论，在当时也是显得不可理解的。但是，新的几何系统后来在相对论中得到应用，并且在天文学的观察材料中得到了检验，这才证明了它的确是对客观世界的空间形式的反映，而不是纯粹的虚构。这样，由于在物理学中应用的需要，它就大大发展起来。在这里有一个事实的对比，很足以说明实践对从推理中得到的新理论的发展的决定作用，这就是：从推理中得到的非欧几里得几何，由于实践的证明和实际应用的需要而大大发展起来，但同样是从推理中得到的另外一些几何系统（如非阿基米德几何，非戴扎格几何），由于没有得到实践的证明和实际的应用，至今没有得到什么发展。

当然，尽管上述的理论发展的内部矛盾运动、推理过程和继承关系等，给予理论发展以独立的历史的外观，但是，深入地加以分析，透过外观，就可以看到，这些发展总归是以一定的生产发展和由此而来的科学发展为其前提的，并且是反映着，虽然往往是间接地反映着生产发展的需要的。十分明显，微观世界的研究只有在现代生产技术发展和经典物理学成就的基础上才成为可能，并且这种研究只有在生产中发生了和显示了巨大的作用后，才得到了极大的支持和推动。而导致量子论的建立的能量辐射的研究，是在提高炉温、改进照明的需要下，引起人们的注意的。就是像非欧几里得几何那样抽象的理论，归根到底也要从生产的发展中去寻找理解它的发生、发展的红线。关于欧几里得几何第五公设的理论探讨，继续了2000多年的时间。只有在为生产需要所推动的各种几何学（解析几何、微分几何、射影几何）的发展的基础上，特别是为测量的需要所推动的球面几何、曲面内蕴几何的发展的基础上，才在19世纪中叶由罗巴切夫斯基、高斯、波约大约同时创立了非欧几里得几何①。

当然，在分析理论的作用的时候，还应该专门讨论一下若干基本理论研究的意义。目前，关于物质基本粒子的研究，关于生命起源和生命本质的研究，关于意识的起源和意识活动的机制的研究，关于遗传机制的研究等，都属于这类基本理论研究的范围。人们对于自然规律的认识，常常只有达到了较为深入、较为成熟的时候，才能被用来按照人们的愿望改造自然，才能在生产中发挥巨大作用。但人的认识总是由浅入深，由少到多，由探索趋于成熟的。当对某方面的自然现象与规律还知之不多、知之不深的时候，人在这些自然现象和规律面前便还是比较无能为力的。当对某些自然过程的研究还处在搜集材料的阶段，还没有发展到整理和概括材料的阶段；或者还只是从表面上概括了一些现象的规律，但还没有深入这些过程的内部机制；或者虽

---

① 吉林师范大学数学系自然辩证法研究小组：《对非欧几何之产生和发展的初步探讨》，《光明日报》，1960年10月21日。

然阐明了这些过程的内部机制，但还没有找到控制和影响这些机制的有效方法的时候；或者虽然找到了有效的方法，但还远不够经济的时候，这些自然科学研究便还不能马上用于生产，或对生产还不能有极大的帮助。前述的那些基本理论的研究，目前大体上都还处于这种不很成熟的阶段。然而，尽管这些研究在今天对生产还不能起多少作用，但从长远来看，这些关于基本自然规律的研究，经过逐步探索，一旦达到成熟的阶段，就会使人对自然界的认识大大提高一步，使人对自然界控制和改造的能力大大提高一步，从而对生产产生巨大的作用。关于原子的研究的历史，最令人信服地说明了这一点。四五十年前，人们对原子的研究，还处于摸索的阶段，对原子内部的状况还知之很少、很浅，那时关于原子的科学研究，也看不出对生产有多少作用。但随着人们对原子内部结构、原子变化规律的研究的逐渐深入和成熟，并且找到了控制原子变化的方法，最终取得了在生产中运用原子能这样极其重大的成果。以几十年前的原子的研究，来对照今天基本粒子的研究和其他的基本理论方面的探索性的研究，便可以充分表明这些研究的重要意义。正如科学发展历史上，过去一个阶段的某些基本理论研究为生产开辟了新的途径，形成今天蓬勃发展的若干“尖端”科学技术部门一样，今天的某些基本理论研究，可能为生产开辟更新的途径，形成科学技术发展的更新的“尖端”部门。

基本理论研究的意义，除了从它们日后可能对生产发展起重大作用这个角度，即自然科学同生产的联系这个角度来考察以外，还应当从另外一个角度，从自然科学同哲学的联系的角度来加以考察。关于宇宙、物质、生命、精神这些根本问题，历来是科学与宗教、唯物主义与唯心主义激烈斗争的场所。因此，天文学、物理学、生物学、心理学关于这些根本问题的研究，从支持辩证唯物主义，反对宗教世界观和唯心主义，服务于思想斗争的实际任务的角度来说，也具有重要的意义。

以上我们就科学实验和理论研究的作用这两个方面，讨论了自然科学的发展对生产的相对独立性的一些问题。这种相对独立性是客观存在着的，我们必须承认它，并正确地认识它和对待它。但我们必须反对夸大和歪曲这种相对独立性，从中得到结论说：自然科学与生产没有什么关系，自然科学只是实验室里的事情，自然科学理论的研究与解决生产实践的任务毫不相关，理论的发展毋须以实践为基础，它只是各种概念和定理的纯粹逻辑推演的结果，只是少数科学天才的偶然灵感的产物，等等。这是一种对待自然科学发展历史的唯心主义观点，这种观点成为“为科学而科学”的错误倾向的理论根据。我们在前面的分析中，已经具体地说明，这些观点是完全没有根据的，是完全错误的。我们党历来强调自然科学必须为生产服务，理论必须联系实际，同时也指出，必须重视理论的研究，重视满足长远的生产需要的研究工作。生产发展的需要，社会主义建设的需要，是多种多样的。理论联系实际的途径，是十分宽广的。1956 年周恩来同志在关于知识分子问题的报告中就曾经指出：为了系统地提高我国科学水平，“在理论工作和技术工作之间，在长远需要和目前需要之间，分配的力量应该保持适当的比例，并且形成正确的分工和合作，以免有所偏废”。在 1959 年第二届全国人民代表大会第一次会议上所作的政府工作报告中，周恩来同志又指出：在科学技术上“直接为生产建设服务的任务，应当放在首要的地位。在生产建设的各个战线上，存在着千千万万的技术课题，科学技术工作者应当分工协作，为解决这些课题而努力。尖端科学技术也必须注意发展；对于条件还不具备的，目前应当从各方面准备条件。基础理论的研究，对于科学技术的发展具有深远的影响，必须给以足够的重视。”根据这些指示，正确地理解自然科学与生产之间的相互关系，坚持科学为生产服务、理论联系实际的方针，全面地安排科学研究工作，就会使我国的自然科学健康地发展，对当前和长远的生产发展做出最大的贡献。

学习和研究马克思主义的科学技术论*

这本文集收集的是作者近几年来围绕着自然科学工作的若干问题所写的几篇文章。其中大部分都在报刊上发表过，这次出版，大都作了一些补充和修改。

这几年，我国的自然科学工作，经历了一个深刻的变革过程。在自然科学工作领域中，同在其他工作领域中一样，贯彻执行了党的社会主义建设总路线。由于加强了党的领导，执行了群众路线，坚持了科学工作为社会主义建设服务的方针、有计划发展的方针和“百花齐放、百家争鸣”的方针，我国的自然科学工作开始走上了一条社会主义的、多快好省的发展道路。在这个变革过程中，在自然科学工作者中间，是充满着各种各样思想上、理论上的争论的。人们提出了许多理论问题。例如，自然科学与政治的关系（自然科学有没有阶级性，社会制度对自然科学发展的影响，自然科学发展对社会的影响，对自然界的斗争与社会斗争的关系，等等）、自然科学与生产的关系（自然科学对生产的依赖关系，自然科学发展的相对独立性问题，自然科学工作的计划性问题，理论联系实际问题等）、自然科学与群众的关系（工农劳动群众和科学技术专家在自然科学发展中的作用，杰出科学家个人在自

---

* 本文写于1961年6月，是《关于自然科学发展规律的几个问题》（第一版）一书的前言（上海人民出版社，1961年，第1～6页）。

然科学发展中的作用，自然科学工作中的群众路线等)、自然科学与哲学的关系（马克思主义哲学对自然科学的指导作用，怎样估价自然科学中的自发唯物主义，唯心主义和形而上学怎样妨碍自然科学的发展，为什么有些受唯心主义和形而上学世界观影响的自然科学家也能做出重大的科学成就等)。围绕着这些问题，展开了热烈的讨论。

所有这些问题，总起来可以说，就是自然科学在社会中发展的规律问题。

自然科学在社会之中发展的客观规律是怎样的呢？马克思主义对这个问题的观点是怎样的呢？这是一个很重要的问题。而党的自然科学工作的方针、政策，则是以对自然科学发展规律，特别是以对自然科学在社会主义社会中发展的规律的马克思主义理解为基础的。

我以为，正如马克思主义的文学艺术论这门学问是我们党的文艺工作方针、政策的理论基础一样，马克思主义的科学技术论这门学问则是我们党的科学技术工作方针、政策的理论基础。

我以为，要学习马克思主义的科学技术论，研究自然科学在社会中发展的规律，必须把马克思主义哲学的一些普遍原理同自然科学发展的具体实践结合起来。为此，我们需要很好地研究我国自然科学十几年来特别是近几年来发展的实际经验。我们在自然科学工作中摸索和积累了丰富的多种多样的经验，这些经验一方面需要在实践中进一步检验和发展，另一方面也很需要从理论上来正确地加以概括和总结。同时，对其他社会主义国家发展自然科学的经验，也需要很好地研究和学习。资本主义国家发展自然科学的经验，也需要加以研究和了解。这是一 。

其次，我们还需要很好地研究自然科学发展的历史，通过对历史的研究，来对自然科学发展的规律做出科学的论证和说明。研究自然科学史，不能为历史而历史，而要“古为今用”，就是说，要用历史的研究来为今天的需要服务。

收集在这本文集中的文章，是作者在这方面的一些初步学习心得。虽然在写这些文章的时候，主观上力求运用马克思主义的观点，力求多分析一些自然科学发展的实际材料，但是，限于水平和学识，无论哪方面都是做得不够的。因此，这些文章是很粗浅的，并且会有很多缺点和错误。但是仍然把它们发表出来和编辑成集，目的是希望这些问题得到进一步的讨论，并且使自己在讨论中得到批评和教益。

近年来，在我国自然科学工作者中间，广泛开展了学习马克思主义哲学、学习毛泽东思想的活动。

自然科学工作者为什么要学习马克思主义哲学、学习毛泽东思想呢?

首先，自然科学工作者学习马克思主义哲学、学习毛泽东思想的根本目的是提高自己的政治觉悟，改造自己的思想，逐步地抛弃资产阶级世界观，树立无产阶级的、共产主义的世界观。以为自然科学工作者同进行其他工作的人不同，可以离开政治立场和世界观的改造来谈学习哲学的观点，是不正确的。

其次，又要看到，自然科学工作者除了应该把马克思主义哲学作为改造世界观的武器，作为观察世界、观察社会的工具以外，还要把马克思主义哲学作为观察科学技术的工具，用它来指导自己的自然科学工作。

马克思主义哲学，作为关于自然界、社会和人的思维的普遍发展规律的科学，对自然科学工作，有着重大的指导意义。它不仅可以帮助自然科学工作者正确地认识和更好地掌握自然科学在社会中发展的规律，而且可以帮助他们正确地认识和更好地掌握自然界发展的普遍规律和人对自然界的认识发展的普遍规律。

关于前一点，上面已经提到了，收入这本文集的文章主要也是论述这一点的。下面准备对后一点谈一些简单的想法。

马克思主义哲学关于事物普遍发展规律的研究，同具体科学关于各个事物的特殊发展规律的研究，是互相联系着的。前者以后者为基础，又反过来给予后者以指导。近年来，我国自然科学工作者以马克思主义哲学为指导，研究自然界发展的辩证法，研究生产过程的辩证法，开始做了一些工作。例如，在工业技术方面，开展了对各行各业技术发展的辩证规律的研究，力图从理论上总结技术革命的成果，自觉地寻找技术革命的方向；在农业科学方面，开展了对农业生产“八字宪法”的辩证法的研究，对农作物生长过程中群体与个体的各种矛盾的发展、变化的研究；在医学方面，进行了关于中西医结合、关于治疗疾病的医疗思想的探讨，等等。这些工作虽然仅仅是开始，却是有着重大意义的开始，因为他们使自然辩证法的学习和研究越出了过去一般只是同自然科学基本理论问题的研究相联系的狭小范围，开拓了一个新的广阔的天地。

强调研究生产过程的辩证法、技术发展的辩证法，当然并不是说可以忽视对自然科学基本理论研究中的哲学问题的探讨。恰恰相反，现代理论自然科学发展很快，正在经历着一个接着一个的急剧的变革，迫切需要正确的哲学指导和概括。为了帮助和促进自然科学理论的研究，为了从哲学上概括自然科学的最新成果，以推进马克思主义哲学的研究，并且同现代资产阶级唯心主义和形而上学进行彻底的斗争，我们都必须大大加强对现代自然科学基本理论中的哲学问题的研究。

在自然辩证法的学习和研究中，要注意对具体事物进行具体的分析，要把哲学的概括同具体细致的自然科学的研究结合起来，要在哲学所提供的事物发展的普遍规律的知识指导下，深入地揭露具体事物的特殊的发展规律。马克思主义哲学给人们提供了分析事物的根本观点和根本方法，它对自然科学的指导作用就表现在这个地方。但是它不能代替对具体事物的具体分析。对具体的科学技术问题，不进行具体的实验、演算等研究工作，就不可能做出具体的科学技术结论。

在谈到马克思主义哲学对自然科学工作的指导作用的时候，需要特别谈谈自然科学研究的方法论问题。人的认识是一个十分复杂的过程。马克思主义哲学作为研究人的认识过程和规律的科学，自然科学工作者掌握了它，就可以获得正确的认识方法，更好地进行研究工作。

近代自然科学，在长期的发展中逐渐建立了一套基本的科学研究方法。各门学科也都建立了自己的研究方法。这些研究方法，是很有价值的科学遗产，需要很好地继承。同时，它们也有局限性，需要随着科学发展的需要，进一步加以发展。

如何根据马克思主义认识论的原则，对现有的一套基本的科学研究方法，包括各种实验、观察方法、各种假设、类比推理方法、数学方法在各门学科研究中的作用及各门学科中的专门研究方法问题，如数学中的公理化方法问题、生物学中的物理摹拟方法问题等，进行仔细的分析和总结，并且加以改进和发展。如何在辩证唯物主义思想的指导下正确地运用这些方法，并且克服在运用这些方法时的各种主观性和片面性、经验主义和形式主义的毛病？如何使分析与综合的统一、抽象与具体的统一、演绎与归纳的统一、历史与逻辑的统一这样一些辩证方法在自然科学研究中进一步具体化和运用？在自然科学的教学中，如何根据马克思主义认识论的原则，对旧有的教学方法，对学科的分类和综合、课程内容的逻辑体系、教学过程的组织等进行研究和改进？这些，都是十分重要而饶有兴趣的问题。

所有上述的各种问题：自然科学在社会中发展的规律问题、各门自然科学和生产技术研究中的哲学问题、自然科学研究的方法论问题等，近来在我国自然科学工作者中间都进行了广泛的讨论，这是十分可喜的现象。我认为，自然科学工作者学习马克思主义哲学，应当同这些问题的讨论密切结合起来。同时，在这些问题的讨论中，一定要贯彻“百花齐放、百家争鸣”的精神，鼓励发表各种不同的意见，鼓励自由的探索和自由的争辩，鼓励切实的研究，这样才能真正在这些问题上促进马克思主义观点得到深入的阐明和发展。

试论科学实验*

一、科学实验是社会实践的一种形式

马克思主义者认为，社会实践是人们认识的基础。社会实践有多种形式。基本的社会实践形式是生产斗争，以及在生产中结成一定社会关系的人们之间的斗争——在阶级存在的社会里就是阶级斗争。科学实验，则是从生产斗争中分化出来的、为生产斗争服务的一种特殊的社会实践形式。生产实践发展到一定的阶段，一方面提出了对自然界进行更加深入和系统

* 本文原载《红旗》，1965年，第1期，第35～47页。

这篇文章讨论的科学实验，指的就是自然科学的实验。研究自然现象的科学试验方法，对于研究社会现象，一般来说，是不能完全适用的。马克思说过："分析经济形势，既不能用显微镜，也不能用化学试剂。二者都必须用抽象力来代替。"（《资本论》第一卷第一版序言，见《马克思恩格斯选集》第2卷，人民出版社1972年版，第206页。）要想同自然科学实验一样，严密地控制所研究的社会过程，使之从复杂的社会联系中"孤立"起来，在"保证过程以其纯粹形态进行的条件下从事实验"（同上），也是做不到的。但是，如果把科学实验作一种广义的理解，那么，在认识和改造社会的过程中，先在小范围内进行典型实验，从中取得经验，认识规律，检验人们的政策、计划和方案等，然后根据典型实验所取得的认识的成果，去指导更大范围的社会实践，这样一套典型实验的方法，我以为也是属于科学实验的范畴的。在社会主义制度下，无产阶级成立国家的领导力量，为人们自觉地去认识客观规律，按照客观规律来改造社会，开辟了广泛的可能性。在这样的条件下，运用科学的典型实验的方法，来指导人们认识和改造社会的斗争，就有了以前任何时代所不能有的重大意义。

的研究的需要，另一方面又提供了各种物质技术手段使这样的研究成为可能。在这样的条件下，就产生和发展了以对自然界进行专门研究为目的的科学实验。

毛泽东同志说："人的正确思想，只能从社会实践中来，只能从社会的生产斗争、阶级斗争和科学实验这三项实践中来。"① "抓着了世界的规律性的认识，必须把它再回到改造世界的实践中去，再用到生产的实践、革命的阶级斗争和民族斗争的实践，以及科学实验的实践中去。"① "只有在社会实践过程中（物质生产过程中，阶级斗争过程中，科学实验过程中），人们达到了思想中所预想的结果时，人们的认识才被证实了。"②

自有人类生活以来，随着生产斗争的发展，就有了自然科学的萌芽。古代的自然科学，是以古代人们生产实践的经验和对自然界的感性的观察为基础的。那时还没有真正的系统的科学实验③。科学实验从生产实践中分化出来，得到比较系统的、相对独立的发展，始于16～17世纪，是以欧洲早期资本主义生产的迅速发展为历史背景的。它以广泛运用各种专门的实验工具和形成一套系统的实验研究方法为标志。恩格斯在说到近代自然科学的蓬勃兴起应该归功于生产的时候，曾经指出，工业的巨大发展，"不但提供了大量可供观察的材料，而且自身也提供了和以往完全不同的实验手段，并使新的工具的制造成为可能。可以说，真正有系统的实验科学，这时候才第一次成为可能"④。

系统的科学实验的产生，是近代自然科学的起点。古代的自然科学，既然只能凭借古代的生产实践中比较粗糙的经验和感官的直接观察，对自

① 《人的正确思想是从哪里来的?》，人民出版社，1964年，第1页。

② 《实践论》，见《毛泽东选集》第一卷，人民出版社，1967年，第1页。

③ 当然，科学实验的萌芽，在古代早就有了。古代人们为了认识自然现象而自觉地，通过专门的安排来进行的一些观察和比较，可以看做是科学实验的先声。我国《墨经》中就有这种意义上的光学实验的有趣记载。（参看洪震寰：《〈墨经〉光学八条厘说》，《科学史集刊》第4期，科学出版社出版。这篇文章分析了《墨经》中记载的关于成为了生产方法的革新和改进，为了技术发明和创造，自觉地进行的各种探索和试验，试验从某种矿石中能炼出多少金属。这种方法其实就是一次小型的冶炼，它是日后化学分析实验的始祖，后者直接从前者分离演化而来。不过，那时这些试验性的活动，都是从属于生产过程的，还没有从生产过程中分化出来。）

④ 《自然辩证法》，人民出版社，1971年，第163页。

然现象就只能得到一些朴素的、比较表面的知识；至于对自然界的本质和规律的理解，纵然有不少卓越的见解，终归带有臆测和玄想的性质。近代自然科学就不同了。由于有了随着生产的高度发展而越来越发达的科学实验，作为自己的认识活动的基础，它对自然界的认识就精细和深刻得多了。恩格斯指出，在古代的自然观同近代的自然观之间，存在着“这样一个本质的差别”，这就是“在希腊人那里是天才的直觉的东西，在我们这里是严格科学的以实验为依据的研究的结果，因而也就具有确定得多和明白得多的形式”①。

二、科学实验在认识过程中的作用

科学实验的产生，何以会使自然科学的发展出现这样一个质的飞跃？

就人们的认识从感性到理性的发展过程来看，科学实验的特点和作用，表现在以下几个方面。

第一，在科学实验中，人们运用各种能够扩大和改进自己感官能力的实验工具，大大丰富了人们感性认识的内容。

感觉是人们对外界的认识的开始。客观外界的现象只有通过人的眼、耳、鼻、舌、身等肉体感官，才能反映到人们的头脑中来，开始是人们的感性认识。但是，人们的肉体感官的感觉能力，是有局限性的。例如，眼睛这个最重要的感官，对外界的电磁波，只有被称为可见光波的这一段才能发生反应。其他的电磁波，都不能引起人的视觉反应。过远、过细的东西，眼睛也不能看见或分辨。那么，人的感官的局限性，会不会限制住人对外界的认识呢？不会的。因为，人不像动物那样单纯地凭天赋的本能同自然界打交道。人在改造自然界的斗争中，创造了各种各样的工具，武装自己的四肢、感官和头脑，改造和发展了自己的活动能力和认识能力。正如有一些工具，作为人手的延长和扩大，克服了人手的天赋本能的局限性一样，有一些工具，作为人的感官的延长和扩大，克服了人的感官的天赋本能的局限性。通

① 《自然辩证法》，人民出版社，1971年，第16页。

过日益发展的各种实验工具（如光学望远镜、显微镜、射电望远镜、电子显微镜等）的运用，许多原来不能为人们感觉到的自然现象和过程，逐渐转化成为能够被人们感觉到的现象和过程。这样，在科学实验中，人们感性认识的领域就被大大地开拓和丰富了。

实验工具不仅扩大了人的感觉能力，而且能够改进它，使人得到的感性认识更加客观化、精细化、准确化。人的感觉，往往要受到一些主观因素的影响。① 通过实验工具的运用，引进客观的相互作用过程作比较，就可以设法排除这种主观因素的影响，而达到更加客观、真实的认识。人的感觉，又往往是比较粗糙的，所得到的结果往往是定性的。运用各种实验工具来进行度量，就能够获得更加精细的、定量的知识。这样，在科学实验中，通过实验工具的运用，帮助人的感性认识去伪存真、由粗到精、从定性到定量，这对认识的深化是有很大意义的。

第二，在科学实验中，人们严密地控制和有目的地变革所研究的对象和过程，获得关于它们的规律性的知识。

马克思说："物理学家是在自然过程表现得最确实、最少受干扰的地方考察自然过程的，或者，如有可能，是在保证过程以其纯粹形态进行的条件下从事实验的。"②

这就是说，在科学实验中，人们研究的不是通常的受到各种复杂因素干扰的自然过程或生产过程，而是一种特殊的、人工严密控制的、以其纯粹形态进行的实验过程。

在实验过程中，人们根据研究的需要和物质技术条件的可能，把各种偶然的、外来的因素和干扰加以排除，使所有研究的过程的"本来面目"更清楚地暴露出来，把过程中为人们所关心的选定的因素"孤立"和"抽取"出来。所要研究的因素，它们的引进和去除，它们的变化和组合，也根据研究的需要，由人们来控制和安排，以便于观察和比较这些不同的条件和状态对

---

① 例如，人们的眼睛对于较弱的光的亮度变化，就比对于较强的光的亮度变化，反应更为灵敏。人的感觉还会有一些个体的特点和差异。人处在反常的生理状态下（如宇宙飞行中的失重状态等）还会产生一些错误的幻觉，如此等等。

② 《〈资本论〉第一卷第一版序言》，见《马克思恩格斯选集》第 2 卷，人民出版社，1972 年，第 206 页。

过程所产生的影响。人们可以把所研究的过程分成各个阶段，或者选出特定的阶段和环节，进行细致的考察。人们可以在同样的条件下，多次重复所研究的过程，进行反复的校验，获得准确的结果。人们还可以根据研究的便利，挑选适当的典型材料和过程，并且适当地缩小规模和缩短过程的周期，使研究工作可以比较顺利地进行。

这样，在实验过程中，比起对自然过程和生产过程的单纯的观察，人们就处于更加主动的地位。这种地位不仅使人们在人工干预自然过程的条件下取得许多新的感性材料，不仅使人们能够对所研究的过程进行更加严密的、完整的、系统的观察和记载，而且能够帮助人们对复杂的现象和过程进行分析和综合，深入地了解各个因素的作用，揭露出它们之间的必然的、因果的联系。

马克思在论述“现代实验科学的真正始祖”培根时说，按照培根的观点，“科学是**实验的科学**，科学就在于用**理性方法**去整理感性材料。归纳、分析、比较、观察和实验是理性方法的主要条件”①。的确，科学实验不仅给人的头脑这个思维加工工厂提供原料，而且给它提供半成品。可以说，科学实验对自然过程的“纯化”，是在实践中实现的某种抽象、分析、综合的理性活动，是按照人们思维加工的要求，从实践上帮助人们在自己的头脑中实现抽象、分析、综合的理性活动。恩格斯也说过，实验是分析和综合这二者的结合。② 正是在科学实验的基础上，人们的认识实现着从感性认识到理性认识的飞跃。

在科学实验中，人们不仅严密控制和“纯化”所研究的自然过程，而且凭借各种物质手段，创造许多在地球表面的自然条件下原来没有或不常有的过程，引起许多原来没有或不常有的相互作用（如不带天然放射性的原子核的反应等）。随着人们对自然现象的研究不断向新的领域突破，越来越要求为科学实验创造各式各样的特殊条件（如超高温、超低温、超高压、超纯度等）。新的实验条件和仪器设备的创造，成了实验科学进步的一个重要方面。

第三，科学实验，不是盲目的实践，不限于搜集和整理各种感性材料，

---

① 《神圣家族》，见《马克思恩格斯全集》第 2 卷，人民出版社，1957 年，第 163 页。

② 《自然辩证法》，人民出版社，1971 年，第 200、201 页。

它是同科学理论的研究密切联系着的。

科学实验，一方面提供各种新的实验事实、数据和材料，而成为科学观念、科学假设所产生的基础；另一方面又是以一定的科学观念、科学假设为前提，根据一定的科学观念、科学假设而提出、设计和进行，并且以检验它们为目的。例如，迈克尔逊和莫雷关于光行的科学实验，便是为了检验作为传光介质的以太这个科学假设而设计和进行的，它导致否定的结果，而成为相对论这个新的科学概念的出发点。科学实验的这样一种地位和关系，正是它之所以成为**科学的**实验的特征。

作为科学实验的前提的科学概念、科学假设，当然不是凭空而来的。它们来自以前的观察、经验和实验，来自过去的科学知识和对这些知识的批判的分析。这些科学概念、假设，又进一步在科学实验中经受检验，实验的结果，取消一些假设，证实和发展另一些假设，并且引起新的概念、假设。

从认识论上和科学方法上来说，科学实验的一般特点，大体就是这样。当然，由于研究对象、研究目的、研究条件等的不同，在不同的学科中，在不同的科学实验中，在运用实验工具、控制实验条件方面，在同理论研究的联系方面，具体情况又是有很大区别的。

总之，在科学实验中，人们取得了在通常的自然条件和生产条件下不易取得甚至不能取得的感性材料，进行了许多在通常条件下难以进行的理性加工，得到了许多在通常条件下难以得到的检验知识的方法，实现了感性与理性的统一、实践与理论的统一。科学实验的发展，大大扩大了人们认识自然界的活动的实践基础，大大促进了人们对自然界认识的飞跃发展。

三、从科学实验到生产实践

人们认识自然界，是为了根据人类社会的需要来改造自然界。科学实验，就其人工地控制和变革自然过程而言，属于改造世界的实践活动的范畴。但是，科学实验毕竟还不是大规模地、真正地改造自然界的物质生产活动。科学实验的直接成果，主要还不是生产物质产品，而是精神产品——对自然规律的认识。科学实验是物质生产活动的一种特殊的准备和试探，是为物质生产活动服务的精神生产活动。把从科学实验中得到的对自然界的认识，运用到生产实践中去，就能够不断地促进生产技术的进步和革命，提高人们改造自然界的能力。

古代的手工操作的生产技术，主要是在生产实践经验积累的基础上逐渐提高和进步的。在近代自然科学发展起来以后，情况就有了很大的变化。近代生产技术的发展，就不再仅仅依赖于生产实践的经验，而且依赖于在实验基础上越来越发展的科学，依赖于实际经验和科学实验的结合。

恩格斯在论述近代自然科学的发展时说过："科学和实践结合的结果就是英国的社会革命。"[①] 这里恩格斯讲的首先是产业革命。在 18 世纪中叶开始的产业革命中，科学对生产技术发展的作用，已经明显地表现出来，技术逐渐转移到科学基础上来的过程，已经在加速发展。这时，"普遍应用科学原理是进步的动力"[②]。"以自觉应用自然科学来代替从经验中得出的成果"[③]成了技术进步的趋势。到了 19 世纪，不仅各个传统工业部门的生产技术由于自觉运用科学原理而不断改变面貌，而且一系列新的工业部门，如电气工业、化学工业等，开始迅速发展起来。这些新工业部门和那些从手工工业发展而来的传统工业部门不同，主要是在科学实验所提供的成果的基础上发展起来的。技术进步的这个趋势，还进一步扩展到农业领域，促进了农业技术的近代化，"最陈旧和最不合理的经营，被科学在工艺上的自觉应用代替了"[④]。20 世纪以来，特别是第二次世界大战以来，自然科学又有了飞速发展，生产技术经历了新的革命。现代技术的特点，就在于它们是科学发展的产物。科学的进步，给技术提供了崭新动力、材料、生产工具和工艺方法。现代工业的一系列新兴部门，如原子能工业、电子和自动化工业、有机化学合成工业、稀有金属和特殊合金工业等，现代农业的一系列新技术，如高效

① 《英国状况・十八世纪》，见《马克思恩格斯全集》，第一卷，人民出版社，1958 年，第 667 页。

② 《英国状况・十八世纪》，见《马克思恩格斯全集》，第一卷，人民出版社，1958 年，第 671、672 页。

③ 马克思：《资本论》第 1 卷，见《马克思恩格斯全集》第 23 卷，人民出版社，1972 年，第 423 页。

④ 马克思：《资本论》第 1 卷，见《马克思恩格斯全集》第 23 卷，人民出版社，1972 年，第 551 页。

的化学肥料、杀虫除莠和促进生长的农药、新的育种方法等，通通都是科学实验成果的应用，都是以科学实验作为先行和准备的。可以说，现代科学，已经成为指导和推动现代农业、工业和国防技术日新月异不断发展的极其重要的因素。

科学实验的发展，是以生产实践为基础的，是由生产实践的需要及生产发展所提供的物质技术手段所决定的。它的发展规模和速度是以生产力发展的状况为转移的。科学的发展首先要归功于生产的发展。这是马克思主义的历史唯物主义的一个基本观点，而同历史唯心主义的观点相对立。同时，马克思主义又充分地估价科学实验的发展对推动生产发展和技术革新、技术革命的巨大的能动作用，因为马克思主义的唯物主义是辩证的唯物主义，而不是机械的唯物主义。马克思指出，大生产的特点，就在于“把巨大的自然力和自然科学并入生产过程”；“科学的发展水平和它在工艺上应用的程度”① 是决定劳动的生产力的一个重要因素。人们在科学实验中获得的对自然规律的科学知识，乃是“在知识的形态上”被生产出来的社会生产力。各种现代的生产工具、技术手段（它们是生产力发展水平的重要标志），则是这些科学知识的“物化”，即从科学知识这种精神的东西变成的物质的东西。生产工具的发展，表明科学知识“已经在多么大的程度上变成了直接的生产力”②。

在科学实验中探索自然规律，是一个认识过程，在生产技术中运用这些规律，也有一个认识过程。后者是前者的继续，并且也要依靠科学实验。

以研究生产技术的应用为目的的科学实验，依据研究条件的不同，可以分为不同的类型。在“纯化”的实验室条件下进行的科学实验中，人们的研究实际上是一种简化了的、缩小了的或者模拟的生产过程。在这样的科学实验中，人们获得的认识，一般还不能立即运用到大规模的、复杂的生产实践中去。为此，还要有一个使认识进一步具体化的过程，还要经过另一种类型的科学实验——通常称为生产性实验，或者中间性实验。生产性实验，是扩

---

① 马克思：《资本论》第1卷，见《马克思恩格斯选集》第23卷，人民出版社，1972年，第53、424页。

② 马克思：《政治经济学批判大纲》（草稿，1857～1858年），第3分册，人民出版社，1963年，第358页。

大了的科学实验，是在比较接近具体的生产条件下进行的科学实验，有的时候，还要包括直接在具体的生产条件下进行的科学实验。只有经过一系列的、各种类型的科学实验，人们才能获得为顺利地进行生产实践所必需的正确的认识。

从科学实验，经过生产性实验，到大规模的生产实践，这是人的认识不断丰富和发展的过程，也是从认识自然界到改造自然界的飞跃过程。通过这个过程，科学实验逐渐转化为生产实践。

要获得正确的认识来指导生产斗争，往往不是一下子就可以成功的。毛泽东同志说："许多时候须反复失败过多次，才能纠正错误的认识，才能到达与客观过程的规律性相符合，因而才能够变主观的东西为客观的东西，即在实践中得到预想的结果。"[①] 在同自然界作斗争中，如果先通过各种类型的科学实验，来寻找各种生产和建设问题的技术方法，对各种生产技术方法、设计和措施等等进行反复的检验，来判断它们是否正确和完善，并且进行各种比较，来判断不同的方法、设计、措施等等的优劣长短，那么，人们就可以有意识地把那些难以避免的反复失败的过程，尽可能地放在先行的、小规模的科学实验中实现。科学实验不怕失败。相反地，正是通过小规模的实验、失败、再实验、再失败、再实验，直到胜利，以纠正错误的认识，达到正确的认识，然后再去指导大规模的生产实践，这样，就可以使人们在生产实践中尽可能地避免失败，少走弯路，比较顺利地得到预想的结果。这样，就可以使人们以科学实验中的代价较小的失败，去换取生产实践中的胜利。科学实验中的失败和成功，是生产实践中的更大的成功之母。

① 《实践论》，见《毛泽东选集》第1卷，人民出版社，1967年，第270、271页。

论马克思主义与科学学研究*

于光远同志说，在科学学这个领域中，我们马克思主义者应该实事求是地（而不是牵强地）争取我们自己的传统，应该有独立的、马克思主义者的考虑问题的立场、方法。现就这个问题谈几点意见。

第一，马克思、恩格斯、列宁在创立和发展马克思主义的过程中，十分重视有关自然科学和技术问题的研究。马克思主义的哲学、政治经济学、科学社会主义学说，都涉及自然科学和技术问题。

恩格斯从哲学方面对自然辩证法问题的研究，我们比较熟悉。但是恩格斯最早讨论到自然科学和技术发展问题的著作，却是《政治经济学批判大纲》（1844 年）、《英国状况》（1844 年）和《英国工人阶级状况》（1845 年）。

马克思对自然科学和技术问题的论述，最重要的是在《资本论》中，特别集中在《机器和大工业》一章中。《资本论》的写作是经过了长期的研究

* 本文最初是 1979 年 7 月作者在全国第一次科学学学术讨论会上的发言，原载《中国自然辩证法研究会通信》（1979 年 7 月 25 日）。后经过增补，与陈益升联名以" 马克思主义与科学学研究（随记五则）" 为题发表在《人民日报》，1981 年 3 月 10 日。增补稿 2000 年收入《龚育之文存》（下），上海人民出版社，第 1577～1581 页。

和准备的。在1849年以后的一段时间里，马克思阅读了大量关于工艺史的著作，包括波佩《从科学复兴时期到十八世纪末工艺学的历史》（共3卷）、尤尔《技术辞典》（第一卷）、贝克曼《论发明史》（共5卷）等，并作了详细的摘录。马克思《1857—1858年经济学手稿》（即《政治经济学批判大纲（草稿）》，它是《资本论》最初的草稿）中，就包含了不少关于科学在资本主义大生产中的作用的论述。马克思《1861—1863年经济学手稿》（共23本笔记，是《资本论》的直接准备）中，则有专门一节——《机器。自然力和科学的应用（蒸气、电、机械的和化学的因素）》，约占三本笔记，共20万字。经济学手稿中的这一节引用了极其丰富的工艺史资料，对资本主义生产中机器和科学的应用，作了详细透辟的分析，为《资本论》中《机器和大工业》这一章的写作奠定了基础。

至于列宁，在他关于俄国资本主义发展的研究中、关于帝国主义的研究中、关于社会主义建设问题的研究中，都广泛地涉及科学技术发展的问题。

可是，对这些，我们过去注意和介绍得很不够。在学习哲学的时候，对自然科学发展的认识成果和认识方法还多少比较注意，而对从历史唯物主义方面去研究自然科学发展的社会成果和社会作用，就不大注意。

现在，建设现代化社会主义强国已经成为全国人民的中心任务，现代科学技术发展对全世界的经济、政治和精神生活产生越来越巨大的作用。面对这样的形势，我们需要把学习马克思主义关于科学技术发展和社会发展的相互关系的论述，摆到远比过去更加重视的位置上，应该改进理论学习和研究的状况。从马克思主义三个组成部分，联系当代的实际，来加强对自然科学和技术发展问题的学习和研究，加强对科学学的理论基础的学习和研究。

第二，马克思主义奠基人在他们的著作和文稿中，研究自然科学的性质和特点，研究科学技术在社会发展中的作用和科学技术在社会中发展的规律，提出了很多重要的论点。比如：关于科学作为推动历史前进的革命力量的论点，关于科学革命、技术革命、社会革命相互关系的论点，关于科学从知识形态的生产力转化为直接的生产力的论点，关于现代生产过程变成科学的应用的论点，关于社会需要决定科学发展的论点，关于学科分化与综合和边缘科学发展的论点，关于科学分类与各门学科发展顺序的论点，关于科学发展速度与现有知识总量成正比的论点，关于科学发展的继承性与相对独立性的论点，关于科学和哲学结合的论点等。马克思主义的基本理论，以及马克思主义奠基人从物质生产和社会经济过程，从无产阶级反对资产阶级的政治、经济和思想的斗争出发来研究科学技术发展问题所提出的一系列论点，成为我们今天对科学学的理论基础进行马克思主义研究的起点。

起点不是止步的地方，要从这里前进。要遵循马克思、恩格斯的范例，对科学技术发展的历史进行研究，通过历史的考察，总结和概括出科学技术发展的规律，还要面对现代科学技术发展的新现象、新问题，进行新的研究，逐步形成马克思主义理论研究的一个专门的领域，或者说一个单独的学科。

反过来，由于现代科学技术发展影响社会生活而出现许多具有原则意义的新现象，对这些新现象进行深入系统的研究，必定会对马克思主义的基本理论，比如马克思主义的社会发展理论、社会革命理论、社会阶级理论、社会建设理论等，提供具有原则意义的新东西，推动这些理论向前发展。

第三，马克思主义思想在科学学诞生的过程中产生过明显的影响。科学学作为一门新的科学在本世纪二三十年代诞生，是由科学技术在社会中发生越来越大的影响所导致的，是以探讨科学对社会的作用和社会对科学的作用为契机的。贝尔纳是那个时候站在马克思主义旗帜下的著名自然科学家之一，正是这样一个人，注重研究科学作为社会现象的这一方面，成了科学学的开创人之一，这不是偶然的。1954 年，贝尔纳在《科学在历史中》一书序言中说："在最近三十年里，主要由于马克思主义思想的冲击，才长成了这个观念：非但自然科学家们在其研究工作中所用的那些方式方法，而且连他们在理论性研究途径上的那些指导思想，也是由社会事件和社会压力所决定的。"作为这种冲击的一个事例，可以举出苏联哲学家格森的《牛顿力学的社会经济根源》一文。1931 年，格森在国际科学史大会伦敦会议上宣读了这篇论文，在世界科学史学者中引起极大的震动，以致 1977 年李约瑟在国际科学史会议上的一篇讲话中还饶有兴趣地回忆起格森文章的冲击和影响。格森此文在抗日战争以前已译成中文，出了单行本。

第四，马克思主义的理论工作者在了解和吸取当代资本主义国家科学学研究成果的同时，要在科学学领域中发展独立的马克思主义的研究。比如，日本学者汤浅光朝提出了一种统计方法，从量的方面描绘了历史上科学中心转移的现象（被称为“汤浅现象”），这比过去定性的叙述前进了一大步。汤浅光朝对科学中心兴起的分析，注意强调了科学革命和社会革命的关系。可是，在分析法国科学衰落原因时，却没有注意政治经济根源，而是把科学界人员的老化看做法国科学衰落的重要原因。我们认为，人员老化是科学衰落的伴生现象，指出这个现象很有意义。但是，科学衰落连同人员老化的原因，还是要从政治经济根源上去寻求。至于对今后科学中心兴起的预测，当然不能单靠统计曲线去外推，应该做政治经济的分析，要考虑到当前世界政治经济多极结构的形成和发展、世界交往的增多等因素。

第五，中国共产党建立以来对科学的认识的历史，中华人民共和国成立以来党和国家的科学政策的历史，以及科学政策的指导思想和关于科学政策的理论研究的历史，这是我国科学学应当研究的一个重要课题，也是我国科学学的前期史。

新中国成立以来科学政策的历史和与之密切相连的对科学的认识的历史，大概说来，可划为三段。从新中国成立到 1956 年，从《中国人民政治协商会议共同纲领》到党中央召开的知识分子问题会议的文件，奠定了各项科学政策的基础。随着科学政策的形成和贯彻，对科学的性质和特点开始了学习和研究。以后经过发展和波折，总结经验和教训，1961 年党中央制定了《科学十四条》，1962 年在广州召开了科技工作会议，端正了科学政策的方向。在这前后，对科学发展的规律展开了讨论，提出了学习和研究马克思主义的科学技术论的问题。再以后又经过发展和波折，特别是“文化大革命”，从 1975 年起，围绕科技工作《汇报提纲》展开了曲折的斗争。从理论方面来看，可以说这是在理论科学学基本问题上马克思主义与反马克思主义的一场大论战。1978 年党中央召开的全国科学大会总结了这场大论战。这场大论战和科学大会以来党中央重新确立并且大大发展了的正确的科学政策，有力地推动了当前我国科学学研究的兴起。

科学与社会主义精神文明建设 *

党的十二届六中全会通过的《中共中央关于社会主义精神文明建设指导方针的决议》(简称《决议》)，把发扬科学精神，普及科学知识，发展科学事业，提高科学水平，摆在十分显著的地位。这是精神文明建设的一个重要的指导方针。

《决议》第六部分专门讲“普及和提高教育科学文化”，但是对科学的重视，不只体现在这一部分，而是贯穿于整个《决议》。比如，文件的第一部分对我国近若干年来精神文明建设的成就作了估计，其中特别强调了科学精神的发扬和科学教育文化的日趋繁荣；第二部分论述社会主义精神文明建设的根本任务是适应社会主义现代化建设的需要，提高整个中华民族的素质，而把科学文化素质同思想道德素质相并列；第三部分讲理想，指出要“把理想建立在科学基础之上”；第四部分讲道德，把“爱科学”列入社会主义道德建设的基本要求之中；如此等等。

“马克思主义在精神文明建设中的指导作用”这一部分，有三处涉及科学的提法值得注意。第一个提法是“马克思主义是在历史和科学的前进中不断丰富和发展的科学”。马克思主义本身是一门科学，它需要不断地丰富和

---

* 本文是1986年10月在中国科协常委会上的发言，原载《自然辩证法在中国》，北京大学出版社，1996年，第119～123页。

发展。依靠什么来丰富和发展呢？一方面是社会历史的实践，包括世界经济、政治的发展和人们革命、建设的实践；另一方面是各门科学的实践，包括自然科学和社会科学中一切有真正科学内容的研究。第二个提法是马克思主义研究要“批判地吸取和概括各门科学发展的最新成果”。这就是说，马克思主义的研究不能局限在自身内部，而要面向各门科学，包括自然科学和社会科学，要同各门科学中的积极思想相互交流，要概括人类在各门科学中取得的认识成果。第三个提法是要把马克思主义基本原理的教育“同各种历史文化科学知识的学习结合起来”。

因此，我认为，《决议》中表达的社会主义精神文明是革命精神和科学精神的统一，是革命的理想、道德、纪律和现代科学文化的统一，是马克思主义发展和各门科学发展的统一。这里说的统一，一是指的两个方面互相配合，缺一不可。进行社会主义现代化建设，没有社会主义的理想、道德、纪律，不可能成功；没有尊重科学、追求知识的精神，没有科学文化的广泛普及和提高，也不可能成功。二是指的两个方面互相渗透，互相促进，一个为另一个提供科学文化的基础，另一个为这一个提供思想方向的指导。应该从这种统一中来建设社会主义精神文明，将这种统一的思想作为学习和贯彻《决议》的一个指导思想，努力克服只看到其中一个方面，而忽视另一方面的观点。

常有这样的情况，一谈精神文明建设，人们考虑和强调的就是政治觉悟或者伦理道德。当然，政治觉悟和伦理道德的确是精神文明建设中极其重要的、绝对不能忽视的内容。但是，现在谈精神文明建设，社会主义的、现代化的精神文明建设，如果只谈政治觉悟和伦理道德，而不重视科学精神和科学文化知识，那就不能充分符合时代要求，不能很好适应我们所面临的现代化建设的任务。

还有这样的情况，一谈精神文明建设，似乎就是马克思主义教育。自然，马克思主义是我们事业的指导思想和理论基础，在建设精神文明中的确是极为重要的。但是，马克思主义的教育脱离历史文化科学知识的学习而孤立地进行，很难有成效。马克思主义是在近代世界整个科学文化发展的背景下产生的，并随着整个科学文化的发展而发展。如果文化水平很低，科学知识很少，怎么可能科学地、深刻地、创造性地理解马克思主义呢？

最近这些年，我们比较重视科学的作用了，这是很好的。我们这样做的时候，往往着重强调科学对发展物质生产力的作用。这个方面当然是十分重要的，科学对现代社会各方面产生巨大影响，首先就是它给予社会越来越强大的物质生产力，现代社会远远超出了以往社会的生产力水平，主要就是由于科学的推动。但是，我们也不能把科学对社会的作用仅仅局限在促进生产力、创造新技术方面。恩格斯在马克思墓前演说中有一句名言："在马克思看来，科学是一种在历史上起推动作用的、革命的力量。"① 《决议》中的"当今世界，科学越来越成为推动历史进步的革命力量，成为代表一个民族文明水平的重要标志"就是遵循马克思、恩格斯的思想，并依据当今世界发展的现实，发挥了他们的这一思想。科学作为革命力量的作用，不仅表现在物质方面，而且表现在精神方面。科学发展所提供的物质力量和精神力量，通过人们的实践活动，极大地变革着社会生活和社会面貌。恩格斯在谈论18世纪时说过，科学"一方面和哲学，另一方面和实践结合起来了。科学以哲学为出发点的结果就是唯物主义（牛顿的学说和洛克的学说同样是唯物主义的前提）、启蒙运动和法国的政治革命。科学以实践为出发点的结果就是英国的社会革命"②。我国"新文化运动"，中心口号是民主和科学。那时讲科学也包含两重意思，一方面是用科学和技术来解救我们民族和国家，使之跳出贫困，摆脱落后。科学救国，就是把科学当成一种物质力量。另一方面，我们看看当时的思想家（包括陈独秀等很多人）的文章，就可以领会，那时候提倡科学，欢迎"赛先生"，在某种意义上更加重视的是科学精神，要把西方发展起来的现代科学中蕴藏的精神力量，注入中国社会中，用它来克服、战胜封建主义旧中国精神生活中许多不科学和反科学的愚昧、迷信、黑暗的东西。毛泽东在《新民主主义论》中提出了新民主主义文化的三个口号：民族的、科学的、大众的，这是对"五四新文化运动"口号的继承和发

---

① 恩格斯：《卡尔·马克思的葬仪》，见《马克思恩格斯全集》第25卷，人民出版社，2001年，第597页。

② 恩格斯：《英国状况·十八世纪》，见《马克思恩格斯全集》第3卷，人民出版社，2002年，第537页。

展。毛泽东说，“大众的”就是民主的，而“科学的”包括从马克思主义的科学精神到自然科学的唯物主义精神，“中国无产阶级的科学思想能够和中国还有进步性的资产阶级的唯物论者和自然科学家，建立反帝反封建反迷信的统一战线”[①]。张闻天也对“科学的”作过解释：“科学的，即反对武断、迷信、愚昧、无知，拥护科学真理，把真理当做自己实践的指南，提倡真能把握真理的科学与科学的思想，养成科学的生活与科学的工作方法的文化。”[②] 可见，早在延安时期，我们党就很重视科学作为精神力量的革命作用。现在是现代化建设时期，精神文明建设自然更要重视科学的作用。

科学发展的成果，不仅表现在科学知识上，更宝贵的是表现在在长期科学实践中形成优良传统的种种科学精神上。科学精神是科学之所以成为科学，科学之所以能够不断前进的本质的东西。尊重事实，尊重真理，反对迷信，反对盲从的科学精神，不断开拓，不断创新，反对守旧，反对因循的科学精神，都是极为宝贵的。我们过去素质上的弱点和工作上的失误，原因不但在于科学知识的普及程度和发展水平不高，尤其在于科学精神的不足。从一定意义上说，科学知识不普及、不提高，很难有科学精神的广泛发扬；而科学精神不发扬，各方面工作都很难健全发展。因此，一定要把科学精神的发扬和科学文化的发展当做一项根本大计。

科学界的优良道德观念，也是一种宝贵的精神力量。古往今来，科学界的优秀分子，为真理、为科学、为人类进步而斗争，充满着献身精神。他们在科学研究中孜孜不倦，锲而不舍，自甘寂寞，自甘淡泊，不求富贵，不求闻达，把精力倾注在事业中，而不是花费在享乐上。这种高尚品德是科学劳动的产物，属于劳动者道德的范围。科学界的优秀分子，意识到自己从事的科学工作对社会、对人类的责任，积极地参加反对侵略、反对战争、维护和平、维护人道、保护环境、保护生态等斗争。这种社会正义感和政治责任感，也是巨大的精神力量。《决议》中指出，“社会主义道德作为人类文明中道德发展的新境界，它必然要批判地继承人类历史上一切优良道德传统”；

---

① 毛泽东：《新民主主义论》（1940年1月），见《毛泽东选集》第2卷，人民出版社，1991年，第707页。

② 《张闻天选集》，人民出版社，1985年，第252页。

“一切有利于建设四化、振兴中华、统一祖国的积极思想和精神，一切有利于民族团结、社会进步、人民幸福的积极思想和精神，一切用诚实劳动争取美好生活的积极思想和精神，都应当加以尊重、保护和发扬”。科学界优秀分子的道德责任感和政治责任感，正是社会主义精神文明建设中应当继承、尊重、保护和发扬的东西。社会主义精神文明建设必须广泛地吸取人类历史和社会各方面一切积极向上的善良美好的东西，并把它们同社会主义事业的需要联系起来而加以发扬，以马克思主义为指导而加以发扬。

科学思想是第一精神力量*

前不久开了一次常务理事会。大家对过去的工作进行了总结，对今后的工作提出了建议。会议特别议定了两件事。一件是为保卫科学精神，我们研究会要做一些工作。话题是从贯彻《中共中央、国务院关于加强科学技术普及工作的若干意见》提出的。文件全面讲了科学技术普及工作的重要性，里面特别提到当前出现的“一些迷信、愚昧活动日渐泛滥，反科学、伪科学的活动频繁发生，令人触目惊心”的情况，因而提出：“引导广大干部和人民群众掌握科学知识，应用科学方法，学会科学思维，战胜迷信、愚昧和贫穷，为我国社会主义现代化事业奠定坚实基础，是当前和今后一个时期科普工作重要任务。”文件发布之后，科技界同志和报刊的同志在这方面做了不少工作。我们研究会是科学技术的研究会，又是马克思主义哲学的研究会，面对社会上频繁发生的反科学、伪科学和迷信、愚昧活动，应当有个战斗的姿态，应尽我们自己的责任。会上指定四位同志——彭瑞聪、何祚庥、胡亚

---

* 本文为 1995 年 4 月 25 日在“人·自然·发展学术研讨会暨自然辩证法工作会议上”的讲话，整理记录时作了补充，原载《自然辩证法研究》，1995 年第 8 期，第 1～5 页。

东、王国政，成立一个小组，来研究我们学会应该做些什么，能够做些什么，搞一个计划，组织一些活动，他们已经在思考和准备这个工作了。议定的另一件事，就是研究会要以“人·自然和发展”为主题，组织小型系列的论坛。这次会是一个开始，以后还要继续在这个主题下，分许多小题，用多种形式组织研讨。这是全世界范围的热点问题，在我们国家也是个重要问题，有现实意义，也有思想理论方面的意义。

下面分别就这两个问题谈一点我的想法。

一、关于保卫科学精神

1995 年 5 月，中共中央、国务院要召开全国科学技术大会，中央有个决定草案，已经在各部门、各地方征求意见。文件头一个内容就是要确定“科技兴国”的战略。

“兴国”之所以要靠科学，我认为，一是因为科学技术是第一生产力，二是因为科学思想是第一精神力量。

在社会主义的诸多任务中，要把发展生产力摆在第一位，在发展生产力的诸多任务中，要把科学技术摆在第一位。科学技术在发展社会主义社会的生产力，发展社会主义社会的物质文明中，有极其重要的作用。这个道理，现在讲得比较多，还要继续讲，还要进一步落实，这是毫无疑义的。

科学思想、科学方法、科学精神，作为精神力量，在建设社会主义精神文明中，在提高人们的精神素质，形成人们科学的思维方式、工作方式、生活方式，推动社会主义社会全面进步中，有极其重要的作用。这个道理，在中共中央 1986 年《关于社会主义精神文明建设指导方针的决议》和中共中央、国务院 1994 年《关于加强科学技术普及工作的若干意见》中都讲了，但是，我认为，迄今在我们的工作中讲得还不够。宣传和落实这个道理，还是我们科学界和整个思想界的一项急迫而又长期的任务。

1994 年，科学界评十大科学新闻，邱氏鼠药案竟然列入其中，而且位列前茅！这是为什么？因为这桩案件，不是一桩简单的涉及五个科学家的诉讼案件。这是一桩科学精神、科学尊严、科学良心、科学家对人民利益的责任感，在法庭受到审判而且被判败诉的案件。所以引起科学界普遍的愤慨和忧虑。1995 年 2 月，此案上诉审结，4 月国务院办公厅发出通知，同意化工部、农业部、国家技术监督局、国家工商局、全国爱国卫生委员会联合调查组对河北邱氏鼠药厂违章生产鼠药的处理意见，决定没收和销毁市场上销售的邱氏鼠药，没收和销毁邱氏家中和无极县化工助剂厂现存的国家明令禁用的剧毒物质（见 1995 年 4 月 12 日《人民日报》）。到此，这件事应该说是画了一个句号了。

今年如果再评十大科学新闻，会不会把武汉市“周易应用研究所”、“生命信息研究所”等打着“科学”幌子的“算命企业”引起的一场风波，列入其中？

1995 年 2 月 10 日和 3 月 9 日，武汉《长江日报》披露：“三泰周易应用研究所”等机构把算命当做“科技产业”经营。编者以这样四句话作为新闻的副题：“执照堂而皇之，开店连而销之，生意居然兴隆，岂非咄咄怪事。”执照是市工商行政管理局大红印章的营业执照和市科委的技术交易许可证，有注册为“个体工商户”的，也有注册为“集体所有制”或“全民所有制”企业的，有的还攀上市社会科学院为主管单位。经营的“科技”，有“八卦预测”，即用三枚铜钱连扔六次，据以判断命运；有“四柱预测”，即根据出生年月日时判断命运；有“皮纹预测”，即看相算命；有“姓名预测”，即根据姓名算命，名字不好的还负责改名。预测的项目，从个人的工作、婚姻、疾病、财运、官运到公司的投资效益、市场前景、股票升降、人员选择。算命先生被封为“人相学研究员”，或称“主任预测师”、“主任命名师”。还办了“周易应用培训班”，经“三泰周易应用研究所”考试后发给“预测师”专业文凭。还建立了“周易应用发展部”（俱乐部），广招会员，切磋算命技巧，以便“光大这一伟大事业”。《长江日报》的报道，引起轩然大波，人们纷纷议论，去信去电话表示支持的甚众，不服气的（而且据说是“有点身份”的）也有之。《长江日报》作了有力的连续报导和评论。

继起响应的是上海《文汇报》，从 3 月 21～30 日在国内新闻版头条位置发了三篇连续报道：《商界怪胎：算命“连锁店”》、《江城上下话算命》、《“赛先生”任重而道远》。在第三篇报道中记者披露：被舆论曝光的这两家算命企业，“在风雨飘摇了几天后”，以“即日起一律使用现代科学语言”（如未来信息、心理障碍、生命规律等）的方式，继续操持他们的算命企业。

因为工商局只是要求“三泰周易应用研究所”等“限期整改”，而且据云，还鼓励其“办成真正的现代科技企业”！记者对此评论道：“看来，这个被称为‘市工商局关于此类企业的试点单位’的算命企业，还将在科学与合法的外衣下延续下去。它能走多远呢?”4月26日《文汇报》发表第四篇连续报道《持证算命兴亡启示录》。编者按语再一次重申：“赛先生”任重而道远！

全国许多新闻机构，如《经济日报》、《深圳晚报》、《南方周末》、《中国青年》杂志、《人民公安报》、中央广播电台、中央电视台等，对武汉这场风波十分关注，作了报道。4月23日《经济日报》发表《武汉迷信与反迷信较量见分晓》，报道了武汉市政府的六项意见，包括肯定新闻媒介在此事中的积极作用；支持市工商局收缴有关企业的营业执照，对从事封建迷信活动的坚决取缔并没收其非法所得；责成有关主管部门对其挂靠企业和单位严肃处理；市科委、市社科院对周易的研究要进行可行性论证，认真制订科研计划，有关科研机构的设置要按程序审批，不属工商登记和经营之列；科委科协和新闻媒介应加强反迷信科普宣传等。

到此，这件事应该说也画了一个句号了。

前一件事，科技界出力最多。后一件事，新闻界功劳最大。在这类事情上，思想界无疑应该更加积极地发挥作用。

《文汇报》记者提出《“赛先生”任重而道远》，我认为提得很好。重新呼唤“赛先生”，这就联系到“五四新文化运动”。“五四爱国民主运动”发生在1919年，作为中国新民主主义革命的开端，过几天，就是它的76周年纪念了。“五四爱国民主运动”之所以发生，是因为在它之前的“新文化运动”作了思想准备的。“五四爱国民主运动”又使“新文化运动”扩大和加深了它的影响。因此，“新文化运动”也就被称为“五四新文化运动”。其实，“新文化运动”的发轫，如果以1915年《青年》杂志（《新青年》的前身）的创刊为标志，到今年，是80周年了。这个80周年，我看也是值得纪念的。“新文化运动”两大口号，一个“赛先生”，一个“德先生”。那时候欢迎“赛先生”，包含发展先进技术和生产力的意思，更重要的是强调发扬科学精神的力量。最先提出这两个口号的是“五四运动时期的总司令”陈独秀。他在《青年》杂志创刊号上发表《敬告青年》一文，其中写道：“国人而欲脱蒙昧时代，羞为浅化之民，则急起直追，当以科学和人权并重。”他列举："士不知科学，故袭阴阳家符瑞五行之说，惑世诬民；地气风水之谈，乞灵枯骨。"这里首先讲的是科学知识在精神方面和反对迷信方面的作用。接着说，农工商医不知科学，则如何如何，"其想象之最神奇者，莫如'气'之一说，其说且通于力士羽流之术，试遍索宇宙间，诚不知此气'之'果为何物也"。他的结论是："凡此无常识之思维，无理由之信仰，欲根治之，厥维科学。"科学之效，"将使人间之思想行为，一遵理性，而迷信斩焉，而无知妄作之风息焉"。

面对社会生活中迷信沉渣的泛起，重读80年前"新文化运动"这篇宣言中的这些话，人们今天痛切地感觉到它仍然具有深刻的现实性。

1919年爱国民主运动爆发后不久，陈独秀由于散发传单而被捕。毛泽东在《湘江评论》上报道《陈独秀之被捕及营救》，称陈是"思想界的明星"，讲《新青年》得罪于社会，无非是为着"赛因斯"（科学）和"德莫克拉西"（民主）。毛泽东认为，现在中国的危险在于国人思想的空虚腐败。"迷信神鬼，迷信物象，迷信命运，迷信强权。全然不认有个人，不认有自己，不认有真理。这是科学思想不发达的结果。"毛泽东在这里讲"赛先生"，首先也是讲科学思想，讲科学的精神力量。

说科学也是精神力量，这大致不会引起争议。说科学思想是第一精神力量，就可能引起争议，人们会问：这样说把马克思主义摆在什么地方？我想，自然科学是最早成为科学的部门，由自然科学所形成的科学方法、科学精神、科学态度，影响到研究社会现象，在这个基础上，产生了社会科学，主要是马克思主义的科学，所以，自然科学之为科学同马克思主义科学之为科学，精神上是一脉相通的。所以毛泽东1940年在《新民主主义论》中讲"民族的科学的大众的文化"，用"科学的"来界定新民主主义文化的内容，强调"它是反对一切封建思想和迷信思想，主张实事求是，主张客观真理，主张理论和实践一致的"。从这个说明中可以看到，他讲的科学思想，中心的、居指导地位的是无产阶级的，即马克思主义的科学思想。毛泽东那时还特别提到中国无产阶级的科学思想和中国还有进步性的资产阶级唯物论者和自然科学家的科学思想的联盟。遵循毛泽东的这个思路，我们今天讲科学思想是第一精神力量，当然首先是指马克思主义的科学思想，同时还包括有深厚历史和广阔领域的自然科学的科学思想。

从“五四新文化运动”到延安讲新民主主义文化，到今天讲社会主义精神文明，“赛先生”始终在其中担当着第一位的重任。在社会主义精神文明建设中，我们必须继承和发扬科学精神的革命传统。

这是我讲的第一点。

二、关于“人·自然·发展”

“人·自然·发展”这个题目已经成为世界性的热门话题。

从马克思主义讲，马克思有一段很概括的命题：自然科学是人和自然的理论关系，工业是人和自然的实践关系。自然科学是人对自然的认识，所以是个理论关系。工业是人类凭借着自然科学和技术知识对自然界进行改造，从自然界里面获得人类生存发展所需的东西，所以是实践的关系。人和自然的关系有这样两个侧面——理论的关系和实践的关系。人对自然的认识越来越发展，工业越来越发展，人对自然的主动地位越来越发展，这是人类进步的历史过程。在蒙昧时代，人在自然界生存的条件受到许多限制，人在自然的压迫面前痛苦地挣扎。那时人也影响自然，但最初的猎狩和采集，对自然的影响甚微。后来的农业和土地开发，逐渐较多地影响和改变着自然。工业发展起来以后，人在自然面前，主人的地位、主导的能力，越来越强。然而，当人凭借科学和工业力量在急剧地改变着自然的时候，又发生了现在成为热门话题的几大“全球问题”和“人类困境”。过去人所需的自然资源，如“江上之清风，山间之明月”，似乎“取之不尽，用之不竭”。现在不然了，现在人所需的自然资源有许多很快就显出有尽有竭了。环境污染更是越来越危及人类的生存。这就产生了人类对科学和工业发展的反思。这反思是人类进步的又一个历史过程，是人对自然的认识的新的前进。在这个问题上有先知先觉的，有后知后觉的，许多科学家在先知先觉的行列中占据着显著的位置。正是这些科学家提出了人对自然应该有更长远的观点，人改造自然的方法、程度、后果，要作多方面的评估，科学家作为先知先觉者，向人们发出了警号和呼吁。

然而，从世界范围讲，这些呼吁有两种不同的倾向：一种倾向是向前看，一种倾向是向后看。向后看就是说，对科学和工业的发展作消极评价，持否定态度，似乎科学和工业发展以前的人类状态，才是值得怀念的美好状态。企望限制科学和工业的发展，回到人和自然的早期状态。向前看，则是在清醒地了解和估量面对的问题的同时，充分相信科学和工业发展产生的问题总是要由科学和工业的进一步发展、更加健康的发展来解决。就人和自然的关系来讲，不是要回到过去被自然压迫、被自然支配的状态。应该承认，人定胜天的思想和实践，是天人关系的一个进步，是人类的自觉和人类的自信。当然，人定胜天不是可以任意破坏自然，而是要在适应人类发展的需要改造自然的同时，科学地保护自然，求得人和自然的协调发展。要在更高的科学和工业的水平上取得人和自然的更加协调的发展。这是一个否定之否定的过程。否定之否定不是回到过去，而是推进到更高阶段的将来。不是否定工业发展，而是否定工业发展的盲目状态。不是回到人和自然关系的蒙昧状态，而是要开辟人和自然关系的更加自觉的新状态，是依托于科学和工业的更加健康，更符合科学态度和精神的新发展的状态。

在研究资源环境种种危机的时候，也有一个科学精神和科学态度的问题，这包括两方面。一个方面是，及早地发出预警，提出问题，引起人们注意。哪怕这种预警的根据还不是十分充分，但有这样的迹象，就应该引起注意，以免将来悔之晚矣。对这样的预警要加以研究，而不应忽视它，压制它，这是一个方面。另一个方面，一些警告的根据和可靠性究竟如何，也要有一个分析。《中国科学报》1995 年 3 月 3 日和 4 日连载了美国罗纳德贝利在《未来学家》上发表的一篇文章——《对环境问题七大预测质疑》。作者认为，资源问题、环境问题是值得重视的，但迄今尚无科学证据表明存在某种威胁全人类的全球危机。他用事实证明下列七大预测是错误的。第一个错误预测是 1968 年人口预测学家保尔埃列希在《人口炸弹》一书中预测“本世纪 70 年代全世界将经历一场饥荒，将有几亿人饿死，即使现在采取一些紧急措施也无济于事”。预测的时间早已过去，事情并未发生。事实上，第二次世界大战后，世界人口增长了一倍，粮食产量却增加了两倍，小麦和玉米的价格降低了 60%，全世界人口的平均预期寿命大幅度延长。一位农民经济学家认为“自然因素引起的饥荒基本上已被征服，在本世纪末可望完全消灭饥荒。”第二个错误预测是不可再生资源将用尽，罗马俱乐部 1972 年预测：1981 年黄金将用尽，1985 年水银将用尽，1987 年锡将用尽，1990 年锌将用尽，1992 年石油将用尽，1993 年铜、铅、天然气要用尽。预测的时间都已经过去，事实也并非如此，在这期间所有金属和矿产资源的平均价格降低了 40%。第三个错误预测是污染将越来越严重。实际情况表明，经济增长达到一定水平以后，随着它的进一步增长会导致更少的污染而不是更多的污染。第四个错误预测是将出现新的冰期。第五个错误预测是南极臭氧洞将危及整个地球。第六个错误预测是美国上空将出现臭氧洞。第七个错误预测是全球变暖。文章的论据是否充分可靠，我不敢说。估计有些会有争议，但有些则已被事实证明，无可争议。这也并不是说，那些被证明没有根据的悲观预测都是没有价值的。提出问题，发出警告，是有积极意义的。但是必须科学地分析多种论据，比较各方面的事实，考虑各方面的见解，实事求是地讨论人、自然、发展的问题。

第二个问题就讲这些。

总之，这两个问题都是一个科学精神、科学态度和科学方法的问题，都是我们现实生活中、现实思想状态中非常值得研究的问题。希望我们研究会在这些方面认真做些工作。我这点想法很粗浅，稿子也没有写出来，丘亮辉让我讲讲，我就讲这点吧。请大家批评。

中国的现代化：技术革命和社会革命的结合

——联系铁路修筑的一个历史考察*

自从西方经历产业革命，创造了一种新的文明——加速发展的大工业文明以后，中国封建制度下以农业和手工业相结合为基础的缓慢发展以至长期停滞的古老文明，就落在了世界的后面。在 1840 年鸦片战争和继之而来的一系列战争中，西方列强以其坚甲利兵打败了中国，打开了中国的门户。面对世界，中国人越来越痛切地感到了自己所处的落后地位。中国人中的先觉者，开始注意西方工业技术的成就，希望把它引进中国，使中国也发达起来，富强起来。这就是中国工业化、现代化运动的发轫。

铁路的修筑曾经是大工业文明的最显著的标志之一。中国最早追求现代化的许多代表人物，把他们的注意力首先放在中国修筑铁路上，这是很自然的。同时，一部中国铁路修筑史，又同中国近代革命史密切相关。本文准备联系中国铁路修筑的历史，来回顾中国在为实现现代化而奋斗的进程中，技术革命和社会革命的结合。这里说的技术革命，就是指工业化，指用不断进

* 本文为 1986 年 10 月提交在美国威斯康星举行的“现代化，技术革新和它的社会后果”中美双边学术讨论会的论文，原载《自然辩证法研究》，1986 年第 5 期，第 3～12 页。

步的机器生产的技术代替陈旧的手工生产的技术；而社会革命，则是指用新的进步的政治、经济和社会制度代替落后的政治、经济和社会制度。

一

最初注意到西方火车和铁路的中国人，是在鸦片战争中领导抗英斗争的林则徐。他在1840年请人辑译的《四洲志》，以及几年后他的朋友魏源编著的《海国图志》和在林则徐、魏源的支持下徐继畬撰述的《瀛环考略》，在向中国人介绍世界时都提到了火车和铁路，并给予称道。他们提出了“师夷长技”的思想。在中国追求现代化的历史上，这代表一种新思想，虽然他们还没有具体的行动计划，也没有实行新的社会变革的主张。

最初提出仿照外国修筑铁路并有模糊设想的中国政治家，是太平天国革命运动后期的重要人物、天朝总理朝纲的军师洪仁玕。他写了一部《资政新编》，送呈天王洪秀全“圣鉴”，得到天王的赞赏。遵照天王的旨意，这个奏本于1859年“刊刻颁行，咸使闻知”。《资政新编》可以说是洪仁玕提出的“建国方略”和“实业计划”。这个“实业计划”的首要一条，就是“兴车马之利，以利便轻捷为妙”；其中特别说道：“倘有能造如外邦火轮车，一日夜能行七八千里者，准自专其利，限满准他人仿做。若彼愿公于世，票准遵行，免生别弊。先于二十一省通二十一条大路，以为全国之脉络，通则国家无病焉。”天王很赞赏这条建议，批道“此策是也”①。但是太平天国运动很快失败了，他们没有可能去实践这一设想。

当时的清朝政府对在中国修筑铁路，是抱深闭固拒态度的。外国商人和外国政府为了开拓中国市场，多次建议在中国修筑铁路，都被中国政府拒绝。1865年英国商人在北京城外铺造了一条500米长的供展览用的行驶小火车的铁路，因为在京师引起惊诧和骇怪，举城不安，中国当局立即下命令把它拆卸了。1876年英国商行未经中国政府批准，在上海到吴淞口之间修筑了一条14.5公里长的铁路，并已通车营业。经过中国政府和英国

---

① 洪仁玕：《资政新编》，见《中国近代史资料丛刊：太平天国》第二卷，神州国光社，1954年，第532、533页。

公使严重交涉，由中国政府用白银二十八万五千两购回。在付清款项后，铁路被拆毁弃置，连同机车一起，最后变成一堆废铁。这说明，中国腐朽的封建制度和专制政府，害怕接受会引起重大社会变革的外国技术。不仅政府中当权的顽固派官僚是这样，社会上许多思想守旧的人物也是这样。当然，对修筑铁路表示拒绝的舆论里，既反映了落后和愚昧的意识，又包含了对外国势力侵略中国的警惕和忧虑。这种忧虑是确有根据的，所以情况是复杂的。尽管如此，这种守旧的主张并不能因此而被证明是正确的。拒绝外国先进技术并不能抵御外国侵略，相反，只有"师夷长技"才有可能发展和保护自己。

清政府拒修铁路的立场，后来逐渐坚持不住了。一是迫于外国的压力。清政府几次战败，在谈判媾和时，外国政府都借此索取在中国的修路权，1884～1885年的中法战争后，清政府终于被迫做出了要依靠外力修路的承诺。一是国内洋务派的兴起。政府官吏中的这一派人物，比起顽固派来对世界发展有较多的了解，他们主张购买外国枪炮、军舰，筹办新军和海防，兴建军事工业，开采煤矿，修筑铁路——就是所谓兴办洋务。洋务派首先从巩固清政府的防务和统治看问题。1880年，一位洋务派人物刘铭传上书皇帝，认为"自强之道，练兵造器固宜次第举行，然其机括则在于急造铁路"[①]。由此在清政府统治集团内部展开了一场长达10年的主张修路和反对修路的激烈辩论。这期间清政府逐步改变了态度，由开始无人主持定计，到允许"筹办""试办"，终于在1889年光绪皇帝发出上谕，肯定修筑铁路"为自强要策"，"即可毅然兴办"[②]。

就在这场辩论之初，由于煤矿运煤和兵船用煤的需要，开平煤矿矿务局在洋务派官吏的支持下，在1881年修成了唐山到胥各庄之间9.7公里长的铁路。虽然最初顾虑朝议禁驶机车，不得不声言以驴马拖载，才得邀准。1886年，这条铁路延长到芦台，共长44.8公里。这条粗具规模的铁路，标

---

① 刘铭传：《奏请筹造铁路折》（光绪六年十一月初二日），《中国近代史资料丛刊：洋务运动》第六卷，上海人民出版社，1961年，第138页。

② 《上谕》（光绪十五年八月初八日），《中国近代史资料丛刊：洋务运动》第六卷，上海人民出版社，1961年，第257页。

志着中国铁路修筑史的开端，在中国为现代化而奋斗的历史上是应当写下一笔的。这件事，距离现在刚好 100 年。

也正好是在 100 年前，1886 年欧洲的一位大思想家，就是现在在中国享有盛誉的恩格斯，得到了“中国的铁路建设可能开放”的消息。他在给友人的一封信中就这件事评论说：“这样，这最后一个闭关自守的、以农业和手工业相结合为基础的文明将被消灭。”① 八年后，当中日战争引起列强争夺在中国的修路权的狂潮时，恩格斯又一次评论道：“在中国进行的战争给古老的中国以致命的打击。闭关自守已经不可能了，即使是为了军事防御的目的，也必须敷设铁路，使用蒸汽机和电力以及创办大工业。这样一来，旧有的小农经济的经济制度（在这种制度下，农户自己也制造自己使用的工业品），以及可以容纳比较稠密的人口的整个陈旧的社会制度也都在逐渐瓦解。”②

这表明了一种历史观：技术基础的变革导致社会经济制度的变革。但是在古老而庞大的中国，这个变革还要经历漫长而痛苦的过程。

洋务运动是中国近 100 多年历史上的第一个现代化运动。这个运动取得了一些成效，包括修筑了一些铁路，但是总的来说是失败了。因为洋务派不能抵御而是屈辱地接受外国的侵略和勒索，不想改变而是极力维护中国陈旧的政治和社会制度。他们幻想在原封不动旧制度的同时，引进和发展外国技术和工业。这就是他们所谓的“中学为体，西学为用”的实际含义。而不改变旧制度，新技术是难以顺利地被引进和被容纳的，更难以生根和发展。1898 年的戊戌变法，企图对旧制度有所改良，从西方资本主义的政治和经济制度中学习一些东西，这是中国现代化运动的一个新发展。但是不到 100 天就被一场反动政变镇压下去了，维新派的一批领袖人物遭到杀戮。腐朽的封建专制政府，禁制一切政治改革和社会改革，是中国现代化的障碍和枷锁。

---

① 恩格斯：《致奥·倍倍尔》（1886 年 3 月 18 日），见《马克思恩格斯全集》第三十六卷，人民出版社，1975 年，第 456 页。

② 恩格斯：《致弗·阿·左尔格》（1894 年 11 月 10 日），见《马克思恩格斯全集》第三十九卷，第 297 页。

这样的政府的“毅然兴办”铁路，实际上成了向外国拍卖主权和路权。这之后的中国铁路修筑史，是列强同清政府勾结掠夺中国路权和中国人民维护路权同清政府和外国侵略势力斗争相交织的历史。有一种舆论是很有代表性的：铁路“与其修自洋人，不如修自中国，与其修自官府，不如修自百姓”①。当清政府陆续将许多省份许多线路的修筑权让予外国时，当地的绅士和商人也纷纷起来抗争，要求收回修筑权，自行修筑。1911 年，计划筹造的粤汉、川汉两路所经各省，维护路权的爱国运动愈演愈烈。四川保路运动遭到清政府调兵镇压，酿成武装冲突，终于引致武昌起义。中国人民同本国反动政府和外国侵略势力的矛盾，这时如此集中地在修筑铁路的问题上激化起来。辛亥革命这场伟大的革命的爆发，竟然是以修筑铁路问题上的争端为导火线的。

二

辛亥革命推翻了清皇朝，结束了几千年的封建帝制，创建了共和政体的中华民国，给中国的现代化带来了希望。

中华民国的第一任临时大总统孙中山，是中国革命民主派的领袖。同洋务派、维新派不同，他所领导的同盟会主张用革命手段推翻清朝政府，改造中国社会，以实现中国的独立、民主和富强。他所揭示的主义是三民主义——民族主义、民权主义、民生主义；而民生主义，在孙中山的理解和说明中，包括工业化和社会主义这两个方面。在孙中山的工业化计划中，铁路修筑摆在最重要的位置上。

民国建立之初，孙中山曾经认为：“今日满清退位、中华民国成立，民族、民权两主义俱达到，唯民生主义尚未着手，今后吾人所当致力的即在此事。”② 又说：“余观列强致富之原，在于实业。今共和初成，兴实业实为救

---

① 李福明：《中国近代史资料丛刊：洋务运动》第六卷，上海人民出版社，1961 年，第 185 页。

② 孙中山：《在南京同盟会会员饯别会的演说》（1912 年 4 月 17 日），见《孙中山全集》第二卷，中华书局，1982 年，第 341 页。

贫之药剂，为当今重要之政策。"[①] 还说："交通为实业之母，铁道又为交通之母"[②]；"民欲兴其国，必先修其路"[③]。他同意将临时大总统的职位让给袁世凯，打算"舍政事，而专心致志于铁路之建筑"[④]。1912 年 6 月，他在上海草拟了一份铁路修筑计划，包括南路、中路、北路三条全国干线，并以修筑 10 万公里铁路为号召，组织了一个铁道协会。他自告奋勇主持这项事业，接受了袁世凯给予他的全国铁路督办的名义，四处奔走呼号，甚至幻想 10 年可以完成这一计划，使中国全境四通八达。在纪念武昌起义一周年的时候，他写了《中国之铁路计划与民生主义》一文，说："目前关系吾国前途之最大者，莫如铁路之建筑。因铁路能使人民交接日密，祛除省见，消弧一切地方观念之相嫉妒与反对，使不复阻碍吾人之共同进步，以达到吾人之最终目的。"[⑤] 可见，孙中山是以技术发展为基础来谋求政治和社会的进步的。

然而袁世凯身上穿的是民国总统服，心里想的是建立新王朝。他和以他为首的北洋军阀势力窃取了辛亥革命的成果。他为了获取外国侵略者对他复辟帝制的支持，不惜像清朝政府一样出卖主权，包括路权。他同日本签订的不平等条约《二十一条》中，就包含了多项出卖路权的条款。他们的种种倒行逆施，埋葬了人民的一切希望。孙中山不得不重新投入反袁、反北洋军阀的革命斗争。这些革命斗争当时都未能成功。1918～1919 年，在屡遭失败、一时还看不到革命前途的逆境中，孙中山在上海完成了他的重要著作《建国方略》。在这部书中，他痛心地指出："夫去一满洲之专制，转生出无数强盗之专制，其为毒之烈，较前尤甚。"[⑥]同时，他总是乐观地面向未来，潜心筹划革命所要求的种种建设宏模。《建国方略》分三篇，第二篇为《物质建设〈实业计划〉》；《实业计划》的（甲）项为"交通之开发"；（甲）项的（子）

---

① 孙中山：《在上海实业联合会欢迎会演说》（1912 年 4 月 17 日），见《孙中山全集》第二卷，中华书局，1982 年，第 341 页。

② 《总理遗教·谈话》，中国国民党中央党部宣传委员会，第 18、19 页。

③ 《孙中山：《〈铁路杂志〉题辞》（1912 年），见《孙中山全集》第二卷，中华书局，1982 年，第 567 页。

④ 孙中山：《致宋教仁函》（1912 年 8 月 22 日），见《孙中山全集》第二卷，中华书局，1982 年，第 434 页。

⑤ 孙中山：《致宋教仁函》（1912 年 8 月 22 日），见《孙中山全集》第二卷，中华书局，1982 年，第 488 页。

⑥ 孙中山：《建国方略》，见《孙中山选集》上卷，人民出版社，1956 年，第 104 页。

条为“铁路一十万英里”。《实业计划》具体规划了包括在“第一计划”中的西北铁路系统，“第三计划”中的西南铁路系统，“第四计划”为整个十万英里铁路计划的总说明，除以上西北、西南系统外，尚有中央铁路系统、东南铁路系统、东北铁路系统、扩张西北铁路系统、高原铁路系统。这些设想，孙中山也说明过，其实施之细密计划，还有待专门名家之调查、科学实验之审定。但是，它的确蔚为大观，显现了孙中山头脑中现代化中国的宏伟蓝图。

这里还要特别提到，孙中山这个计划，是一个对外开放的建设计划。孙中山在就任临时大总统时就曾宣言："满清时代辱国之举措，及排外之心理，务一洗而去之。"① 他主张利用外国资本、技术、人才来发展中国实业，仿照日本明治维新后的方法，“采用开放主义”②，这是反对排外心理；他同时又指出只可利用其资本人才，而主权万不可授之于外人，这是反对辱国举措。在《实业计划》的自序中他说："惟发展之权，操之在我则存，操之在人则亡，此后中国存亡之关键，则在此实业发展之一事也。"③ 在《实业计划》的篇首中他说：借鉴的外国经验，“于中国两种革命，必须同时并举，既废手工采机器，又统一而国有之”。在《实业计划》的结语中，他又提到他所理解的“统一而国有之”的社会主义，并说他的主张是："盖欲使外国之资本主义，以造成中国之社会主义。"

当然，孙中山这个计划既没有得到他所期待的外国响应，更不可能靠北洋政府来实施。他深知如不推翻北洋军阀的反动统治，就不可能为发展实业创造必要的政治和社会条件。1919 年 10 月，他在上海青年会作演讲，精辟地阐述了“实业救国”、“教育救国”、“地方自治”和“革命救国”的关系。他针对那种认为“教育是立国的要素”因而发展教育为第一要义的观点，那种认为应当首先“兴办实业，救多数人生计之困厄”的观点，以及那种认为

---

① 《临时大总统就职宣言》(1912 年 1 月)，见《孙中山选集》上卷，人民出版社，1956 年，第 83 页。

② 孙中山：《在安徽都督府欢迎会的演说》(1912 年 10 月 23 日)，见《孙中山全集》第二卷，中华书局，1932 年，第 533 页。

③ 孙中山：《建国方略》，见《孙中山选集》上卷，人民出版社，1956 年，第 180、188、388 页。

“地方自治为最重要之一事”的观点，明确指出：“以上三种，固是改造中国的要件，但还不能认为第一步的方法。第一步的方法是什么？在兄弟意思，只有革命。”这表明了孙中山作为革命家的灼见和本色。他还说：“八年以来的中华民国，政治不良到这个地位，实因为单破坏地面，没有掘地底陈土的缘故。”① 这地底的陈土是什么？五年后，他在国民党改组的第一次全国代表大会宣言中重新解释了三民主义，制定了新的政治和经济纲领，对这个问题做出了他最后得到的科学回答。

不久，孙中山逝世了。他毕生未能得到他所渴望的专心致志于建设实业的政治和社会。他制订了那么多修筑铁路的宏伟计划，历史却未能容许他领导修筑一条铁路。但是，他始终相信，一旦中国人民通过革命取得政权，掌握了自己的命运，就能在一种新的政治和经济制度下发展实业，振兴中华，使他设计的现代化中国的蓝图变为现实。他是把中国的现代化同中国的独立、民主和社会主义联系起来的伟大思想家，是第一个提出包括社会革命和技术革命这两个方面的现代化纲领的革命领袖。他代表了中国现代化运动历史上继往开来的一个阶段。他对中国现代化的执著追求和许多思想，至今仍鼓舞和启迪着他的后继者们。今年是他诞辰 120 周年，中国人民正广泛地进行纪念活动，以表达对这位伟大的革命先行者的敬意。

三

1919 年的五四运动，开辟了中国革命和中国现代化运动的新时代。

以“民主”和“科学”为中心口号的五四新文化运动，发展到以帝国主义和军阀政府为反对目标的五四爱国群众运动，使中国革命者的眼界大为开阔了。革命深入彻底批判封建思想文化这个思想革命领域，并且使马克思主义这种新思想在中国传播开来。革命有了新的楷模——俄国十月社会主义革命的楷模，引起中国先进的人们，包括孙中山在内，总结中国革命的经验教训，观察世界革命的发展趋势，重新探讨中国革命继续前进的道路。孙中山

① 孙中山：《改造中国的第一步》，见《孙中山选集》上卷，人民出版社，1956 年，第 423 页。

没有成为马克思主义者，但是他受到十月革命和马克思主义的影响，同中国的马克思主义者走到一起，接纳他们以个人身份参加他所领导的国民党以改组国民党，并把他的三民主义加以新的解释，使之达到新的政治高度。这是中国现代化运动历史的必然，是孙中山思想发展历史的必然，是马克思主义同中国革命实践相结合的历史的必然。

以马克思主义的社会历史观和社会革命论武装起来的中国共产党人，用新的观点来研究拯救中国于危亡和实现中国现代化的问题，对当时议论纷纭的多种救国方案作出自己的评价。他们当然主张“革命救国”，即通过社会革命来谋求中国的现代化。他们没有也不可能把修筑铁路这类具体的实业计划放在首先注意的位置上。无论从理论观点还是从实际需要来说，都必定是如此。但是中国共产党人的革命救国主张，并不排斥发展科学、发展教育、发展技术、发展实业这些救国主张。它所要说明的，如同前面介绍的孙中山所要说明的一样，只是何者是“改造中国的第一步”。中国共产党人同孙中山的结论一样：第一步是革命。这第一步如何走，中国共产党人同孙中山在重新解释三民主义的基础上也达到了基本一样的结论：反对帝国主义，反对封建主义。

1922 年周恩来在一篇文章中说得很清楚：“以中国今日的情势，开发实业，似乎已成为不可争论的必然趋向，其实究用何种方法来开发它，却大可注意。”他不主张“袭用资本主义的方法来开发中国实业”（孙中山的《实业计划》中有类似的表示），认为在中国所处的历史情况和时代条件下，这样做“并无发展中国实业的可能性”，只有先走革命这一步路，才能为发展实业创造必要的政治社会条件。“一旦革命告成，政权落到劳动阶级的手里，那时候乃得言共产主义发达实业的方法。”他要实现的是“共产主义发达实业的大计”①。

1923 年刘少奇在总结安源铁路和煤矿工人俱乐部的罢工斗争时也说过：“社会改造的步骤，我们所主张的是：①使无产阶级团结起来养成无产阶级支配社会的潜伏势力；②实行夺取政权，用政治的力量消除社会一切阶级的压迫——人的压迫；③在产业公有制底下以极大的速力发展实业，减少人类

① 周恩来：《共产主义与中国》（1922 年 8 月 16 日），见《中共党史参考资料》第一卷，人民出版社，1979 年，第 357 页。

自然的压迫。”①

这些都说明，中国共产党人认为：技术革命是社会发展的要求；社会革命是技术革命的前提；在社会革命之后，要继之以大规模的技术革命。铁路是中国建立最早的产业之一，铁路给中国带来进步的一个重要方面，是创造了一支铁路工人的产业大军。铁路工人作为工人阶级中资历最老的部分，一直站在革命斗争的最前列。京汉铁路 1923 年 2 月 7 日大罢工，震动了全国。

中国共产党领导的革命走过了迂回曲折的道路。在很长时间内，这个革命被迫转移到远离城市的农村中发展。因为长期在最偏僻的农村、山沟活动，许多人便把中国共产党看做一个农民的党，一个只是主张和实行土地制度改革的党，而忽略了它是一个工人阶级的党，是一个谋求中国现代化的党。但是，中国共产党的代表人物始终没有忘记中国现代化——包括民主化和工业化这两大目标。有一封新近发表的毛泽东信件是很能说明问题的。这是给当时在延安的党中央机关报《解放日报》社社长的一封信。信中说："民主革命的中心目的就是从侵略者、地主、买办手下解放农民，建立近代工业社会"；"新民主主义社会的基础是工厂（社会生产，公营的与私营的）与合作社（变工队在内），不是分散的个体经济。分散的个体经济——家庭农业与家庭手工业是封建社会的基础，不是民主社会（旧民主、新民主、社会主义，一概在内）的基础，这是马克思主义区别于民粹主义的地方。简单言之，新民主主义社会的基础是机器，不是手工。我们现在还没有获得机器，所以我们还没有胜利。如果我们永远不能获得机器，我们就永远不能胜利，我们就要灭亡。现在的农村是暂时的根据地，不是也不能是整个中国民主社会的主要基础。由农业基础到工业基础是我们革命的任务。”②

四

1949 年，中华人民共和国成立。从此，中国人民获得了集中力量进行建

---

① 刘少奇：《对俱乐部过去的批评和将来的计划》（1923 年 8 月 20 日），见《安源路矿工人俱乐部罢工胜利周年纪念册》，1923 年。

② 毛泽东：《致秦邦宪》（1944 年 8 月 31 日），见《毛泽东书信选集》，人民出版社，1983 年，第 237～239 页。

设的政治条件，中国现代化运动进入大规模实行的阶段。

在新中国成立后的最初一个历史时期，现代化过程仍然是社会革命和技术革命相结合的过程。

土地改革这场深刻的社会革命，是在新中国成立后的几年中才在全国范围内完成的。《中华人民共和国土地改革法》于 1950 年通过时，刘少奇就说明：我们要实行土地改革的基本理由和基本目的，是解放农村生产力，为新中国的工业化开辟道路。①

1954 年通过的《中华人民共和国宪法》，确认了中国人民实行国家的社会主义工业化和对工业、手工业和资本主义工商业进行社会主义改造的总任务。社会主义改造这场更加广泛和深刻的社会革命，也是要为技术革命开辟道路。周恩来正是在通过宪法这次全国人民代表大会上提出了“建设起强大的现代化的工业、现代化的农业、现代化的交通运输和现代化国防”② 的号召。

新中国成立以来的三十几年中，中国的工业化取得了重大的进展。单就铁路修筑来说，如果从修成后随即被拆毁的吴淞铁路算起，1876～1949 年共 73 年，到中华人民共和国成立时，实有铁路里程不过 2.2 万公里，通车的只有 1.1 万公里。1984 年新中国成立 35 周年时，除修复旧线外，新建和重建了铁路共 3.1 万公里，全国铁路里程达 5.4 万公里，算上复线、站线、岔线、专用线，铁路总延长为 11.8 万公里。四川保路运动导致辛亥武昌起义，但是到新中国成立前夕，四川不曾铺下一根枕木、一条钢轨。新中国成立的第二年，四川的成渝铁路即动工兴建，两年建成营业。孙中山在民国元年（1912 年）视察武汉时提出修筑长江大桥，这座大桥终于在 1955 年动工兴建，两年竣工通车。旧中国铁路多修筑在沿海平原，新中国成立后，在西南、西北地形险峻的地区修筑了许多铁路。成昆铁路全长 1100 公里，穿山隧道就有 427 座，总长度 341 公里，跨河越涧桥梁 991 座，总长度 93 公里。

---

① 刘少奇：《关于土地改革问题的报告》，见《刘少奇选集》下卷，人民出版社，1985 年，第 33 页。

② 周恩来：《把我国建设成为强大的社会主义的现代化的工业国家》，见《周恩来选集》下卷，人民出版社，1984 年，第 132 页。

桥梁隧道合计总长度占全线40%。[①] 这些都是中国人民艰苦奋斗的成就，是在人民革命胜利取得的政治和社会条件下获得的光辉的成就。

但是，中国现代化的艰巨任务还在前头，摆脱落后，实现现代化，仍然需要克服很多困难，不能不是一个长期奋斗的过程。同时，众所周知，“文化大革命”使中国的现代化运动经历了严重的曲折。就是说，这场动乱损害了已经取得的政治条件，使人们不能致力于建设。结束“文化大革命”重新确定集中力量进行现代化建设的政治路线，正是这10年中中国现代化运动获得新的蓬勃发展的必要的政治条件。

回顾历史，考察现实，可以得出如下几点结论。

1）中国的现代化，是民族的愿望，是历史的要求。中国一切政治力量及其主张和政策，都要在能否推进中国的现代化或推进能力的大小这个根本问题上，接受历史的检验和人民的选择。

2）现代化的基础是技术革命。这个技术革命，在中国仍然处在这样的历史阶段，用孙中山的说法就是“废手工采机器”的革命，用毛泽东的说法就是“技术方面的由手工业生产到大规模现代化机器生产的革命”[②]。同时，“现代化机器生产”本身也在经历着革命，新技术革命的任务也开始提上日程。

3）现代化的进程是技术革命和社会革命的结合。在近代中国，半封建半殖民地的社会制度，束缚社会生产力，阻碍技术革命的发展。必须通过社会革命，建立新民主主义和社会主义的政治和经济制度，才能解放生产力，为技术革命的大规模发展开辟道路。

4）社会革命本身不是目的。社会革命的成果，新的社会制度的优越性，要通过技术革命的成果，通过生产力的发展，通过现代化的迅速进展，充分地体现出来。

5）为了实现现代化，还必须采取对外开放政策。现代化是世界进程，新技术是人类成果，科学技术的引进和交流是发展的必需。落后国家尤其需

① 《人民铁路的光辉成就》，见《光辉的成就》上册，人民出版社，1984年，第406～410页。

② 毛泽东：《关于农业合作化问题》，见《毛泽东选集》第五卷，人民出版社，1977年，第182页。

要吸取先进国家的科学和技术。闭关自守，不可能现代化。

6）为了实现现代化，还必须进行经济体制的改革，政治体制的改革，以至于文化观念的改革。新的社会制度的建立，从根本上解放了生产力，但是，具体的经济体制、政治体制、文化观念中，还会有许多束缚生产力，不适应现代化的东西，还需要不断地进行改革。改革，作为新的社会制度的自我完善和发展，不是推翻旧制度的革命，不需要也不应该通过剧烈的社会冲突和对抗来进行，完全可以有秩序地进行。另外，改革，就其引起社会变革的广泛和深刻程度而言，也可以说是一场广义的社会革命。从这个广义意义上来说，在改革中建设，以实现中国的现代化，仍然是社会革命和技术革命的结合。

参考文献

[1] 宓汝成：《帝国主义与中国铁路》，上海人民出版社，1980 年

[2] 马千里等：《中国铁路建筑编年简史》，中国铁道出版社，1983 年

[3] 胡绳：《从鸦片战争到五四运动》，人民出版社，1981 年

[4] 尚明轩：《孙中山传》，北京出版社，1985 年

[5] 金冲及：《孙中山和中国的近代化》，待发表

[6] 古言：《介绍恩格斯关于中国铁路建设开放的一段论述》，北京日报，1986 年 1 月 20 日

[7] 龚育之：《中国共产党的科学政策的历史发展》，《自然辩证法通讯》，1980 年，第 6 期

从“科学救国”到“科学兴国”*

党的十三大的一个重要贡献，是初步形成了中国社会主义初级阶段的理论。一方面贡献了这个理论，一方面又提出了继续研究中国社会主义初级阶段的任务。并不是说，提出理论，研究就完结了。文件里专门有一段，讲到社会主义初级阶段是很长的历史发展过程，我们现在对这个阶段的状况、矛盾、发展、规律、趋势的了解，在很多方面还知之不深，还要继续研究。我们除了学习十三大已经初步概括起来的这个理论之外，同时还要按照十三大的号召去继续研究中国社会主义初级阶段的问题。从我们科技界讲，要更多地联系科学技术的状况、科学技术的作用，来研究中国社会主义初级阶段的问题。

比如说，我国社会主义发展之所以必须经历一个初级阶段，不能超越这个阶段，与科学技术在中国的历史发展和现实状况是一种什么样的关系？

又比如说，我们科技工作的发展战略、根本方针、布局、政策等很多问题，过去在科技界有很多的讨论，有很多很好的意见，也存在着认识上的差异。如果站在我国还处在社会主义初级阶段这样的理论高度来观察问题，讨论问题，就可能会视野更宽一些，看得更深一些，更便于我们统一认识，更便于我们克服一些思想上的片面性，特别是便于我们克服与我国基本国情不

---

* 本文是 1987 年 11 月在中国科协常委会上的发言，其主要部分原载《科技日报》，1987 年 11 月 15 日。

完全衔接、有所脱离的现象。

再比如说，发展社会主义商品经济，这是我们经济改革的目标，科技工作在这中间起什么作用？资本主义的发展，使科学技术纳入整个资本主义商品经济和市场竞争的有机结构中，成为越来越重要的组成部分，发挥越来越巨大的作用。过去批评科学工作脱离实际，说这是资本主义的特点，其实，正是这种批评脱离了资本主义社会的科学工作的实际。反而是我们常常发生科学工作跟实际结合不好的问题，这恐怕首先是因为我们没有去发展社会主义的商品经济，同时没有把科学技术在社会主义商品经济里面作为一个因素，作为一个渗透很多方面甚至全部环节的因素，把它的作用发挥出来。不靠经济机制的内在动力，光靠思想工作或行政手段，是很难完全解决科学工作同实际结合的问题的。

还有，发展社会主义民主政治，这是我们政治体制改革的目标。民主政治不仅仅是投票选举，多数表决，公民权利，这里还有一个决策的科学化、民主化问题。科技界、科技工作、科技团体怎样在决策民主化、科学化中发挥它的作用，使得我们的社会主义民主政治建立在科学基础之上？

这些都是非常重要的问题。

这里，我想特别提一个问题，就是要研究一下，在社会主义初级阶段科学兴国的问题。能不能提出这样一个口号？十三大报告讲社会主义初级阶段的历史地位和根本特征，用几句话来概括。最后一句也是最重要的一句，就是我们的初级阶段“是全民奋起，艰苦创业，实现中华民族的伟大复兴的阶段”。提出初级阶段，不是降低标准，放松努力，而是要求在这个阶段中，艰苦奋斗 100 年，实现中华民族的伟大复兴。应该说这个复兴从新中国成立时就开始了，中间有过许多挫折，十一届三中全会以后，获得了新的活力。过去由于封建制度的腐朽和殖民主义、帝国主义的侵略，本来长期走在世界前列的中华民族衰落下来了。现在要在社会主义基础上，实现中华民族的伟大复兴。在这个复兴中，科学技术有很重要的作用。如果没有科学技术的充分发展，这个复兴是不可能的。既然有中华民族复兴的任务，在这个任务中间，就要有科学工作的地位，就有一个科学兴国的问题。

提出科学兴国，就自然联系到科学救国的思想和口号。科学救国的思想，遭到我们长期的批评。应该重新研究一下，我们这些批评，哪些是对的，哪些是错的。现在回过头来看，应该承认，有很多批评是不公正的，不符合历史的，没有起积极作用。在半殖民地半封建的旧中国科学界产生的科学救国的思想，是个什么性质的思想呢?

第一，这是一个爱国的思想。它要求科学家投身到救中国的事业中去，是有民族责任感的爱国的思想。

第二，这是一个进步的思想。救中国靠什么工具呢，不是靠旧礼教，靠古文明，而是要找新工具，就是从西方传来的近代科学。它所寻找的救国工具是先进的工具，所以是一个进步的思想。

第三，当然，它是一种有局限性的思想。它探索救国问题，只看到科学技术的作用这一个角度，不能把握科学发展的社会前提，不懂得以革命方式改造社会的必要性何在，途径是什么。这个关键的问题不清楚，所以是一个有局限性的思想。

第四，它是一个过渡到革命立场的思想。它的前两个性质，爱国的性质、进步的性质，本身就包含了克服第三点局限性的因素。既然抱定宗旨要救国，实际生活就会教会他们逐步认清救国要走什么道路。而科学本身，自然科学的科学精神，与马克思主义的科学精神也是相通的。所以事实上，很多最初抱着科学救国思想的人，都大批地、逐步地走到了接受革命的道理、接受中国共产党的领导、接受马克思主义影响的道路上来了。在中国的社会历史条件下，爱国主义是通向民主主义和社会主义的。科学救国思想成为他们走上革命道路的一个过渡。

从这几点讲，对科学救国思想，对抱科学救国思想的科学家，无疑应该团结，应该鼓励他们进步，而不应该把他们跟革命队伍隔开，甚至看成革命队伍之外的异己力量。过去有很多批评，把科学救国说成改良主义的反动思想。一直到今年年初，还继续听到有以权威口吻作的这样的批评。这样的批评不能说一点道理都没有，但只能局限在一个极小的范围内，就是针对那样一种政治理论，那样一些政治家，他们自己并不从事科学技术工作，他们宣传科学救国的口号，是企图用它来抵制、代替走革命道路的主张。我们批评的锋芒只应该指向这样的政治家，这样的政治主张，并且把他们同那些认真从事科学技术工作以为这样可以救中国的科学家严格加以区别。过去有些批评没有分析这种区别，所以是不正确的。

还要看到，即使那些未能转到革命立场的抱着科学救国思想的科学家，他们没有把自己的工作组织到革命斗争中去，但他们在旧中国困难的条件下，为发展科学，发展教育，付出辛勤劳动，做了许多工作，为以后的科学发展，培养了人才，建立了机构，奠定了一定基础。这些在我们取得革命胜利，发展科学的社会条件具备之后，会发挥很好的作用。因此，他们在那样的道路下，也为新中国建设作了准备，是有贡献的。

经过革命，取得了人民政权，又经过社会主义改造，建立了社会主义制度，在这样的条件下，发展科学技术的政治社会前提已经具备，发展科学技术的重要性日益突出。过去批评科学救国，还有唤醒人们首先去争取这样的社会政治条件的积极作用，现在有了这样的条件，再去大批特批科学救国思想，就妨碍了对科学技术工作在国家生活里的地位、作用的重要性的认识，就起了消极的作用。

在过去推进革命的过程中，党的一些领导人在宣传革命救国的道理的时候，并不曾把革命救国和科学救国简单对立起来，只是说光靠科学不能救国，要靠革命才能救国，革命和科学的关系，是相加的关系，不是相斥的关系，是革命加上科学才能救国。那么在现在，我们讲社会主义救中国，同科学救国也是相加的关系，而不是相斥的关系。只有社会主义才能救中国，这是时代的真理。而科学地理解社会主义，就像我们今天理解的那样，社会主义的根本任务就是发展生产力，在社会主义社会，判断我们一切工作的是非的最终标准，是看它是不是促进生产力的发展，这样就必定把科学技术在社会发展中的作用摆在很高的位置上。这次十三大报告就把科学和教育摆在我们国家发展战略的首要位置上。因此，社会主义救中国，就包含着在社会主义条件下发展科学技术来振兴中国。如果排斥科学，那就是过去歪曲理解的“社会主义”，就是社会主义改造完成以后还要以阶级斗争为纲的“社会主义”，就是把着重发展生产力当做“唯生产力论”来批判的“社会主义”。只有那样的“社会主义”才贬低、否认科学技术的作用，害怕强调科学技术的重要性，集中人们的注意力于科学技术，会损害阶级斗争的“为纲”地位。

在革命时期，我们的口号是革命加上科学来救国，现在，是社会主义加上科学，来振兴中国。

科学学——马克思主义研究领域的新开拓*

“科学技术是第一生产力。”

这是马克思主义的一个重要论断，是马克思主义者观察和研究现代社会生活和现代生产力发展而做出的一个重要的新概括。

科学通过技术转化为活跃的物质的生产力，同时，科学又是现代文化的基础，形成强大的文化力量和精神力量。

马克思主义者在观察和研究社会生活的时候，历来把科学摆在自己视野的重要位置。恩格斯在《马克思墓前的演说》这篇言简意赅地阐述马克思的基本贡献的重要文献中，鲜明地提出了这一点。在科学技术革命迅猛发展的现时代，在以发展生产力为根本任务的社会主义条件下，马克思主义者尤其应当重视这一点。

科学学是以科学这种认识现象和社会现象为研究对象的一门科学。随着科学作为社会的有组织的活动，其作用日益显著，其规模日益宏大，其领域日益广阔，科学学逐渐形成为一个专门的科学部门。

马克思、恩格斯在他们关于哲学、政治经济学和科学社会主义的研究中，对科学在社会发展中的作用和科学在社会中发展的规律，有过许多精辟

---

* 本文原载《科学学与科学技术管理》，1990 年第 1 期，第 8、9 页；1996 收入《自然辩证法在中国》，北京大学出版社，第 138～140 页。

的论述。这些，孕育着科学学的胚胎。

20 世纪 30 年代科学学的诞生，明显受到马克思主义思想的影响。世界公认的科学学的开创者贝尔纳，就是一位走到马克思主义旗帜下的著名的英国自然科学家。

我国的科学学研究发生、发展的一个特色，就是以马克思主义为指导。20 世纪三四十年代我国马克思主义的理论工作者和接受了马克思主义的自然科学家，在自然辩证法的名目下，已经从事过一些现在看来属于科学学领域的介绍和研究工作。50 年代中制订全国科学发展规划时，在自然辩证法研究规划中专门列了一大项：科学在社会发展中的地位、作用和规律。当时指明，这方面的研究属于历史唯物主义论科学的范围。60 年代初，我们进一步明确地提出了建立和发展“马克思主义的科学技术论”的课题，强调：“正如马克思主义的文学艺术论这门学问是我们党的文艺工作方针、政策的理论基础一样，马克思主义的科学技术论这门学问则是我们党的科学技术工作方针，政策的理论基础。”认为：“要学习马克思主义的科学技术论，研究自然科学在社会中发展的规律，必须把马克思主义哲学的一些普遍原理同自然科学发展的具体实践结合起来，”为此需要很好地研究我国 10 年来发展自然科学的经验，其他社会主义国家发展自然科学的经验及资本主义国家发展自然科学的经验，还需要很好地研究自然科学发展的历史。这些设想，反映了我国理论界当时的共识。

所以，当 10 年前召开全国科学学第一次学术讨论会的时候（那时候“科学学”这个术语刚刚引入并得到确认），“马克思主义和科学学研究”便成为讨论的一个主题。要珍视、继承和发扬科学学研究中的马克思主义传统，是我们那次学术讨论会的共识。

总之，我国的科学学研究，以马克思主义作为自己的理论基础，同时又是马克思主义研究领域的一个新开拓。面对世界的新发展、开拓研究的新领域，是马克思主义丰富和发展的重要方面。

强调马克思主义，不是把它当做贴到各门科学头上的标签。我们反对给各种自然科学学说贴上阶级的标签、马克思主义的标签（顺便说说，从理论上澄清和纠正给自然科学学说贴阶级标签的错误，正是马克思主义的科学技术理论研究的一个成果）。我们也不主张给各种关于科学学的具体研究贴上马克思主义或非马克思主义的标签。各种科学的研究成果只要是符合实际的、被实践证明是正确的，不管它是不是接受马克思主义的研究工作者做出的，马克思主义者都予以尊重和吸取。在科学学研究领域，当然也是如此。但是，在科学学的理论基础研究中，当涉及科学与社会发展动力和社会发展规律的关系，科学与生产力、生产关系、经济基础、上层建筑、意识形态诸因素方面的关系，科学与资本主义制度、社会主义制度的关系，科学与我国社会主义现代化建设和改革开放的关系，科学与我们党的路线、政策的关系这些基本问题的时候，就有是不是遵循唯物史观的问题，就有是不是坚持和发展马克思主义的问题，这是毫无疑义的。

祝愿我国的科学学研究，以新的扎实的科学成果，在促进我国科学工作的建设、改革和科学技术同社会经济的协调发展中，在推动我国各项科学技术政策的制定、校正和发展中，在提高广大干部和群众对科学在生产力发展和社会主义发展中的作用的认识中、在实现我国各项工作决策的科学化，人们思想方法和工作方法的科学化及科学的生活方式的发展中，做出更多的贡献。

科学技术发展和社会主义发展两大潮流的更好结合*

首先，让我代表中宣部，向今天获奖的“讲理想、比贡献”竞赛活动先进集体、先进个人和厂矿科协工作先进集体、优秀干部表示祝贺，表示敬意，表示感谢。

在厂矿企业的科技人员中开展“讲理想、比贡献”竞赛活动，既是科学技术工作，又是理想政治工作，不仅对物质文明建设有重要意义，而且对社会主义精神文明建设也有重要意义。希望这项活动能够更加广泛、深入、持久、扎实地开展下去。

知识分子是工人阶级的一部分，而厂矿企业的科技人员则是知识分子中站在物质生产第一线的那一部分，是直接把科学转化为现实生产力的那一部分。这些知识分子的精神状态、业务素质和工作条件、工作环境如何，对我国生产力的发展，关系极大。这里讲的工作条件、工作环境不单是指“硬件”，如物质、设备，等等，而且是指“软件”，指我们的政策、体制、权责制度、社会舆论和人际关系等方面，是否为他们提供了能够充分发挥积极性

---

* 本文是1990年11月8日在全国“讲理想、比贡献”竞赛活动新闻发布会上的讲话，原载《厂矿科协工作》1990年第6期；同年收入《中国科协重要文件汇编》，上海科学普及出版社，第491～493页。

和创造性的环境，这是一个很重要的问题。我们各级党的组织，包括党的宣传部门，都有一个从思想上给他们以引导，并为他们创造良好的客观环境，以调动他们的积极性，支持他们做出贡献的任务。

“讲理想”就是精神状态的振奋和思想觉悟的提高。精神文明建设中，决定其社会主义性质和方向的，是思想道德的建设。思想道德建设的中心内容，概括起来，就是写进了我们宪法的“五爱”，即爱祖国、爱人民、爱劳动、爱科学、爱社会主义。新中国成立之初起临时宪法作用的《共同纲领》中，就已提出“五爱”，作为“中华人民共和国全体公民的公德”。只不过那时的第五项是“爱护公共财物”，还没有提“爱社会主义”。1982年通过的现行宪法，将“爱护公共财物”发展为“爱社会主义”，反映了社会主义制度在中国已经建立和发展这一伟大历史变革。用劳动、用科学为祖国服务，为人民服务，为社会主义现代化建设事业服务，这就是我们科技人员的共同理想。“比贡献”范围可以很广，作为厂矿企业的科技人员，人民要求于他们的最主要的贡献，就是把先进的科学技术应用到我们的生产中去，应用到企业的建设和技术改造中去，促进我们国家的科技进步和生产力发展。

进入20世纪以来，有两大潮流极大地改变了世界的面貌。这两大潮流，一个是科学技术发展的潮流，一个是在马克思主义思想指导和影响下的社会主义运动和民族解放运动的潮流。由于这两大潮流，不到100年的时间，在世界、在中国，真正是换了人间。不管这两大潮流的发展会遇到怎样的问题、矛盾和挫折，它们已经实现的改变世界面貌的伟大业绩是无可争辩的；在解决新的矛盾和排除一时挫折的过程中，这两大潮流的继续奔腾向前，也是无可怀疑的。21世纪人类的明天，取决于这两大潮流更好地结合。社会主义将因更好地同科学技术发展相结合而得到巩固、发展，充分显示出它的优越性；科学技术将因社会主义发展而获得更好的造福于人民的社会条件。

马克思主义者用唯物主义观点看待历史，认为生产力是人类社会历史发展的最终决定力量。而“生产力当然包括科学在内”，这是马克思在研究19世纪生产力发展的时候明确指出的。恩格斯在马克思墓前的演说中有一句名言：“在马克思看来，科学是一种在历史上起推动作用的革命的力量。”20世纪以来，特别是第二次世界大战以来，世界范围的科学技术革命急剧发展，给世界的经济、政治、文化和社会生活的各个方面带来了巨大的变化。针对这个新的实际，邓小平同志进一步指出，科学技术是“第一生产力”。他是前年在同党中央一些负责同志的一次谈话中做出这个论断的。不久前出版的《邓小平论教育》（中央文献研究室编辑，人民教育出版社出版），公开发表了这次谈话的一部分。在这次谈话中，邓小平同志说：“马克思讲过科学技术是生产力，这是非常正确的，现在看来这样说可能不够，恐怕是第一生产力。”这是继承马克思，而又发展了马克思，形成了马克思主义的一个新概括，一个反映了现时代科学技术发展新形势的新概括。这个马克思主义的新论断，对我们的社会主义现代化建设和改革开放事业具有极其重要的战略指导意义。这一理论观点和战略思想，应该让全社会充分认识，当然首先是我们党的各级领导干部充分认识，并且把这一战略指导思想切实地贯彻到我们的各项工作，包括厂矿企业的工作中去。

社会主义的优越性应该表现在社会发展和社会生活的许多方面，其中一个有根本意义的重要方面，就是社会主义应该为科学技术发展提供更合适的土壤、更广阔的前景。社会主义在世界、在我国建立以后，这种优越性在某些时期、某些方面显著地表现出来了，而在一些时期、一些方面又还没有很好地表现出来。对社会主义制度已经表现出来的促进科学技术发展的优越性，我们应该给予客观的、充分的估价，让今天的广大青年、广大科技人员有所认识，以坚定我们的社会主义信念，克服对社会主义成果的妄自菲薄和虚无主义。对社会主义至今还没有能够充分满足科学技术急剧发展的需要这样一个事实，我们也应该正视，并且做出最大努力来求得改进，克服那种盲目乐观和妄自尊大。因此，如何改革我们的经济体制、政治体制和科技体制，如何用更有活力的具体体制和具体政策来促进科学技术在我们的社会主义制度下更好地发展，使社会主义的优越性通过作为社会主义制度自我完善的改革逐步充分实现，这是一个重要的实践课题和研究课题。社会主义改革的根据，社会主义改革的必然，社会主义改革的出路，社会主义改革的准绳，根本的一条就在于更好地促进科学技术和整个社会生产力的发展。

我们坚持的社会主义是科学的社会主义。说它是“科学的”，是指我们的社会主义的理论基础，建立在对人类社会发展规律的科学认识和科学研究之上。既然如此，从一定意义上不妨说，科学的社会主义也应该是更重视科学技术在社会发展中的作用、比资本主义更能促进科学技术发展并保证科学技术发展的社会成果为广大人民群众所享有的社会主义。我们大家都应该为科学技术发展和社会主义发展两大潮流的更好结合而奋斗。

马克思主义与科学技术*

一、科学技术革命与社会主义改革

在进入20世纪最后10年的时候，人们都在回顾20世纪的历史，展望21世纪的未来。这种回顾和展望中，最重大、最基本的东西是什么呢？

马克思主义者回顾历史，看到20世纪以来，有两大潮流，极大地改变了世界的面貌和人类的生活。一个是自然科学发展带动的技术革命的潮流，一个是在马克思主义科学指导和影响下的社会革命的潮流——社会主义运动和民族解放运动的潮流。由于这两大潮流从生产力和社会制度两个方面推动社会的急剧变化，不到100年的时间，在世界、在中国，真正是换了人间。现在，社会主义潮流的发展面临许多矛盾，在一些国家遭到严重挫折。“20世纪是社会主义兴起和失败的世纪”这类论调，一时之间甚嚣尘上。但是，20世纪的社会主义潮流已经实现的改变世界历史的伟大业绩，是无可争辩的，是任何人都否定不了的；在解决新的矛盾和经历历史曲折的进程中，社会主义潮流终将奔腾向前，也是无可怀疑的，马克思主义者对这个前景有坚

* 本文是1991年5月25日在中国科协第四次全国代表大会的学术报告会上的发言，原载《科学学研究》，1991年第3期，第5～11页。

定的信念。当前社会主义发展遇到的一个关键问题，就是同当代最新的科技革命浪潮没有能够很好地结合。社会主义改革的一个重要目标，就是要改变这种状况。展望未来，21 世纪人类的明天，将取决于经过改革而更加充满活力的社会主义潮流，同更加迅猛发展的科技革命潮流，这两大潮流的更好结合。

马克思主义者用唯物主义观点看待历史，认为生产力是人类社会历史发展的最终决定力量。而“生产力中也包括科学”① 在内，这是马克思在总结近代第一次技术革命和 19 世纪生产力发展的时候明确指出的。恩格斯在马克思墓前的演说中有一句名言：“在马克思看来，科学是一种在历史上起推动作用的、革命的力量。”恩格斯说：“任何一门理论科学中的每一个新发现，即使它的实际应用甚至还无法预见，都使马克思感到衷心喜悦，但是当有了立即会对工业、对一般历史发展产生革命影响的发现的时候，他的喜悦就完全不同了。例如，他曾经密切地注意电学方面各种发现的发展情况，不久以前，他还注意了马赛尔·德普勒的发现。”② 1882 年在慕尼黑展览会上展出德普勒的一条实验性的远距离输电线路，引起马克思、恩格斯的热烈讨论，认为它将“使十分巨大的、一向白白浪费的全部水力立即可以得到利用”③，“使工业几乎彻底摆脱地方条件所规定的一切界限”，“如果在最初它只是对城市有利，那么到最后它终将成为消除城乡对立的最强有力的杠杆”④。德普勒的这个实验，是一系列预示着一个新的技术革命时代即将到来的技术成就中的一项。在它刚刚萌芽的时候，马克思、恩格斯就给予它这样高的评价，显示了马克思主义者的深邃的历史眼光。可以说，是马克思、恩格斯首先对第二次技术革命做出预言，并且对这个技术革命的发展同社会主义运动目标的关系做了探讨。20 世纪以来，特别是第二次世界大战以来，科学技术的进步是多么神速啊！原子能、计算机、自动机器、宇宙航行、卫星通信、微电子技术、生物工程，以及诸如此类层出不穷的新事物，深刻地影

① 《马克思恩格斯全集》第 46 卷下册，人民出版社，1980 年，第 211 页。
② 《马克思恩格斯选集》第 3 卷，人民出版社，1972 年，第 575 页。
③ 《马克思恩格斯全集》第 35 卷，人民出版社，1971 年，第 105 页。
④ 《马克思恩格斯全集》第 35 卷，人民出版社，1971 年，第 446 页。

响和改变着人类的物质生活、社会生活和精神生活。我们时代的科学技术所达到的成就，所展示的前景，对推动工业和一般历史发展所发挥的革命影响，所提供的强大杠杆，远远超出19世纪人们的预料。如果马克思、恩格斯活在今天，面对着这样丰硕的科学技术成就和不断加速的科学技术进步，他们该会多么“密切地注意”、“衷心喜悦”，并且会从中做出多么重要的革命结论来啊！

正是面对这种新的情况，1988年邓小平同志在一次谈话中指出：“马克思讲过科学技术是生产力，这是非常正确的，现在看来这样说可能不够，恐怕是第一生产力。”① 这是继承马克思，而又发展了马克思，形成了马克思主义的一个新概括，一个反映了现时代科学技术发展新形势的新概括。这一概括的意义，在于强调科学技术在生产力发展中的地位和作用，在于强调“对科技的重要性要充分认识”①，在于强调对科学技术工作者、对知识分子作为“工人阶级自己的一部分”②的重要性要充分认识。因此，“科学技术是第一生产力”这个马克思主义的新论断，对我们的社会主义现代化建设和改革开放事业，具有极其重要的战略指导意义。这个理论观点和战略思想，应该让我们党的各级领导干部和马克思主义的理论工作者充分认识，让各方面工作（特别是经济工作）的干部充分认识，让广大工人、农民、教师、学生都增加了解，并且把这个战略指导思想切实地贯彻到我们的各项工作中去。

社会主义的优越性应该表现在社会发展和社会生活的许多方面，其中一个有根本意义的重要方面，就是社会主义应该为科学技术发展提供更合适的土壤，更广阔的前景。社会主义在世界、在新中国成立以后，这种优越性在某些时期、某些领域显著地表现出来了。人造地球卫星上天首先是在社会主义的苏联实现的。毛泽东曾经称赞这项科学技术成就“开辟了人类征服自然界的新纪元”，是“全世界无产阶级的骄傲”，是“全人类的骄傲”③。中国于20世纪50年代中期在世界上最先制订国家的全面的科学技术发展远景规划，

---

① 《邓小平同志论教育》，人民教育出版社，1990年，第174页。

② 《邓小平文选（1975～1982年）》，人民出版社，1983年，第86页。

③ 《在苏联最高苏维埃庆祝十月革命四十周年会议上的讲话》，见《中共党史参考资料（八）》，人民出版社，1980年，第672页。

采取几大紧急措施有效地发展新技术，以及在经济和科技力量都还比较薄弱的情况下，用较少的钱，以比资本主义国家更快的速度研制成功“两弹一星”。这些也曾经使世界瞩目，是中国社会主义的胜利。但是，在一些时期、一些领域，特别是在20世纪70年代科技革命的新浪潮中和通用生产技术领域，社会主义的这种优越性又还没有很好地表现出来。对社会主义制度已经表现出来的促进科学技术发展的优越性，我们应该给予客观的、充分的估价，让今天的广大青年、广大科学技术工作者有所认识，以坚定我们的社会主义信念，克服对社会主义成果的妄自菲薄和虚无主义。对现在社会主义还没有能够从各方面充分保证科学技术迅速发展这个事实，我们应该清醒地正视。有些客观条件需要从历史中做出说明（比如，帝国主义的侵略和封建主义的腐朽使近代中国大大落后于世界，帝国主义的封锁又使新中国长期被排除在世界科技交流之外）。对我们工作中和体制上的失误和弊端，则必须做出最大努力来求得改进，克服故步自封和苟且因循。因此，如何改革我们的经济体制、政治体制和科技体制、教育体制，如何用更有活力的具体体制和具体政策来促进科学技术在我们的社会主义制度下更好地发展，使社会主义的优越性通过作为社会主义制度自我完善的改革，逐步充分实现，这是一个重要的实践课题和研究课题。社会主义改革的根据、社会主义改革的必然、社会主义改革的出路、社会主义改革的准绳，根本的一条，就在于更好地促进科学技术和整个社会生产力的发展。

我们坚持的社会主义是科学的社会主义。说它是科学的，原因有三点。第一，它不是从善良愿望和道德要求的空想出发，而是从社会发展的实际出发。如同自然科学研究自然界各种过程的活动规律和发展规律一样，马克思研究资本主义这种社会经济形态，找到了这种形态作为自然历史过程的活动规律和发展规律，从而第一次把社会主义理想和学说的基础，建立在对社会规律的科学认识和科学研究之上。第二，它还从这种科学的研究中，找到了实现社会主义理想所必须依靠的社会力量——组织起来的无产阶级及其革命斗争。这就使科学的社会主义成为无产阶级运动的理论表现。第三，它还指出了无产阶级实现自己的社会理想所必须凭借的知识力量——现代科学的力量。马克思主义充分估计自然科学和技术推动历史发展的革命作用，同时把人类历史上特别是资产阶级时代的哲学和社会科学成果批判地吸取和改造过来，建立和发展了无产阶级的真正科学的哲学和社会科学。无产阶级运动和现代科学的结合，这就是马克思主义的科学社会主义的力量所在。既然如此，从一个意义上也不妨说，科学的社会主义，应该是更加重视科学技术在社会发展中的作用的，比资本主义更能促进科学技术发展并且保证科学技术发展的社会成果为广大人民群众所享有的社会主义。社会主义将通过改革，因更好地同科学技术发展相结合而得到巩固、发展，充分显示出它的优越性；科学技术将由于社会主义发展而获得更好地造福于人民的社会条件。我们大家都应该为科学技术发展和社会主义发展两大潮流的更好结合而奋斗。

二、科学技术革命与马克思主义发展

马克思主义理论要坚持，要发展。坚持和发展的关键，在于面向实际：面向社会主义建设和社会主义改革的实际，面向当代世界经济和政治发展的实际，还有面向当代自然科学和技术发展的实际。

1989 年 5 月，邓小平同志在一次谈话中讲到："真正的马克思列宁主义者必须根据现在的情况，认识、继承和发展马克思列宁主义。"又说："世界形势日新月异，特别是现代科学技术发展很快。""不以新的思想、观点去继承、发展马克思主义，不是真正的马克思主义者。"[①]这些话是很重要、很深刻的。

面向科学技术日新月异的发展来坚持和发展马克思主义理论，我认为，首先是在马克思主义关于社会发展和社会革命的理论这个方面。马克思主义者一定要去认真了解和研究当代科学技术革命的基本成果和前景，了解和研究它们给经济、政治、军事、文化和社会生活，给革命条件、建设方针、改革要求，带来什么样的新变化，提出什么样的新问题，提供什么样的新力量，使马克思主义的社会发展和社会革命理论在继承、坚持基本的立场、观点、方法的基础上，丰富、发展新的思想观点。只有这样，马克思主义理论才能跟随时代前进，并且指导时代前进，从而增强它的吸引力、说服力和战

---

① 《人民日报》，1989 年 5 月 17 日。

斗力。

用马克思主义的基本观点来研究现代科学技术革命对社会发展和社会革命的影响，需要马克思主义理论工作者来做，也需要科学技术工作者来做，需要这两部分工作者的通力合作、相互学习和平等讨论。没有科学技术工作者的积极参加，这种研究是不可能深入的。这就向科学技术工作者提出了两重要求：一是要学习，学习马克思主义理论来指导自己对科技与社会相互关系的研究；二是要作贡献，对丰富马克思主义关于社会发展和社会革命的理论研究做出贡献。

关于科学与社会的研究，在西方是一个热门。如果追溯一下起源，倒是有一个很有意思的现象：西方在这方面的研究，是20世纪30～40年代由英国的一批站在马克思主义旗帜下的自然科学家来开拓的。西方公认的这方面研究的创始人之一、《科学的社会功能》的作者贝尔纳说过："马克思主义和科学的关系在于马克思主义使科学脱离了它想象中完全超然的地位，并且证明科学是经济和社会发展的一个组成部分，而且还是一个极其关键的组成部分。"[①] 这批自然科学家公开宣称自己的目的是"将社会主义灌输给科学家，而把科学教授给社会主义者"。现在，在新的科技革命背景和社会背景下，西方这方面研究的范围和内容广阔多了，思想倾向和影响也庞杂多了。这方面当代流行的观点和著作，这些年已经被广泛地介绍到中国来。马克思主义的理论研究，必须了解和分析当代西方学者这方面研究的成果和动向。不仅西方自然科学家有关这些问题的论述，会有不少精辟见解和值得我们有分析地加以采纳的东西，就是西方社会学家在这些问题上收集的大量材料，进行的实证研究、提出的理论观点，也会有不少可资利用的和能够从正面、侧面或反面给我们以启发的东西。批判地吸取和消化马克思主义之外的学者们的有科学价值的成果，是丰富马克思主义理论的一个源泉。马克思主义者不拒绝同马克思主义之外的学者在同一个研究领域相互交流。但是，对西方的许多流行观点，我们不能采取全盘接受和盲目追随的态度。中国的学者对西方这些观点，要有自己独立的、马克思主义的研究。在一系列基本的理论问题

① 《科学的社会功能》，商务印书馆，1982年，第550页。

上，比如说，在科学和技术革命、产业和经济革命、社会和政治革命、文化和思想革命之间的相互关系上，在生产力、生产关系、经济基础、上层建筑之间的相互关系上，在科学技术、阶级斗争、社会制度的相互关系上，是不是从劳动人民利益的阶级立场来看问题，是不是用历史唯物主义的理论观点来看问题，得出的结论是会很不相同的，甚至是完全相悖的。在这样的基本理论问题上，必须以马克思主义为指导，才能有正确的方向和方法，才能澄清许多混乱的理论观点，批判那些借此攻击社会主义的政治观点。同错误观点作斗争，并且是在分析新情况、说明新问题、发挥新思想的科学研究的基础上来进行这种斗争，是丰富和发展马克思主义理论的重要途径。

对科技和经济发展的前景，西方众说纷纭，总的看来有两种思潮，即悲观主义思潮和乐观主义思潮，引起广泛的讨论，是颇有影响的。马克思主义当然不同意对科学和人类前途抱悲观态度。但是，被看做悲观派的一些学者和著作，强调科技和经济发展并不像从前人们理想的那样都是给人类带来幸福和美好，而是也会带来灾难和威胁。且不说利用科学制造出来的毁灭性武器，经过两次世界大战在科学界引起的忧虑和恐惧，就是在和平发展的进程中，人类也越来越紧迫地面临着生态破坏、环境污染、资源耗竭、人口膨胀等危机。以罗马俱乐部《增长的极限》一书为标志而出现的一系列悲观论调，实际上起到了敲起警钟的作用，动员国际社会正视“人类困境”，采取挽救和预防的行动，寻求新的科技和经济发展战略。这种作用本质上是积极的，是有贡献的。当然，也泛起过怀疑和否定科学进步的意义的思潮，人们叫它反科学思潮，这种思潮才真正是消极悲观的。法兰克福学派有些学者，致力于论述科学技术应当是促进人的解放的力量，然而在资本主义制度下的现实中，反而变成加剧人的异化的力量。这本来是对资本主义制度的批判，但是从对资本主义制度的批判转向对科学技术本身的批判，把科技进步与人的解放对立起来，那就不能不认为是迷失了方向。至于乐观派，他们确实科学分析地指出了某些悲观预言缺乏根据，他们确信科技发展引起的问题，还是应该而且能够依靠科技发展来加以解决，在这些方面，是有积极作用的。但是，如果断言科技发展就能使资本主义制度的各种根本矛盾自然消失，人类的“千年幸福”就会到来，那就成了背离客观事实的欺人之谈。马克思说过：人民的幸福，“不仅仅决定于生产力的发展，而且还决定于生产力是否归人民所有”[①]。这个真理并没有过时。

三、科学技术发展与马克思主义哲学的结合

面向科学技术日新月异的发展来坚持和发展马克思主义理论，还有一个方面，就是科学技术发展与马克思主义哲学世界观和方法论的结合。在这个方面，也需要马克思主义哲学工作者和科学技术工作者建立联盟，也需要向科学技术工作者提出两重要求：一是要学习，学习马克思主义哲学并运用于自己的自然科学研究之中；二是要作贡献，总结自然科学的成果和方法为丰富马克思主义哲学的研究作贡献。

马克思、恩格斯建立辩证唯物主义，概括了当时自然科学的基本成就和最新发展。尤其是细胞学说、能量守恒和转化定律、生物进化论，被恩格斯称为给辩证唯物主义奠定自然科学基础的 19 世纪三大发现。有些同志认为，应该把自然科学也看做马克思主义的来源之一，这个观点是有道理的。辩证唯物主义的建立离不开自然科学，辩证唯物主义的发展当然更离不开自然科学。同 19 世纪相比，20 世纪的自然科学在更加广阔的范围和更加深刻的程度上，揭示了自然界的辩证法和自然科学认识过程、研究方法的辩证法。唯物辩证法的世界观、认识论和方法论的许多的基本观点，因无数确凿的自然科学事实和脉络清晰的自然科学历史，在实际上已经为自然科学界所广泛接受。

马克思主义哲学尊重自然科学的一切成就，在自己的发展进程中不断去研究和总结自然科学的成就，以求形成适合自然科学本性、能够促进自然科学发展的科学的哲学。

自然科学与马克思主义哲学相结合，有一个从自发到自觉的过程。恩格斯、列宁都谈到过“自然科学的”唯物主义。按照同样的理由，我们也可以说存在着“自然科学的”辩证法思想。这样称呼是强调这种唯物主义和辩证法思想来自自然科学本身根深蒂固的传统力量，具有自发的性质，而同具备

① 《马克思恩格斯选集》第 2 卷，人民出版社，1972 年，第 73 页。

充分可靠的哲学论证的马克思主义的辩证唯物主义有所区别。每个科学家，至少是每个有见解、有创造的科学家，根据他过去的经验都会形成他自己的哲学。这种科学研究实践中的哲学，有些人称之为“第二种哲学”，而区别于“哲学家的哲学”。这是一种对科学问题的看法，决定他注意什么问题，不注意什么问题，一个问题来了，喜欢用什么方法去解决它。[①] “自然科学的”唯物主义和辩证法思想，有它的弱点，即缺乏哲学论证的自觉性；又有它的强点，就是它同自然科学历史、自然科学研究工作的实践、自然科学工作者学习和成长的过程，有深厚的、密切的联系。它同辩证唯物主义是相通的，是相得益彰的。因此，在一定的社会环境中，提倡和引导科学技术工作者学习辩证唯物主义，提高“自然科学的”唯物主义和辩证法思想在哲学上的自觉性、坚定性和明确性，这样的提倡和引导，可以很自然地变为科学技术工作者内在的要求。20 世纪 50 年代初，李四光同志就提出要“善于把《实践论》和《矛盾论》中所包含的一般原理，沿着我们地质工作者特殊的实践道路，由浅入深，一点一点地体现出来”[②]。20 世纪 50 年代末，钱学森同志讲过自己的体会：“我钻研业务多年……也摸索出一套进行研究的方法，像处理问题应该怎样入手，怎样去看问题，怎样克服困难，怎样从失败和错误中取得教训，等等。当时倒也‘自鸣得意’，因为这些道理在资本主义国家里科学技术书籍中是学不到的，算是我的研究心得吧。但是，回到祖国以后，有好机会学习马克思列宁主义了，这才感到惭愧：我的那套心得，那套科学研究方法在辩证唯物主义和历史唯物主义里都有，不但有而且那里说得比我更完全、更明白。”[③] 这不仅是一个人的体会，也是我国许多科学技术工作者的共同体会。20 世纪 60 年代中，朱洪元同志等一批中国物理学工作者，运用马克思、列宁、毛泽东的哲学思想，从具体的研究实践中提出了关于粒子结构的层子模型，这是属于当时理论物理研究前沿的重要成果。这些事例表明，中国的科学技术工作者学习马克思主义哲学，学习毛泽东的《实践论》、《矛盾论》等科学著作，把这种学习同总结自己从事的科学实践和自己

---

① 《杨振宁演讲集》，南开大学出版社，1989 年，第 151 页。

② 《跟着中国科学翻了身的地质学》，《人民日报》，1952 年 9 月 21 日。

③ 《论又红又专》，中国青年出版社，1958 年，第 119 页。

熟悉的科学成果结合起来，同总结科学共同体的科学研究方法结合起来，并且运用于自己的科学研究工作，这是一件很有意义的事情。

科学方法论是马克思主义和自然科学结合的重要环节。抓住这个环节，可以使科学技术工作者在研究方法上，在理论探索上，在研究课题和研究战略的选择上，在预测科学发展趋势和制订科学发展规划上，运用马克思主义的方法，开阔思路，提高眼界，更有成效地工作。更重要的是，由于自然科学研究从个人规模的小科学走向社会规模组织起来的大科学，由于自然科学、工程技术、社会经济几个方面研究的日益结合（没有这种结合就不能解决当代任何重大的科学技术和社会经济的综合课题），由于科学技术工作者越来越需要了解他们从事的科学技术研究的社会经济后果和它对社会经济条件的要求，由于科学技术工作者日益广泛地参与社会经济问题的咨询和决策，他们面对越来越多的社会问题需要研究和思考，这样，他们就不能只是凭借自己的自然科学知识、经验和方法，而必须努力学习马克思主义的理论和方法，学习有关的各门社会科学和各种社会经济知识，才能更好地承担自己的社会责任。

现在我国的科学技术工作者中间，注意学习马克思主义哲学的人，是很多的。这是我们这个队伍的好传统。也有不少人对哲学表示冷淡和疏远，造成这种情况有许多原因。马克思主义哲学“过时”之类的论调的影响是一个原因。过去“学习苏联”的时候和“文化大革命”中对一些自然科学理论从哲学上进行粗暴批判的阴影是又一个原因。应当指出，这种粗暴批判的错误早已受到批评和纠正。马克思主义者认真进行了总结这方面历史经验的工作。这种工作的目的，一方面是防止那些本质上违背尊重科学、尊重创造的马克思主义革命批判精神的错误重复出现；另一方面是澄清那种把这类错误归咎于马克思主义本身的谬误意见。这样才能正确地坚持马克思主义的指导地位，建立马克思主义哲学和自然科学之间相互尊重、相互促进的正常关系，推动哲学工作者同科学技术工作者之间相互学习、平等讨论，用“百家争鸣”、实践检验的方法来解决有关自然科学的学术争论和哲学争论，从而既有利于自然科学的发展，又有利于马克思主义哲学的发展。自然科学学术问题上的争论，有的是反映在理论概括中的唯物主义同唯心主义、辩证法同形而上学的争论，有许多则不是这种性质的争论。即使是有关唯物主义同唯心主义、辩证法同形而上学的争论，也是属于学术性质的问题，也要进行具体的分析，通过自由讨论的办法来解决。学术上实行“百家争鸣”的政策，是唯一正确的政策。总结历史，绝不是要抛弃我国科学技术工作者队伍中早已形成的学习和研究马克思主义哲学的传统，恰恰是为了在当代世界科学技术革命迅猛发展的形势下，在我国现代化建设和改革开放的新的历史条件下，更好地坚持和发展这个马克思主义的传统。

科技发展与世界的新格局*

关于世界新格局的讨论，现在是一个热点。实际上有两种方式在讨论，一种是谈现实，另一种是谈思想，这中间有相当的差别。从分析现实的角度看，以往的世界两霸，现在只剩下一霸，政治世界的新格局，目前有“一三五七”的说法，一就是美国一统天下，三是指美国、日本和东太平洋地区，以及西欧联盟，五是指联合国五个常任理事国，七是指七个西方工业发达国家，究竟以怎样的方式确立世界新格局，现在还很难说。而从理想的角度谈应该建立一个什么样的世界新格局，则更是众说纷纭。如何在分析现实的基础上，找到一个实现人类共同理想的世界新格局，确实是摆在我们面前的一个重任。

在面向现实、追求理想的过程中，科技是一个重要的因素。科学家一般是热心于将科学技术服务于人类和平事业的，并做出过很大贡献。但第二次世界大战的经历，使科学家们更深地感受到自己所肩负的责任，即反对战

---

* 本文是 1991 年 11 月 11 日在北京召开的“国际科学与和平周”会议上的发言摘要，原载《科学学研究》1992 年第 1 期，第 5 页。

争、反对将科学用于战争的目的。随着战争因素的不断减弱，科学家又开始注意到另一类问题，即和平发展过程中的人口问题、资源问题、环境问题等。总之，科学家们往往能比较冷静地面对现实，发现问题，提出未来的解决办法，发挥一个先锋的作用。尽管解决问题的办法可能不尽相同或理论观点各不统一，但科学家们提醒人们关心一些人类所共同面临的问题，这种精神还是值得提倡的。

在目前的讨论中，有些人提出了一些世界政治新秩序的准则，也有些人提出了一些世界经济新秩序的准则。主要是基于对现实的分析，更主要的是对一种理想的追求。那么，从科技发展的角度，我们是否也可以提出一些在未来世界新秩序中应遵循的准则呢？大家可以努力探讨，我这里提出两个比较大的原则，一个是科技发展的成果要世界共同享用，另一个是解决科技发展引起问题的责任要世界共同承担。成果是科技发展有益于人类的方面，问题是不利的方面。在这两大原则下，还有很多具体的东西需要大家探讨，包括具体的技术转移问题、全球环境问题等。但科学技术必须服务于人类共同的理想，这是我们科技工作者应时刻牢记的神圣使命。

积极贯彻十四大会议精神　加强科学学研究

——1992 年 12 月在中国科学学与科技政策研究会成立 10 周年学术报告会上的致辞*

中国科学学与科技政策研究会成立 10 周年学术报告会，正好在党的十四大胜利闭幕之后不久召开。党的十四大是一次意义重大的会议。它进一步确认邓小平建设有中国特色的社会主义理论和路线为党的基本理论和路线，确认社会主义市场经济为经济体制改革的目标模式，规定了 20 世纪 90 年代加快经济发展的任务和战略。这对科学学和科技政策的研究，有重要的指导意义，也提出了更高、更迫切的要求。

回顾历史，同近代科学传入中国相伴随，关于科学的性质和意义、关于科学与社会和科学与人生的各种思潮也相继传入中国。东西方文化问题的论战，科学与人生观问题的论战，就反映了这个问题上各种思潮在中国思想界引起的激荡。中国早期的马克思主义者参加和评论这些论战，表达了我们党对科学问题的最初的观点。后来在延安，在中华人民共和国成立之初，中国共产党在自己的文化纲领中，确立了对科学的基本观点和基本政策。围绕着新中国科技政策的制定和实施，新中国科技事业的发展和规划，可以称之为

* 本文原载《科学学研究》，1993 年第 1 期，第 7、8 页；1996 年以“科学技术 · 市场经济 · 社会主义”为题，收入《自然辩证法在中国》，北京大学出版社，第 189～192 页。

科学学的研究工作逐步展开，虽然那时还没有科学学这个名称，而且大体上还是在哲学，即辩证唯物主义和历史唯物主义论科学这个范围之内。

十一届三中全会以来，全党、全国人民的工作重心转移到社会主义现代化建设上来，科学技术在我们党的纲领中的地位大大提高，超出了文化纲领的范围，在经济建设纲领中占有重要的位置。科学学这个名称已经被引进和用开，科学学研究已经超过哲学的范围，带有多学科综合研究的性质；超出理论的范围，带有多方面应用研究的性质，从而逐渐形成为一门影响不断扩大的具体科学。中国科学学与科技政策研究会，就是在这样的背景下成立的。10 年来，研究会有很大的发展，到现在已经在 28 个省、自治区、直辖市建立了组织，全国和各地已经拥有千把签名会员。20～30 种刊物相继创办，一大批研究机构相继设立。研究工作结合科技体制的改革，结合科技和经济、社会发展规划，结合许多地区科技兴省、兴市、兴县的战略部署，广泛地展开，取得了许多成果。学科建设也有进展，出版了不少受到重视的学术著作。可以说，科学学和科技政策研究的蓬勃发展，是十一届三中全会以来 14 年的许多盛事中的一件盛事。

1992 年年初，邓小平同志的“南方谈话”和党的十四大，使我们国家从党的十一届三中全会开始的新时期发展到一个新阶段。在十四大精神的指引下，我们的科学学和科技政策的研究，也应该发展到一个新阶段。

十四大报告概括建设有中国特色的社会主义理论的主要内容，第一次把小平同志关于科学技术是第一生产力的论点列进来，而且把它当做这个理论在社会主义的根本任务问题上的五个主要论点之一，这是很值得我们认真研究和深刻体会的。把发展生产力摆到极其重要的地位，这是小平同志的社会主义理论的重心。他的关于社会主义本质的论述，他的关于我国社会主义现阶段主要矛盾的论述，他的关于社会主义根本任务的论述，他的关于社会主义社会各项工作是非的根本标准的论述，都立在这个重心之上。正是这一点，使邓小平建设有中国特色的社会主义的理论，充分体现了马克思主义历史观的唯物主义精神。而在现代的条件下来谈发展社会生产力，就不能不突出科学技术这个第一生产力，否则就落后于时代。正是这一点，使邓小平建设有中国特色的社会主义的理论又体现了时代的特征。只有充分重视科学技术的社会作用和科学技术引起的社会变革的社会主义理论，才是科学的社会主义理论，才是现代的社会主义理论。我们学习和研究建设有中国特色的社会主义理论，应该把握这个理论的历史唯物主义精神和时代精神，加深对科学技术是第一生产力的理解。科学学和科技政策研究，要从理论和实践的多方面、多层次进一步开展对科学技术是第一生产力的研究，并且把它同对社会主义的科学的、现代的理解联系起来。

十四大报告确定经济体制改革的目标是建立和发展社会主义市场经济，这是社会主议理论和社会主义改革实践的重大突破。在以社会主义公有制为主体的基础上，实行现代市场经济，将使我国的企业具有充沛的活力，而这个活力的最重要的内容，应该表现在对科学技术的需求上。我们说，近代科学技术是伴随着资本主义的发展而发展的，其实更本质地看问题，应该说是伴随着市场经济的发展而发展的。市场经济意味着激烈的竞争。而竞争中最有效的手段，归根到底，是依靠不断进步和更新的科学技术来不断提高劳动生产率，降低成本，改进产品的质量和性能，用新产品满足和创造新的市场需要。竞争中也会用其他手段，如各种欺诈伎俩，但那不过是不发达市场中小生产者的伎俩，而不是现代社会化大生产和现代市场经济中真正持久有效的手段。真正持久有效的手段，是科学技术，是科学管理。现在我们对社会主义市场经济的建立和发展抱有许多期望，最重要的期望之一，就是由市场经济焕发出社会主义企业吸纳和运用科技成果的内在活力。从前我们的科学学和科技政策研究很多是同计划经济和计划经济下的科技工作相联系的。十年来我们的科学学和科技政策的研究越来越多地同经济体制改革、科技体制改革联系起来，其中的关键，就是要同市场经济和市场经济下的科技工作联系起来。说市场经济下的科技工作，并不意味着否定科技工作的计划。正如国家必要的计划调节，是现代市场经济的题中应有之义一样，国家的科技工作计划也是现代市场经济条件下的科技工作的题中应有之义，只不过市场经济条件下的科技工作计划同过去计划经济条件下的科技工作计划要有许多不同。说市场经济下的科技工作，也并不意味着一切科技工作都要面向和进入市场；而且，面向和进入市场的科技工作也还有自身的规律和特点。这里有许多新问题有待研究和解决。向社会主义市场经济新体制转变，对科技工作同经济工作的结合是一个强有力的推动，对科学学和科技政策的研究也是一个强有力的推动。

总之，十四大以后，改革和建设的加快发展，向我们这个研究领域提出了许多重大的研究任务，我们大家要扎实工作，努力做出更多的科学研究成果。

我们的会议，是听大家的发言和学术报告。我简单讲这么几句，作为开场白。

谢谢大家。

关于“科学技术是第一生产力”

——从推荐《现代科学技术基础知识》一书说起*

《现代科学技术基础知识》（干部选读）一书，已经出版3个月了，不久前中共中央办公厅还就此事发了通知，想必已经引起许多干部的注意。我主要围绕“科学技术是第一生产力”的问题，说几点看法，同阅读此书的同志们，也同编写此书的同志们，一起探讨。

一、学习现代科学技术知识同学习建设中国特色社会主义理论之间的关系

现在摆在我们干部面前的学习任务是很繁重的。首先，当然是学习邓小平建设中国特色社会主义理论。中央领导同志近来反复强调，《邓小平文选》第三卷出版以来，在干部中这个学习已经有了很好的开始，但不可松懈，还要使之向深入、持久、扎实的方向发展。真正用这个理论把全党干部武装起来，在这个根本指导思想的问题上形成牢固的共识，坚持党的

* 本文原载《人民日报》，1994年8月12日。

基本理论和基本路线不动摇，这是一件关系我们党和国家前途命运的极其重要的事情。

再有就是学习社会主义市场经济。这是贯彻执行十四届三中全会决定的需要，也是深入学习建设有中国特色社会主义理论的需要，因为社会主义市场经济理论正是建设有中国特色社会主义理论中最重要、最有创新性质的组成部分之一。

还有就是学习现代科学技术知识。我认为，这不仅是增长知识以增加对现代化建设的了解的需要，也应该把它看做是深入学习邓小平建设有中国特色社会主义理论的需要。因为小平同志提出的“科学技术是第一生产力”这个马克思主义的新论点，是指导我们正确认识现代生产力和现代科学技术的重要论点，党的十四大在概括邓小平建设有中国特色社会主义理论的主要内容时，也把“科学技术是第一生产力”列在社会主义根本任务问题上的五个主要论点之一，是值得我们仔细领会的。

二、“科学技术是第一生产力”这个新论点，是在怎样的历史背景下提出来的呢

它的形成经历三个阶段。

第一个阶段，是1975年邓小平同志主持中央日常工作，听取《中国科学院工作汇报提纲》的时候。那时提出的任务，是全面整顿，针对的是“文化大革命”造成的多方面的破坏。首先是经济工作的整顿，强调要把国民经济搞上去，要把握住为四个现代化而奋斗这个大局。由此而提出科技工作的整顿。邓小平同志在听取汇报时说：“国家嘛，科技研究工作要走在前头。”“科技研究工作落后，会拖住整个国民经济的后腿。”正是在这个场合，邓小平同志引用了马克思早就说过的科学技术是生产力的论点，说：“科学技术叫生产力，科学技术人员就是劳动者。”

这就是说，那时提出马克思这个论点，是用它作为指导科技工作和经济工作整顿的一个理论依据。

第二个阶段，是邓小平同志复出不久，在1978年全国科学大会上。那时提出的任务，是拨乱反正，针对的首先是“四人帮”在“批邓、反击右倾

翻案风”中制造的思想混乱。在“批邓”中，《中国科学院工作汇报提纲》受到“四人帮”猛烈攻击，被他们指为所谓“三株大毒草”之一。“科学技术是生产力”这个马克思的论点，被说成是邓小平的歪曲和伪造，并且被加上许多的罪名，说它是“从新老修正主义那里搬来的”“唯生产力论的论点”，是“为了排斥阶级斗争这个纲”。粉碎“四人帮”，结束“文化大革命”，也结束了“批邓”这场闹剧和悲剧。邓小平同志复出工作，首先就抓教育和科技工作。他在全国科学大会上的讲话，重申了马克思的这个论点，重申了从事科学技术工作的人员是劳动者的论点，了结了“四人帮”对这些论点的荒谬批判这桩历史公案。这次全国科学大会被科技界誉为带来了中国科学的春天的大会。

这就是说，那时重申马克思这个论点，是拨乱反正开始的一个重要内容，成为指导全党全国工作重点向四个现代化建设实行战略转移的一个理论依据。

邓小平同志曾经说过，拨乱反正其实在 1975 年就开始了。从一定意义上说，拨乱反正是被“批邓”打断了的全面整顿在新的历史条件下的继续和发展。这一点，在“科学技术是生产力”这个论点的引用和重申上表现得再明显不过了。

第三个阶段，是在 20 世纪 80 年代末、90 年代初，邓小平同志明确地提出了“科学技术是第一生产力”这个马克思主义的新概括、新论点，并且一再地强调这个新论点。

在全国科学大会上小平同志论述马克思的观点时已经对马克思逝世以后现代科学技术越来越大的发展及其在社会生活中越来越大的作用做出了分析，得出了结论：现代社会生产力的巨大发展，劳动生产率的大幅度提高，“最主要的是靠科学的力量、技术的力量”；“科学技术正在成为越来越重要的生产力”。这些新阐述，应该认为是从“科学技术是生产力”这个论点到“科学技术是第一生产力”这个论点的过渡。

1988 年，邓小平同志先是在同外宾的谈话中，接着在同中央领导人的谈话中说：马克思说过，科学技术是生产力，事实证明这话讲得很对。现在看来这样说可能不够。“依我看，科学技术是第一生产力。”《邓小平文选》第三卷中将这两次谈话中的有关论述，作为一、二两段，集纳为一篇文章，即以“科学技术是第一生产力”为题，完整地提供了这个新论点的文献出处。

1992年，邓小平同志在视察南方的重要谈话中再一次申述：“我说科学技术是第一生产力。近一二十年来，世界科学技术发展得多快啊！高科技领域的一个突破，带动一批产业的发展。我们自己这几年，离开科学技术能增长得这么快吗？要提倡科学，靠科学才有希望。”

这就是说，邓小平同志提出的这个新论点，继承了马克思主义又发展了马克思主义，反映了当代科学技术发展的新形势和新趋向，也反映了我们对现代化建设和改革开放的新认识和新要求，反映了我们对在当代世界应如何抓住时机、发展自己的新认识和新要求。

党的十一届三中全会决定全党全国工作重点转移到社会主义现代化建设上来，这是具有战略意义的转移。随着全面改革和开放的深入，我们党又提出要把经济建设转移到依靠科学技术进步和劳动者素质提高的轨道上来。江泽民同志在全国科协四大的讲话中说，后面这个转移“是十一届三中全会决定的工作重点转移的进一步深化，是把这个转移推到一个更高的阶段，同样具有战略意义”。

科学技术是第一生产力的新论点，成为指导这进一步战略转移的一个理论依据。

三、“科学技术是第一生产力”这个新论点，具有怎样的含义呢

它的含义是丰富而深刻的，需要从多方面、多层次去认识。

我认为，可以分为五个层次。

第一个层次，是科技工作这个层次。这是最直接的层次，由此而形成有关科技工作的一系列政策思想，其意义是很重要的。但是，这个论点的意义远不限于这个层次。它绝不仅仅是只有从事科技工作的人员管理和科技工作的干部才需要了解和重视的一个论点。

第二个层次，是经济发展这个层次。这也是很直接的层次。经济建设已经成为全党全国人民工作的中心，从这个层次来观察和把握科学技术发展在经济发展和现代化建设中的地位和作用，这就是全党全国广大的人们都应该

关心，都需要了解和重视的事情了。邓小平同志论述科学技术是第一生产力，首先是着眼于这个层次，或者说这两个层次。“我们要实现现代化，关键是科学技术要能上去。”“不抓科学、教育，四个现代化就没有希望，就成为一句空话。”“中国要发展，离不开科学。”“我们要以世界先进的科学技术成果作为我们发展的起点。”这些名言，主要都是从这个层次来说的。

但是，这个论点的意义也还不限于这个层次。

第三个层次，是社会和政治发展这个层次。科学技术发展不仅深刻地影响了社会经济生活，也深刻地影响了社会政治生活、社会思想、文化和精神生活，即影响了整个社会生活和社会发展。

观察科学技术发展对整个社会发展的影响，要从物质文明和精神文明两大领域、从科学的技术成果和科学的方法与精神两个侧面来进行。就是对它在社会政治方面的影响，也要从多种多样的视角来进行。这里只从一个视角来说一点，当然是有基本的重大意义的一点。

近代科学技术发展推动着产业革命，而产业工人阶级的形成和壮大，就是这种发展和革命影响于社会的最重要的结果。现代科学技术发展和新的产业革命，改变着整个社会的产业结构、劳动结构、社会结构。由此而引起工人阶级的状况和结构发生了和发生着极大的变化。马克思在《资本论》中就已经讲过工厂中的科技人员属于“总体工人”的范围，恩格斯后来进一步提出了“体力劳动无产阶级”和“脑力劳动无产阶级”的新概念，列宁在他那个时候也讲过西欧出现“工程师无产阶级”的新情况。那些是 19 世纪和 20 世纪前期的事情了。现在在发达国家，第三产业从业人员已经超过传统的第一、第二产业从业人员的人数，白领工人已经超过蓝领工人的人数，发展中国家也在朝着这个方向发展。中国的趋势也是如此。这不是有极其重要的社会政治意义的事情吗？

马克思主义者应该怎样观察和对待现代工人阶级状况和结构的这种深刻变化？怎样观察和对待科技人员、白领工人这支人数日益增多的工人阶级新部队？中国的马克思主义者，除了要正确地观察和了解这一世界趋势，还要正确地观察和了解中国社会主义制度的建立对中国科技人员和知识分子阶级地位所带来的变化。1956 年党中央召开知识分子问题会议，提出向科学技术进军，宣布中国知识分子的绝大多数已经成为“工人阶级的一部分”，正确地反映了世界的趋势和中国的变化。但是后来“左”的思想发展起来，逐渐占了上风，在知识分子问题上的这个马克思主义的观点一再受到冲击。社会主义中国的知识分子被一般地视为“资产阶级知识分子”，不承认他们属于工人阶级、属于劳动者。这就是邓小平同志在 1975 年的全面整顿和十一届三中全会前后的“拨乱反正”中，为什么要花那么大的气力，从科学技术是生产力来立论，以论证科技人员是“劳动者”，并引申到知识分子是“工人阶级一部分”的原因。

在提出科学技术是第一生产力的论点时，邓小平同志又进一步以此来立论，提出“要把‘文化大革命’时的‘老九’提到第一”。为什么要“提到第一”呢？邓小平同志解释说：“科学技术是第一生产力嘛，知识分子是工人阶级一部分嘛。”

可见，邓小平同志从科学技术是第一生产力这个论点中作出的这个结论，是一个关于我国社会阶级结构和阶级力量配置、关于科技人员和知识分子这个广大人群的阶级地位和政治地位，关于我们党同这个广大人群应该建立起怎样的关系，这样一个有重大社会政治意义的结论。

第四个层次，是社会主义发展这个层次，是社会主义同资本主义在世界范围的比较和较量这个层次。

邓小平同志 1988 年首次提出科学技术是第一生产力这个论点时，就是从这样一个层次来观察这个问题的。他说：“世界在变化，我们的思想和行动也要随之而变。过去把自己封闭起来，自我孤立，这对社会主义有什么好处呢？历史在前进，而我们却停滞不前，就落后了。”接着就说了马克思的论点很对但还不够，科学技术是第一生产力。接着又说：“我们的根本问题就是要坚持社会主义的信念和原则，发展生产力，改善人民的生活，为此就必须开放。否则，不可能很好地坚持社会主义。拿中国来说，50 年代在技术方面与日本的差距也不是那么大，但是我们封闭了 20 年，没有把国际市场竞争摆在议事日程上，而日本却在此期间变成了经济大国。”这段话，寥寥数语，凝结着沉重的反思和深刻的对历史经验教训的总结。

正是从这个层次上来观察科学技术作为第一生产力的影响和意义，使我们更加深切地认识到：在社会主义的诸多任务中要把发展社会生产力摆在首位、根本的地位，在发展生产力的任务中要把科学技术摆在第一的地位。过去我们社会主义发展中的根本教训，就是没有把握住社会主义的根本任务，没有结合好社会主义发展和科学技术发展这20世纪的两大潮流。今天我们进行社会主义改革开放，它的根据，它的必然，它的出路，它的准绳，根本的一条，就在于更好地促进科学技术和整个社会生产力的发展，更好地实现社会主义和科学技术这两大时代潮流的结合。我们坚持的社会主义是科学的社会主义，这里的“科学的”有它确定的含义，我以为从前面所述的意义上还可以扩展它的含义：科学的社会主义还应该是高度重视科学技术在社会发展中的作用的、归根到底比资本主义更能促进科学技术发展并且保证科学技术发展的社会成果为广大人民群众所享有的社会主义。这是我们社会主义者要努力奋斗、促其实现的伟大目标。

第五个层次，是世界发展、时代发展和马克思主义发展这个层次。这同前一个层次是密切相连的。

邓小平同志观察世界发展、时代发展，非常强调、非常突出科学技术这个方面。他用“高科技发展的世纪”来形容21世纪，表明他把科学技术发展作为概括世纪特征、时代特征的一个重要方面。他要求我们必须看到“世界新科技革命蓬勃发展，经济、科技在世界竞争中的地位日益突出”这个任何国家都不能不认真对待的形势。他反复说：“现在的世界，人类进步一日千里，科学技术方面更是这样，落后一年，赶都难赶上。”“现在世界的发展一日千里，每天都在变化，特别是科学技术，追都难追上。”“现在世界突飞猛进地发展，科技领域更是如此，中国有句老话叫‘日新月异’，真是这种情况。”并且由此而提出：“我们要赶上时代，这是改革要达到的目的。”

邓小平同志还非常强调马克思主义要发展，要随着世界发展、时代发展而向前发展，要随着人类社会实践发展和科学发展而向前发展。他说：“世界形势日新月异，特别是世界科学技术发展很快。现在的一年抵得上过去古老社会几十年、上百年甚至更长的时间。不以新的思想、观点去继承、发展马克思主义，不是真正的马克思主义者。”

从马克思主义理论的高度来看科学技术发展的影响和意义，这是最高的层次。

四、再回到对这部书的推荐

要理解科学技术是第一生产力这个论点的多层次的深刻含义，就需要对现代科学技术及其发展趋向，有必不可少的基本知识。所以要向干部推荐这部书。

哪些干部需要和能够读《现代科学技术基础知识》？我觉得，有大专水平的干部就能够读这部书。有理工科大专水平的，接受程度应该不成问题，其所以还要向他们推荐这部书，是因为他们尽管已经有某一个专业的大专水平，但是需要增加对其他专业的基本知识和对现代科学技术整体发展的了解。文科大专水平的，读这部书会有些困难，但既然主要是想知道一个大概，在一些专业术语和细节方面“不求甚解”也无妨。当然，如果这部书能写得更通俗一点，就更好了。有些部分，写得相当通俗，是很不错的；有些部分，并非必要的专业概念术语多了一些，非有不可的、正是要让读者了解的专业概念术语，在行文或注释中作必要的解释和交代，人们读起来更容易接受一些。

我认为，这部书的读者，恐怕主要是非科技专业而有大专文化水平的干部，包括从事思想文化工作的干部。试想，当代信息技术迅猛发展的现状和前景，给信息传播和获得的方式，给人们的交往方式和生活方式，给人们的文化需要和社会政治参与的需要，已经带来并正在带来多么巨大而深刻的变化！从事思想文化工作的干部如果对这方面的知识和趋势没有必要的了解，怎能适应形势的发展，从根本战略上争取工作的主动？要是确定主要给非科技专业的干部阅读，那么，在写作的深入浅出方面，这部书在修订的时候，还有改进的余地。此外，书中也还有一些疵点，比如对邓小平同志提出科学技术是第一生产力，在文献的征引方面还不完备，未能及时反映《邓小平文选》第三卷最新提供的文献；在马克思文献的征引上也有不够准确的地方，没有选用后出的更准确的译文；介绍美国名言——“专利制度给天才之火浇上利益之油”，把利益误译为兴趣。修订时可以加以改进。

说到修订，最重要的原因是科学技术进步一日千里。比如，书中介绍基本粒子结构，说到理论上论证其存在的夸克共有六种，实验上已经发现五种。最近传来消息：第六种夸克——顶夸克，已经有最新实验证明其存在的迹象了。所以，介绍科学技术的书，在随着科学技术发展而及时修订方面，任务特别繁重。

组织干部学习科学技术基本知识，是一项长期的任务。所以，应该为这方面的学习提供一部或者几部权威的、常备的、不断更新的学习用书。这里讲的常备，一是指干部案头常备，二是指书店柜台常备。我希望《现代科学技术基本知识》能做好经常的修订工作，最好一两年或者两三年就修订一次，出一个新版。我们以后提到这本书，都必须说明是指哪一年的版本。我还希望有别的同类的学习用书出版，适应不同情况的干部和知识分子的多种多样的需要，写出各自的特色，并且在比较中提高这类著作的水平。

引人注目的研究领域：科学与社会*

近代在西方发展起来的科学，是近代西方社会发展中一支巨大的力量——精神的力量和物质的力量，它成为近代西方社会发展的一个基础的背景。“科学和哲学结合的结果就是唯物主义、启蒙时代和法国的政治革命，科学和实践结合的结果就是英国的社会革命。”对科学在近代西方社会中的意义和作用，这是一个极其鲜明和深刻的概括。

科学这种知识，这种思想，这种精神，这种力量，因为它反映人类生存于其中的自然界的客观规律，具有普遍的价值，自然要以所向披靡的阵势，传播到全世界其他地方，并且在其他地方的古老社会中引起激烈的震荡。

近代西方科学传入中国的历史，也许要追溯到明末。不过那时近代科学在西方也还在酝酿之中，它在中国的传播，无论是就其科学内容还是就其接受范围来说，都是极其有限的。研究它有历史的、学术的意义，但是它在中国那时还不能也没有发生重大影响。真正对中国古老社会发生影响，引起震荡，是在晚清和民国初期。套用一句熟话：鸦片战争一声炮响，使中国人看到了西方的科学技术（这当然是在一种极不相同的意义上的套用，因为鸦片战争的炮声，是西方强权为着侵略的目的，凭借其船坚炮利，向中国发动武

---

* 本文是作者为任定成《在科学与社会之间》（武汉出版社，1997年），后改为现标题发表于1998年4月11日《人民日报》。

装进攻的罪恶的炮声)。被打败了的、陷入民族危亡的中国人，看到了打败他们的西方的科学。先是在船坚炮利的技术层面上，然后到船坚炮利后面的声光化电的知识层面上。再后，才深入船坚炮利、声光化电后面的科学思想、科学精神的层面上，这已经是辛亥革命以后的新文化运动的时候了。从晚清以后，考察和研究中国的历史，就不能不考察和研究西方科学在中国的传播，考察和研究这种传播对中国社会在思想、文化、经济、政治、社会生活各方面引起的震荡和变化，考察和研究中国思想潮流、政治力量、社会群体对科学在中国传播的正面和负面、积极和消极，这样和那样的回应、反响和主张。

任定成同志的著作《在科学与社会之间——对 1915～1949 年中国思想潮流的一种考察》，就是在“科学与社会”这个范围内和线索上，对中国新文化运动以来的历史所作的一番认真的考察。现在这部著作出版，作为他的导师，我很高兴为他写下这篇序言。

同整个历史一样，这段历史也极其丰富而复杂，可以也应该有多种考察的视角，作者选择了一个视角，就是书的副题表明的视角。我以为这是一个重要的视角，是给人启发、引人思索的视角。作者指出，近代中国逐渐形成了一个社会群体，这个群体包括科学界中关心社会政治和思想文化的人们和思想界中重视科学方法、精神、知识的作用的人们。我以为，当然不能认为这是一个界限分明的稳定的社会群体，但是，在有形和无形之间，在交叠和变动之间，的确可以使人感到存在着在科学与社会这个共同关注的主题上，思索、呐喊、活动的人群，这恐怕是不争的事实。把这个群体和他们在科学与社会问题上的思想和主张，摆在近代中国历史发展中来考察，是有新意和创见的。

作者通过历史的考察，揭示在近代历史的不同阶段上，科学思想在中国社会思潮、文化论战、政治运动中发生作用和影响的情况和轨迹。考察的目光，放在“新文化运动中的科学与民主”、“科学与人生观论战”、“中国科学化运动”、“中国文化出路论战”、“延安的自然科学研究会”、“重庆中国科学工作者协会”这 6 个环节上。每个环节比较集中，具有代表性。6 个环节连接起来，形成历史的链条。就我所知，前两个环节，前人研究较多，但这部著作有新的视角和新的梳理。中间两个环节，过去研究较少（前者在近代思想史中不大被人注意，后者在思想史研究中有人注意但是未能涉及其与科学相关的方面和科学界人士的参与)。这部著作在材料上有新的发掘，并对其历史上的意义有新的客观的评价。后面两个环节，以两个自然科学组织为核心，前后左右贯穿起来，将延安与大后方两个区域科学界对政治的参与和政治界对科学的态度，作了较好的总结和分析。

“科学与社会”，现在是一个引人注目的研究领域。我认为，这个领域的研究，主要是面对中国现实的问题。为此，既需要有环顾世界的宽广眼界，还需要有回顾历史的纵向考察。如果没有世界眼光和历史考察，对中国现实问题的研究是难以有深入的成果的。我希望作者把他在这部著作中开始的研究，继续深入进行下去，也希望有更多的青年学者关注、思考和研究科学与社会的诸多问题。

简论21世纪科学普及的“十大关系”*

在武汉的一次科普工作会议上，大家讨论了21世纪的中国科普工作。会议的发言，涉及科普工作内部和科普工作与其他工作之间的一系列相互关系问题。在新世纪的科普工作中，我们要把这一系列关系摆好。我粗略地归纳了一下（肯定有遗漏，也没有排出一个逻辑顺序来）总共十条，算是21世纪中国科普工作的“十大关系”吧。

第一，普及科学知识与弘扬科学精神、科学思想、科学方法的关系。这是一个重要的问题。科学是不是分成这四大块？各自如何定义？相互间如何划分？人们对此进行了广泛的讨论，有很多好的意见。在我看来，定义、划分不能没有，也不能过于烦琐。特别是科学精神、科学思想、科学方法，相互之间更多是交织，很难划得一清二楚。大的划分还是两分法：一类是各种具体的科学知识，另一类是蕴涵在科学知识中的，人们获得科学知识并推动科学知识不断向前发展的科学精神、态度、方法、思想。科普工作不要限于普及科学知识，更不要限于技术知识、生活知识，应告诉人们科学知识是怎

* 本文原载《科协论坛》，2002年第11期，第6～8页。

么来的，它的历史、它的渊源、它的背景、它的前景、它的概念、它的思路、它的方法、它的精神。这样，普及科学知识就跟弘扬科学精神结合起来了。科学知识是载体，要寓科学精神于科学知识的普及之中。不能离开科学知识，孤立地谈科学精神，也不能只有科学知识的传播，而“言不及义”，不及科学精神、思想和方法之“义”。

第二，提倡科学与发扬民主的关系。科学精神是什么？有各式各样的说法。我也在一个场合讲到我所理解的科学精神，概括起来即实践的检验、批判的头脑、理性的思考、自由的讨论。政治民主保证科学自由，科学精神里面贯彻着民主讨论。如果没有自由、民主的讨论，科学精神就难以发扬，科学的发展就会受阻碍，科学的生命就会被窒息。

第三，弘扬科学精神和弘扬人文精神的关系。人文界呼唤人文精神，是有历史背景和客观需要的。在强调弘扬科学精神的同时，也应该强调人文精神，尤其应该致力于科学精神和人文精神的相互结合、相互促进。如果把人文精神的失落归罪于对科学技术的重视和科学精神的发扬，那就有点酸气了，有点偏颇了。在贬低科学或者批评什么“科学主义”的基础上来弘扬人文精神，我看是不对头的，正如在贬低人文意义的基础上来弘扬科学精神，也是不对头一样。讲科学精神的时候，不能只讲认识论、方法论，还要讲科学在社会中的位置，科学在人生中的作用，科学家为真理、为社会、为人类、为和平、为环境而斗争，这就要讲价值判断和价值引导。对科学技术发展的人文思考和人文引导是不能忽视的。我赞成两者结合，而不赞成互相贬低，靠贬低另外一方是不能很好地弘扬这一方的。我们提倡的科学精神应该是有高度人文关怀的科学精神，我们提倡的人文精神应该是有现代科学意识的人文精神。如果没有现代科学意识，那人文精神就可能渗进反理性的、神秘主义的东西。有高度人文关怀的科学精神和有现代科学意识的人文精神的结合，在 21 世纪里是需要很好注意、很好处理的一种相互关系。

第四，普及自然科学与普及人文社会科学的关系。这是科学与人文相互结合的一个重要的方面。普及自然科学知识非常重要，普及人文社会科学知识也非常重要。把这两种知识的普及结合起来，更是很有意义的，能为科学普及工作开创新局面。科学普及的队伍应该有更多的社会科学和人文科学方面的学者参加。

第五，科普工作的科学性与普及性的关系。何祚庥同志提出科普工作的“四性”，即现实性、针对性、趣味性和科学性。上海的同志提了个“三有”，即有用、有趣、有理。还有一些提法，比如说易受性，容易接受叫做易受性。胡亚东同志提出层次性，科普工作的受众有多层次，从年龄上讲，有青少年和成年，还有老年，老年这个层次还有一些特殊需要，老年人特别关心身体健康，延年益寿。受众的社会地位也分层次，从高级领导到街道主任。不同层次的受众在科普内容和科普方式上都要有所不同。

第六，科普工作的专业性和业余性的关系。广大科学技术工作者来参与科普工作，这是我们的方向，他们只能在业余时间来从事这项工作。建设一支专业的科普工作队伍，这也是我们的方向。有同志建议在大学里办科普专业，专门培养科普人才。还建议设立科普学位，评定科普职称。国家奖励，是不是也应该包括科普奖项？对业余从事科普工作的研究和教学人员，他们在科普上的业绩和创造，是不是也应该在对他们作学术评价时加以考虑？要建设专业队伍，要鼓励更多的科技工作者业余从事普及工作，这些问题，国家和社会都得考虑。

第七，科普工作的事业性与产业性的关系。这个问题提得很深刻。科普当然是一项事业，国家和社会都要支持这项事业，这是公益事业。但是，在社会主义市场经济的条件下，这项事业的若干部分也要办成产业，面向市场，这样才有生命力。人民群众有对科学知识的需要，这种需要在一定条件下，也会形成市场，形成购买力。科普办成产业，满足市场上的这种需要，这恐怕也是发展方向。科普不以赢利为目的，但也不能只靠国家花钱。国家财力有限，这些年许多科普机构只靠国家花钱，走进越来越窄的胡同。合理而审慎地朝着产业化、市场化的方向努力，有可能走出这个窄胡同。

第八，科普工作与商业广告的关系。商业广告想借用科学的金字招牌来营销，特别是药物、食物、化妆品、医疗器械、减肥长高秘方，最喜欢以科学的名义来促销，据说这叫做“知识营销”。搞得好，对普及科学和推销商品都有好处；搞得不好，为了营销假冒科学，违反科学，那问题就大了。所以，广告要有管理，广告营销中怎样尊重科学，尊重消费者的利益，尊重国家的法律法规，这是科普工作应该关心，药政管理、广告管理应该注意加强监管的一个问题。

第九，科普工作与文艺作品的关系。一个科学，一个文艺，文艺的面可能更广，受众更多。除了专门的科普文艺作品之外，我们并不要求文艺做科普的载体。但是文艺作品里面宣传迷信，宣传伪科学，则无论如何是不健康的现象。像柯云路的那些作品当然是极端的事例，但应当看到的是，在文艺作品中夹杂着迷信宣传的还是不少，这件事希望科学界和文艺界一起来关心。现在鬼神文化很普及，文艺书刊里有鬼神，影视节目有鬼神，某种意义上武侠小说和影视也带有一点鬼神文化，旅游也碰到很多鬼神文化。科普工作与鬼神文化打交道的面是很广的。这个问题比较复杂，因为鬼神文化在人类文化发展进程中是长期广泛存在的，在一段时期还支配着人们的思想，渗透到人们生活习俗的各个方面。你要了解历史了解社会，如果对鬼神文化毫无所知，那是不行的。《红楼梦》里也有太虚幻境，有赵姨娘找人念咒子。聊斋里尽是狐狸精。如果你把它当成一种历史文化现象，当做一种文艺表现方式，当做一种有趣的民俗，那你是一个有科学意识的现代人对它们作鉴赏。如果你迷信那些东西，你的行动要看黄历，盖房子要看风水，生病了就去求鬼神，那你是很低级的水平，古代的那些东西现在还统治着你的头脑。对鬼神文化要有一个历史的分析的态度，而不是被它所统治所支配迷惑，这跟科普工作和文艺工作的健康发展都有很大的关系。

第十，科普工作与宗教政策的关系。科学世界观讲唯物论和无神论，同宗教的唯心论和有神论是对立的。同时，用科学态度看待宗教，又要看到宗教是一种历史悠久的社会现象，并且有广大的信教群众和合法的宗教组织，必须历史地对待它，必须按照宪法和法律对待它，而不能简单地粗暴地对待它。我国的宗教政策，概括为三句话：保障公民宗教信仰自由，依法加强对宗教事务的管理，积极引导宗教和社会主义社会相适应。这包括尊重不信教或信他种宗教的自由，尊重无神论的自由，尊重政府依法管理，尊重社会主义社会的法治和道德，尊重在社会主义社会居指导地位的马克思主义思想的宣传和科学知识普及的宣传。共产党不主张到寺庙教堂里去宣传科学无神论，但在学校、公众报刊等场所则应作好科学知识、科学精神和科学唯物论、无神论的宣传。从政治上说，团结广大信教的和不信教的群众为建设现代化的社会主义国家而奋斗是基本任务。这种政治团结应当摆在首位，而不是把无神、有神的思想分歧摆在首位。同时，保障信教自由，不但不应妨碍，而且应当加强普及科学教育的努力，加强反迷信的宣传。邪教危害人民，是社会之敌，科学之敌，也是宗教之敌。在反邪教的斗争中，科普工作非常重要。

最后，关于21世纪的中国科普工作，说一点总的意见："'赛先生'任重而道远。"

20世纪之初，中国就呼唤"赛先生"，从世纪初走到世纪末，仍然是任重而道远。五年前，在武汉算命业被当做"科技产业"，开了连锁店，得到当地工商局的营业执照，还得到当地科委的"技术许可证"，有的挂靠在当地的社会科学院。郭正谊同志编了一套批判迷信和伪科学的书，叫做《世纪末逆流》。武汉算命成了"科技产业"这样的怪事，也属于世纪末逆流吧。当地报纸作了揭露，各地报纸都来参加声讨。上海《文汇报》发表连续报道和评论，其中一篇评论就是《赛先生任重而道远》。当时我借用这个题目，写了一篇文章。今天讲21世纪的科普工作，我想还借用这个题目。

科学和文明的进步是历史的主流，反科学、反文明的迷信愚昧活动，则是阻碍历史前进的逆流。科学文明进步的主流，波澜壮阔，不断向前，不会停止；同主流相冲突的迷信愚昧活动的逆流，也不断出现，不会停止，这也就是历史的辩证法吧。

逆流常在，不仅在20世纪末。因为有一种影响深远的迷信，总是制造世界末日的恐怖，又总是把世界末日同世纪末、千年末联系起来，所以，每当一个世纪、一个千年快到结束的时候，各种关于世界末日的迷信谬说和其他迷信谬说便盛行一时，由此酿成的惨剧时有所闻。最近最惨的一件，就是肯尼亚邪教"恢复上帝十诫运动"用20世纪末世界末日到来的邪说诱杀众多信徒，现已发现的尸体已达1000具。这真是20世纪末最骇人听闻的逆流和惨剧。

一个个世纪末过去了，世界末日并未来临。但是，这并不妨碍迷信活动者在新的世纪的任何一个时候鼓吹任何一种旧的或翻新的迷信邪说。所以，普及科学知识、弘扬科学精神，破除愚昧和伪科学，是从每一个世纪初到世纪末都要经常进行的长期的艰巨的任务。

一件历史公案和新的研究起点

——《毛泽东科技思想》序*

《毛泽东科技思想》一书将要出版，编纂者索序于我，关于这个话题，我也有一些话想说，就答应了。

对毛泽东关于科学和技术的论述，我曾经两次作过比较系统的研究。

一

第一次是在1975年。

这一年是以邓小平主持国务院和党中央日常工作，大力实行全面整顿而载入史册的。7月，胡耀邦复出，被任命主持中国科学院的工作。这时的中国科学院，由“三科”（中国科学院、国家科委、中国科协）合并而成。胡去科学院以后，调查研究了一段时间，8月11日、15日写出准备向国务院汇报提纲的第一稿、第二稿，8月17日写成和上报了第三稿，叫做《关于科技工作的几个问题》。其中的第三个问题是“关于力求弄通毛主席提出的科技战线的具体路线问题”，并从“政治与业务的关系”、“生产斗争与科学实

* 本文原载《毛泽东科技思想》，湖南大学出版社，2004年，第1～13页；2005年收于《自然辩证法在中国（新增修订本）》，北京大学出版社，第210～223页。

验的关系”、“专业队伍与群众运动的关系”、“自力更生与学习外国长处的关系”、“理论与实际、基础与应用的关系”、“党的绝对领导与百家争鸣的关系”六个方面展开论述了这个问题。在“弄通毛主席科技路线”的大题目下，尖锐地分析了当时科技工作中存在的诸多问题和偏向，做开了科技工作整顿的文章。

8月26日，邓小平同胡乔木谈话。胡这时也已复出，任国务院政治研究室的负责人。邓说："汇报提纲涉及问题太多，不必要太锋利，站不稳。这个文件很重要，要加强思想性，多说道理，但不要太尖锐，道理要站得住，攻不倒。你同耀邦他们一起议论一下，要亲自动手修改。"邓还要乔木转告耀邦少在群众中说话，等提纲改好了，国务院通过了，毛主席批准了，让提纲自己说话，让群众在讨论提纲时自己说话。

这样，乔木、耀邦就请科学院的领导同志（李昌、王光伟等）和政治研究室的领导同志（于光远等），还有科学院做具体工作的同志（有吴明瑜、明廷华）和政治研究室做具体工作的同志（孙小礼），以及教育部的甘子玉和我，到政治研究室来讨论汇报提纲的修改。我就是这个时候参加这件工作的。

乔木主张，把六个问题集中为三个部分：中国科学院科研工作的方向任务，坚决地、全面地贯彻执行毛主席的革命科技路线，以及为此而必须进行的整顿问题，并主张在第二部分仔细选用毛泽东的有关论述，用毛泽东自己的话来论述毛泽东的路线，这样就站得住、攻不倒。然后依据这些论述，来批评离开这条路线的各种各样的偏差，这样也就站得住、攻不倒了。攻，当然是指“四人帮”和受他们影响的人们对这个文件可能的攻击。

集中毛泽东有关论述的事，主要由我帮助乔木来做。原来汇报提纲稿中已经引用了毛泽东关于科学和技术的不少论述，科学院的同志还为准备汇报提纲而打印了《马克思恩格斯列宁毛泽东论科学工作》（十六条），我们又查阅了“文化大革命”中红卫兵或“革委会”编印的《毛主席论科学技术革命》，1972年全国科学技术工作会议秘书处编印的《毛主席有关论述》，“文化大革命”以前北京大学编印的《毛泽东论自然科学》，等等。从中加以挑选，汇集起来，归纳为十条，构成修改后的汇报提纲（题目改为“科学院工作汇报提纲”）第二部分的主体。内容如下。

毛主席为我们党制定了无产阶级革命路线，这是全党各部门，包括科学院的党组织，都必须坚决地、全面地贯彻执行的。同时，毛主席对多快好省地发展我国科学技术工作还作了一系列重要指示，提出了一条完整的、马克思列宁主义的革命科技路线。主要是：

一、阐明了科技工作在贯彻执行党的基本路线，在反修防修、巩固无产阶级专政中的重要作用：**“阶级斗争、生产斗争和科学实验，是建设社会主义强大国家的三项伟大革命运动，是使共产党人免除官僚主义、避免修正主义和教条主义，永远立于不败之地的确实保证，是使无产阶级能够和广大劳动群众联合起来，实行民主专政的可靠保证。”**

二、规定了我国科学技术**“一定要在不远的将来，赶上和超过世界先进水平”**的伟大目标。**“我们不能走世界各国技术发展的老路，跟在别人后面一步一步地爬行。我们必须打破常规，尽量使用先进技术。”“科学技术是生产力”，“科学技术这一仗一定要打，而且必须打好。不搞科学技术，生产力无法提高”。**

三、**“为了实现这个伟大的目标，要有数量足够的、优秀的科学技术专家。”“为了建设社会主义，工人阶级必须有自己的技术干部的队伍，必须有自己的教授、教员、科学家、新闻记者、文学家、艺术家和马克思主义理论家的队伍。这是一个宏大的队伍，人少了是不行的。”**

四、发展科技工作，必须实行**“知识分子同工农群众结合”**，实行领导干部、工农群众、科技人员**“三结合”。“卑贱者最聪明，高贵者最愚蠢。”**要鼓舞全国的工人、农民、新老干部、知识分子，**“打掉自卑感，砍去妄自菲薄，破除迷信，振奋敢想、敢说、敢做的大无畏创造精神”。**

五、**“要无产阶级政治挂帅”**，坚持**“政治和技术的统一”**，坚持**“又红又专”。“一方面要反对空头政治家，另一方面要反对迷失方向的实际家。”“思想工作和政治工作是完成经济工作和技术工作的保证，它们是为经济基础服务的。思想和政治又是统帅、是灵**

魂。只要我们的思想工作和政治工作稍为一放松，经济工作和技术工作就一定会走到邪路上去。”

六、要坚持马克思主义的认识路线，实行“理论和实际统一”。马克思主义哲学“强调理论对于实践的依赖关系，理论的基础是实践，又转过来为实践服务”。“要完全地反映整个的事物，反映事物的本质，反映事物的内部规律性，就必须经过思考作用，将丰富的感觉材料加以去粗取精、去伪存真、由此及彼、由表及里的改造制作工夫，造成概念和理论的系统，就必须从感性认识跃进到理性认识。”“要加强理论研究，要有专人搞，不搞理论是不行的。”同时，必须正确处理普及和提高的关系，实行“在普及基础上的提高”和“在提高指导下的普及”。

七、要“独立自主、自力更生”地搞科学技术，“打倒奴隶思想，埋葬教条主义”。“外国一切好的经验，好的科学技术，我们都要吸取过来，为我所用。拒绝向外国学习是不对的。当然，迷信外国，认为外国的东西都是好的，也是不对的。”

八、要实行“百花齐放，百家争鸣”。“艺术上不同的形式和风格可以自由发展，科学上不同的学派可以自由争论。”“艺术和科学中的是非问题，应当通过艺术界科学界的自由讨论去解决，通过艺术和科学的实践去解决，而不应当采取简单的方法去解决。”“实行百花齐放、百家争鸣的方针，并不会削弱马克思主义在思想界的领导地位，相反地正是会加强它的这种地位。”

九、“为了充分适应新社会的需要，为了同工人农民团结一致，知识分子必须继续改造自己，逐步地抛弃资产阶级世界观而树立无产阶级的、共产主义的世界观。世界观的转变是一个根本的转变。”“你们学自然科学的，要学会用辩证法。”

十、“党、政、军、民、学，东、西、南、北、中，党是领导一切的。”“全党努力学习科学知识，同党外知识分子团结一致，为迅速赶上世界科学先进水平而奋斗。”“只要我们更多地懂得马克思列宁主义，更多地懂得自然科学，一句话，更多地懂得客观世界的规律，少犯主观主义错误，我们的革命工作和建设工作，是一定能

够达到目的的。”

以上黑体字，大都是毛泽东已经公开发表或在党内文件中已经正式发表过的话，但也有“科学技术是生产力”等三条，没有公开发表过，党内也没有发过文件，而是传抄出来的1963年12月毛泽东听聂荣臻汇报“科学技术十年规划”时所说的话因为是直接就“科学技术十年规划”而谈的，非常重要，乔木主张先印上去，再等毛主席批准，同时再查还有没有更原始、更确实的根据，还要中国科学院哲学社会科学部的同志去查马克思、恩格斯、列宁关于科学是生产力的论述。

9月3日，乔木把还在修改中的过程稿面交召集政治研究室负责人开会的邓小平，请他先看看集中编排毛泽东论述的修改设想是否合适。邓小平首肯了这样的设想，说：这文件很重要，不单管科学，而且可以适用于文化教育各部门。

不久，修改工作完成，由两胡报送国务院，是为乔木主持的修改稿第一稿。同时附了一份《汇报提纲第二部分中所引用的毛主席关于科技工作指示的出处》，而在“科学技术是生产力”这个提法后面，除说明其出处是毛泽东听聂总汇报时的谈话以外，还加了一个注：“关于这一论点，马克思在讲到近代社会的劳动生产力时，有过这样的论述：‘所谓社会的劳动生产力，首先是科学的力量，其次是在生产过程内部联合起来的社会力量，最后是从直接劳动转移到机器、转移到死的生产力上面去的技巧’。”

9月25日，也就是国务院将要讨论这个汇报提纲的前一天，邓小平告诉乔木，有同志对提纲中关于哲学不能代替自然科学的提法有疑问。原来，汇报提纲在归纳出十条之后，要求对这十条进行系统的全面的宣传，防止任何偏离、割裂或曲解。接着讲了五个“一方面”和“另一方面”，共批评了十个方面的偏向，其中就有：“一定要强调马列主义哲学对自然科学的指导作用，提倡科研人员学习自然辩证法，认为哲学对自然科学的研究没有指导意义，是不对的；另一方面，以为哲学可以代替自然科学，以为可以不依靠科学本身的大量的辛勤劳动和精确论证，就可以简单依靠哲学的一般原理去推演出具体科学问题的具体结论，也是不对的。”这句话当然也有毛泽东论述作为根据，只是没有引用在十条之中。邓要胡第二天印出所依据的论述，这件事是交给孙小礼连夜赶做的，编出了一本《哲学只能概括、引导而不能代替自然科学》，引用毛泽东论述五条，恩格斯列宁论述十二条。乔木强调要找的马克思严厉批评用哲学代替经济学的话，一时没有查到，只好暂付阙如。这个附件的题目和所引论述的编排，还是乔木亲自推敲确定的。乔木主张用概括和引导的提法，不大赞成当时习惯用的指导的提法。

这个材料送上去，连同“出处”，汇报提纲的附件就有了两个。

9 月 26 日下午，邓小平主持国务院会议，听取胡耀邦等汇报，通过了这个汇报提纲。听汇报时，邓小平讲了许多话，别的同志也有讲话和插话。当邓小平讲到“科学技术叫生产力，科技人员就是劳动者”时，乔木插了一句：“马克思说，生产力首先是科学。”邓小平在这次会上的讲话，已经整理补充收入《邓小平文选》第二卷了。

9 月 28 日，稍加修改后的汇报提纲报送毛主席，是为乔木主持的修改稿第二稿。

到这时，汇报提纲在国务院既已通过，就等毛主席批准了。

怎样评价提纲中对毛泽东关于科学和技术的论述的这十条归纳呢？

黑压压一大片黑体字，从行文来说，并不优美。历来讲究文字的胡乔木做这样的选择，恐怕实非得已。从站得住、攻不倒的要求来说，当时以为，这样写不失为一个较好的选择。

更为受制的是，当时还在“文化大革命”中，还不能否定“文化大革命”，只能在肯定“文化大革命”的前提下，在肯定以阶级斗争为纲那条基本路线的前提下，去做当时认为有可能做的纠正偏向的工作。在这样的政治环境下，对毛泽东关于科学和技术的论述的挑选，不能不多少带有以阶级斗争为纲的色彩。但是，这些毛泽东论述又是在邓小平主持整顿的背景下编选出来的，是准备用做整顿科技工作乃至教育和文化工作的指导文件而形成的，所以，这样的编选是在特殊时期力求尽可能恢复毛泽东思想的原貌而作的一次努力。

然而，没有想到的事情发生了。毛泽东看了汇报提纲，向邓说，他不记得自己说过“科学技术是生产力”这句话。邓说到马克思也说过同样意思的话。毛说，他还是不记得自己说过这样的话。

10 月 14 日，邓把毛的印象告诉了胡乔木，并说主席还没有把稿子退回来。

这可是一件大事！

正好这时要中国科学院哲学社会科学部编的《马克思、恩格斯、列宁关于科学是生产力的一些论述》送来了，乔木立刻把它送给了邓小平，并请他转送毛泽东。

但是，这个材料只交代了马克思说过，问题的关键是：这句话怎么会被当做毛泽东论述的呢？

科技界一直把这句话当做毛泽东 1963 年 12 月听取聂荣臻汇报“科学技术十年规划时”说的话。《毛主席论科学技术革命》里就收有这句话，并注明了说这句话的时间和场合。1973 年全国科技工作会议纪要，在历述毛泽东的论述以后，也用了这句话，只是没有用黑体字。科学院为准备汇报提纲而编的《马克思恩格斯列宁毛泽东论科学工作》中有这句话。《汇报提纲》的前三稿《关于科技工作的几个问题》里也引了这句话，并且用了黑体字。《科学院工作汇报提纲》报国务院的稿子上，这句话编进了十条归纳中，当然也用了黑体字。上报毛主席，等待毛主席批准的稿子上，也是一样，用了黑体字。

用黑体字排的毛泽东论述，毛泽东说不记得讲过，怎么办？1963 年聂荣臻向毛泽东汇报“科学技术十年规划”时，还有几个参加者（韩光、于光远、范长江）保存有听毛泽东谈话的个人记录，还有稍后韩光的传达稿。把这些记录和传达稿找来一看，“科学技术这一仗一定要打，而且必须打好。不搞科学技术，生产力无法提高”。这些话都有，偏偏“科学技术是生产力”这句话在这几份记录中都失记。《毛主席论科学技术革命》中有这句话，不可能是编造的，但是，是根据谁的记录或谁的传达？没有法子查清了。

10 月 24 日，邓又约胡乔木谈话说：毛主席退回了科学院的汇报提纲。邓要胡再把提纲修改一次。

在查明了毛泽东 1963 年听聂荣臻汇报时谈话的几份记录的情况以后，胡乔木决定，还是删去原始记录中没有、只在《毛主席论科学技术革命》等非正式出版物中有的“科学技术是生产力”那句话。另外还作了少量文字修改，再一次把《汇报提纲》送给邓小平，希望再报毛泽东。是为乔木主持的修改稿第三稿。同时附上第二部分所引毛泽东论述的出处，跟上一份几乎完全一样，所不同的就是不再包括“科学技术是生产力”这句话，当然也不再注明这句话的出处，不再引马克思来作旁证，但是还包括“不搞科学技术，生产力无法提高”等论述，并都注明是1963年听取聂荣臻汇报时的谈话。另外还附上一个材料，叫《必须用哲学指导自然科学的研究，但不是用哲学代替自然科学》，分为两个部分：①自然科学的研究必须以哲学为向导；②哲学不能代替自然科学。它是9月26日国务院听汇报时所送的那个《哲学只能概括、引导而不能代替自然科学》的增订重编本，引用了毛的论述五条，马、恩、列的论述二十二条，乔木当时想引用而一时没有查到的马克思批评用哲学代替经济学的语录也补充了进来。在哲学指导自然科学的问题上乔木作了一定的妥协，在标题上用了“指导”，而在小标题上仍然用“向导”。

这时，政治气氛正在朝着不利于整顿的方向变化。“批邓”已经开始。后来知道，这最后一次稿，邓小平没有再送毛泽东。而我，那时还不知道这个情况，还在寄希望于得到毛主席批准。我去问乔木，乔木说：你还看不出来吗？毛主席不会批准这个文件了。

在“批邓”运动中，这个汇报提纲被诬为三株大毒草之一，“四人帮”发动了对它的激烈的大批判，除了“右倾翻案风”这个总帽子以外，特别加了两条大罪名：一曰造谣，说汇报提纲造毛主席的谣言，编造了一条毛泽东语录；二曰篡改，说汇报提纲引用的译文篡改了马克思的原意，马克思讲生产力包括科学的原文里没有“首先”两个字。

这些当然都是欲加之罪，何患无辞。毛泽东语录一事，实际情况就是前面说过的那样。马克思的论述，是沿用人民出版社早已出版的刘潇然译本上的译文，而原文中马克思讲社会的劳动生产力，的确首先是讲科学的力量，然后讲其他因素，译文中为表达清楚起见，加了“首先”两个字。如此而已！

“四人帮”的荒唐批判，只在报刊上热闹了几个月。“四人帮”被粉碎以后，邓小平复出。邓小平在1978年3月18日全国科学大会开幕式上讲话，所讲的第一个问题，就是鲜明地重申：科学技术是生产力，这是马克思主义历来的观点。马克思100多年前就已经说过。在现代，科学技术作为生产力，越来越显示出巨大的作用。10年之后，邓又进一步强调地发挥了这个观点，指出：现在看来，马克思的说法可能还不够，科学技术是第一生产力。

这是一段历史公案，说给现在研究毛泽东科技思想的读者听听，可能还是有益的吧。

二

我第二次对毛泽东关于科学和技术的论述进行的比较系统的研究，是在五年之后。

1980 年我写过一篇《中国共产党的科学政策的历史发展（新中国成立以前的部分）》，1981 年我又写了《中国共产党为科学而奋斗的历史篇章》，都搜集和介绍了毛泽东的有关论述。特别是在 1986 年，纪念毛泽东逝世十周年，我在《毛泽东的读书生活》这本书中写了一篇长文《毛泽东与自然科学》，1996 年此书此文又出了增订版。我这篇文章，分“多向自然科学学习”、“进化论与救亡图存”、“遗传学与百家争鸣”、“关于机床设计发展战略的讨论”、“坂田文章和《自然辩证法研究通讯》的复刊”、“杨振宁、李政道、格拉肖、‘毛粒子’”、“不搞科学技术，生产力无法提高”七个部分，因为写文章时我在中央文献研究室工作，有接触毛泽东文稿的方便，所以引用了不少毛泽东涉及自然科学的活动和论述，其中不少是那时还没有公开发表的。

这时已在十一届三中全会以后，新中国成立以来历史决议以后。思想路线端正了，精神状态解放了。人们尊敬伟人毛泽东，又不再把他当上帝当主宰，学习毛泽东著作，又不再认为他的话句句是真理。取科学态度，而不再诚惶诚恐。《毛泽东与自然科学》是这样开头的：“不能说，毛泽东是一个自然科学素养很高的人。这是很容易理解的，完全可以从他的经历、他的环境和他所承担的使命，就是说，从历史条件加以说明。”“作为一个求知者，作为一个思想家、哲学家，毛泽东对学习和涉猎自然科学是颇为注意的，对某些问题表现了浓厚的兴趣，发表过一些深刻的见解。就这些而言，应该说，还是他值得称道的长处。”在最后一节里，历述毛泽东作为革命领导人和国家建设领导人对自然科学和技术在国家建设中作用的重视，而以这样一段文字作结：“毛泽东在解放后强调自然科学和技术的重要性的时候，都是他把注意力比较着重放在经济建设上的时候。如果一直按这样的指导思想贯彻执行，我国经济发展和科学发展当会另有一番景象。可惜的是，毛泽东未能贯彻始终地坚持这些思想。相反，在社会主义改造基本完成以后，他却越来越强调以阶级斗争为纲。而在大抓所谓阶级斗争的时候，这些重视自然科学的思想就被冲淡了，搁置了。这种情况虽有起伏，总的趋势是愈演愈烈，直到演变为十年‘文化大革命’，严重地损害了经济建设，也严重地损害了科学发展。这是历史的悲剧。现在党中央总结历史经验教训，坚定不移地把全党工作重点转移到经济建设上来，因而也就把科学发展摆到重要的战略地位上来。只有在这时，毛泽东重视自然科学的那些正确思想，才能恢复它的原貌并获得新的发展。"

如果说，我写这几篇文章，是第二次对毛泽东关于科学和技术的论述进行比较系统的研究，那么，比 1975 年那一次，精神状态和思想收获就有很大不同了。十一届三中全会以后我们研究毛泽东思想，有了一个新的起点。

三

现在，研究毛泽东关于科学和技术的论述，条件比以前又有不同了。一是解放思想、实事求是、与时俱进的思想路线使我们能够以更加科学的态度来研究这些论述了。二是毛泽东著作公开发表得更多了，因而可供研究的材料更多了。

当然，对广大干部、学生和群众来说，学习要精，要管用，不在多。但是，对于研究者来说，研究毛泽东对科学和技术的论述，首先要掌握充分的原始的材料，然后要把分散的材料加以组织和整理，这是基础的工作。

从现在这部《毛泽东科技思想》来看，搜集材料的工作有了很大的前进。当然也还有继续前进的余地。各种各样的毛泽东著作集和它们的电子版的出版，为搜集材料的工作提供了极大的便利。但是，现在的公开出版的《毛泽东选集》加《毛泽东文集》并不是毛泽东著作的全部。除了《毛泽东选集》、《毛泽东文集》现在还出版了《建国以来毛泽东文稿》十三册，还出版了许多种类的专集。此外，毛泽东在新中国成立前发表的著作，并未全部收入《毛泽东选集》、《毛泽东文集》和各种专集，还需要从原始出版物中去寻找和搜集。毛泽东在新中国成立前和新中国成立后的内部讲话和谈话，更有很大数量没有发表，而在毛泽东年谱、毛泽东传记、回忆毛泽东和研究毛泽东的许多著述中，却引用了不少有关论述并不断有新的公布，研究者应该下工夫去搜集。

在组织和整理材料方面，这本书的工作是一个良好的开端。至于根据时代的需要，联系中国和世界的实际，与时俱进，这样的继续前进的余地，更是很宽广的了。

附录

《科学与人文的交融（下）》

目录

第五部
科学与人文